정체성 정치에서 아고니즘 정치로

여성학 방법론과 페미니즘 정치의 실천적 전환

정체성 정치에서 아고니즘 정치로

여성학 방법론과 페미니즘 정치의 실천적 전환

초판 1쇄 발행 2018년 4월 30일
초판 3쇄 발행 2019년 12월 10일

지 은 이 조주현
펴 낸 이 신일희
펴 낸 곳 계명대학교 출판부
출판등록 제347-1998-1호(1970. 9. 1)
주 소 대구광역시 달서구 달구벌대로 1095
대표전화 053-580-6233
팩 스 053-580-6235
홈페이지 www.kmupress.com

ISBN 978-89-7585-818-5 93330 정가 23,000원

이 도서의 국립중앙도서관 출판예정도서목록(CIP)은 서지정보유통지원시스템 홈페이지(http://seoji.nl.go.kr)와 국가자료공동목록시스템(http://www.nl.go.kr/kolisnet)에서 이용하실 수 있습니다.(CIP제어번호: CIP2018012026)

"본 연구는 2016년도 계명대학교 비사연구기금으로 이루어졌음"

정체성 정치에서 아고니즘 정치로

여성학 방법론과 페미니즘 정치의 실천적 전환

조주현 지음

계명대학교 출판부

차례

감사의 말 • 6

서문 • 9

제1부 여성학 방법론의 실천적 전환

제1장 실천이론에서 본 여성학 방법론: 여성학 지식생산의 재검토 • 22

제2장 실천이론에서 본 샌드라 하딩의 포스트모던 입장론: 변화와 한계 • 47

제3장 실천이론에서 본 도나 해러웨이의 사이보그 페미니즘: 물적-기호적 실천 개념을 중심으로 • 68

제4장 실천이론에서 본 캐런 바라드의 행위적 실재론: 과학적 실천이론과 페미니즘 과학기술학의 접점 • 91

제5장 상징적 복잡적응계로서의 사회적 실천: 여성학 방법론과 페미니즘 정치에의 함의 • 124

제2부 페미니즘 정치의 실천적 전환

제6장 '사회적인 것'의 위기와 페미니즘 정체성 정치: 린다 제를리의 대안 • 160

제7장 실천이론으로 본 비판사회학과 페미니즘 정체성 정치의 문제: 푸코, 라투르, 제를리의 통찰 • 186

제8장 후기 근대와 '사회적인 것'의 위기: 아고니즘 정치의 가능성 • 215

제9장 신자유주의적 지구화와 여성주체성의 변화: 실천이론의 관점 • 243

제10장 보편주의와 상대주의를 넘어: 페미니즘 정치의 실천적 전환 • 271

참고문헌 • 302

찾아보기 • 319

감사의 말

필자는 지난 9년간 많은 분들의 도움아래 연구를 지속할 수 있었다. 계명대학교 여성학과의 강세영 교수와 안숙영 교수는 지역에서 '여성학'을 제도화하려는 노력을 함께 해왔다. 필자는 특히 여성학의 안정성과 변화가능성을 동시에 포괄할 수 있는 이론과 방법론의 구축을 통해 여성학 제도화의 노력에 동참하고자 했는데, 이 과정에서 동료교수의 격려가 많은 도움이 되었다. 여성학과와 가족상담학과 대학원생들과 함께 한 수업에서 필자는 언제나 새로운 자극을 얻을 수 있었고 학생들이 보내준 절대적 신뢰로 연구에 더욱 매진할 수 있었다. 여성학연구소의 연구원으로 권명진, 김문정, 남성미, 손선희, 이원심, 이지인, 최선미, 최윤희견 대학원생을 만나게 된 것은 큰 행운이었다. 학생들은 대학원 공부와 연구소 업무를 병행하는 중에도 책임감을 가지고 필자가 연구에 전념할 수 있도록 지원해주었다.

계명대학교 여성학연구소에서 동고동락해온 운영위원회의 박선영, 박윤주, 손정수, 신지숙, 안숙영, 양정혜, 유가효, 유옥희, 이로리, 이신영, 이에스더, 임운택, 정문영, 최윤경, 허경미, 홍성희 교수는 젠더연구를 기반으로 인문사회과학 내의 분과학문적 경계를 넘어서는 통합적 관점을 모색하려는 필자에게 많은 자극을 주었다. 특히 여성학연구소의 여러 사업을 함께 하면서 각 분과학문의 문제의식과 방법론의 구체적 특징을 알 수 있었고 그를 통해 필자의 연구지평을 확장할 수 있었다. 연구소의 국제학술사업을 통해 교류를 지속해 온 북경대의 웨이 구어잉 교수, 천진사범대 두 팡친 교수, 홍콩중문대의 윙 웨이칭 안젤라 교수, 담시우미 마리아 교수는 필자의 시야를 동아시아로 넓히는데 결정적 도움을 주었다. 특히 필자의 연구에 관심을 갖고 크게 격려해준 두 팡친 교수에게 감사드린다.

한국이론사회학회의 삼토회는 필자가 2010년부터 함께해온 학문공동체이다. 구성원들이 보여주는 사회이론에 대한 근원적 관심과 학문적 열정, 순수한 태도는 그 자체로 큰 즐거움과 함께 필자의 연구의욕을 고취시켜주었다. 지난 9년간의 연구과정은 한국이론사회학회의 삼토회와 함께 해 온 과정이라고 해도 과언이 아닐 것이다. 특히 원로교수이신 김문조, 김성국, 전성우, 한상진 교수님의 환대에 감사드리고 동료교수들과 후학 연구자들에게도 마음으로부터 깊은 감사의 마음을 드린다. 돌이켜보면 필자가 사회이론의 세계로 입문한 것은 대학원시절 지도교수이신 노만 K. 덴진 교수님의 지도 덕분이었다. 당시는 공부의 양과 범위, 깊이에 압도되면서 호기심과 두려움이 공존했었고 끝없는 미로를 헤매는 중압감에 시달렸었는데, 어느덧 퍼즐이 맞춰지면서 선생님이 나아가려던 이론의 방향이 눈에 보이기 시작한다. 학자의 전범을 보여주신 덴진 교수님께 깊은 존경의 마음으로 감사드린다.

마지막으로 필자는 가족에게 다시 한번 고마움을 전하고 싶다. 남편인 대규와 함께 어느덧 성인이 된 현승이와 현진이가 보내주는 지지와 사랑은 필자가 지치지 않고 연구할 수 있게 하는 큰 동력이 되었다.

이 책은 계명대 2016년 비사연구비의 지원을 받았다. 진행과정에서 많은 도움을 주신 계명대 산학협력단의 김은지 선생과 출판부의 최상근 선생에게 감사드린다. 이 책에 실린 모든 원고는 기 발표된 논문들을 기반으로 했지만, 북챕터 형식으로 바꾸는 과정에서 내용과 형식 모두 전면적인 수정과 보완을 거쳤다. 출처는 다음과 같다. 1장, “실천이론에서 본 페미니스트 인식론: 여성학적 지식생산의 재검토,” 『여성학연구』 23:2 (2013), 7~42쪽; 2장, “샌드라 하딩: 포스트모던 입장론의 변화와 한계,” 『현대 페미니즘의 테제들』 (사월의 책, 2016), 89~116쪽; 3장, “실천이론에서 본 해러웨이의 사이보그 페미니즘: 물적-기호적 실천 개념을 중심으로,” 『사회사상과 문화』 30 (2014), 1~38쪽; 4장, “과학적 실천이론과 페미니스트 과학기술학의 접점: 캐런 바라드의 경우,” 『한국여성철학』 25 (2016), 65~104쪽; 5장, “상징적 복잡적응계로서의 사회적 실천: 여성학방법론에의 함의,” 『젠더와 문화』 10:1 (2017), 7~43쪽; 6장, “‘사회적인것’의 위기와 페미니스트 정체성의 정치: 린다 제릴리의 대안,” 『사회와 이론』 17 (2010), 53~84쪽; 7장, “실천이론으로 본 비판사회학과 페미니스트 정치학의 문제,” 『경제와 사회』 88 (2010), 68~93쪽; 8장, “후기 근대와 사회적인 것의 위기: 아고니즘 정치의 가능성,” 『경제와 사회』 95 (2012), 163~189쪽; 9장, “한국의 신자유주의적 지구화와 여성 주체성의 변화: 실천이론의 관점,” 『동아시아 여성과 가족변동』 (계명대출판부, 2013), 71~97쪽; 10장, “보편주의와 상대주의를 넘어: 페미니스트 정치학의 실천적 전환,” 『사회와 이론』 24 (2014), 7~42쪽.

책을 써 본 사람들은 모두 알 것이다, 오늘의 내가 있기까지 얼마나 많은 사람들의 도움이 있었는지를. 일일이 거론하지는 못하지만 그동안 도와주신 모든 분들에게 감사의 마음을 전하고 싶다.

서문

사회는 어떻게 변하는가?

한국의 여성운동은 지난 20여 년간 한국사회의 급속한 경제발전과 정치민주화에 비견할만한 놀라운 성과를 거두었다. 예컨대 1997년 아시아 금융위기 이후 급속하게 진행된 젠더평등 정책과 법제화는 여성운동이 젠더정치를 통해 그 역량을 결집시킨 결과라고 할 수 있다. 그러나 이 시기는 또한 한국사회에 신자유주의적 사회재편이 급속하고 철저하게 진행된 시기이기도 하다.

대부분의 선진 국가들은 신자유주의적 사회재편이 가져온 충격을 경제성장 이후 이어진 오랜 사회적 안정기를 통한 복지정책의 확장과 그에 기반을 둔 사회자본 형성으로 완화시킬 수 있었다. 그러나 한국은 그러한 사회자본을 축적할 소중한 기회를 아시아 금융위기를 맞아 박탈당했고, 그 결과 한국사회에는 이제 신자유주의의 유일한 장점인 개인의 자율적 공간 증대를 통한 창의성과 효율성은 실종된 채 각자가 자신의 인적, 물적 자원을 총동원하여 진지전을 펼치는 기형적인 후기근대적 풍경이 펼쳐지고 있다. 그리고 이러한 상황은 한국의 여성운동이 그동안 이루어놓은 성과마저 퇴행적으로 되돌릴 수 있다는 우려를 낳고 있다.

그동안 한국을 포함한 동서양의 여러 여성학자들이 후기 근대에 적합한 여성운동에 대한 분석과 대안을 제시했지만 후기 근대적 현상의 근원으로까지 천착해서 그에 근거해 대안을 제시하는 방식으로 제시되지는 않았다. 필자는 이 저서를 통해 이 문제의 근원은 지난 수십 년간 젠더정치를 효율적으로 작동시켰던 정체성 정치가 근본적 한계를 드러낸 데 있으며, 그 해결책은 정체성 정치의 사상적 원천이자 지난 수세기 동안 서구의 계급, 인종, 젠더 불평등과 같은 분명한 사회적 비효율성을 해소하는데 놀라운 효과를 보였던 근대적 기획의 재검토에서 시작되어야 한다고 주장한다. 특히 근대적 기획의 사상적 근원인 재현론과 계몽철학의 문제점과 한계가 20세기의 하이데거, 비트겐슈타인, 셀라스를 중심으로 하는 실용주의 경향 철학자들의 철학적 실천이론을 통해 자세히 분석되었으며, 그 해결의 실마리 역시 이들의 이론을 중심으로 구성될 수 있다고 주장한다.

사회는 어떻게 변하는가? 즉, 사회구성원의 행위를 결정하는 믿음과 욕구는 어떻게 결정되고, 그 행위로부터 사회의 목표는 어떻게 도출되며, 그 과정에서 구성원이 구사해야할 효율적인 정치 전략이란 어떤 것인가? 필자는 이것이 여성학을 포함한 사회과학의 가장 핵심적 질문이라고 생각하며, 필자가 이 책에서 제안한 '실천이론'[즉 '상징적 복잡적응계로서의 사회적 실천'에 대한 이론]이 이에 대한 답을 구성할 수 있는 체계적인 방법론이 될 수 있다고 생각한다.

'상징적 복잡적응계로서의 사회적 실천'[이하 사회적 실천]은 일반적으로 제도, 규범, 조직, 혹은 관습 등으로 불리는 다양한 사회적 구조물 중에서도 안정성과 적응적 변화가능성이 적절하게 균형을 이루고 있는 상징적 계를 말한다. 사회적 실천의 안정성은 그 실천의 수행과 관련된 행위에 대해 각 구성원이 내리는 규범적 판단으로 유지된다. '규범적 판단'이란 각 구성원이 자신의 규범적 판단 대상인 행위에 대해 그 행위가 속해있는 사회적 실천에서 암묵적으로 가정하고 있는 기준에서 보았을 때 그 행위가 적절한지/부적절한지 평가한다는 의미다. 이러한 규범적 판단이 이루어지는 순간은 그 행위에 대한 평가가 이루어지는 순간일 뿐만 아니라 그 판단의 기준 자체에 대한 평가가 이루어지는 순간이기도 하다. 즉, 사회적 실천에서 규범적 판단은 평가대상인 행위의 적응적 변화뿐만 아니라 판단기준의 적응적 변화까지도 유도하는 유일한 기제가 된다. 요약하면, 사회적 실천은 우리가 일반적으로 실천이라고 부르는 수많은 사회현상들 중에서도 그 실천의 구조적 영속성 혹은 안정성을 유지하면서 동시에 변화하는 사회적 환경 속에서 적응적 변화를 통해 그 실천의 효율성을 유지하기 위한 필요충분조건으로 오직 그 실천에 속하는 구성원들의 규범적 판단능력만을 필요로 하는 상징적 계를 지칭한다.

필자가 제안하는 '실천이론'은 그 철학적 기원인 실용주의가 그러했듯이 인간의 인식, 윤리, 정치, 예술 행위를 사회적 실천 개념으로 통합적으로 설명하는 이론이다. 그러므로 재현론에서 실천이론으로 전환한다는 것은 동시에 근대적 기획의 정치적 구현인 정체성 정치에서 실천이론의 정치적 구현인 아고니즘 정치로 전환한다는 것을 의미한다. 이 저서에서 필자는 아고니즘 정치가 페미니즘 정치 전략의 한계를 극복하기 위한 유일한 대안이라는 점을 주장하고 그 논거를 자세히 제시하면서 여성학의 실천적 전환을 촉구한다.

아고니즘 정치는 숙의정치와 대비시켜 설명하는 것이 유용하다. 숙의정치를 대변하는 롤즈나 하버마스가 궁극적 합의 도출을 목표로 자신의 사적 이익을 고려하지 않고 합리적 숙의가 이루어지는 공적 공간을 가정한다면, 아고니즘 정치이론가는 그러한 숙의정치는 사회적 실천의 급격한 변화나 새로운 사회적 실천의 창조를 불가능하게 한다고 주장한다. 아고니즘 정치이론가는 정치가 고대 그리스의 경연장agon에서 이루어지던 경연처럼 한편으로 상대방의 생소할 수도 있는 의견을 존중하되 정확하게 이해하면서 반박하려 애쓰고 다른 한편 자신의 정당한 주장을 굽히지 않고 정확하게 제시하되 상대방의 반박에 정확하게 응답하는 과정을 이어감으로써, 그 결과가 반드시 합의에 이르지 못한다 하더라도 논박 자체가 사회적 실천이 더 효율적으로 변화하거나 급격한 변형의 실마리가 될 수 있게 한다는 점을 강조한다. 아고니즘 정치 이론가는 새로운 사회적 실천의 창조적 순간은 숙의정치가 가정하는 공적 이성을 통해서는 실현 불가능하며, 아렌트의 '세계-구축의 순간'이나 제릴리의 '단정적 순간'이 가능한 확장된 경연장에서만 실현될 수 있다고 믿는다. 아고니즘 정치이론가에게 공적 공간이나 공적 이성을 강조하는 숙의정치는 정체성 정치에 의존하는 근대적 정치 전략에의 향수에서 숙의정치가 완전히 벗어나지 못했음을 보여주는 징표로 간주될 뿐이다.

반면에 필자가 지향하는 아고니즘 정치는 이러한 기존의 아고니즘 정치에 정체성 정치나 숙의정치를 특수한 경우로 포함시킨 확장된 정치 전략이다. 아고니즘 정치의 성공적 작동여부는 그 공동체의 역사적, 문화적 유산이 결정하는 것이지만 동시에 구성원의 실천적 수행 능력에 달려있다는 점 또한 분명하다. 즉, 아고니즘 정치의 성공적 작동여부는 구성원이 세계-구축적 판단을 통해 새로운 실천을 창조하거나 받아들일 수 있는 용기와 창의성을 보이느냐에 달려있다. 따라서 필자가 지향하는 아고니즘 정치는 구성원의 실천적 수행능력, 특히 규범적 판단능력의 중요성을 강조하는 특징을 보인다. 요약하면, 실천이론과 그 정치적 구현인 아고니즘 정치의 핵심은 형식적 규칙이나 제도에만 의존하지 않고 유연한 사회적 실천들이 주는 적극적 자유를 통해 확장된 삶의 형식 혹은 문화적 공간을 구축하면서도 그것이 자유방임적이거나 상대주의로 환원되지 않게 하는 구성원의 행위성을 신뢰하는 것이다.

이 저서의 1부는 실천이론 형성에 중요한 기여를 한 하딩, 해러웨이, 바라드의 여성학 방법론을 중심으로 실천이론의 관점에서 이들의 이론을 분석한 후, 필자가 제시하는 실천이론이 어떻게 이 이론들의 한계를 극복할 수 있으며 궁극적으로 여성학 방법론의 실천적 전환으로 나아갈 수 있는지 보여준다.

1장은 한국사회에 개인화와 같은 후기 근대적 성격이 이미 뿌리를 내렸다고 보고 개인화된 여성들의 현실을 이해하는데 적합한 방법론적 대안을 모색한다. 페미니스트 경험론, 입장론, 포스트모더니즘으로 분류된 기존의 여성학 방법론은 지난 30년에 걸쳐 수정과 보완을 거치며 상호 수렴해갔는데, 그 주요 특징은 모두 중립적 연구자란 존재하지 않으며 사회적 현실은 연구자와 무관하게 외부에 존재하는 것이 아님을 강조하는 것이다. 이러한 변형된 경험론, 입장론, 포스트모더니즘은 실천이론의 특징과 수렴한다. 실천이론은 사회적 실천이 구성원들의 수행과 상호작용으로 생성, 유지, 변화, 혹은 소멸된다고 보며, 지식이란 구성원들의 수행과 상호작용에 초점을 맞춰 세계를 실천적, 담론적으로 다뤄나가는 것이라고 보기 때문이다. 실천이론의 이러한 특징은 여성학 방법론의 기획을 완성시키는 것이다.

2장은 실천이론의 관점에서 하딩의 '포스트모던 입장론'이 시도한 변화의 의미와 한계를 다룬다. 하딩은 1980년대 중반까지 남성과 여성의 집단적 차이를 강조하는 젠더관계에 주목했지만 1990년대에 들어 과학학, 포스트모더니즘, 탈식민주의라는 새로운 지적 조류를 선택적으로 수용하면서 입장론을 포스트모던 입장론으로 전환시켰다. 하딩의 포스트모던 입장론에서 가장 중요한 진전은 '내부에 있는 외부인'이라는 새로운 정체성의 '선택'을 통해 여성 정체성 정치에서 벗어나 '반역적 정체성 정치'를 모색해야 한다는 주장이다. 그러나 포스트모던 입장론에서 분석의 최소 단위는 여전히 정체성이다. 하딩에게서 지식의 배경을 이루는 사회적 조건이란 계급, 인종, 성적 지향성, 문화와 같은 집단적 정체성이며, 개인은 이러한 집단적 정체성 간의 상호교차를 통해 사회적으로 존재할 뿐이다. 즉, 하딩은 탈식민주의 담론을 통해 여성을 계급, 인종, 성적 지향성, 탈식민과 교차하는 것으로 열어놓았지만 여전히 집단적 범주를 전제함으로써 여성 범주의 임의성 및 행위성은 다루지 못하고 있다. 이러한 하딩의 포스트모던 입장론은 실천적 전환으로 향하는 여성학 방법론의 과도기적 단계를 반영한다.

3장은 해러웨이가 주장하는 여성학 방법론의 핵심 쟁점인 '부분적 관점 간의 연결' 문제를 실천이론의 관점에서 발전시킨다. 해러웨이는 사이보그라는 은유를 통해 '지배의 정보과학'이 주도하는 이 시대에 적합한 새로운 방법론을 모색했다. 사이보그는 정체성 정치가 전제하는 경험의 통합적 성격을 잡종적 성격으로 전환시키는 주체를 말한다. 사이보그는 물적-기호적 존재이기에 즉각적 시선이 가능하지 않으며 따라서 사이보그의 위치 짓기는 그 자체로 핵심적인 정치적 실천이 된다. 사이보그의 비판적 위치 짓기에서 생성된 각각의 상황적 지식은 서로 간에 논쟁과 해체, 재구축을 통해 경계에서 변형을 통해 연결의 네트워크를 이루게 되는데 그것이 바로 우리가 추구하는 지식체계가 된다. 실천이론은 이러한 부분적 관점 간의 연결문제를 연구대상인 그 특정 현상의 미시적 과정에 대한 이론을 구성하는 것으로 해결하려고 한다. 상황적 지식 간의 충돌 문제는 서로 모순되거나 경합하는 지점에서 미시적 과정으로 돌아가 두 상반된 해석 간의 정합성이 어떻게 회복되는가를 보여줌으로써 해결될 수 있다. 마지막으로 브랜덤의 '관대한 읽기' 개념을 통해 해러웨이의 사상이 한국의 젊은 세대의 다양한 시도를 재해석할 수 있도록 해준다는 점을 강조한다.

4장은 바라드의 '행위적 실재론'을 자세히 소개한다. 후기 근대적 상황에서는 구성원 각자가 자신이 원하는 사회로의 변화를 위해 개인적 수준에서 어떤 노력과 절충이 필요한지 분명하게 인식, 제시, 평가, 대답할 것을 권하는 아고니즘 정치가 효율적인 정치 전략이 된다. 바라드는 실천이론의 이 같은 정치적 함의를 과학기술의 급속한 발달로 더욱 미세하고 다양한 형태로 전개되고 있는 사물과 인간의 분리방식 영역에 적용시켰다. 바라드는 물질에 대해 단어와 사물의 일치라는 재현론적 질문에서 벗어나 실천과 행동의 문제로 질문을 이동시킨다. 즉, 자연과 문화의 구분을 전제하는 대신 그 구분이 어떻게 물질적, 담론적으로 이루어지게 되는지 그 과정을 분석하는 것으로 초점을 이동시키는 것이다. 물질은 물질화 과정으로 이해되어야 하며, 이때 작동하는 담론적 경계, 물질적 강제와 배제, 물적 차원의 행위성과 조정적 실천이 바로 행위성이 된다. 바라드는 현상 속에서 '행위적 절단'에 의해 관찰자, 관찰대상, 관찰장치로 구체화되는 이러한 물질화 과정이 규범적으로 이루어지는 것임을 드러냈다. 실천이론은 '행위적 절단'의 이러한 규범적 판단의 역할을 단순히 판단 자체의 역할을 하는 것에서 나아가 행위와 판단기준의 불일치를 최소화시키는 적응적 변화 방식을 찾아내는 것으로 해석한다. 바라드의 행위적 실재론은 인간과 자연의 다양한 내부-작용을 상상할 수 있는 가능성을 제시함으로써 자연과 과학기술에 대한 우리들의 인식 지평을 획기적으로 넓혔다.

5장은 실천이론과 그 정치적 구현인 아고니즘 정치의 이론적 기반을 제시하는 핵심적인 장이다. 실천이론은 한 사회가 작동하기 위해 반드시 있어야 하는 다양한 사회제도가 그 안에 다시 사회적 실천을 포함하고 있다고 설명한다. 실천이론은 사회적 실천이론, 철학적 실용주의, 복잡적응계 이론에 기반을 둔다. 핵심이론으로서의 실천이론은 거시이론을 구성하는 도구적 역할을 함으로써 다양한 거시이론들의 정합적 통합을 가능하게 하고 거시이론의 효력과 적용 범위를 체계적으로 파악할 수 있게 한다. 한편 실천이론의 정치적 구현인 아고니즘 정치는 '확장된' 판단 개념뿐만 아니라 '확장된' 효율성 개념을 제공한다. 자유, 정의, 합리성과 같은 정치적 개념들은 좀 더 섬세하고 정교한 형태로 확장되며, 그 과정은 그 개념들의 분명한 정치적 의미를 논리적으로 추론하여 도출하는 것이 아니라 구성원들이 상상한 바람직한 사회변화의 방향과 일치하는가를 통해, 즉 구성원 각자가 상상하고 파악한 사회적 목표 전반으로 그 정치적 전략의 기준을 확장시키는 것을 통해 이루어진다. 결국 규범적 판단과 그 판단이 결정하는 사회적 실천의 효율성 간의 재귀적 관계에 대한 이해가 각 개인의 삶의 기술로 자리 잡게 하는 것, 이것이 이 시대 페미니즘 정치의 해법이 된다.

이 저서의 2부는 실천이론의 정치적 구현인 아고니즘 정치를 아렌트, 푸코, 라투르, 제를리의 정치이론 분석을 통해 제시한 후 필자가 제시하는 아고니즘 정치이론이 이들의 통찰을 정합적으로 재구성하여 성찰적 평형을 이룬 결과물임을 상세하게 설명한다.

6장은 '사회적인 것'의 위기를 창발현상의 특성과 푸코의 통치성 이론 중심으로 살펴본 후, 그 위기의 성격이 페미니즘의 보편주의 대 구성주의 논쟁과 같은 맥락에 있는 것임을 보여준다. '사회적인 것'이 분석도구로서 비효율적인 이유는 개인 간의 상호작용에서부터 설명하려는 현상까지의 연결고리가 자생적 사회질서 혹은 창발현상인 경우가 대부분이기 때문이다. 사회현상의 유지 혹은 변화는 구성원들의 행동에 의해 결정되고, 이들의 행동은 다른 구성원들과의 직접적인 상호작용이나 연결망, 혹은 대중매체를 통한 가상적 상호작용을 통해 이루어진다. 같은 맥락에서 제를리는 페미니즘 정치의 위기는 페미니즘 정치의 주체가 다양해진데 있는 게 아니라 단일한 주체를 요구하는 페미니즘의 개념 혹은 인식론 그 자체에 있다고 주장했다. 페미니즘의 주체가 되기 위해서는 버틀러가 지적했듯이 내 행동에 앞서 주체가 주어지지 않는다는 점에서 먼저 정치적 행위가 있어야 되지만, 그 행위가 정치적 행위가 되기 위해서는, 즉 페미니즘의 주체가 되기 위해서는 페미니즘 커뮤니티 내 다른 구성원들이 그 정치적 주장에 동의해야하는 과정이 필요하다. 이것은 페미니즘 정치를 더 이상 '사회적인 것'에 근거해 논의하는 것이 아니라 개인과 커뮤니티 단위에서 제기되는 주장과 호응의 수준에서 사회적인 것으로 확산될 수도 있고 또 실패의 위협에 놓일 수도 있는, 위험하지만 창의적인 작업의 연속으로 보는 것이다.

7장은 실천이론이라는 공통의 토대 위에서 푸코의 권력/지식론, 라투르의 결합의 사회학, 제를리의 정치적 자유론을 조망한다. '사회적인 것'을 대신하는 '실천'은 개개인의 행위로 구성되어있지만 그 개개인의 행위는 어느 정도 안정적으로 유지되는 실천 안에서만 일어나며 또 의미를 가질 수 있다. 푸코는 인구증가에 따라 권력의 작동방식이 미시권력으로 변했고 신자유주의 시대에 그 특성이 더욱 심화돼가고 있음을 강조했다면, 라투르는 '사회적인 것'을 이질적 요소들의 결합의 결과로 나타나는 현상으로 간주하면서 사회 안에서 생성되는 연결을 추적하여 그에 적절한 개념적 도구들을 재조립할 것을 제안했다. 제를리 역시 페미니즘 정치의 패러다임을 인식론적 보편주의 기준을 전제하는 것에서 벗어나 하나의 특수성의 신분으로 다른 특수성을 판단하는 정치적 실천과정을 통해 궁극적으로 보편성을 창출해내는 것으로 전환시켰다. 즉, 페미니즘 정치의 방향이 여성 간의 동질성과 공동의 목표를 미리 설정해놓으려고 하거나 여성 간의 차이를 드러내는 것에 머무는 것이 아니라 여성 간의 차이를 결합시키는 방식에 대한 고민으로 나아가야 한다고 본 것이다. 푸코, 라투르, 제를리의 분석방식은 사회학적 연구에서 도출되는 정치적 함의의 성격과 의미에도 큰 변화를 가져올 수 있다.

8장은 신자유주의적 지구화 시대의 한국사회에 여성운동을 포함한 사회운동이 정체되어 있는 주 원인이 정치지형이 후기 근대로 바뀌었는데도 여전히 계몽적 기획 안에서 운동을 추구하기 때문이라고 보고 그 대안으로 아고니즘 정치의 가능성을 모색한다. 후기 근대는 근대처럼 하나의 평형상태가 외부의 영향력에 의해 변화되는 선형적 체계가 아니고 구성원 개개인의 행동이 피드백 회로를 통해 그 행동 자체가 영향력을 구성하여 자생적으로 체계에 변화를 가져올 수 있는 비선형 체계, 즉 재귀적 체계다. 재귀적 체계의 사회에서 개별화된 개인은 선택의 자율성을 누리는 반면 그 선택의 결과는 더 예측하기 어려워진다는 점에서 근본적으로 불안을 동반한다. 모두가 동의하는 공동의 목표를 설정한 후 그 실현을 위해 정치적 운동을 펼치는 방식이 한계에 이르렀지만 그렇다고 개인의 행위성이 반드시 자유를 담보하는 것도 아닌 상황에서 사회의 효율성과 인간의 존엄성 확보 사이에 적절한 균형을 찾는 유일한 방법은 구성원 누구나 자신의 주장을 제기하고 또 다른 구성원들의 주장에 귀 기울이고 이의를 제기할 준비가 되어 있는, 서로 간의 의견 존중을 기반으로 한 정치적 공간을 열어두는 아고니즘 정치를 추구하는 것이다.

9장은 신자유주의 통치성이 작동하는 후기 근대 한국사회의 삶을 살아가는 여성들의 주체성 변화를 파악한다. 이를 위해서는 먼저 후기 근대의 권력 작동방식의 변화가 주체의 종속과 행위성에 어떻게 관련되는지 정확히 이해하는 것이 필요한데, 필자는 실천이론이 그에 대한 체계적인 분석틀을 제공할 수 있다는 점을 주장한다. 실천이론은 권력을 고정된 것이 아니고 개개인의 수행을 규정하는 사회적 실천과 그 사회적 실천을 평가하는 각 개인의 선택이라는 수행들로 작동하는 것으로 보며, 늘 변화의 가능성을 내포하고 있는 것으로 이해한다. 또한 여성 주체의 종속과 세력화 역시 단순하게 이분화 될 수 없는 서로 얽혀있는 문제이며, 어떤 여성의 행위가 종속된 것인지 행위성을 보이는 것인지는 그 행위와 그 행위가 속해있는 사회적 실천에 대한 공동체 구성원들의 평가가 어떻게 이루어지는가에 달려있다고 본다. 나아가 브랜덤의 언어적 실천개념을 중심으로 사회적 실천이 제공하는 '적극적 자유' 개념이 여성 주체의 종속과 행위성의 해석에 새로운 시사점을 줄 수 있다는 점을 설명한다. 마지막으로 후기 근대 한국사회에서 이미 신자유주의적 주체로 전환된 여성들의 종속과 행위성의 엮임을 이해하기 위해서는 구체적 맥락에서 개개인의 선택 과정을 추적하는 미시적 접근이 필요하다는 것, 그리고 아고니즘 정치를 통한 행위성의 구현이 필수적이라는 것을 주장한다.

10장은 보편주의와 상대주의에 기반을 둔 페미니즘 정치가 그 한계를 드러낸 과정을 살펴본 후, 제4물결 페미니즘 정치가 여성 자유의 정치를 도입함으로써 보편과 상대의 틀을 벗어나는 실천적 전환을 이루었음을 주장한다. 논의를 위해 먼저 제를리가 분석한 이태리 밀라노여성서점조합 운동사를 살펴본 후, 신자유주의 체제로 완전히 전환된 한국사회에서 최근 10여년 사이에 일어났던 주요 페미니즘 정치사례들[즉 2004년 성노동자운동, 2008년 촛불시위, 2012년 나꼼수-비키니 시위사건]의 분석을 통해 급격하게 변화하고 있는 한국 페미니즘 정치지형의 주요 특징들을 드러낸다. 필자는 이 주요 특징들을 여성의 행위성 및 '신여성성'에 대한 보다 나은 이해와 함께 사회적 실천의 역동성을 잘 드러내주는 예로 설명한다. 마지막으로 형식적 제도와 비형식적 규범의 역할에 대한 균형 잡힌 시각을 되찾으려는 실천이론이 진보정치 전략에 함의하는 바를 논의한다.

제1부

여성학 방법론의 실천적 전환

제1장 실천이론에서 본 여성학 방법론:
여성학 지식생산의 재검토

제2장 실천이론에서 본 샌드라 하딩의 포스트모던 입장론:
변화와 한계

제3장 실천이론에서 본 도나 해러웨이의 사이보그 페미니즘:
물적-기호적 실천 개념을 중심으로

제4장 실천이론에서 본 캐런 바라드의 행위적 실재론:
과학적 실천이론과 페미니즘 과학기술학의 접점

제5장 상징적 복잡적응계로서의 사회적 실천:
여성학 방법론과 페미니즘 정치에의 함의

CHAPTER 1

실천이론에서 본 여성학 방법론

여성학 지식생산의 재검토

1. 문제제기

1997년 IMF 금융위기 이후 한국사회는 지구화를 동반한 신자유주의적 구조조정으로 개인, 가족, 사회 전반의 수준에서 급격한 변화를 경험했다. 이 급격한 구조변화에 대해 한국사회의 구성원들은 과거 1960-70년대의 압축적 경제성장과 사회변화를 겪을 때 그러했던 것처럼 또다시 미처 준비할 틈도 없이 그 변화를 받아들여야했지만, 이제 시간이 지나면서 구성원 개개인이 그 변화에 대해 어떤 반응과 대응을 하는지가 서서히 그 윤곽을 드러내고 있다. 필자는 현재 한국사회의 신자유주의적 변화에 대한 개개인의 대응방식 중 가장 뚜렷한 것이 개인화라고 생각한다.

신자유주의는 1970년대부터 전 세계적으로 빠르게 확산됐다. 당시 신자유주의가 그렇게 빠르게 확산될 수 있었던 것은 케인즈식 복지국가 개념의 경제적 비효율성을 차단하고 개인의 자율적 공간을 증대시키면 사회의 효율성을 높일 수 있을 것이라는 경제논리 때문이었다. 그런데 이러한 효율성 증대는 푸코가 1979년에 이미 분석하였듯이 개인이나 가족이 사업조직과 경영방식을 내면화한 기업가적 개인이 되는 것을 전제로 한다.[1] 개인을 기업가로 변화시키는 이러한 신자유주의 체제가 그 변화로 인해 직접 피해를 입은 집단과 계층의 격렬한 저항에도 불구하고 전 세계적으로 대중의 지지 혹은 묵인을 얻으며 지속돼나갈 수 있었던 것은 신자유주의 체제가 목표로 하는 개인의 자율적 공간 증대가 단순히 경제발전을 통한 삶의 질 개선이라는 초기의 경제논리에 머물지 않고 정치적, 문화적 자유의 증대로 확산돼나갔기 때문이다. 예컨대 바우만이 후기 근대적 삶의 유동성을 개념화한 '액체근대'에 대한 분석을 통해 이 시대 소비자주의를 풍자적 시선으로 현란하게 보여주는 데서 잘 드러나고 있듯이,[2] 폭발적으로 증가한 개개인의 선택 가능성과 실질적인 창의적 공간 가능성에서 오는 해방감은 신자유주의의 주된 확산동력이다. 벡과 벡-게른스하임이 제안한 '개인화' 개념은 바로 이러한 변화를 사회적 측면에서 포착한 것이다.[3]

신자유주의가 실제로 전개되는 양상은 국가별로 다양하다. 각국의 근대화 진행 정도에 따라 그리고 계층과 세대에 따라 그 수용 및 변용 방식이 천차만별의 형태를 보이기 때문이다.[4] 특히 전례가 없는 압축적 근대화를 경험한 한국사회는 신자유주의적 사회변화에 대한 세대 간 대응전략이 다양한 스펙트럼을 형성하고 있기에 한국사회를 개인화를 특징으로 하는 신자유주의 사회라고 규정하는 게 적절한 것인지 의문

1 Michel Foucault, *The Birth of Biopolitics* (New York: Palgrave Macmillan, 2008), 226쪽.

2 지그문트 바우만(Zygmunt Bauman), 『액체근대』, 이일수 역 (서울: 강, 2009).

3 Ulrich Beck and Elisabeth Beck-Gernsheim, *Individualization: Institutionalized Individualism and Its Social and Political Consequences* (London: Sage, 2002).

4 Aihwa Ong, "Graduated Sovereignty in South-East Asia," in *Anthropologies of Modernity: Foucault, Governmentality and Life Politics*, ed. Jonathan Xavier Inda (MA: Blackwell, 2005), 83~104쪽.

이 제기되기도 한다.[5] 예컨대 오치아이E. Ochiai는 한국을 포함한 동아시아 사회가 출산율 급락, 결혼 지연, 이혼율 급증 등과 같은 가족해체의 징후에도 불구하고 서유럽의 혼외 출산율이 50%가 넘는데 비해 동아시아는 1.2%에서 4%에 머무는 현실은 한국을 포함한 동아시아 사회의 가족주의가 여전히 강고함을 보여주는 것이라고 주장한다.[6]

그러나 그 대응전략의 다양함에도 불구하고 한국사회에 신자유주의적 사회변화와 그에 따른 개인화와 같은 후기 근대적 성격이 이미 뿌리를 내렸다는 주장이 여러 연구자에 의해 제기되고 있다.[7] 예컨대 배은경에 따르면, 1997년 IMF 경제위기 시 작동됐던 단일한 집합적 여성정체성에 근거한 젠더정치가 2008년 경제위기 상황에서는 더 이상 작동하지 않았다.[8] 이것은 1997년 경제위기로 남성1인생계부양자 모델에 균열이 생기면서 이 모델에 안주하지 않고 다른 삶을 전망하는 여성들이 급증하기 시작했는데, 단일한 집합적 여성정체성의 젠더정치로 다른 삶을 선택한 이 여성들의 세계를 대변하기는 어려웠기 때문이다. 다양한 삶의 전망은 알파걸과 매니저맘의 등장에서부터 십대 가출 청소녀의 등장에 이르기까지 갈수록 분화돼가고 있지만 이들은 모두 각자 개별적으로 자신의 삶을 관리해나가려 한다는 점에서 같은 지향점을 가

5 장경섭, 『가족·생애·정치경제 - 압축적 근대성의 미시적 기초』 (파주: 창비, 2009), 311~13쪽.

6 에미코 오치아이(Emiko Ochiai), "21세기 초 동아시아의 가족과 젠더 변화의 논리," 『동아시아 여성과 가족 변동』, 신영희 역, 조주현 편 (대구: 계명대학교출판부, 2013), 110쪽.

7 배은경, "'경제 위기'와 한국 여성: 여성의 생애전망과 젠더/계급의 교차," 『페미니즘 연구』 9:2 (2009), 39~82쪽; 민가영, "신자유주의의 질서의 확산에 따른 십대 여성의 성적 주체성 변화에 관한 연구," 『한국여성학』 25:2 (2009), 5~35쪽; 서동진, 『자유의 의지, 자기 계발의 의지- 신자유주의 한국사회에서 자기계발하는 주체의 탄생』 (파주: 돌베개, 2009); 신경아, "'나'의 발견: 불안의 시대 (불)가능한 전략," 2011년도 한국문화사회학회 봄학술대회 자료집 (2011.5.27); 조주현, "후기 근대와 사회적인 것의 위기: 아고니즘 정치의 가능성," 『경제와 사회』 95 (2012), 163~89쪽; 홍찬숙, "개인화와 '젠더 사회': 개인화 시대의 사회불평등 양상," 『한국사회학』 47:1 (2013), 255~76쪽.

8 배은경, "'경제 위기'와 한국 여성," 41쪽.

진다. 홍찬숙 역시 신자유주의 체제가 한국가족을 변화시킨 것을 '핵분열'에 비유하면서 이 시대 여성들은 몸, 쾌락, 돌봄, 노동 등 전방위에 걸쳐 선택의 범위가 점점 더 넓어지면서 개별화되는 경험을 하고 있으며, 다변화된 선택으로 불평등의 양상이 분산됨에 따라 사회가 개인화된 것으로 보고 있다.[9] 개인화된 사회는 개개인의 개별화된 선택이 피드백 회로feedback loop를 통해 그 자체가 영향력을 구성하여 자생적으로 체계에 변화를 가져오는 재귀적 체계reflexive system의 사회이기 때문에 개개인은 선택의 자율성을 누리지만 그 선택의 결과는 근대사회와 달리 더욱 더 예측하기 어려워진다는 점에서 후기 근대의 개개인은 불안에 노출되게 된다.[10] 나아가 개인화된 사회에서는 그 불안마저 사회문제가 아니고 개개인이 스스로 예방, 관리, 대응해가야 하는 개인의 문제인 것으로 전환된다.[11]

이 장은 신자유주의적 지구화 시대에 이처럼 개인화된 여성들의 현실을 이해하는데 있어 기존의 여성학 방법론이 여전히 유효한지 알아보고 그 방법론적 대안을 모색하려는 것이다. 통상 페미니스트 경험론, 페미니스트 입장론, 페미니스트 포스트모더니즘[이하 경험론, 입장론, 포스트모더니즘]으로 분류되는 여성학 방법론은 하딩이 1986년에 범주화한 이래 여성학 지식생산 방식과 과정의 정당성을 보장해주는 논리로 자리 잡았다.[12] 그러나 이 세 방법론은 지난 30여 년간 각기 수정과 보완을 거치면서 변화하는 사회현실과 조응하는 방법론으로 진화해갔다. 특히 대표적인 여성학 방법론으로 알려진 입장론은 여성의 현실을 단일한 집합적 여성의 관점에서 설명하던 초기의 입장에서 벗어나 계급, 인종, 섹슈얼리티 등 거시적 개념 간의 상호교차로 구성되는 여성의 사회

9 홍찬숙, "개인화와 '젠더 사회'," 260~2쪽.

10 조주현, "후기 근대와 사회적인 것의 위기," 169~70쪽.

11 서동진, 『자유의 의지, 자기 계발의 의지』, 347~70쪽; 신경아, "'나'의 발견."

12 이하 페미니스트 경험론은 '경험론'으로, 페미니스트 입장론은 '입장론'으로, 페미니스트 포스트모더니즘은 '포스트모더니즘'으로 각기 지칭한다.

적 구성성을 강조하는 방향으로 진화해갔다.[13] 그러나 입장론은 계급, 인종, 젠더, 섹슈얼리티 등 사회적 실천에 외재하는 '사회적 위치'의 결정성에 의존한다는 점에서 개인화된 여성들의 삶의 현실을 세밀하게 분석하는 데는 여전히 한계가 있다.[14]

필자는 계급, 인종, 젠더, 섹슈얼리티 등과 같은 거시적 개념들[즉 '사회적인 것']이 개인화된 여성들의 현실을 분석하는 데 방법론적 효율성이 떨어지는 부분이 있다면 그 부정합의 문제는 '실천적 전환practice turn'으로 보완될 수 있음을 주장하려고 한다. 실천적 전환은 거시적 개념들을 통해 사회현상을 요약적으로 이해하는 것이 아니라 궁극적 이해의 원천인 사회구성원 개개인의 수행과 상호작용을 통해 생성, 유지, 변화, 혹은 소멸되는 사회현상에 대한 미시적 이해로 돌아가는 것을 말한다. 실천이론의 분석 전략은 입장론의 관점에서 포착될 수 없는 개개인의 수행performance과 상호작용에 대한 미시적 분석을 통해 개개인의 수행에 대한 평가가 어떻게 사회현상, 규범, 제도 등과 같은 사회적 실천들을 유지, 변화, 혹은 소멸시키는지 그 동적 변화를 읽어내고 그 이해를 바탕으로 구성원들의 수행을 다시 해석하는 반복적 작업을 하는 것이라고 요약할 수 있다.

여성학 방법론의 실천적 전환은 예컨대 여성문제에 대한 여성운동의 목표나 법의 제정, 혹은 정책 수립의 방식에 있어서도 전환을 요구하게 한다. 즉, 실천이론의 관점에서 보면 어떠한 운동의 목표나 법의 제정, 혹은 정책적 제안도 실제로 개개인이 행동하는 수행단계까지 규정할 수 없기 때문에 그 목표나 정책수립 이후 그것들이 어떻게 구성원들의 수행과 평가를 통해 유지, 강화, 변형, 혹은 소멸되는지 그 수행 단계에 더 많은 관심을 기울이는 것으로 전환돼야 한다고 보는 것이다.

---

13 샌드라 하딩(Sandra Harding), 『누구의 과학이며 누구의 지식인가?: 여성들의 삶에서 생각하기』, 조주현 역 (파주: 나남, 2009), 313~20쪽.

14 Linda Zerilli, "Toward a Feminist Theory of Judgment," *Signs* 34:2 (2009), 306쪽.

실천이론은 이들 수행에 관여된 구성원 간의 토론 등을 통한 의견수렴과 조절기제의 확보가 사회현상의 생성, 유지, 변형, 혹은 소멸의 주요 논점임을 부각시킨다. 나아가 실천이론은 이러한 방법론의 정치적 귀결로 아고니즘 정치의 일상화를 제안한다.[15]

이 장은 이러한 여성학 방법론의 실천적 전환을 주장하기 위해 다음과 같이 논의를 전개한다. 2절은 사회현상에 대한 실천이론의 미시적 이해와 여성학 방법론의 거시적 개념을 통한 구조적 이해 간의 공존의 방식을 사회체계이론과 복잡적응계 이론을 예로 들어 설명한다. 3절은 여성학 방법론의 세 유형인 경험론, 입장론, 포스트모더니즘이 최근 30여 년간 보여 온 변화의 방향이 실천이론의 방법론적 지향으로 수렴하고 있음을 보여준다. 4절은 여성학 방법론의 오랜 약점이었던 상대주의 문제를 실천이론이 해결해나갈 수 있음을 앨런, 아렌트, 제를리의 논의를 통해 보여준다. 마지막 결론으로 이 시대 한국사회의 개인화 현상이 여성학 방법론과 페미니즘 정치에 주는 함의를 정리한다.

2. 실천이론과 여성학 방법론의 공존의 방식

'사회적 실천'은 구성원의 수행과 그 수행에 대한 평가로 유지되는 상징적 계를 말한다. 사회적 실천은 외부조건의 변화에 따라 그 수행과 평가의 조정이 이루어지지만 일반적으로는 안정적으로 유지된다. 사회적 실천에서 핵심적 활동은 구성원 각자의 평가행위와 그 변화다. 각 구성원의 평가행위는 단순히 반복적이거나 습관적인 것이 아니고 각자가 체득한 '삶의 기술coping skills'에 의해 이루어지는 것이기

---

15 조주현, "후기 근대와 사회적인 것의 위기," 181~82쪽.

에 미리 예측하거나 유형화해서 포착할 수 없지만, 각 구성원은 자신을 포함한 공동체의 다른 모든 구성원의 평가행위의 옳고 그름은 판단할 수 있다. 각 구성원의 '삶의 기술'은 공동체community가 공유하는 사회적 실천에 의해 훈육되는 정도에 따라 또 그 실천을 이해하는 정도에 따라 습득된다.[16] '실천이론'은 항상 미시적 접근법에서 출발한다. 실천이론은 개개인의 수행과 그 수행에 대한 평가행위를 통해 사회적 실천이 유지, 변화, 혹은 소멸되는 동적 모델dynamics을 다루는 것이기 때문이다. 실천이론에서 서로 다른 실천 간의 상호작용이란 구성원이 한 실천에 속하는 수행을 할 때 다른 실천들이 그 수행에 영향을 미치는 것을 뜻하는데, 실천이론은 그 영향은 미약하다고 생각한다. 만약 그 영향이 강력하다면 두 개의 실천은 연동되어야 하는데, 그 경우 각각의 실천은 독립적으로 존재할 이유가 없기 때문이다.

실천이론의 이 같은 결론을 잘 반영하고 있는 것으로 루만N. Luhmann의 사회체계이론social systems theory을 들 수 있다. 루만은 사회를 법, 정치, 경제, 교육 등의 하위체계들로 구성된 체계로 이해한다. 각 하위체계는 각각의 고유한 논리에 따라 그 체계에 속하는 사안을 판단, 분석, 처리하며, 이때 다른 하위체계들은 그 하위체계의 환경이 된다. 루만에게 하위체계 간의 상호작용이란 하나의 체계가 환경과의 경계에서 미세한 조정이 이루어지는 걸 지칭하는 말이다.[17] 결국 루만의 사회체계이론과 실천이론의 주요 관심은 실천 간의 상호작용에 있는 것이 아니라

16 부르디외의 아비투스, 쿤의 패러다임, 하이에크F. Hayek의 자발적 질서spontaneous order 등이 사회적 실천의 특징을 잘 보여주는 예가 된다. 이 예들이 보여주듯이 사회적 실천은 그 구성요소의 특징과 상호작용만으로는 그 작동방식을 예측하기 어려운 특징을 보이기 때문에 창발현상emergent phenomena이라고 불리기도 한다; Joseph Rouse, "Practice Theory," in *Philosophy of Anthropology and Sociology*, ed. S. P. Turner and M. W. Risjord (Dordrecht: Elsevier, 2007), 639~81쪽을 보라.

17 Michael King and Chris Thornhill, "Ch1. Luhmann's Social Theory," in *Niklas Luhmann's Theory of Politics and Law* (New York: Palgrave Macmillan, 2006), 1~34쪽.

각각의 개별적인 사회적 실천이 어떻게 작동방식에 대한 자세한 규칙 없이도 안정적으로 유지되며 나아가 변형을 이루게 되는지 파악하는데 있다는 것을 알 수 있다.

실천이론과 사회체계이론의 이 같은 특징을 잘 이해할 수 있게 해주는 연결고리로 복잡적응계complex adaptive systems 이론을 들 수 있다. 복잡적응계는 일반적으로 균질적인 구성요소들로 구성되어있으며, 구성요소 간의 상호작용을 통해 그 구성요소나 상호작용의 특성만으로는 예측하기 힘든 창발적 특성을 보인다. 복잡적응계의 구성요소로는 원자나 분자, 뇌세포, 사회적 곤충처럼 비교적 단순한 것에서부터 인간처럼 그 자체가 또 하나의 복잡적응계인 경우에 이르기까지 다양한 요소가 있으며, 구성요소 간의 상호작용도 인간의 뇌와 같은 인지시스템이나 사회적 곤충처럼 비교적 단순한 것에서부터 사회적 실천의 경우처럼 극도로 복잡한 것에 이르기까지 다양한 범위의 유형들이 있다.[18] 복잡적응계는 창발적 특성을 보이기 때문에 거시적 구조나 개념들로 그 계의 모든 행동을 설명하는 것이 불가능하다. 또한 복잡적응계는 관점이나 시점에 따라 다양한 이해방식이 가능하며, 어떠한 접근법도 복잡적응계 전체를 설명할 수 없고 그 적용범위에 제한이 있다. 같은 맥락에서 하나의 접근법이 그 범위를 벗어나는 영역에서 모순을 보인다고 하여 그 이론이 폐기되지 않는다. 오히려 이론이 적용되지 않는 경계의 현상들은 그 현상들을 구성하는 미시적 상호작용에 대한 분석을 통해 모순을 해결해나가는 것이 더 효율적 전략이라고 본다.

어찌 보면 매우 자연스러운 이 같은 접근방법이 사회현상을 분석하는 여성학을 포함한 사회과학적 분석에서 자주 잊히는 것은 과학적 실천과 그 실천의 결과물인 과학적 법칙 간의 관계에 대한 오해에 기인한다. 즉, 과학이 사회적 실천에 대한 객관화되고 모순 없는 거시적인

18 Melanie Mitchell, *Complexity: A Guided Tour* (New York: Oxford University Press, 2009).

과학적 법칙을 찾을 수 있다는 오해인데, 복잡계 중에서도 가장 복잡한 사회적 실천으로부터 모순 없는 법칙을 추론해낸다는 것은 불가능한 기획이기 때문이다. 그러므로 우리가 루만의 사회체계이론과 복잡적응계 이론의 간략한 논의로부터 비교적 간단한 실천이론적 연구 분석 전략을 추론해낼 수 있다면 그것은 다음과 같은 것이 될 것이다. 첫째, 여성의 현실을 단일한 집합적 여성정체성의 위치에서뿐만 아니라 계급, 인종, 젠더, 섹슈얼리티 등 거시적 관점 간의 상호교차적 위치에서 설명하는 것은 그 거시적 관점의 효용성이 보장되는 범위 안에서만 사용하며, 그 범위를 벗어나는 영역에서는 그 영역에 효율적인 이론으로 대체한다. 둘째, 두 영역이 서로 겹치는 영역에서 두 이론 간의 모순이 발생한다고 하여 그 모순에 근거해 이론들을 폐기하지 않는다. 다만 겹치는 영역에 대한 미시적 분석이 필요한데, 이러한 미시적 분석에 실천이론을 이용하며 그 결과 두 이론 간의 모순이 어떻게 해소되는지 설명한다.

실천이론의 이러한 미시적 분석이 기존의 여성학을 포함한 사회과학의 미시적 경험연구와 다른 점은 다음과 같다. 기존의 여성학적 경험연구는 가부장제와 같은 주어진 사회적 규범이 어떻게 여성의 행위와 상호작용을 통제하게 되는지에 대한 세밀한 분석에 초점을 맞춘다. 반면에 실천이론은 그 주어진 사회적 규범이 어떻게 여성 개인의 행위와 그와 함께 이루어지는 평가행위를 통해 [즉 브랜덤이 말하는 '의무적 점수기록deontic scorekeeping' 행위를 통해] 조정과 변화를 겪게 되는지에 초점을 맞춘다.[19] 즉, 실천이론은 기존의 여성학적 경험연구와 동일하게 사회현상에 미시적으로 접근하지만, 실천이론은 사회적 조건, 규범, 혹은 구조가 개인의 선택에 영향을 미치는 점에 초점을 맞추기보다는 개인의 평가행위에 들어있는 불확정성, 즉 선택의 '자유'에 초점을 맞춘다는 점에서 기존의 여성학적 경험연구와 차이가 있다. 결국 실천이론

19 Robert B. Brandom, *Making it Explicit: Reasoning, Representing, and Discursive Commitment* (Cambridge: Harvard University Press, 1994), 141~43쪽.

의 관점에서 여성학적 연구를 한다는 것의 의미는 개별 사례에 대한 미시적 분석을 통해 기존의 거시이론에서 포착하지 못하는 해석과 이해를 얼마나 많이 도출해 낼 수 있는가에 달려있다고 할 수 있다.[20]

3. 여성학 방법론의 실천적 전환

1986년의 저술에서 하딩은 여성학 방법론을 근대의 계몽적 이성에 대한 입장 차에 따라 경험론, 입장론, 포스트모더니즘의 세 유형으로 분류했다. 경험론과 입장론이 각기 다른 전략을 택하고 있기는 하지만 근대의 계몽적 이성의 기획을 완성시키려는 근대적 프로젝트 안에 위치한다면, 포스트모더니즘은 근대의 계몽적 이성은 해체되어야 한다는 입장을 가지고 있다. 경험론, 입장론, 포스트모더니즘으로 분류된 여성학 방법론은 이후 여성학 지식생산 방식의 다양성을 포괄하면서 그 각각의 지식의 정당성을 입증해주는 토대로 작용했다.[21]

연구자를 이해하는 방식은 근대의 계몽적 이성에 대한 세 여성학 방법론의 입장차가 가장 분명하게 드러나는 지점이다. 먼저 경험론은 객관적이고 신뢰할 수 있는 여성학 지식생산을 하기 위해서는 연구자가

---

20 실천적 접근법을 사용하는 사회학자들로 기든스A. Giddens, 벡U. Beck, 부르디외P. Bourdieu, 뷰러워이M. Burawoy를 들 수 있다. 즉 실천의 재귀적reflexive 특징을 연구영역으로 삼는 것인데 다만 연구자들마다 사회적 행위와 구조 간의 관계를 설정하는 방식에 차이가 있다. 기든스는 구조화론을 통해 구조가 사회적 행위에 외재하지 않는 것으로 본 반면에 뷰러워이는 사회적 과정에 외재하는 구조가 있다고 본다. 이 같은 차이는 뷰러워이가 구조와 행위 간의 재귀적 특성이 느리게 진행됨에 따라 구조를 상호작용 외부에 있는 것으로 설명할 수 있는 제3세계의 탈식민 과정을 주로 분석한데 따른 것으로 생각된다; Michael Burawoy, "The Extended Case Method," *Sociological Theory* 16:1 (1998), 15쪽을 보라.

21 하딩, 『누구의 과학이며 누구의 지식인가?』, 33~40쪽.

성차별이나 남성중심성과 같은 사회적 편견을 제거하고 확장된 시야를 가질 수 있어야 한다고 주장했다. 경험론의 관점에서 보면 사회적 편견은 중립성을 유지해야 하는 개별 연구자의 계몽적 이성을 약화시키기 때문에 제거되어야 하는 것이다. 경험론은 바로 이 같은 사회적 편견을 제거하고 연구자가 확장된 시야를 갖게 하는 것이 여성운동의 역할이라고 보았다. 경험론에서 연구자가 여성이라는 사실은 성차별과 같은 사회적 편견을 가질 확률이 적다는 것을 뜻하며, 그만큼 중립적인 위치에서 기존의 과학적 연구규범을 준수하여 객관적 연구결과를 산출할 가능성이 높다는 것을 뜻한다.[22]

반면에 입장론은 연구자가 중립적일 수 있는 사회적 위치는 없으며 연구자는 언제나 사회 속에 위치한다고 주장했다. 입장론의 관점에서 보면 연구결과의 객관성은 연구자의 참여적 가치관으로 확보될 수 있는 것이므로 연구자의 사회적 정체성은 신뢰할 수 있는 연구결과를 낳는데 중요한 변수가 된다.[23] 나아가 입장론은 연구자가 내재한 가치 중 어떤 가치가 연구의 객관성을 높일 수 있는 것인지 판별할 수 있는 외재적 기준이 있다고 주장했다. 예컨대 연구자가 계급차별, 인종차별, 혹은 성차별과 같은 억압적 가치를 내면화했을 경우 그 연구자의 연구결과는 신뢰하기 어렵지만, 연구자가 반계급주의, 반인종주의, 혹은 반성차별주의와 같은 참여적 가치를 내면화했을 경우 그 연구자의 연구결과는 신뢰할 수 있다고 보는 것이다.[24] 그러나 입장론의 이러한 주장은 [즉, 연구자에게 절대적 기준을 제공해줄 수 있는 아르키메데스적 지점은 존재하지 않으며 연구자는 반드시 사회적 위치를 갖게 된다는 주장과, 여러 사회적 위치 중 어떤 사회적 위치에서 연구를 시작하는 것이 상대적으로 덜 왜곡되고 더 신뢰할만한 지식을 산출할 수 있는지 그

22 하딩, 같은 책, 34쪽.
23 하딩, 같은 책, 36쪽.
24 하딩, 같은 책, 322쪽.

우열을 판별할 수 있는 기준이 있다는 주장은] 상호 모순된 것이다. 입장론은 연구자의 관점과 무관한 보편적이고 객관적인 단 하나의 진실을 산출하려는 근대적 기획은 불가능한 기획이라고 주장하면서도 동시에 '객관성'이라는 개념을 유지하려는 데서 알 수 있듯이, 덜 왜곡된 지식을 판별할 수 있는 외재적 기준이 있다고 주장함으로써 하나의 통합된 진리체계를 구축하려는 근대적 기획을 수용했다.[25] 근대적 기획의 거부와 수용을 동시에 주장하는 입장론의 이러한 불안정성은 향후 입장론의 변화를 가져오게 하는 계기가 된다.

한편 연구자의 사회적 위치가 연구결과의 객관성을 제고할 수 있다는 입장론의 주장은 남성 연구자보다 여성 연구자가 상대적으로 덜 왜곡되고 더 객관적인 연구결과를 산출할 수 있게 하는 그 '여성'의 사회적 위치의 내용은 무엇인가에 대한 논의로 진화했다. 초기의 입장론자들은 "손, 머리, 가슴을 통합하는 여성노동의 특징"을 반영하는 연구방법을 개발하고,[26] "감각적이고, 관계적이고, 구체적 활동을 하는 여성의 특징"을 통해 남성의 활동에서는 보이지 않는 자연과 사회의 여러 측면을 파악해 나갈 것을 제안했다.[27] 또한 "유아기의 분리-개별화 과정을 겪지 않은 여성적 인식"이 그 과정을 겪은 남성적 인식과 철학적 개념 간의 정합성을 폭로할 수 있으며,[28] 여성 연구자는 여성 연구참여자

25 하딩은 입장론을 미완의 근대적 기획을 이어간다는 뜻에서 승계과학successor science이라고 불렀다; 하딩, 같은 책, 310쪽.

26 Hilary Rose, "Is a Feminist Science Possible?," Paper presented to the Technology and Culture Seminar at MIT, April 1984; 하딩, 같은 책, 184~85쪽에서 재인용.

27 Nancy Hartsock, "The Feminist Standpoint: Developing the Ground for a Specifically Feminist Historical Materialism," in *Discovering Reality: Feminist Perspectives on Epistemology, Metaphysics, Methodology and Philosophy of Science*, ed. S. Harding and M. B. Hintikka (Dordrecht: Reidel, 1983), 283~310쪽; 하딩, 같은 책, 192쪽에서 재인용.

28 Jane Flax, "Political Philosophy and the Patriarchal Unconscious: A Psychoanalytic Perspective on Epistemology and Metaphysics," in *Discovering*

들과 "동일한 인식론적 지평"에 놓여있기에 이들을 자기 경험으로부터 소외시키는 남성 연구자와 달리 여성 연구자는 관념적 범주를 더 완전하고 덜 왜곡된 방식으로 사용할 수 있게 된다고 주장했다.[29] 나아가 1960년대의 정치적, 경제적, 사회적 변화를 통해 이전 시대 여성과는 다른 삶의 전망을 갖춘 여성들이 등장하면서 근대의 공/사 구분을 넘어선 틈새 공간이 생성되었고 그 틈새 공간의 위치에서만 파악될 수 있는 세계로의 접근이 새로운 인식론의 출현을 가능하게 한다고 주장했다.[30] 그러나 이처럼 다양한 논의에도 불구하고 초기의 입장론적 인식론은 모두 단일한 집합적 여성정체성에 근거를 둔 논의라는 점에서 공통점을 보였다.

마지막으로 포스트모더니즘은 연구자는 그것이 어떠한 사회적 위치든 단일한 집합적 여성정체성을 기대하면 안 된다고 주장했다. 포스트모더니즘은 연구자도 연구참여자와 마찬가지로 각자가 그리고 서로 간에 분열된 정체성을 갖고 있으며, 그 각각의 분열된 정체성 사이에서 생성된 연대의 정치를 통해서만 덜 왜곡되고 더 설득력 있는 연구결과를 가져올 수 있다고 주장했다. '분열된 정체성' 개념은 보편이성과 보편과학에 대한 회의를 반영하는 개념이기에 그 점에서만 보면 포스트모더니즘과 입장론은 동일한 지향점을 갖는다고 할 수 있다. 그러나 포스트모더니즘은 연구자의 사회적 위치가 거시적 개념으로 미리 범주화할 수 없을 정도로 상황 귀속적이고 맥락적이게 되었음을 강조한다는 점에서 입장론과 대조된다.[31] 특히 포스트모더니즘을 대표하는 해러웨

Reality: Feminist Perspectives on Epistemology, Metaphysics, Methodology and Philosophy of Science, ed. S. Harding and M. B. Hintikka (Dordrecht: Reidel, 1983), 245~81쪽; 하딩, 같은 책, 196~98쪽에서 재인용.

29 Dorothy Smith, "A Sociology for Women," in *The Prism of Sex: Essays in the Sociology of Knowledge*, ed. J. Sherman and E. Beck (Madison: The University of Wisconsin Press, 1979), 135~87쪽; 하딩, 같은 책, 202~04쪽에서 재인용.

30 하딩, 같은 책, 207~08쪽, 282~83쪽.

31 해러웨이는 근대적 체계의 기반을 이루는 세 가지 경계, 즉 인간과 동물, 유기체와 기

이는 '계급', '여성의식', '가부장제'와 같은 개념들이 [억압되고 소외된 여성정체성을 본래의 통일된 모습으로 복원시키는 것을 목표로 한다는 점에서] 후기 근대에 걸맞은 여성학 방법론과 페미니즘 정치의 모색을 가로막는 장애물이라고 비판했다.[32]

그러나 여성학 방법론의 이러한 세 유형 간의 구분은 1990년대 들어 새로운 인식론적 패러다임이 등장하면서 와해되기 시작했다.[33] 페미니스트 경험론자인 넬슨L. H. Nelson은 지식의 주체는 연구자 개인이 아니고 과학자 공동체이며, 증거는 절대적 기준에 기반을 두고 채택되는 것이 아니고 공공적 기준public standards에 기반을 두고 채택된다는 논리로 경험론을 급진적으로 재구성했다.[34] 페미니스트 경험론자인 론지노H. E. Longino 역시 과학적 지식은 사회적으로 구성되는 것이고, 객관성이란 공동체적 실천의 기능임을 주장했다.[35] 여기서 중요한 것은 변화된 경험론이 여전히 상대주의를 거부한다는 사실이다. 즉, 지식의 정당성을 입증해줄 수 있는 기준이 외재적으로 존재하는 어떤 절대적 토대에 근거해 주어지는 것은 아니지만 공동체가 구축한 증거 기준에 근거를 두고 지식의 정당성을 판별할 수 있는 내재적 기준을 만드는 것으로도 충분히 상대주의에서 벗어날 수 있다고 보는 것이다.

계, 물리적인 것과 비물리적인 것 사이의 경계가 현대사회의 경험 속에서 해체됐다고 주장했다; 하딩, 같은 책, 250쪽.

32 Donna Haraway, "A Manifesto for Cyborgs: Science, Technology and Socialist Feminism in the 1980s," *Socialist Review* 80 (1985), 65~108쪽: 하딩, 같은 책, 250~55쪽에서 재인용.

33 Susan Hekman, "Truth and Method," *Signs* 22:2 (1997), 341~65쪽; Joseph Rouse, "Feminist Challenges to the Reification of Knowledge," in *How Scientific Practices Matter: Reclaiming Philosophical Naturalism* (Chicago: The University of Chicago Press, 2002), 135~60쪽.

34 Lynn H. Nelson, *Who Knows: From Quine to a Feminist Empiricism* (Philadelphia: Temple University Press, 1990); Hekman, "Truth and Method," 357쪽에서 재인용.

35 Helen E. Longino, *Science as Social Knowledge* (New Jersey: Princeton University Press, 1990); Hekman, "Truth and Method," 357쪽에서 재인용.

입장론 역시 단일한 집합적 여성정체성의 인식론에서 벗어나 '여성'은 관련된 수많은 위계적 사회관계의 배열에 의해 최종적으로 구성되는 것으로 '여성'을 재구성했다.[36] 변화된 입장론은 단일한 집합적 여성정체성의 인식론이 남성중심주의와 성차별에만 초점을 맞춤으로써 오히려 다른 사회적 위계관계들을 지원하는 퇴행적 결과를 낳을 수 있다고 보았다.[37] 변화된 입장론의 관점에서 보면 젠더관계는 계급, 인종, 섹슈얼리티 등 위계적 체계 간의 상호교차를 통해 최종적으로 확정되는 것이기 때문에 연구자가 객관성을 제고하기 위해서는 단일한 집합적 여성의 삶이 아닌 다중적이고 복합적인 여성들의 삶에서 연구를 시작해야 한다. 또한 개별 연구자와 연구자 집단은 연구참여자와 동일한 인과율의 단면에 놓여있기 때문에 연구대상인 '여성'을 구성하는 연구참여자들이 상호 모순적이고 상충되는 삶을 살고 있는 것처럼 개별 연구자와 연구자 집단 역시 각기 상호 모순되고 상충되는 삶을 살고 있는 것으로 상정해야 하며, 따라서 이들에게 하나의 사회적 위치를 설정한다는 것은 불가능한 기획이 된다. 변화된 입장론에서 페미니스트 연구자란 여성이거나 여성이 되는 경험을 한 연구자가 아니고 서로 모순되고 상충되는 삶의 위치에서 연구를 시작하려는 자세를 갖춘 연구자를 뜻한다. 또한 변화된 입장론에서 페미니즘 관점이란 여성 경험에 근거한 관점이 아니고 "중심 집단의 경험이 만들어내는 상식과 그에 기반을 둔 자연스러운 사회관계를 상대화해서 볼 수 있는 관점"을 뜻한다.[38] 요약하면, 변화된 입장론은 페미니즘 관점을 여성들의 삶의 현실을 통해 주어지는 것이 아니라 담론적으로 구성되는 것, 즉 성취되는 것으로 파악한다.

이처럼 변화된 입장론은 하나의 페미니즘 입장이 아니라 여러 페미니

36 하딩, 『누구의 과학이며 누구의 지식인가?』, 43~49쪽; 패트리샤 힐 콜린스(Patricia Hill Collins), 『흑인 페미니즘 사상』, 박미선·주해연 역 (서울: 여이연, 2009).

37 하딩, 같은 책, 44쪽; Nancy Fraser, "Feminism, Capitalism and the Cunning of History," *New Left Review* 56 (2009), 97~117쪽.

38 하딩, 같은 책, 409~14쪽.

즘 입장이 있을 수 있으며, 하나의 진실이 아니라 여러 현실과 진실이 있을 수 있다는 것을 인정하면서 '포스트모던 입장론'으로 선회했다.[39] 그러나 입장론은 이 같은 선회를 통해 더욱 강력하게 입장론은 '상대주의'라는 비판에 직면하게 되는데, 이러한 상대주의 문제를 해결하기 위해 입장론자인 하딩이 제시한 것이 '강한 객관성' 개념이다. 강한 객관성 개념은 모든 지식은 근본적으로 상황적 지식임을 인정하지만 그렇다고 각각의 지식이 서로 동등한 수준인 것은 아니며, 여러 지식 중에서 더 객관적인 지식을 판별할 수 있는 기준이 있고 그러한 지식은 억압의 수준이 높은 사회적 상황에서 구성된 지식이라고 보는 것이다.[40] 이것은 하딩의 강한 객관성 개념이 여전히 공동의 판단 기준이라는 거대담론을 전제하고 있다는 것, 그리고 입장론이 여러 삶의 현실이 있음을 인정함으로써 포스트모던으로 선회했다하더라도 그 입장론은 여성들의 삶의 현실이란 페미니스트 연구자가 구성한 또 하나의 담론일 뿐이라는 포스트모더니즘적 상대주의와는 거리를 두는 것임을 말해 준다.[41]

마지막으로 포스트모더니즘은 분열된 주체성과 상황적 지식을 주장하는데서 한걸음 더 나아가 우리가 추구해야 할 것은 '진실'과 '현실'이 아니고 또 다른 '이야기'라고 주장했다.[42] 포스트모더니즘에서 '해방'은 억압과 가능성 양쪽 모두에 대해 상상적으로 이해할 수 있는 의식을 구성할 수 있는가에 달려있다. 이러한 주장은 얼핏 어떤 이야기든 실현가능한 것으로 봄으로써 '현실'을 상대화한다는 혐의를 받을 수도 있지만 해러웨이는 연구자는 물적-기호적 존재이기 때문에 장소에 구속되는 존재라는 점, 그리고 특정 장소에서 생성된 상황적 지식은 연구자와 연구참여자 간에 연구참여자의 능동성을 반영하는 방식으로 상호작용

39 하딩, 같은 책, 95쪽.

40 하딩, 같은 책, 231~36쪽.

41 Hekman, "Truth and Method."

42 Haraway, "A Manifesto for Cyborgs,"; Hekman, 같은 글, 358쪽에서 재인용.

을 거쳐 구성되는 것이기 때문에 그 지식은 상대주의에 노출된 지식이 아닌 신뢰할 수 있는 지식이 된다는 점을 강조하면서 포스트모더니즘을 사회구성론[즉 스트롱 프로그램]의 상대주의와 분리시켰다.[43]

이처럼 변형된 경험론, 입장론, 포스트모더니즘은 모두 중립적 연구자란 존재하지 않으며 사회적 현실은 연구자와 무관하게 외부에 존재하는 것이 아님을 강조한다는 점에서 상호 수렴된다. 나아가 이 세 방법론은 1) 연구자와 연구참여자의 관계를 주 연구목적으로 한다는 점, 2) 과학적 지식을 설명하기보다 과학적 실천에 참여하려는 입장을 갖는다는 점, 3) 현 지식의 상태보다 미래의 가능성에 우선적 관심을 갖는다는 점, 4) 객관성을 유지하려하지만 그것은 저기 분리되어 존재하는 객관적 세계에 대한 초월적 인식이 아니라 세계 안에 존재하는 인식자 knowers의 생각이나 문화에 대한 인식이기에 인식론적 성격과 정치적 성격을 둘 다 유지하는 특성을 보인다는 점, 그리고 5) 다양한 개개인의 생각과 문화가 반영될 수 있도록 연구자는 스스로 비판적 성찰을 지속한다는 점에서 공통된 특징을 보인다.[44] 변형된 경험론, 입장론, 포스트모더니즘의 이러한 특징들은 실천이론의 특징과 수렴하는 것이다. 실천이론은 사회적 실천이 구성원들의 수행과 상호작용으로 생성, 유지, 변화, 혹은 소멸된다고 보며, 지식이란 구성원들의 수행과 상호작용에 초점을 맞춰 세계를 실천적, 담론적으로 다뤄나가는 것이라고 보고 있는데, 실천이론의 이러한 특징은 객관주의와 상대주의 모두로부터 거리를 두면서 새로운 지식생산 방식을 추구하려는 여성학 방법론의 기획을 완성시키는 것이기 때문이다. 필자가 변형된 경험론, 입장론, 포스트모더니즘이 지향하는 방향의 궁극적 귀결점으로 실천이론을 지목하는 것도 바로 이런 이유 때문이다.

43 조주현, "페미니즘과 기술과학: 대안적 패러다임 모색을 위한 해러웨이 읽기," 『한국여성학』 14:2 (1998), 136쪽.

44 Rouse, "Feminist Challenges to the Reification of Knowledge," 146~47쪽.

4. 페미니즘 정치의 실천적 이해: 아고니즘 정치

후기 근대의 개별화된 여성들의 삶을 이해하는데 있어 주체성 문제는 페미니즘 정치의 핵심적 주제가 된다. 여성의 종속과 세력화의 전선이 단일한 집합적 여성정체성 정치에 위치하지 않고 개인화된 삶 안에서 각기 개별화된 형태로 구성될 때, 그 개별여성의 종속과 행위성을 구성하는 주체성 문제는 그 자체로 페미니즘 정치의 전선이 될 수 밖에 없기 때문이다.

앨런A. Allen은 코넬대학에서 여성학 과목을 수강하는, 페미니즘 이론에 해박하고 여성과 여성성에 대한 문화적 이미지를 충분히 비판할 수 있는 자의식 강하고 똑똑한 여대생들이 날씬한 외모로 표현되는 규범적 여성다움에 자발적으로 순응하는 현상을 예로 들면서 여대생들이 외모규범에 순응하는 것은 가부장적 권력에의 종속이나 개인의 자율성의 표현 중 어느 하나로 설명될 수 없는 것이라고 주장했다.[45] 앨런에 따르면 외모규범에 순응하지 않을 때 기분이 나빠지고 날씬한 몸을 유지하지 못하는 자신을 비하하게 되지만 그렇다고 외모경쟁에 뛰어드는 것도 주저하게 되는 것은 그 여성이 가부장적 권력에 완전히 순종하는

45 앨런은 이들 여대생의 수행을 합리적 선택이론의 관점에서 집단행동의 딜레마(collective acton problem)로도 설명할 수 있는 것으로 보고 있다. 먼저 외모관리는 기본적으로 경쟁의 문제이고 경쟁에는 절대적 기준이 있는 것이 아니다. 집단행동의 딜레마는 외모경쟁에 뛰어든 선택을 한 여성이 그로부터 얻는 이득은 순전히 그녀 자신의 것이 되는 반면에, 외모경쟁에 뛰어들지 않는 선택을 한 여성이 그로부터 얻는 이득은 모든 여성들에게 배분되는 상황을 말한다. 따라서 개인의 수준에서는 언제나 외모경쟁에 뛰어드는 것이 그렇게 하지 않는 것보다 더 많은 이득을 얻을 수 있고 자기 이익을 추구하는 합리적인 선택이 된다. 그러나 여성집단의 수준에서는 여성들이 외모경쟁에 참여했을 때 더 많은 손해를 보게 된다. 즉 외모경쟁은 개인의 수준에서는 이익이고 집단의 수준에서는 손해인 것이다; Amy Allen, *The Politics of Our Selves: Power, Autonomy, and Gender in Contemporary Critical Theory* (New York: Columbia University Press, 2008), 181~183쪽.

것도 순종하지 않는 것도 아니며, 종속과 행위성은 여성 개인의 삶 안에서 완전히, 깊게, 서로 엮여있는 것임을 보여주는 것이다. 예컨대 버틀러에 따르면 여성의 종속은 역설적 성격을 갖고 있어서 여성은 가부장적 권력에 의해 종속적 주체로 구성되지만 역으로 바로 그 종속적 주체로부터 여성은 스스로 행동할 수 있는 능력을 갖추게 된다. 즉, 주체는 특정한 형태로 인정받는 것 혹은 호명당하는 것을 통해 생성되는데, 그 인정의 유형이 설령 종속적이고 왜곡된 것이라 하더라도 어떤 유형으로든 먼저 주체로 구성되어야 그 주체로부터 행동할 수 있는 능력이 나오기 때문에 여성은 스스로 자신의 종속을 강력히 바라게 된다는 것이다.[46] 버틀러의 이러한 논리를 따라가 보면 우리는 종속과 행위성이 완전히 엮여있는 여성의 주체성을 만나게 되고, 그 여성의 주체성을 변화시키기 위해서는 신념의 수준에서뿐만 아니라 상상과 욕망의 수준에서까지 변화가 있어야 한다는 것을 알게 된다.

앨런은 이처럼 종속과 행위성이 완전히 엮여있는 여성의 주체성을 변화시키기 위해서는 합리적 비판능력보다 비판적 성찰능력이, 즉 원하는 방식으로 자신을 바꿀 수 있는 능력이 요구된다고 보았다.[47] 예컨대 외모경쟁의 경우, 그 경쟁에 종속되지 않는 방법은 외모규범을 거부하는 것이기 보다 외모규범을 실천하는 방식을 스스로 결정할 수 있는 능력을 갖추는 것이 된다. 앨런은 이를 위해 사회운동과 여성운동을 통해 대안적 인정자원을 만들고 그로부터 대안적 자기-이해와 삶의 방식을 만들며, 나아가 문학과 영화 활동을 통해 페미니즘 담론을 형성하고 그것을 작품으로 발현시켜 새로운 문화적 시선을 형성함으로써 궁극적으로 사회제도의 변화를 추동해내는 방식을 제안했다. 즉, 앨런에게 새로운 여성 주체성의 형식은 자신을 이해하는 방식을 변화시키고 새로운 인정recognition 자원을 찾으며, 인정을 종속적 형태가 아니라 상호인

46 Judith Butler, *The Psychic Life of Power* (CA: Stanford University Press, 1997).

47 Allen, *The Politics of Our Selves*, 183쪽.

정의 형태로 바꾸는 것이다. 이러한 앨런의 대안은 버틀러의 주체 재구성 논의와 출발점은 같지만 버틀러의 논의에 비해 사회적 실천의 방향으로 한걸음 더 나아간 것이라고 할 수 있다. 다만 앨런이 대안으로 설정한 시민운동과 여성운동, 그리고 문학과 영화 활동은 여성 개인의 실천에 외재하는 구조가 아니라는 점이 강조되어야 할 것이다. 앨런이 외재적 구조로 설정한 이러한 제도들은 사실상 그 자체가 사회적 실천이고, 개개인의 수행을 통해 생성, 유지, 변화, 또는 소멸되는 사회적 현실이기 때문이다. 문제를 이렇게 본다면 결국 우리는 여성 주체성의 변화를 위해서는 주체 자체에 시선을 고정시키는 대신 사회적 실천으로 시선을 이동시켜야 한다는 결론에 이르게 된다.

아렌트의 정치적 행위 이론은 우리가 여성 주체성을 변화시키는데 있어 주체의 재구성에 초점을 맞추는 대신 사회적 실천으로 우리의 관심을 이동시킬 때 많은 도움을 얻을 수 있는 이론이다.[48] 아렌트에 따르면 우리의 삶의 활동은 '노동labor', '작업work', '행위action'로 이루어진다. 노동, 작업, 행위는 모두 인간의 삶을 실현시키기 위해 필요한 활동이지만 그 중에서도 '행위'는 동물도 신도 아닌 인간의 특징을 가장 잘 구현하는 활동이다.[49] '행위'는 말과 행동으로 사람들과 상호작용하는 것을 말한다. 개인의 '행위'는 그것이 구성원들[즉 관찰자들]에게 어떤 반향을 일으킬지 알 수 없기 때문에 그 결과를 예측할 수 없는 창의적인 것이다. 아렌트에게 '행위'의 자유란 여러 선택지 중 하나를 선택할 수 있는 능력을 뜻하는 게 아니라 무언가 새로운 것을 시작할 수 있는 능력을 뜻한다. 아렌트에 따르면 우리 모두는 이미 탄생의 순간에 이 세상에 새로움을 가져온 경험이 있다. 이 시작의 경험, 즉 자유의 경험은 우리가 매 순간 무언가 새로운 것을 시작할 때마다 실현된다. 아

48 조주현, "'사회적인 것'의 위기와 페미니스트 정체성의 정치: 린다 제릴리의 대안," 『사회와 이론』 17 (2010), 53~83쪽.

49 Maurizio P. d'Entreves, "Hannah Arendt." in *The Stanford Encyclopedia of Philosophy* (Fall 2008 Edition), http://plato.stanford.edu/entries/arendt/.

렌트에게 있어 인간 '행위'의 핵심적 특징은 바로 이 시작이라는 의미의 자유다. 그리고 모든 시작에는 지금까지 일어난 일로는 예측할 수 없는 가능성이 포함되어 있다.[50]

아렌트에 따르면 인간의 '행위'에는 이렇게 미래로 열려있는 자유의 가능성과 함께 또 다른 특징이 있는데 그것이 바로 '다수성plurality'이다. 행위는 새로운 것, 예상치 못한 것을 세상에 도입시키는 것이기 때문에 혼자 고립된 상태에서 이룰 수 없는 것이다. '행위'가 새로운 시작이 되기 위해서는 각기 다른 관점을 가지고 그 행동을 평가하는 다수의 구성원들[즉 관찰자들]로부터 동의를 끌어낼 수 있어야 한다. 오직 구성원들의 존재와 동의를 통해서만 개인의 행동은 의미를 획득한다. 따라서 아렌트에게 있어서 '행위'란 구성원들이 판단할 수 있도록 공론장에서 말과 행동을 통해 구성원들의 동의를 끌어낼 수 있는 것을 말하며, '행위'는 오직 구성원들이 규정한 맥락에서만 존재할 수 있는 것이 된다. 한편 구성원들은 모두 각자 개성을 지닌 개인들의 조합이기에 이들이 상호작용하는 방식은 고유하고 독특하며, 따라서 무한히 복합적이고 예측할 수 없는 행동과 관계의 연결망을 형성한다. 이 예측할 수 없는 연결망이 공론장이 되며, 이 연결망에서 말과 행동을 통해 개개인은 아무런 매개물 없이 서로 직접 연결된다.[51]

아렌트에게 있어 인간사human affair에 관한 진리는 '합리적 진리'처럼 불변의 원칙과 보편의 기준을 인간사에 강요하는 것이 아니라 인간사의 다양성과 상대성 속에서 과거와 현재의 '사실적 진리'에 근거해 구성원 간에 논쟁과 설득, 승낙과 동의를 얻어 '획득'되는 것이다.[52] 즉 인간

---

50 Hannah Arendt, *The Human Condition* (Chicago: The University of Chicago Press, 1958), 9쪽.

51 Arendt, *The Human Condition*, 199~200쪽.

52 Hannah Arendt, "Truth and Politics," in *Between Past and Future* (New York: Penguin, 1961), 227쪽. 아렌트는 진리를 합리적 진리(수학, 과학, 철학적 진리군)와 사실적 진리(일어난 사건과 상황)로 구분했다; Arendt, 같은 글, 234~59쪽.

사의 영역은 사건과 상황의 문제를 다루는 '사실적 진리'가 보장되는 한 현실에 대한 개별 연구자의 의견은 다양할 수 있으며, 각각의 의견은 그 다름에도 불구하고 여전히 정당할 수 있다. 이 다양한 의견 중에 어떠한 의견도 자명한 것은 없으며, 모든 의견은 모든 측면에서 그리고 모든 관점에서 논쟁을 통해 인간의 이해로 완전히 투명해질 때까지 점검하여 투명성을 획득하면 신뢰할 수 있는 지식이 된다. 아렌트는 이 과정에서 중요한 것이 타자의 의견을 고려하는 능력임을 강조했다. 즉 *내 정체성을 유지한 채* 타자의 위치에서 생각해 보는 것이다. 연구자가 더 많은 타자의 위치에서 생각해보는 상상력을 발휘할수록 연구자의 대의적 사고representative thinking 능력은 강화되고, 그로부터 도출된 의견은 더욱더 정당성을 확보하게 된다.[53] 연구자는 변할 수 없는 과거와 현실에 기반을 두고 미래까지 예측하려는 결정론적 태도와 변할 수 없는 과거와 현실까지 조작하려는 태도 사이에서 '자유'를 향한 좁은 길을 걷는다. 아렌트에게 있어서 상황을 바꿀 수 있는 지식, 즉 진보적 지식이란 현실을 받아들이고 인간의 자유능력에 의존하여 타자의 위치에 서보는 상상력으로 대의적 사고를 확장함으로써 구성될 수 있는 것이다.[54]

한편 자유의 표현인 개인의 정치적 주장과 그에 대한 구성원들[관찰자들]의 인정이 정치적 변화를 가능하게 한다는 아렌트의 이론은 제를리에게서 '정치의 단정적 순간predicative moment of politics'으로 개념화된다. 제를리는 페미니즘이 '여성'의 이름으로 무엇을 주장할 때 그 행위는 이미 존재하는 여성에 기반을 둔 행위가 아니라 페미니즘의 이름으로 '여성'을 구성하는 행위라고 주장했다. 즉 페미니즘의 주장은 미래의 불확정성을 향한 자유의 발언이며, 그것은 거시적 개념으로 유형화된 여성 정체성에 근거한 주장이 아니라 단지 앞질러서 발언하는anticipatory

53 Arendt, 같은 글, 237~38쪽.

54 Arendt, 같은 글, 254쪽.

구조로서 주장할 때만 실현되는 정체성에 근거한 발언이다. '정치의 단정적 순간'은 바로 이 불확정성의 순간을 말한다.[55] 결국 후기 근대 한국사회에서 단일한 집합적 여성 정체성에 근거한 젠더정치 전략이 그 힘을 상실했지만 그렇다고 개별화된 여성들의 행동이 반드시 자유의 표현인 것도 아니라는 사실을 우리가 인정한다면, 이제 나아가야할 방향은 제를리가 제안했듯이 특정 이슈마다 새롭게 정치적 주장을 할 수 있는 정치적 영역을 확보하는 것이 된다.[56]

아고니즘 정치는 그러한 정치적 영역의 확보를 가능하게 하는 방법이다. 즉, 후기 근대에 개인은 개별화될 뿐만 아니라 "개인의 노동, 역할, 기능의 각 층위들이 서로 분리되고 교환되어 개인이라는 인격체의 경계 역시 불분명해지는 유사주체화 현상까지" 나타나는 상황에서[57] 이 다양한 목소리를 민주주의의 틀 안에 포용해나갈 수 있는 유일한 방법은 이들 다양한 목소리가 서로 논의, 수용, 반박의 과정을 거치게 하는 과정을 확보하는 것이다.[58] 개별화된 개인이 경연agon에서 토론을 통해 합의를 도출하는 방식을 강화하는 방향으로 나아가는 것, 오직 그것만이 모두가 동의하는 공동의 목표를 설정한 후 그 실현을 위해 정치적 운동을 펼치는 방식은 한계에 이르렀지만 그렇다고 개인의 행위성이 반드시 자유를 담보하는 것도 아닌 상황에서 효율성과 인간의 존엄성 확보 사이에 적절한 균형을 찾을 수 있는 유일한 방법이 된다.

55 Linda Zerilli, *Feminism and the Abyss of Freedom* (Chicago: The University of Chicago Press, 2005), 171~72쪽.

56 Zerilli, "Toward a Feminist Theory of Judgment," 90쪽; 조주현, "후기 근대와 사회적인 것의 위기," 163~89쪽에서 재인용.

57 홍찬숙, "개인화와 '젠더 사회,'" 261쪽.

58 아고니즘은 상호 투쟁적이면서 동시에 상호 격려적인 관계를 말한다. 그 관계는 직접적인 상호충돌로 각자가 무력화되는 관계가 아니라 영원히 서로를 자극하는 관계이다; 조주현, "후기 근대와 사회적인 것의 위기," 174쪽.

5. 맺으면서

필자는 이상과 같이 신자유주의적 지구화에 따른 사회 변화에 대해 개개인의 다양한 대응방식의 윤곽이 어느 정도 드러나기 시작한 후기 근대 한국사회에서 여성학 방법론이 어떤 해석적 관점을 제공할 수 있는지, 그리고 그 관점이 어떤 페미니즘 정치를 제시할 수 있는지 살펴보았다. 이를 위해 필자는 먼저 여성학 방법론이 지난 30년에 가까운 시간동안 어떤 수정과 보완 과정을 거쳤는지 자세히 살펴보고 그 변화 방향의 주요 특징을 실천적 전환으로 규정하면서 그 근거를 제시했다. 나아가 실천적 전환으로 새롭게 해석된 여성학 방법론의 정치적 함의가 아고니즘 정치의 주요 주장과 일치함을 주장했다.

한국사회는 IMF 금융위기 이후 신자유주의적 개혁으로 개인, 가족, 사회 전반의 근원적인 변화와 함께 사회조직 및 규범의 재편을 강요받고 있다. 이러한 빠른 변화는 아직도 한편으로는 유교적 가치관이나 가부장제와 같은 전통적 규범이 세대에 따라 다양한 방식으로 남아있기도 하지만, 개인적 가치관과 가족의 역할에 대한 급속한 인식 변화를 유발하고 있다. 신자유주의적 지구화에 의해 시작된 이러한 변화는 되돌릴 수 없으며 더욱 가속화될 것으로 보인다. 신자유주의는 개인의 자유에 제한을 가하는 각종 규제의 철폐를 통해 생산적, 창의적 효율성 증대를 얻는 것을 목표로 하고 있는데, 한번 확보된 개인적 자유공간은 다시 축소하는 것이 불가능하기 때문이다. 코널리W. Connolly 같은 정치학자는 오히려 후기 근대의 변화에 동반되는 게임의 규칙을 적절히 조정하여 적극적으로 활용할 것을 권하기도 한다.[59] 필자도 개인화를 주 특징으로 하는 후기 근대로의 변화는 피할 수 없으며, 새로운 변화

59 William E. Connolly, *Neuropolitics: Thinking, Culture, Speed* (Minneapolis: University of Minnesota Press, 2002).

를 잘 활용할 수 있도록 제도 및 규범을 포함한 사회적 실천의 변화를 통해 대응해나가는 것이 이 시대 한국사회의 가장 중요한 의제가 되어야 한다고 판단한다. 이러한 실천의 변화는 후기 근대에 걸맞은 규범적 판단능력을 갖춘 구성원들에 의해 시작될 수 있지만 그것이 진정한 실천의 변화로 이어지기 위해서는 그 제안에 호응, 비판, 혹은 대안을 제시하는데 필요한 경험과 문화를 공유하는 공동체가 존재해야 한다. 필자는 이러한 조건을 만족시키는 다양한 공동체가 현재 젊은 여성세대에서 시도되고 있다고 보기에 이들에게 새로운 실천의 가능성을 기대한다.

CHAPTER 2

실천이론에서 본 샌드라 하딩의 포스트모던 입장론

변화와 한계

1. 문제제기

샌드라 하딩의 연구 분야는 과학철학, 페미니즘이론과 탈식민담론, 그리고 인식론과 연구방법론이다. 하딩은 '강한 객관성' 개념을 발전시키는 것과 함께 입장론적 방법론을 구체화했는데, 그 주요 특징은 피지배집단 구성원들의 일상의 삶에서 비롯되는 의문을 연구문제로 채택한다는 점이다.[1] 입장론적 연구방법은 먼저 피지배집단 구성원들을 배제시킨 구체적인 연구기획과 상황을 분석한 후 그 기획과 연관된 과학기관 및 제도들의 원칙, 관행, 문화를 추적해가는 방식을 택한다. 하딩의 입장론은 사회과학과 자연과학 전반에 걸쳐 페미니즘, 반인종주의, 다문화주의, 탈식민주의 연구가 이루어지게 하는데 기여하였

1 Sandra Harding, "Standpoint Theories: Productively Controversial," *Hypatia* 24:4 (2009), 192~200쪽.

고, 사회과학을 포함한 모든 분과학문에 걸쳐 진행되고 있는 여성 및 젠더연구에 영향을 끼쳤으며, 과학과 민주주의를 재연결할 수 있는 최상의 방식에 대한 논의를 촉발시켰다.

하딩은 지금까지 총 14권의 책을 저술 및 편집하였는데, 이 중 가장 혁신적인 연구로 『페미니즘과 과학』(1986/2002)과[2] 『누구의 과학이며 누구의 지식인가?: 여성들의 삶에서 생각하기』(1991/2009)가 거론된다.[3] 하딩은 『페미니즘과 과학』에서는 입장론적 패러다임 구축에 주력했지만 『누구의 과학이며 누구의 지식인가?』에서는 과학학, 포스트모더니즘, 탈식민주의의 지적 조류를 수용하여 입장론을 포스트모던 입장론[4]으로 조정하려는 시도를 보였다. 하딩의 이러한 시도는 입장론의 창시자들이라고 할 수 있는 스미스D. E. Smith, 하트속N. Hartsock, 로즈H. Rose, 콜린스P. H. Collins, 재거A. M. Jagger 등과 하딩 자신을 차별화하는 것인 동시에 하딩이 독자적인 연구세계를 구축해나가고 있음을 보여주는 것이다. 이 장에서는 『페미니즘과 과학』 및 『누구의 과학이며 누구의 지식인가?』를 중심으로 하딩의 핵심 테제들을 소개한 후 실천이론의 관점에서 하딩의 포스트모던 입장론이 시도한 변화의 의미와 그 한계를 다룬다.

2 샌드라 하딩(Harding, Sandra), 『페미니즘과 과학』, 이재경·박혜경 역 (서울: 이화여자대학교출판부, 2002). 원제는 *The Science Question in Feminism* (Ithaca: Cornell University Press, 1986).

3 샌드라 하딩(Sandra Harding), 『누구의 과학이며 누구의 지식인가?: 여성들의 삶에서 생각하기』, 조주현 역 (파주: 나남, 2009). 원제는 *Whose Science? Whose Knowledge? Thinking from Women's Lives* (Ithaca: Cornell University Press, 1991).

4 하딩, 『누구의 과학이며 누구의 지식인가?』, 95쪽.

2. 포스트모던 입장론의 핵심 테제들

입장론은 페미니즘 연구에서 지난 40여 년간 지속적으로 논란의 중심에 있었다. 그러나 논란에도 불구하고 오늘날 입장론은 다양한 분과학문의 방법론이자 분석틀로 자리 잡고 있다. 초기의 입장론은 여러 분과학문 중에서도 사회학이 가장 먼저 수용했고 이후 정치철학과 생물학이 입장론을 받아들였다. 현재 입장론은 인종, 계급, 섹슈얼리티, 탈식민 연구프로젝트에서 초분과적인 연구방법으로 활용되고 있다. 이 절에서는 하딩의 입장론이 과학학, 포스트모더니즘, 탈식민주의와 같은 새로운 지적 조류를 수용하면서 포스트모던 입장론으로 진화하게 된 과정을 설명하며, 특히 '과학,' '인식론,' '타자' 개념을 중심으로 제시된 포스트모던 입장론의 주장과 그 근거를 살펴본다.

1) 과학

하딩은 서구, 백인, 엘리트, 남성 중심의 과학이 아닌 모든 인종, 계급, 문화의 구성원들을 위한 새로운 과학을 전망했다. 하딩이 과학의 민주화를 상상하게 된 것은 하딩 자신이 과학에 대해 완전히 다른 전제를 갖고 있었기 때문이다. 하딩은 과학이 세상에 대한 믿을 수 있는 정보를 생산하는 것은 맞지만 동시에 정치적인 것이며, 과학은 진보적 성향과 퇴행적 성향 둘 다를 가지고 있는 것으로 보았다.[5]

그동안 자유주의 페미니즘은 역사적으로 묻혀있던 여성과학자를 발굴하여 그들의 업적을 드러내는 한편 더 많은 여성을 과학 안에 편입시킬 것을 과학계에 요구해왔다. 그러나 하딩은 자유주의 페미니즘의 이

5 하딩, 같은 책, 37~8쪽.

러한 방향성에 조건부적 동의를 표하면서 자유주의 페미니즘은 과학기술에 대해 좀 더 비판적 읽기를 시도해야 한다고 주장했다. 예컨대 역사적으로 묻혀있던 여성과학자의 발굴문제는 이들 엘리트 여성과학자가 하나의 전범으로 후배 여성과학자들에게 길을 열어준 점은 있지만 다른 한편 이들로 인해 오히려 대다수 일반 여성과학자들의 존재가 과학사에서 배제되는 결과를 가져왔고, 더 많은 여성을 과학 안에 편입시키는 문제는 그렇게 편입된 여성과학자들이 과학에는 공헌을 했지만 그 공헌이 과연 일반여성들에게 어떤 의미가 있는지에 대해 여성과학자들 자신은 일반적으로 관심이 없었다는 것이다. 이것은 과학이 과학자 개개인의 사회적 배경의 영향력을 제거할 수 있을 정도로 강력한 연구방법을 갖고 있는 것으로 알려져 있지만 실제로 과학사를 보게 되면 '타자'의 범주에 속하는 사람들은 일반적으로 과학에서 제외됐던 것에서 알 수 있듯이, 과학의 보편성은 지배계급, 인종, 젠더, 문화 안에서만 제한적으로 적용되는 것이어서 단지 더 많은 여성들을 과학계에 진입시키는 것만으로는 과학의 제한적 보편성을 변화시킬 수 없음을 말해주는 것이다.

하딩에게 있어 과학에 대한 비판적 읽기란 한편으로 과학기술이 여성에게 자연과 사회세계에 대한 귀중한 기술과 정보를 제공하여 여성의 과학적 가독성을 높여준다는 사실을 깨닫고 과학기술을 익혀나가면서도 다른 한편 과학기술이 인종, 계급, 젠더에 따른 배제를 제도화하고 있음을 '발견'하는 작업을 동시에 해나가는 것을 말한다. 하딩은 새로운 개념의 '페미니즘 과학학'이 필요함을 역설했는데, 페미니즘 과학학은 과학이 진보적 성향과 함께 퇴행적 성향도 가지고 있으며 여성과 과학은 둘 다 동일한 사회적 조건에 놓여있다는 인식을 기반으로 한다.[6]

그러나 하딩이 역설한 페미니즘 과학학에 대한 페미니스트 연구자들의 반응은 단일하지 않다. 일반적으로 페미니즘의 과학비판에는 '나쁜

6 하딩, 같은 책, 63~75쪽.

과학bad science'을 비판하는 유형과 '정상 과학normal science'을 비판하는 유형이 있다. 과학문제를 나쁜 과학의 문제로 보는 페미니스트 연구자에게 좋은 과학이란 가치중립적 객관성과 공정성을 추구하는 과학이다. 이들에게 인식주체의 기본 단위는 개인이며, 그 개인은 추상적 개인이다. 이들은 개별 과학자의 사회적 배경이 연구가설, 개념, 설계, 자료수집, 연구결과의 해석에 사회적 편견으로 작동할 가능성이 있지만 그러한 가능성은 과학적 연구방법을 통해 제거해나갈 수 있다고 본다. 따라서 이들은 여성으로서 과학을 해야 한다는 주장에 반대한다. 과학적 연구방법과 연구내용은 개별 과학자가 여성이라는 사실에 의해 영향 받지 않으며, 또 받아서도 안 된다고 보는 것이다. 이들이 더 많은 여성들이 과학 안에 편입되어야 한다고 주장하는 이유는 여성도 남성과 동일한 기회를 갖게 되면 궁극적으로 재능 있는 과학자집단의 규모가 커진다고 보기 때문이다. 이들은 남성과학자와 여성과학자 모두가 편견을 제거한 신선한 관점을 갖게 됨으로써 과학이 편견에서 벗어나게 되는데 여성운동이 도움을 줄 수 있을 것이라고 보지만, 하딩의 주장처럼 별도의 페미니즘 과학학이 필요하다고는 생각하지 않는다. 하딩은 이러한 나쁜 과학 비판을 '페미니즘 경험론'이라고 불렀다.[7]

반면에 과학문제를 정상 과학의 문제로 보는 페미니스트 연구자는 모든 지식은 특정한 역사적, 사회적 상황에 기반을 두고 생산된다는 전제를 갖고 있다. 연구자를 포함한 우리 모두는 각기 사회구조 내의 특정 위치에서 세상을 부분적으로 볼 수 있을 뿐이며, 인식주체의 기본 단위는 결코 원자적 [추상적] 개인이 아니고 그 상황을 공유하는 사회집단을 대변하는 자로서의 개인이다. 관찰자인 개인은 항상 자신이 속한 문화의 눈으로 이 세상을 바라보게 되며, 자신이 속한 문화의 가설을 통해 생각하게 된다. 따라서 과학문제를 정상 과학의 문제로 보는 페미니스트 연구자는 과학산업 전반의 목적, 실천, 기능을 비판의 대상

7 하딩, 같은 책, 3장.

으로 삼게 된다. 한편 이들은 여성과학자는 의식적이든 아니든 남성지배에 연루되어 있기 때문에 자신보다 어려운 처지에 있는 여성에게 거의 아무런 긍정적 효과도 주지 못하지만, 여성과학자가 여성으로서 과학에 특별한 자원을 제공할 가능성은 열려있다고 본다. 이들은 사회과학을 그 예로 든다. 예컨대 출산, 양육, 가사노동, 섹슈얼리티, 강간, 아내구타, 성형 등과 같은 여성들의 몸 체험은 사회과학의 지배적 개념 틀로는 포획되지 않으며 그 지배적 개념 틀이 제시한 해석과도 차이를 보이게 되는데, 바로 그 차이를 가져오는 틈새에서 새로운 연구문제가 등장할 수 있었고 그 결과 여성의 몸 체험은 특별한 자원이 되어 사회과학의 연구영역을 확장시키는 역할을 할 수 있게 되었다는 것이다. 이들은 같은 맥락에서 여성과학자가 과학기술의 영역에서도 여성의 몸 체험을 사용하는 방법을 찾아낸다면 과학지식의 발전에 특별한 도움을 줄 수 있을 것이라고 주장한다.[8]

정상 과학을 비판하는 페미니스트 연구자는 우리가 과학문제를 논의할 때 단지 기술적 해결만을 쟁점으로 삼는다면 여성이 과학기술의 희생자가 되는 것을 막을 수 없을 것이라고 주장한다. 따라서 이들에게 페미니즘 과학학은 반드시 필요한 자원이 된다. 페미니즘 과학학은 과학자가 더 적절한 신념을 가질 수 있도록 지원해주는 과학제도와 사회조건에 대해 설명하고, 문화적 편견이 가장 덜 반영될 수 있는 연구기획과 개념설정을 지원하며, 또한 가장 신뢰할 수 있는 자료선택과 결과해석이 이루어질 수 있도록 지원한다. 특히 하딩에 따르면 우리가 페미니즘 과학학이 필요한 결정적 이유는 연구자인 과학자와 연구장치인 과학제도뿐만 아니라 연구대상인 자연마저도 결코 그 사회적 기원, 이해관계, 가치관, 사회사상 안에서의 과거 '경력들'을 벗어던지고 우리에게 오는 법이 없기 때문이다.[9] 과학이 정치이기만 한 것은 아니지만 정

8 하딩, 같은 책, 120~24쪽.

9 하딩, 같은 책, 130쪽.

치인 것은 분명한 것처럼, '연구대상인 자연'이 문화적 구성물이기만 한 것은 아니지만 그것이 문화적 구성물이라는 사실 역시 변함이 없는 것이다. 그리고 이처럼 과학자, 과학제도, 연구대상인 자연이 모두 동일한 사회적 조건의 영향을 받는 인과율적 국면에 놓여있다는 사실이 바로 페미니즘 과학학이 필요한 이유가 된다. 하딩은 이러한 정상 과학 비판을 '페미니즘 입장론'이라고 불렀다.

한편 페미니즘 과학학에 대한 여러 반론 중 다음 두 가지는 주목할 만하다. 첫째, 연구자의 잘못된 신념은 사회적 조건의 영향을 받은 것이지만 연구자의 좋은 신념은 사회적 조건과 무관한 것이라는 반론이다. 이에 대해 하딩은 최악의 신념뿐만 아니라 최선의 신념도 모두 사회적 원인을 갖고 있다고 주장한다. 어떤 사회적 조건은 자연에 나타나는 패턴에 대해 믿을만한 설명을 할 수 있게 하지만 또 다른 어떤 사회적 조건은 그러한 설명을 할 수 없게 만든다. 따라서 정상 과학을 비판하는 페미니스트 연구자는 나쁜 신념뿐만 아니라 좋은 신념에 대해서도 그 사회적 조건을 찾아내야 한다.

둘째, 과학은 형식적이고 정량적인 진술로 구성된 것이기 때문에 페미니즘이 개입할 여지가 없다는 반론이다. 이에 대해 하딩은 과학을 형식적 진술들로 구성된 특유의 연구방법이라고 생각하는 것은 잘못된 것이라고 주장한다. 하딩에 따르면 근대과학은 근대국가, 자본주의, 청교도주의 등의 제도와 양립할 수 있는 정치이면서 그러한 사회관계를 반영하고 또 구성하는 사회제도다. 즉, 과학은 정치 이상의 것이지만 과학이 정치인 것은 분명하다는 것이다. 예컨대 인종문제를 다루는 어떤 과학보고서의 내용이 인종 간의 열등함이나 우등함을 평가하는 것이 아니라 단지 그 차이점만을 묘사하는 최대한 가치중립적인 것이라 하더라도 인종주의 사회에서는 그 보고서가 인종차별적 목적에 맞게 쓰이게 되리라는 것을 우리는 쉽게 예측할 수 있다. 하딩은 만약 어떤 연구결과에 모든 사람의 이해관계가 걸려있는 상황이라면 그때 가치중립적 객관성 탐구라는 것이 무슨 의미가 있는가라고 반문한다. 더구나 과학보고서가 빈곤, 곤궁함, 고문, 잔혹함과 같은 사회적 사건을 다루는 것일 때, 그러한 사회적 사건을 가치중립적으로 묘사한다고 해서 그 연구가 가치중립적이 될 수 있는 것은 결코 아니며 오히려 연구결과는 일종의 포르노로 전락하게 된다고 하딩은 설명한다.[10] 하딩은 가치중립성을 앞세운 이러한 '순진무구함'에서 과학자와 페미니스트가 벗어나야 하며, 자신의 과학적 행위가 가져올 쉽게 예측 가능한 결과에 대해 숙고할 수 있어야 한다고 주장했다.

페미니즘 과학학의 목표는 자연과학자의 위치에서는 결코 보이지 않는 일상의 과학활동과 신념의 사회적 원인을 밝히는 데 있다. 이러한 작업을 통해 페미니즘 과학학은 해방적 경향과 억압적 경향을 동시에 포함하고 있는 과학적 특징 중에서 해방적 경향을 발전시켜나가고자 한다. 예컨대 근대과학은 한편으로 우주의 중심이었던 인간을 탈중심화하고 반귀족적 메시지를 내보냈지만 다른 한편 새로운 사회계층으로 부상한 부르주아가 다른 계층에 대해 자신들의 정통성을 주장할 수 있도록 자원을 제공해주는 역할을 했다. 즉, 근대과학은 스스로 가치중립적이라고 여기고 있지만 사실상 해방의 가능성과 억압적 가능성을 동시에 지닌 정치제도를 통해, 그 제도 안에서 구성된 것이다. 페미니즘 과학학은 가장 강력하게 잘못된 과학적 신념을 만들어내는 사회적 조건이 성차별, 인종차별, 제국주의, 부르주아 사상이라고 보고 있으며, 이러한 사회적 조건이 과학적 연구결과에 어떤 영향을 미치는지 조사하는 것 자체가 자연과학 연구의 일부를 구성해야 한다고 주장한다.[11]

10 하딩, 같은 책, 149쪽.

11 하딩, 같은 책, 161쪽.

2) 인식론

일반적으로 페미니즘 인식론의 세 유형으로 경험론, 입장론, 포스트모더니즘이 거론된다. 하딩은 1986년에 출간한 『페미니즘과 과학』[12]에서 페미니즘 인식론이 이 세 유형으로 나뉘는 것은 근대의 계몽적 이성을 어떻게 이해하느냐에 따른 것이라고 설명했다. 당시 하딩은 경험론과 입장론이 각기 전략은 다르지만 근대의 계몽적 이성을 완성시키려는 근대적 프로젝트 안에 위치한다면, 포스트모더니즘은 근대의 계몽적 이성은 해체돼야 한다는 입장에 위치하는 것으로 설명했다. 이후 페미니즘 인식론의 이 세 유형은 여성학 지식생산 방식의 다양성을 이해할 수 있게 하면서 각각의 지식의 정당성을 입증해주는 토대가 되었다.[13]

먼저 경험론은 객관적이고 신뢰할 수 있는 여성학 지식생산을 위해서는 연구자가 성차별이나 남성중심성 같은 사회적 편견을 제거하고 확장된 시선을 가질 수 있어야 한다고 말한다. 연구자의 사회적 편견은 자신의 계몽적 이성을 혼탁하게 하여 연구자로서 중립성을 유지하기 어렵게 만들기 때문이다. 여성운동의 역할은 바로 이 같은 사회적 편견을 제거하여 연구자가 확장된 중립적 시선을 가질 수 있게 하는 것이다. 경험론의 관점에서는 연구자가 여성이라는 사실은 연구자가 성차별과 같은 사회적 편견을 가질 확률이 적으며, 그만큼 중립적 위치에서 기존의 연구규범을 엄수하여 객관적인 연구결과를 생산할 가능성이 높다는 것을 뜻한다.[14] 반면에 입장론은 연구자는 언제나 특정한 사회적 조건에 놓여있으며, 연구자가 중립성을 유지할 수 있는 사회적 위치는 없다고 주장한다. 입장론의 관점에서는 연구결과의 객관성은 연

12 Sandra Harding, *The Science Question in Feminism*. 2002년에 『페미니즘과 과학』으로 한국에 번역됨.

13 조주현, "실천이론에서 본 페미니스트 인식론: 여성학적 지식생산의 재검토," 『여성학연구』 23:2 (2013), 16쪽.

14 조주현, 같은 글, 16쪽.

구자의 참여적 가치관이 보장하는 것이기 때문에 연구자의 사회적 정체성은 오히려 신뢰할 수 있는 연구결과를 생산하는데 중요한 변수가 된다.[15] 따라서 연구자가 갖고 있는 신념 중 어떤 신념이 연구의 객관성을 높일 수 있는 것인지 판별하는 것이 중요해지는데, 하딩은 이를 판별할 수 있는 외재적 기준이 있다고 주장했다. 예컨대 연구자가 인종차별, 계급차별, 혹은 성차별과 같은 억압적 가치를 내면화했다면 그 연구자가 산출한 연구결과는 신뢰하기 어렵지만, 반인종주의, 반계급주의, 혹은 반성차별주의와 같은 참여적 가치관을 내면화한 연구자의 연구결과는 신뢰할 수 있다고 보는 것이다.[16]

하딩은 연구자의 사회적 정체성 중에 특히 젠더 격차에 주목하면서 여성과 남성은 각기 다른 활동에 배치되고 각기 다른 패턴의 일상을 꾸려 가는데, 여성들의 삶의 관점에서 연구를 시작하는 것이 지배 계급, 인종, 문화, 남성들의 삶의 관점에 근거한 지식을 비판할 수 있게 하고 자연과학과 사회과학의 서술에 배어있는 편파성과 왜곡을 줄일 수 있게 한다고 주장했다.[17] 이것은 여성이 젠더관계의 한 축을 차지하면서 사회체계에서 귀중한 '이방인' 역할을 하는 자일뿐만 아니라 여성사회학자를 포함한 여성연구자들이 그러하듯이 '내부에 있는 외부인'이기 때문이다. 하딩은 여성들의 삶의 관점에서 연구를 시작할 때 그동안 사회적 불의와 개인적 불의, 혹은 저항과 협력을 상호대립적인 것으로 설정하면서 오직 정치적 권력만이 사회 변화를 가능하게 한다고 보았던 전통적 인식에서 벗어나 새로운 저항의 형식과 의미를 창조해나갈 수 있게 된다고 보았다.[18]

그러나 하딩의 입장론은 이후 포스트모더니즘을 수용하면서 변형을 겪게 되는데, 그 변형은 다음 세 가지로 요약될 수 있다. 첫째, 새로운

15 하딩, 『페미니즘과 과학』, 36쪽.

16 조주현, "실천이론에서 본 페미니스트 인식론: 여성학적 지식생산의 재검토," 17쪽.

17 하딩, 『누구의 과학이며 누구의 지식인가?』, 189쪽.

18 하딩, 같은 책, 200쪽.

입장론은 더 이상 단일한 집합적 여성정체성의 인식론을 수용하지 않으며, '여성'은 수많은 위계적 사회관계의 배열을 통과해 최종적으로 구성되는 것으로 이해한다. 단일한 집합적 여성정체성에 기반을 둔 인식론은 성차별과 남성중심주의에만 초점을 맞추게 되어 결과적으로 다른 위계적 사회관계를 도와주는 퇴행적 결과를 낳을 수 있기 때문이다. 둘째, 새로운 입장론은 젠더관계를 인종, 계급, 섹슈얼리티 등 다른 위계적 사회관계와 상호교차를 통해 최종적으로 확정되는 것으로 이해한다. 그러므로 연구의 객관성을 제고하려면 연구자는 단일한 집합적 여성의 삶이 아닌 다중적이고 복합적인 여성들의 삶에서 연구를 시작해야 한다. 셋째, 연구자, 연구자 커뮤니티 [즉 대학, 연구소, 연구지원기관, 출판사 등등], 연구대상은 모두 동일한 사회적 조건의 영향을 받는 동일한 인과율적 단면에 놓여 있다. 그러므로 연구대상인 '여성'을 구성하는 여성들이 각기 상호 모순적이고 상충되는 삶을 살고 있듯이, 연구자와 연구자 커뮤니티도 각기 상호 모순적이고 상충되는 삶을 살고 있는 것으로 상정해야 한다.[19]

하딩의 새로운 입장론은 이러한 변형을 통해 페미니스트 연구자와 페미니즘 관점에 대한 놀라운 정의를 도출해냈다. 첫째, 페미니스트 연구자란 여성이거나 여성이 되는 경험을 한 연구자를 뜻하는 게 아니고, 서로 모순되고 상충되는 삶의 위치에서 기꺼이 연구를 시작하려는 자세를 갖춘 연구자를 뜻한다. 그러므로 남성도 페미니스트 연구자가 될 수 있다. 둘째, 페미니즘 관점이란 여성경험에 기반을 둔 관점이 아니다. 페미니즘 관점은 "중심 집단의 경험이 만들어내는 상식과 그 상식에 기반을 둔 자연스러운 사회관계를 상대화해서 볼 수 있는 관점"을 뜻한다. 그러므로 페미니즘 관점은 여성들의 삶의 현실을 통해 자연적으로 주어지지 않는다. 페미니즘 관점은 담론적으로 구성되고 구성하는 것,

19 조주현, 같은 글, 20쪽.

즉 '성취'하는 것이 된다.[20] 하딩은 이러한 자신의 새로운 입장론을 '포스트모던 입장론'이라 불렀다.

하딩이 자신의 위치를 단일한 집합적 여성정체성에서 여성 간의 차이를 인정하는 것으로 재설정한 것은 입장론은 여성을 단일화(본질화)하고 여성이 겪는 불평등을 젠더 관점으로만 환원시킨다는 그동안 입장론에 쏟아졌던 비판을 하딩이 수용했다는 것을 뜻한다. 그러나 하딩의 포스트모던 입장론은 여전히 계몽적이거나 상대주의적이라는 서로 상반된 비판에 직면한다. 먼저 포스트모던 입장론이 여전히 계몽적이라는 비판은, 연구자에게 절대적 기준을 제공해줄 수 있는 아르키메데스적 지점[21]은 존재하지 않으며 연구자는 반드시 특정한 사회적 위치에 놓이게 된다는 주장을 하면서도 동시에 여러 사회적 위치 중에 덜 왜곡되고 더 신뢰할 수 있는 지식산출이 가능한 위치를 판별할 수 있는 절대적 기준이 있다고 주장하는 것은 상호 모순적이라는 주장에 기반을 둔 것이다. 예컨대 포스트모던 입장론은 연구자의 관점과 무관한 보편적이고 객관적인 단 하나의 진실을 산출하려는 근대의 계몽적 기획은 불가능한 것이라고 주장하면서도 객관성 개념은 유지하려고 하는데, 이러한 태도는 여러 지식 중에 덜 왜곡된 지식을 판별할 수 있는 외재적 기준이 있다고 믿고 그로부터 하나의 통합된 진리체계를 구축하려는 근대적 기획을 포스트모던 입장론이 여전히 수용하고 있다는 것을 말해준다는 것이다.[22] 반면에 포스트모던 입장론은 상대주의적이라는 두 번째 비판은, 포스트모던 입장론이 하나의 페미니즘 입장이 있는 게 아니고 다양한 페미니즘 입장들이 존재할 수 있으며 하나의 진실이 있는 게 아니고 여러 현실과 진실이 있을 수 있다는 주장을 받아들인다면 포스트

20 하딩, 『누구의 과학이며 누구의 지식인가?』, 409~14쪽.

21 "아르키메데스 점은 관찰자가 탐구 주제를 총체적 관점에서 객관적으로 지각할 수 있는 유리한 가설적 지점을 말한다"; 위키백과, '아르키메데스 점' 참조.

22 하딩은 페미니스트 입장론을 미완의 근대적 기획을 이어간다는 뜻에서 승계과학 successor science이라고 불렀다; 하딩, 『페미니즘과 과학』, 310쪽 참조.

모던 입장론은 상대주의에서 벗어날 수 없다는 것이다.

하딩은 입장론이 근대의 가치중립적 객관성을 여전히 수호하고 있다는 첫 번째 비판에 대한 반론으로 '강한 객관성strong objectivity' 개념을 제시했다. 강한 객관성 개념에 따르면 각각의 지식은 상황적 지식인 것이 분명하지만 모두가 동등한 수준인 것은 아니며, 그 지식 중에 더 객관적인 지식을 판별할 수 있는 기준이 있고 억압의 수준이 높은 사회적 조건에서 구성된 지식일수록 더 객관적일 수 있다. 다른 한편, 하딩은 입장론이 상대주의의 질곡에 빠져있다는 두 번째 비판에 대해서는 '도덕적 판단의 상대주의judgmental relativism'와 '문화상대주의cultural relativism'로 상대주의 개념을 구분하는 것으로 대응했다. 하딩은 도덕적 판단의 상대주의는 어떤 하나의 신념이 있을 때 그 신념의 타당성에 대해 전혀 판단을 내릴 수 없다고 주장하는 것으로 거부해야 하는 논리가 되지만, 문화상대주의는 하나의 하위문화에서 합리적 주장이라고 생각하는 것을 다른 하위문화에서 거부하는 판단을 내리는 것을 뜻하는 것으로 문화상대주의는 인정해야 한다고 주장했다.[23]

하딩에 따르면 도덕적 판단의 상대주의는 서구중심주의라고도 불리는 '도덕적 판단의 절대주의'의 논리적 보완물로 작동하는 것일 뿐이다. 예컨대 도덕적 판단의 상대주의는 판단오류를 근거로 유럽인만이 유럽을 이해할 수 있고, 중국인만이 중국을 이해할 수 있으며, 기독교인만이 기독교를 이해할 수 있고, 회교도만이 이슬람을 이해할 수 있다는 당사자주의를 전개하고 있는데, 이것은 전도된 도덕적 판단의 절대주의일 뿐이라는 것이다.[24] 이와는 대조적으로 하딩은 문화상대주의 개념을 통해 누구라도 다른 사람, 다른 문화권, 다른 제도를 판단할 권리가 있다는 것을 강조했다. 그런데 문화상대주의에 대한 하딩의 이러한 주장을 실천이론의 관점에서 보면, 누구라도 다른 사람, 다른 문화권, 다

23 하딩, 『누구의 과학이며 누구의 지식인가?』, 212쪽.

24 하딩, 같은 책, 231~36쪽.

른 제도를 판단할 권리가 있다는 하딩의 주장은 옳은 것이지만 동시에 그 판단이 완결된 것은 아니라는 것, 따라서 토론은 언제나 지속되어야 한다는 것으로 주장이 더 나아갈 수 있어야 한다. 실천이론의 관점에서 보면 바로 이것이 입장론을 가치중립적 객관성과 상대주의라는 양날의 칼에서 벗어날 수 있게 하는 핵심이 된다. 즉 논쟁을 회피하지 말고 논쟁을 지속하는 것, 이것만이 우리가 다양한 지식의 공존 속에서 객관적 지식을 확보해나갈 수 있는 유일한 방법이 된다.

3) 타자

하딩은 과학과 페미니즘의 관계를 '과학 안에서의 페미니즘 문제'에서 '페미니즘 안에서의 과학 문제'로 이동시켰을 뿐만 아니라 '글로벌 페미니즘 안에서의 과학 문제'로 논의를 더욱 확장시켰다. 글로벌 페미니즘 안에서의 과학문제를 다루기 위해서는 좀 더 포괄적인 억압체계에 다가갈 수 있어야 한다. 하딩은 이를 위해 그동안 여성의 상황과 의제에 치중해왔던 페미니즘 분석을 '우리 자신을 타자로 재창조하는 문제'로 이동시켰다.[25] 하딩은 여성들의 삶에서 연구를 시작해야 한다는 것이 입장론의 기본 강령인데, 그 여성들의 삶이 모든 여성의 삶을 뜻하는 것임을 진지하게 받아들이지 않을 경우 페미니즘 연구결과는 치우치고 왜곡된 설명으로 귀결될 것이라고 경고했다.

모든 여성의 삶에서 연구를 시작해야 한다는 것은 여성, 인종, 성적 정체성 각각의 차이를 인정하고, 그 각각의 차이가 상호 교차하는 곳에 위치한 일상의 삶에서 지금까지 드러나지 않았던 권력을 발견하여 타자들의 삶의 조건을 개선하는 데 기여하는 그런 지식을 생산해야 한다는 것을 말한다. 예컨대 과학 분야에서 아프리카계 미국여성의 업적

---

25 하딩, 같은 책, 288쪽.

을 평가할 때 아프리카계 미국남성의 업적과 비교하는 젠더관계에만 초점을 맞춘다면 그 설명은 왜곡된 것이기 쉽다. 아프리카계 미국여성의 업적은 집합적이고 공동체 중심적인 아프리카계 미국인 지역사회가 놓여있는 조건 안에서 맥락화되어야 한다. 아프리카계 미국여성은 인종관계의 역사를 통해 구성돼 왔으면서 동시에 그 역사를 구성해온 사람들이기 때문이다.[26] 또 다른 예로 유럽계 미국여성의 재생산통제권을 설명해보자. 타자의 관점에서 보면 유럽계 미국여성은 인종차별적인 재생산 정책, 기술, 실천을 통해 빈곤여성 및 제3세계 여성의 자궁과 푸에르토리코여성의 건강을 위험에 빠트린 대가로 자신들의 재생산통제권을 확보할 수 있었다는 설명이 가능하다.[27]

하딩은 탈식민주의 담론을 받아들여 서구사회의 발전과 아프리카, 아시아, 그 밖의 제3세계 사회의 저발전 간의 관련성에 주목했다. 하딩은 특히 세 명의 탈식민주의 연구자의 연구에 주목했는데, 이들은 서티마I. V. Sertima, 로드니W. Rodney, 구내티레이크S. Goonatilake이다.[28] 서티마는 아프리카의 미개함이 북대서양 노예무역이 가져온 파괴적 결과였음을 설명하고 있고, 로드니는 우리가 주시해야할 것은 아프리카의 저발전이 아니라 유럽의 발전을 가져온 아프리카의 공헌이라고 주장하면서 1885년부터 1960년대까지 아프리카를 식민지화함으로써 유럽이 축적한 혜택에 대한 이야기를 들려주고 있으며, 구내티레이크는 동남아지역의 과학기술이 서구정책에 의존하는 열등한 상태로 남아있을 수밖에 없는 상황을 설명하면서 제3세계 과학자는 서구 독자들을 대상으로 연구결과를 작성한다고 이야기한다. 하딩은 이러한 탈식민주의 담론들의 소개를 통해 서구와 제3세계가 공동의 역사와 운명 속에서 상호간에 과거, 현재, 미래가 분리될 수 없을 정도로 연결돼 있음을 드러내려

26 하딩, 같은 책, 299쪽.

27 하딩, 같은 책, 302쪽.

28 하딩, 같은 책, 327~40쪽.

고 했다. 하딩에 따르면 아프리카에서 서구의 특징으로 간주되는 것이 서구에서는 남성성의 특징으로 간주되며, 서구 백인남성이 만들어낸 타자에 대한 성적, 인종적 고정관념 때문에 아프리카성과 서구여성성 간에 유사성이 생기게 된다. 하딩은 이러한 상황에서 제3세계 타자들에 대한 이야기를 통해 서구 백인들이 자신들의 정체성을 문제적인 것으로 생각할 수 있는 기회를 제공하려고 했다.

한편 하딩 자신은 우리 자신을 타자로 재창조하여 타자의 관점에서 우리 자신의 삶과 세계를 재조명함으로써 새로운 공간을 구축할 수 있는 예로 레즈비언의 삶에서 생각을 시작하는 것을 들고 있다.[29] 이성애자 여성이 레즈비언의 삶의 관점을 통해 자기 자신을 사랑하는 법을 배우게 되면, 이성애자 여성은 자신의 신념에 들어와 있는 여성혐오적 태도를 스스로 재평가할 수 있게 된다. 또한 페미니스트는 레즈비언의 삶의 관점을 통해 '여성'을 다른 여성과 관련지어 생각해 볼 수 있게 된다. 즉, 레즈비언의 삶은 여성 간의 유대와 함께 지금까지 역사적으로 드러나지 않았던 독신 여성의 존재를 뚜렷하게 부각시킨다. 레즈비언의 삶의 관점은 보부아르도 지적했듯이 이성애자 여성은 태어나는 것이 아니라 만들어지는 것이라는 사실을 깨닫게 하고, 비로소 여성 자신을 위한 여성의 섹슈얼리티를 상상할 수 있게 한다. 또한 이러한 능동적인 여성의 섹슈얼리티는 침실에만 국한되지 않으며, 여성의 성적 에너지는 여성의 일, 공적인 삶, 지역사회의 관계에 주입된다는 것을 깨닫게 한다. 나아가 레즈비언의 삶의 관점은 여성에 대한 박해와 동성애자에 대한 박해 간에 연결고리가 있으며, 사회적 낙인찍기와 국가적 규제가 동일선 상에 있는 것임을 깨닫게 한다. 마지막으로 여성혐오적 태도는 인종주의를 부추기고, 백인여성이 제3세계 여성의 관심사와 동질감을 느끼기 어렵게 하며, 아프리카계 여성 청소노동자의 관심사보다 오히려 플라톤과 아리스토텔레스와 같은 남성 철학자의 관심사에 더 쉽

29 하딩, 같은 책, 373~86쪽.

게 동질감을 느끼게 한다는 것도 깨닫게 한다.[30]

이처럼 하딩은 레즈비언의 삶의 관점을 택하는 것을 예로 들어 이성애자 여성이 자신을 타자로 재창조했을 때 더 확대된 상황이나 관점을 가질 수 있게 된다는 것을 보여주려 했다. 이러한 사례를 통해 하딩이 주장하고자 한 것은 페미니즘 정치가 이성애자 여성만을 위한 페미니즘, 백인여성만을 위한 페미니즘, 중산층 여성만을 위한 페미니즘, 혹은 나아가 여성만을 위한 페미니즘 등 인류를 위한 것이 아닌 자기 집단의 해방에만 관심을 기울이는 정체성 정치를 지속한다면 그러한 페미니즘 정체성 정치는 이기적 개인주의의 발현에 불과한 것으로 결국 쇄락할 것이라는 경고였다. 하딩은 "페미니즘의 목표는 여성만이 아니라 세상을 바꾸려는 것이 아니었던가."라고 반문한다.[31]

그렇다면 남아있는 문제는 페미니스트가 자신이 속한 집단이 아닌 타 집단의 삶의 관점을 택하는 것이 실제로 어떻게 가능한가 하는 것이다. 이것은 페미니스트 연구자가 타 집단의 경험을 자신의 연구에 어떻게 사용할 것인가의 문제로 구체화된다. 앞에서 인식론을 다룰 때 설명했듯이 하딩은 '가치중립적 객관성'과 '상대주의' 둘 다를 거부했다. 가치중립적 객관성은 무관점의 관점에서 연구를 시작하려는 서구과학의 전통적인 접근방법인 반면, 상대주의는 여성들이 경험을 통해 얻게 된 즉흥적이고 자연발생적인 의식을 더 타당한 신념이라고 주장하는 접근방법이다. 하딩은 '정체성' 논의를 시작으로 이 문제를 다루어나간다. 한 사람의 정체성은 그/녀가 놓여있는 사회적 위치에 근거해 구성되는 것이지만 동시에 그 정체성은 그 사회적 위치를 정당화하기 위해 선택할 수도 있는 것이다. 예컨대 입장론의 대표적 인식주체는 여성지식인, 여성연구자, 여성임금노동자, 기타 공적 공간에서 활동하는 여성들인데, 이들은 남성이 정해놓은 기준에 자신의 삶을 맞춰야 하는 모순적인 사

30 하딩, 같은 책, 373~78쪽.

31 하딩, 같은 책, 395쪽.

회적 위치에 자신이 놓여있음을 깨닫고 자신의 삶에 새로운 의미를 부여해줄 정체성을 찾아 나섰다. 즉, 남성이 자신에게 부여한 사회적 정체성을 거부하고 자신이 놓여있는 '내부에 있는 외부인'이라는 사회적 위치를 정당화할 수 있는 새로운 '정체성'을 선택하려고 한 것이다. 하딩은 이것을 '페미니즘의 통찰력'이라고 불렀다. 결국 입장론의 '입장'은 자연발생적으로 주어진 것이 아니고 사회적으로 매개된 것이며, 과학과 정치를 통해 쟁취하는 것임을 알 수 있다.[32]

하딩은 이러한 페미니즘의 통찰력을 다른 인식주체들도 적용할 수 있다고 보았다. 즉, 내부에 있는 외부인의 자격으로 새로운 정체성을 선택하려는 '반역적 정체성traitorous identities'은 입장론의 인식주체뿐만 아니라 남성과 백인도 획득할 수 있는 것이다. 여기서 중요한 것은 이성애자 여성이 레즈비언의 삶의 관점을 택하지만 레즈비언의 정체성으로 사고하는 것이 아니고 이성애자 여성의 입장에서 사고하는 것이듯이, 백인도 백인의 세계에 대한 비판적 고찰[즉 반역적 읽기]을 통해 능동적인 백인의 입장에서 반인종주의자로 발언할 수 있으며, 남성도 페미니즘의 통찰력을 통해 남성의 입장에서 자신의 몸과 삶, 텍스트와 정치에 대해 발언할 수 있다는 것이다. 결국 하딩은 여성뿐만 아니라 남성도, 유색인뿐만 아니라 백인도, 동성애자뿐만 아니라 이성애자도, 그리고 노동계급과 빈곤층뿐만 아니라 경제적 기득권층도 역사적 이해를 통한 능동적 행위자가 될 수 있는 전략을 개발하려고 한 것이다.[33]

---

32 '입장standpoint'은 '관점perspective'이 아니다. 자연발생적으로 주어진 여성경험은 '관점'이지 '입장'이 아니다; 하딩, 같은 책, 398쪽 각주11 참조.

33 하딩, 같은 책, 419쪽.

3. 포스트모던 입장론의 변화와 한계

필자는 이상과 같이 과학, 인식론, 타자에 대한 포스트모던 입장론의 핵심 테제들을 살펴보았다. 하딩은 1980년대 중반까지 남성집단과 여성집단의 차이를 강조하는 젠더관계에 주목했지만 1990년대에 들어 과학학, 포스트모더니즘, 탈식민주의라는 새로운 지적 조류를 선택적으로 수용하면서 입장론을 포스트모던 입장론으로 전환시켰다. 지금까지 논의한 포스트모던 입장론의 핵심 테제들을 요약하면 다음과 같다.

첫째, 과학에 대해서는 과학학의 입장을 수용하여 과학은 정치라는 점을 받아들였다. 즉, 과학자, 과학제도, 연구대상인 자연이 모두 동일한 사회적 조건의 영향을 받는 인과율의 단면에 놓여있기 때문에 객관적 지식을 얻기 위해서는 연구과정에서 이들 모두의 사회적 조건이 조사될 수 있어야 한다고 보았다. 그러나 다른 한편 과학은 정치이기만 한 것은 아니며 유용한 정보를 제공할 수 있다고 보았다. 포스트모던 입장론은 지식을 판별할 수 있는 절대적 기준이 있다는 근대과학의 계몽주의적 신념은 거부했지만 지식의 객관성에 대한 믿음은 유지했다. 그리고 그 객관성은 가능한 많은 타자들의 관점을 반영하여 편견을 제거하는 방식으로 이루어진다고 보았다.

둘째, 인식론에 대해서는 포스트모더니즘을 수용하여 '단일한 집합적 여성 경험'이라는 본질론을 버리고 사회적 조건에 따라 서로 달라지는 여성 간의 차이를 인정했다. 여성 간의 차이를 인정함으로써 입장론이 상대주의에 빠질 수 있는 가능성에 대해서는 포스트모던 입장론은 개별여성에 초점을 맞추는 것이 아니고 그 여성이 속한 집단 내 여성과 남성의 관계에 주목한다는 것과 함께 여성은 인종, 계급, 성적 지향성, 문화 등과 같은 다양한 사회적 조건에 기반을 두고 최종적으로 구성된 정체성이기 때문에 그 집단 내 개별 여성과 남성의 관계가 궁극적으로 젠더관계를 대변할 수 있게 된다는 것으로 대응했다. 또한 강한 객관성 개념을 도입하여 사회구성원들의 신념은 각기 다를 수 있지만 그러한 각각의 신념이 근거를 두고 있는 사회적 조건에 대한 조사를 통해 상대적으로 덜 왜곡된 신념을 판별할 수 있기 때문에, 각기 다른 신념의 정당성에 대한 판단을 유보하는 인식론적 상대주의와는 다르다는 점을 강조했다.

셋째, 타자에 대해서는 탈식민주의 담론을 수용하여 페미니즘은 여성의 조건을 개선하는 데만 관심을 보이는 여성정체성 정치에서 벗어나야 하고, 각 사회집단은 자기 집단의 사회적 조건을 객관적으로 성찰하여 더 객관적 신념을 가질 수 있게 하는 '반역적 정체성 정치'를 모색해야 한다고 주장했다. 이것은 특정 사회집단에 속하는 구성원이 다른 사회집단에 속하는 타자의 삶의 관점을 수용하여 자신의 삶과 사회적 조건을 비판적으로 성찰함으로써 관점을 확대하여 객관성을 증대시키는 전략을 말한다. 하딩은 '내부에 있는 외부인'의 위치에 있는 페미니즘 인식주체의 통찰력이 이러한 전략의 모태가 된다고 보았다. 또한 하딩은 이것이 바로 각기 다른 사회집단 간에 토론과 논쟁이 지속될 수 있게 하는 구체적 전략이 된다고 보았다.

포스트모던 입장론으로의 전환을 통해 객관주의와 상대주의에서 벗어나려는 하딩의 이러한 시도는 포스트모던 페미니즘을 대표하는 것으로 알려진 해러웨이D. Haraway의 논의와 조우한다. 해러웨이 역시 각기 다른 사회집단이 생산한 지식들을 부분적으로 번역하여 연결할 수 있는 능력을 통해 객관주의와 상대주의를 극복할 것을 제안하고 있기 때문이다. 해러웨이는 '상황적 지식'의 부분성을 인정하면서 동시에 그 상황적 지식의 연결을 통해 인식론적 소통을 가능하게 하는 연결망을 형성함으로써 상대주의를 극복하자고 제안했다.[34] 결국 해러웨이가 제시

34 Donna Haraway, "Situated Knowledges: The Science Question in Feminism and the Privilege of Partial Perspective," in *Simians, Cyborgs, and Women: The Reinvention of Nature* (New York: Routledge, 1991c), 188쪽.

하는 '페미니즘 객관성feminist objectivity'은 하딩이 제안한 우리 자신을 타자로 재창조하자는 '강한 객관성'의 적용과 수렴한다는 것을 알 수 있다. 그러나 하딩의 포스트모던 입장론이 해러웨이의 사이보그 페미니즘과 수렴될 수 없는 부분이 있는데, '정체성'에 대한 하딩의 인식이 그것이다. 하딩은 비록 '반역적 정체성'이라 하더라도 여전히 '정체성'을 분석의 최소 단위로 전제한다. 하딩에게서 지식의 배경을 이루는 사회적 조건이란 계급, 인종, 성적 지향성, 문화와 같은 집단적 정체성이며, 개인은 이러한 집단적 정체성 간의 상호교차를 통해 사회적으로 존재할 뿐이다. 그러므로 하딩의 포스트모던 입장론에서 덜 왜곡된 신념을 판별할 수 있는 토대론적 기준은 존재하지 않지만 그러한 신념을 낳게 하는 특권적인 사회적 위치가 있다는 전제는 포기되지 않는다. 즉, 하딩은 탈식민주의 담론을 통해 '여성'을 계급, 인종, 성적 지향성, 탈식민과 교차하는 것으로 열어놓았지만 여전히 집단적 범주를 전제함으로써 '여성' 범주의 임의성 및 행위성은 다루지 못하고 있다.

필자는 이 책의 1장에서 입장론, 경험론, 포스트모더니즘으로 알려진 여성학 방법론이 지난 30년간 실천적 전환으로 상호 수렴해왔다고 주장했다. 필자는 이 책에서 이러한 여성학 방법론의 실천적 전환과 그 정치적 함의인 '아고니즘 정치'가 후기 근대적 성격이 짙게 드리운 이 시대 한국여성의 삶을 구성하는 다양한 실천들을 이해하는데 새로운 설명력을 준다는 점을 강조할 예정이다. 하딩 자신은 동의하지 않을지 모르지만 하딩의 포스트모던 입장론은 실천적 전환으로 향하는 여성학 방법론의 과도기적 단계를 반영하고 있는 것으로 보는 것이 옳을 것이다.

CHAPTER 3

실천이론에서 본 다나 해러웨이의 사이보그 페미니즘

물적-기호적 실천 개념을 중심으로

1. 문제제기

여성학 방법론은 인식주체, 지식개념, 탐구와 정당화의 실천방식에 젠더가 어떤 영향을 주고 있고 또 주어야하는가를 주요 주제로 다룬다. 즉, 여성학 방법론은 인식주체의 특수한 관점을 반영하는 '상황적 지식situated knowledge'을 핵심 개념으로 간주하며, 이러한 상황적 지식에 젠더가 어떤 역할을 하는지 밝히는 것을 주요 관심사로 다룬다. 따라서 해러웨이에 대한 우리의 논의도 바로 이 문제에서 시작해야한다.[1]

해러웨이가 한국의 학계에 처음 소개된 것은 1997년 '사이보그 선언

1 Stanford Encyclopedia of Philosophy, "Feminist Epistemology and Philosophy of Science," in http://plato.stanford.edu/entries/feminism-epistemology (2014.9.6 검색).

문' 번역을 통해서였다.[2] 당시 한국은 여성운동이 정체성 정치를 중심으로 전성기를 구가하고 있었고 김대중 정부는 적극적으로 성평등 정책을 수용했다. 또한 당시는 아시아 금융위기에 따른 신자유주의적 지구화로 한국사회가 급속하게 재편되던 시기였고, 남성1인생계부양자 모델이 와해되고 저임금의 비정규 여성노동시장이 급속하게 확산되면서 여성들이 젠더정치의 결집을 절실하게 요구하던 시기였다. 그러므로 "페미니즘 정치는 정체성 정치에서 벗어나야 한다."는 주장을 담고 있는 해러웨이의 사이보그 선언이 한국여성들의 일상의 경험과 접속될 가능성은 거의 없었다고 할 수 있다. 해러웨이의 사상은 이후 포스트모더니즘의 신선함과 함께 일면 지적 호기심의 대상이 되기도 했지만, 신자유주의적 사회재편에 따른 사회적 충격을 줄이기에 급급했던 한국사회에서 해러웨이가 제안한 다양한 은유를 착종하여 해러웨이의 의도대로 창의적 대안으로 뻗어나갈 수 있는 여력을 찾기는 어려운 상황이었기 때문이다. 또한 유일한 지적 공간으로 남아있던 대학이 점차 신자유주의 논리에 함몰되면서 다양한 지적 실험을 수용할 여력이 사라지게 된 것도 해러웨이의 연구와 한국에서의 연구 간에 활발한 지적 상호작용이 이어지기 어렵게 한 이유가 되었다.

필자는 이 장에서 해러웨이의 주요 업적을 자세히 살펴보면서 그 중 어떤 부분이 현재까지 중요한 의미를 지니고 있고 또 우리가 새로운 시선으로 연구주제를 접근하는데 도움을 줄 가능성이 있는지를 다룬다. 특히 해러웨이의 '사이보그 페미니즘'과 '상황적 지식' 개념을 비교적 상세하게 검토하며, 해러웨이가 주장하는 페미니즘 정치의 핵심 쟁점인 '부분적 관점 간의 연결' 문제를 실천이론의 관점에서 발전시킨다. 나아가 어떻게 부분적 관점이 상대주의를 벗어나 객관성을 제고할 수 있게 되는지를 실천이론의 '실천적 행위자 모델'과의 연관성 속에서 밝힌다.

2 다나 해러웨이(Donna Haraway), "사이보그를 위한 선언문: 1980년대에 있어서 과학, 테크놀러지, 그리고 사회주의 페미니즘," 『사이보그, 사이버컬쳐』, 홍성태 편 (서울: 문화과학사, 1997), 147~209쪽.

마지막으로 브랜덤의 '관대한 읽기' 개념을 통해 해러웨이 모델이 한국의 젊은 세대의 다양한 시도를 재해석할 수 있는 가능성을 갖고 있음을 주장한다.

2. 사이보그 페미니즘의 핵심 테제들

분열된 정체성에서 도출되는 상황적 지식으로 어떻게 세상을 더 잘 설명할 수 있는 지식을 구성할 수 있는가? 더 나은 지식을 판별할 수 있는 절대적 기준은 없고 사회적 위치는 무한히 증식돼간다면 그런 상황에서 더 나은 지식을 생성할 수 있는 방법은 무엇인가? 해러웨이의 사이보그 페미니즘은 바로 이 같은 문제의식에서 출발한다. 분열된 정체성과 상황적 지식의 상대주의 문제를 돌파하기 위해 해러웨이는 '사이보그 정체성', '상황적 지식', '페미니즘 객관성' 개념을 제시했다. 해러웨이의 주장은 크게 다음 두 가지로 나누어 생각해 볼 수 있다. 첫째, 페미니즘 정치는 정체성 정치에서 '균열splitting의 정치'로 전환되어야 한다. 사이보그는 정체성 정치가 전제하는 경험의 통합적 성격을 '잡종적' 성격으로 전환시키는 주체를 의미한다. 둘째, '사이보그의 비판적 위치 짓기'가 특정장소에 위치한 체화된 상황적 지식을 생성하고 이러한 상황적 지식 간의 연결이 이분법에서 벗어난 페미니즘 객관성을 구축한다.

1) 사이보그의 비판적 위치 짓기: 정체성 정치에서 연대의 정치로

'미국 사회주의 페미니스트'로 출발했던 해러웨이가 사이보그 페미니즘을 제안하게 된 것은 서구 중심적이고 인종차별적인 전제가 깔려있는 거대담론으로서의 서구 인본주의 페미니즘에서 벗어나 이 시대의 구체적인 역사적, 정치적 상황에 위치지울 수 있는 페미니즘, 그리고 영원히 부분적 상태를 벗어날 수 없지만 효율적 연결의 시도를 포기하지 않는 페미니즘을 꿈꿨기 때문이다.

'사이보그'는 유기체와 기계로 구성된 잡종인간을 뜻한다. '유기체'는 인간을 포함한 생명체들로 구성되며, 그 외관은 정보체계, 텍스트, 인체공학적으로 제어된 노동체계, 생산체계, 재생산체계의 형태로 나타나고, '기계'는 통신체계, 텍스트, 자동적이고 인체공학적으로 디자인된 장치의 형태로 나타난다. 해러웨이는 이러한 사이보그 정체성을 통해 지금까지와는 다른 방식으로 '자연'과의 관계를 설정하려고 했다. 해러웨이는 우리가 자연을 수동적으로 주어진 것이 아닌 핵심적인 문화적 과정으로 설정할 수 있다면, 계급, 인종, 젠더, 섹슈얼리티, 식민화의 지배로 피폐화된 세계에서 희망을 찾으려는 사람들에게 대안을 줄 수 있을 것으로 보았다.[3] 사이보그 정체성은 그러한 문제의식에서 나온 개념이다. 즉, 근대적 계몽의 기획에서 기원한 '개인'이 자연을 타자로 설정한 후 자연과 엄격히 분리된 상태에서 자연을 통제하고 자연에 의미를 부여하는 주체의 위치를 차지했다면, 사이보그는 그런 지배/종속 관계에 속하지 않은 '부적절한/활용되지 않은 타자inappropriate/d Others'다.[4] 사이보그는 남성과 여성의 대립적 관계를 포함하여 모든 이분법적 대립관계에서 벗어나 있으며, 그런 점에서 사이보그는 젠더 이후의 세계에서 활동하는 생명체를 은유한다. 나아가 사이보그는 이분법적 대립관계에 대한 대안으로 시도되고 있는 '전외디푸스 단계의 양성성'이나 '소외되지 않은 노동' 개념과 같이 부분이 갖고 있는 모든 힘을 모아 더 높은 수

3 Donna Haraway, "Introduction," in *Simians, Cyborgs, and Women: The Reinvention of Nature* (New York: Routledge, 1991a), 2쪽.

4 Haraway, "Introduction," 2쪽.

준의 통합된 단위를 만들려는 어떠한 시도도 거부한다.[5]

그렇다면 지배/종속 관계에 속하지 않은 사이보그가 추구하는 페미니즘 정치의 방향은 어떤 것인가? 이를 위해 해러웨이는 먼저 근대의 과학적 객관성이 유기체적 상상력을 모멸적으로 은유하던 것을 변형시킨 후, 페미니스트들이 그 변형된 은유에 기반을 두고 특정 위치를 점하면서 부분적 관점으로 페미니즘 과학학과 정치우화를 통해 그 변형된 은유를 사용할 수 있도록 했다. 예컨대 자연의 변화무쌍함을 우화에 등장하는 코요테나 여우라는 재치 있는 장난꾼 은유로 담아내게 되면 인간과 자연의 관계를 더 사회적이고 관계적인 것으로 상상할 수 있게 되고 그에 따라 인간에 대한 새로운 해석을 끌어내는 것이 가능해진다. 해러웨이는 이러한 시도를 통해 우리 자신을 지배/종속 관계에 놓여있는 주체나 타자가 아닌, 여러 면에서 이질적이고, 균질하지 않고, 책임감이 있는, 연결된 인간 행위자의 자격으로 스스로 행위성agency을 가질 수 있는 그런 존재로 우리 자신을 상상하려고 했다. 해러웨이는 이런 식으로 사이보그를 페미니즘의 존재론이자 정치로 설정했다.[6]

이러한 사이보그 시선을 장착하게 되면 우리는 먼저 페미니즘이 그동안 지속적으로 단일한 집합적 여성정체성을 추구해오면서 자유주의, 사회주의, 마르크스주의, 급진주의 등으로 페미니즘을 분류해왔고 그 범주에 속하지 않는 여성경험을 단속해왔다는 것을 알게 된다. 해러웨이에 따르면 사회주의 페미니즘은 노동개념 안에 여성의 일을 포함시키려는 노력을 해왔고 그 결과 여성의 가사노동과 감정노동을 노동개념에 포함시킬 수 있었기 때문에 적어도 사회주의 페미니즘의 '여성'은 수동적으로 주어진 범주가 아니고 노동구조를 통해 형성된, 사회주의 페미니즘이 성취한 범주다. 반면에 급진적 페미니즘의 '여성'은 급진적 페미

5 Donna Haraway, "A Cyborg Manifesto," in *Simians, Cyborgs, and Women: The Reinvention of Nature* (New York: Routledge, 1991b), 150쪽.

6 Haraway, "Introduction," 3쪽.

니즘이 성취한 범주가 아니고 타자의 성적 욕망의 대상이 됨으로써 주어진 범주다. 급진적 페미니즘의 여성은 스스로 존재할 수 없는 여성이므로 이 여성과 사회주의 페미니즘의 여성노동자는 동일하지 않다. 해러웨이는 사회주의 페미니즘과 급진적 페미니즘 둘 다가 여성을 하나의 단일한 집합적 범주로 설정함으로써 단지 부분적 정체성만 갖고 있는 여성들을 의도적으로 지우는 우를 범했지만 그중에서도 급진적 페미니즘은 여성을 "본질적으로 존재하지 않는 여성"으로 환원시켰다고 비판했다.[7]

해러웨이는 여성노동자도 아니고 성적 대상도 아닌 여성 범주로 '유색인 여성women of color' 개념을 제안했다. 이 '유색인 여성'은 사회주의 페미니즘이나 급진적 페미니즘의 여성처럼 단일한 집합적 여성정체성을 지칭하는 개념이 아니고 '대립적 의식oppositional consciousness'의 산물임을 지칭하는 개념이다.[8] 즉, '유색인 여성'은 백인여성을 제외한 나머지 모든 여성을 통합하려는 의도를 가진 범주가 아니고 연대, 친밀감, 정치적 친분에 기반을 둔, 의도적으로 구성된 공간에 존재하는 여성이다. 해러웨이는 사이보그인 '유색인 여성' 개념을 통해 페미니즘 분류법에 따른 단일한 집합적 여성정체성에 의존하지 않으면서도 존재할 수 있는 그런 시적/정치적 여성 범주를 구축하려고 했다.[9] 해러웨이에게 있어 사회주의 페미니즘이 실패한 이유는 사회는 가족상징체계의 해체로 개인 간에 전례 없이 다양하고 복잡한 연결망이 형성되고 있고 여성 간의 차이도 갈수록 분화되고 있는데, 사회주의 페미니즘은 여전히 백인 인본주의 논리와 언어에 기대어 혁명적 목소리를 유지하려했기 때문이다.[10]

해러웨이는 우리 자신이 유기적 산업사회에서 다형적 정보체계로 이

7 Haraway, "A Cyborg Manifesto," 158~59쪽.

8 Haraway, 같은 글, 156쪽.

9 Haraway, 같은 글, 157쪽.

10 Haraway, 같은 글, 161쪽.

동하는 거대한 흐름 안에 놓여있다고 진단하면서 이 시대의 권력체계를 '지배의 정보과학the informatics of domination'으로 규정했다. 해러웨이에 따르면 이러한 권력체계의 특징은 "모두가 일하는 것에서 모두가 게임을 하는 것으로 이동"한 것으로 요약할 수 있다. 지배의 정보과학이 주도하는 사회에서는 몸과 마음, 자연과 문화, 남자와 여자, 미개인과 문명인과 같은 전통적 이분법은 모두 의문시된다.[11] 해러웨이는 이러한 시대적 상황에서 페미니스트가 절대적으로 주목해야하는 두 가지가 바로 우리의 상상력을 구조화하는 '신화 및 의미체계'와 '과학기술의 사회적 관계'라고 주장했다.[12] 사이보그는 이러한 시대의 주체를 은유적으로 표현한 것으로 페미니스트는 바로 이러한 주체를 코드화할 수 있어야 한다. 특히 여성을 새롭게 코드화하는 작업은 한편으로 사회적 관계가 서비스업 중심으로 이동하면서 노동의 여성화가 이루어지고 있고 다른 한편 첨단 시각기술에 의해 여성의 몸을 시각화하고 간섭하는 것이 가능해진 이 시대에 특히 과학기술 영역에 다양한 역할과 조건으로 흩어져있는 여성들을 페미니즘 정치가 어떤 정치적 책임감으로 결집시킬 수 있을지 그 대안을 제시하기 위해 필요한 것이다.[13]

해러웨이는 인간, 동물, 기계의 융합의 경험이 여성을 새롭게 코드화하는데 절대적으로 필요한 자원이 된다고 보았다. 해러웨이에 따르면 사이보그 정치의 핵심투쟁은 이러한 융합의 경험을 남근 중심적 논리에서 벗어난 방식으로 의미화해줄 언어를 찾아내는 데 있다. 이 과정에서 동물과 기계의 융합으로 이루어진 사이보그는 남녀 대칭적 욕망구조를 문제시하고 그 욕망구조로부터 파생된 정체성, 자연과 문화, 거울과 시선, 노예와 주인, 몸과 마음의 이분법을 해체시킬 수 있게 되며, 또한 정체성 정치, 전위집단 정치, 순수성 정치, 모성성 정치 프레임에서 벗어날

11 Haraway, 같은 글, 164쪽.

12 Haraway, 같은 글, 163쪽.

13 Haraway, 같은 글, 169쪽.

수 있게 된다.[14] 해러웨이는 이러한 정체성들을 해체시키는 대신 경계의 힘을 부각시켰다. 즉, 사이보그는 단순히 정체성이 해체된 존재가 아니라 경계에서 변형을 이루는 존재인 것이다. 경계에서 변형을 이루는 존재는 단일한 집합적 정체성이 해체됐다고 해서 사라지지 않는다. 예컨대 해러웨이가 예로든 제3세계 수출자유지대에서 일하는 여성노동자와 같은 현실 속 사이보그들은 단일한 집합적 여성정체성이 해체된 상태에서도 적극적으로 자신의 몸과 사회에 대한 텍스트 다시쓰기를 함으로써 생존하고 있다.[15]

해러웨이에 따르면 우리는 첨단 기술문화를 통해 주체와 타자의 이분법에 도전할 수 있다. 첨단 기술문화 안에서는 인간과 기계 중 누가 만들고 누가 만들어지는 자인지가 분명히 구분되지 않을 뿐만 아니라 기계의 무엇이 마음이고 무엇이 몸인지도 분명히 구분되지 않기 때문이다. 해러웨이는 여성에 대한 은유가 수동적으로 주어진 모성 수행의 연장선상에 있는 형태에서 기계와 강렬한 즐거움을 경험하는 형태로 변형되어야 한다고 주장했다.[16] 유기체와 기계의 융합으로 구성된 사이보그는 거시이론을 생성하려는 욕망은 없지만 경계의 구성과 해체와 관련해서는 밀접한 경험을 갖고 있다. 결국 사이보그의 위치 짓기는 지배의 정보과학이 주도하는 이 시대에 거시이론이 놓치고 있는 현실을 파악하기 위한 비판적 위치 짓기라고 할 수 있다. 과학과 기술을 부정하거나 악마화하지 않으면서 타자들 간에 부분적 연결을 통해 궁극적으로 모든 부분 간에 왕래가 가능하도록 일상의 삶의 경계를 재구축하는 기술적 업무를 기꺼이 수용하는 것, 사이보그의 비판적 위치 짓기는 바로 그런 '연대의 정치'를 추구하는 것으로 향해있다.[17]

14 Haraway, 같은 글, 176쪽.
15 Haraway, 같은 글, 177쪽.
16 Haraway, 같은 글, 180쪽.
17 Haraway, 같은 글, 181쪽.

2) 상황적 지식과 페미니즘 객관성

해러웨이는 객관성 문제와 관련하여 페미니스트들이 지금까지 두 가지 유형의 접근방법에 갇혀있었다고 말한다. 그 두 가지 유형의 접근방법이란 '사회구성론social constructionism'과 '페미니즘 버전의 객관성feminist version of objectivity'을 말한다.[18]

사회구성론적 관점은 과학적 지식을 포함한 모든 지식을 사회적으로 구성된 것으로 간주한다. 지식이 사회적으로 구성된 것일 때 그 지식을 구성한 내부자의 관점이 특별히 더 특권적 위치에 있다고 말할 수 없게 되며, 지식은 진리를 향해 움직이는 것이 아니라 권력의 움직임에 따라 구성되는 것으로 그 성격 자체가 바뀌게 된다. 실제로 사회구성론자들은 과학자가 지식을 생산하는 방법은 과학교과서에 나오는 객관성이나 과학적 방법과 다르다는 것을 보여줬다. 사회구성론자의 관점에서 보면 과학은 연구자가 생산한 지식이 객관적 권력의 형태로 가는 길임을 구성원들에게 설득시키는 수사학rhetoric이며, 지식은 권력장에서 서로 경합하는 응축된 결절들[마디들]이다.[19] 그런데 세상을 수사학으로 직조하려는 이러한 사회구성론적 관점은 현실세계에 대해 강력히 문제제기하려는 페미니스트들에게는 불안한 것일 수밖에 없다. 페미니스트들이 근대 계몽의 과학적 객관성을 문제 삼기 시작한 것은 이제 막 페미니스트들이 만들어내기 시작한 '단일한 집합적 여성정체성', '행위성', 진리에 대한 '체화된embodied 설명'과 같은 개념들을 근대의 과학적 객관성 관점이 위협했기 때문인데, 사회구성론적 관점은 근대의 과학적 객관성 관점과 오히려 정반대의 위치에서 페미니스트들의 '단일한 집합적 여성정체성'과 '행위성' 개념을 단지 '텍스트'로 환원시켜버린 것이다!

---

18 Donna Haraway, "Situated Knowledges: The Science Question in Feminism and the Privilege of Partial Perspective," in *Simians, Cyborgs, and Women: The Reinvention of Nature* (New York: Routledge, 1991c), 184쪽.

19 Haraway, "Situated Knowledges," 185쪽.

이렇게 텍스트로 환원된 포스트모던 세계를 페미니스트들이 받아들일 수는 없게 된다.

반면에 페미니스트들에게 주어진 두 번째 접근방법이 '페미니즘 버전의 객관성'이다. 하딩에 따르면 페미니즘 버전의 객관성에는 마르크스주의에서 기원한 입장론, 정신분석의 한 주류인 대상관계이론에 기반을 두고 여성체험을 강조하는 인식론, 그리고 급진적 구성론을 극도로 경계하면서 과학적 객관성의 의미를 공고히 하려는 경험론이 있다.[20] 각각의 차이에도 불구하고 이러한 접근방법들에 일관되게 나타나는 주장은 지식은 그 사회적 구성성이나 역사적 우연성을 보여주는 것만으로는 충분하지 않으며 그 이상으로 세계를 설명할 수 있어야 한다는 것이다. 즉, 지식은 억압적이고 위계적인 사회체계 안에서 여성들이 제대로 살 수 있도록 여성들에게 세상을 비판적으로 성찰할 수 있는 논리를 제공할 수 있어야 한다.

하지만 해러웨이는 이러한 두 가지 상반되는 접근방법에 대해 우리에게는 페미니즘 버전의 객관성과 사회구성론의 포스트모던 관점 둘 다가 필요하다고 말한다. 다만 페미니즘 버전의 객관성은 여성들 사이의 차이를 반영하지 못하는 문제를 극복해야 하고 사회구성론은 상대주의 문제를 해결해야 하는데, 해러웨이는 각기 다른 공동체가 생산한 지식을 부분적으로 번역하여 연결할 수 있는 능력을 키우는 것을 통해 이 문제를 극복할 것을 제안했다.[21] 즉 상황적 [즉 부분적] 지식의 존재를 인정하고 그 상황적 지식 간의 연결을 통해 인식론적 소통을 가능하게 하는 연결망을 형성함으로써 상대주의를 극복하자는 것이다. 해러웨이에게 상대주의란 "어디에 속해 있어도 똑같이 볼 수 있다view from everywhere equally"는 것을 의미하는데, 이것은 근대 계몽의 과학적

20 샌드라 하딩(Harding, Sandra), 『페미니즘과 과학』, 이재경·박혜경 역 (서울: 이화여자대학교출판부, 2002), 24~26쪽, 161~62쪽.

21 Haraway, "Situated Knowledges," 188쪽.

객관성이 "어디에도 속하지 않고 볼 수 있다view from nowhere"고 주장하는 것과 짝을 이루는 것으로 둘 다 '신의 속임수God's trick'일 뿐이다. 해러웨이는 이러한 보편주의와 상대주의를 극복할 수 있는 방법으로 "특정 장소에 위치한 지식located knowledge을 추구하고, 그 지식에 대한 체화된 설명embodied accounts[즉 책임을 지는 설명]을 하며, 부분적 관점partial perspective[즉 사물을 번역하여 특정하게 보는 관점]을 채택할 것"을 주장했다.[22]

해러웨이가 제시하는 '페미니즘 객관성'은 바로 이러한 상황적 [즉 부분적] 관점의 인식론이자 정치라고 할 수 있다. 상황적 지식 간의 연결은 접합이 이루어지는 경계에서 발생하는 논쟁과 해체, 그리고 재구축을 통해 이루어진다. 경계에서의 변형을 통해 이루어지는 이러한 연결의 네트워크가 바로 우리가 추구하는 지식체계이며 페미니즘 객관성이 된다. 그런데 이 지식체계의 중요한 특징은 각각의 상황적 지식과 그 지식 간의 연결로 이루어진 지식체계가 부분과 전체의 관계가 아니라는 점에 있다. 이것은 상황적 지식을 구성하는 부분적 관점이 미리 주어진 확정된 관점이 아니고 결코 미리 알 수 없는 미래로 열린 관점이기 때문이다. 예컨대 헤러웨이가 페미니즘 버전의 객관성과 사회구성론의 포스트모던 감수성의 결합을 시도했을 때 의도한 것이 바로 비판이론의 엄격성에 변화를 추동하는 상상적 요소를 결합시키는 것이었다. '물적-기호적material-semiotic' 존재이자 과정으로서의 과학과 기술 개념은 바로 이러한 맥락에서 탄생했다.[23]

이러한 맥락에서 이제 '물적-기호적' 존재로서의 '존재'는 훨씬 더 문제적이면서 유연한 의미를 갖게 된다. 종속된 자의 입장에 기반을 둔 즉각적 시선이란 것이 더 이상 가능하지 않기 때문이다. 해러웨이에 따르면 종속된 자의 정체성이 과학을 생산하는 것이 아니고 물적-기호적 존

---

22 조주현, "페미니즘과 기술과학: 대안적 패러다임 모색을 위한 해러웨이 읽기," 133쪽.

23 Haraway, "Situated Knowledges," 190~92쪽.

재가 과학을 생산한다. 물적-기호적 존재의 비판적 위치 짓기는 시선의 상상력을 조직화한다는 점에서 그 자체로 핵심적인 정치적 실천이 된다. 그리고 이것은 페미니스트 연구자 또한 물적-기호적 존재의 비판적 위치 짓기에 대한 자신의 설명에 책임을 질 수 있어야 한다는 것을 의미한다. 물적-기호적 존재들의 시선 중에 어떤 시선을 택할 것인가가, 즉 페미니스트 연구자 자신의 비판적 위치 짓기가 무엇을 세계에 대한 합리적 지식으로 간주할 것인가를 결정하는 것이 되기 때문이다.

마지막으로 해러웨이는 페미니스트 연구자가 비판적 위치 짓기를 할 때 이분법적 논리를 조심할 것을 강조했다. 페미니스트 연구자의 책임감accountability은 '이분법적 지식'에 향해있지 않고 "개개인마다 각기 다른 의미에 공명하려는 지식"에 향해 있어야 하기 때문이다. 젠더는 이미 주어진 확정된 영역이 아니고 끊임없이 구조화되고 구조화하는 영역이며, 극도로 국지성을 띤 말과 몸들이 지구적 상황과 만나 상호간에 변형되고 변형시키는 과정이 진행되는 영역이다. 그러므로 페미니즘 객관성의 중요 요소인 '체화embodiment'는 이미 물화된 몸이 놓여있는 확정된 장소를 뜻하는 것이 아니라 의미의 '물적-기호적' 영역에 나타난 결절[마디]과 차이에 대한 책임감을 뜻하는 것이다. 해러웨이는 페미니스트 연구자가 고착된 여성의 위치가 아닌 곳에 비판적 위치 짓기를 시도할 때 시선에 대한 은유를 사용할 것을 권했다.[24] 결국 해러웨이가 강조하듯이 페미니즘의 형상화가 끝없이 분화되는 연결망 안에 놓여있으면서도 고착되지 않고 폐쇄적이지 않은 위치를 상상하는 것이라면, 그러한 페미니즘에 단일한 집합적 페미니즘 입장이란 존재할 수 없다는 것을 알게 된다. 그러나 다양한 페미니즘 입장들의 존재에도 불구하고 페미니즘 객관성의 정당성은 그 비판적 위치 짓기에 책임감을 갖는 데서 확보된다.

24 Haraway, 같은 글, 194쪽.

3. 실천이론에서 본 사이보그 페미니즘

여성학은 최근 젠더뿐만 아니라 계급, 인종, 국가에 따른 불평등을 새로운 시각으로 해석할 수 있는 길을 열고 있다. 특히 지금까지 불평등에 대한 대표적 저항방식이었던 정체성 정치가 어떤 조건에서 그 효율성이 보장되고 보장되지 않는지 파악하는 것을 통해 새로운 정치적 대안을 모색해가고 있다.[25] 한편 페미니즘 과학기술학은 그동안 객관성의 전형으로 여겨졌던 과학적 실천이 사실상 성불평등을 내재화하고 있음을 밝혀내는 과정에서 과학과 기술에 대한 새로운 실천적 이해를 가능하게 했는데, 이러한 작업 역시 최근 여성학적 작업의 일환이라고 할 수 있다.[26] 이 절에서는 특히 페미니즘 과학기술학에 새로운 시각을 열어준 해러웨이의 연구가 다른 과학기술학자들의 연구와 맞물려 어떻게 과학기술학의 실천적 전환을 이루어나갔는지 살펴본다.

1960년대에 쿤T. Kuhn은 근대과학의 해석이 뉴턴 물리학에 대한 계몽주의적 시각에 지나치게 의존한 편향된 것이라고 주장했다. 쿤은 수학이나 물리학 같은 엄밀 과학도 그 연구가 이루어지는 실천적 과정은 과학자들이 주장하듯이 객관적이고 논리적인 방식으로만 진행되지 않는다는 것을 보여줬다.[27] 특히 카트라이트N. Cartwright는 근대과학에 대한 이해가 지나치게 물리학적 관점에 의존함으로써 생물학이나 공학과 같은 다양한 과학기술에 대한 균형잡힌 해석이 이루어질 수 없었다고 말한다.[28] 카트라이트에 따르면 근대의 과학관은 물리학의 성과 중

25 조주현, "사회적 실천은 어떻게 변하는가?: 후기근대 사회에서의 정체성의 정치와 아고니즘 정치," 2014년도 한국사회학회 전기사회학대회 이론세션 발표문 (2014.6.21).

26 샌드라 하딩(Sandra Harding), 『누구의 과학이며 누구의 지식인가?: 여성들의 삶에서 생각하기』, 조주현 역 (파주: 나남, 2009), 2장.

27 토머스 S. 쿤(Thomas Samuel Kuhn), 『과학혁명의 구조』, 김명자·홍성욱 역 (서울: 까치글방, 2013).

28 Nancy Cartwright, *The Dappled World: A Study of the Boundaries of Science*

에서도 극히 단순한 계를 분석한 결과로 얻어낸 성과들에 의존하고 있는 것일 뿐이다. 카트라이트는 물리학도 복잡한 계를 대상으로 한 연구에서는 별다른 성과를 내지 못했으며, 물리학이 궁극의 법칙을 찾을 수 있었던 것은 그 연구대상이 단순했기 때문이라고 설명한다.[29] 연구대상이 단순할 경우 연구자는 비교적 단순한 훈련과정을 통해 습득한 연구방법만으로도 모든 과학적 실천이 필연적으로 놓여있는 사회적 위치에 근거한 상황적 [즉 부분적] 관점을 극복할 수 있게 된다. 반면에 생물학이나 공학뿐만 아니라 사회과학처럼 훨씬 복잡한 계를 연구대상으로 하는 분과학문이 물리학과 비슷한 연구방법을 사용할 경우, 이들은 물리학처럼 엄밀한 결과를 얻을 수 없을 뿐만 아니라 더 왜곡된 관점을 초래함으로써 궁극적으로 제한적이고 비효율적인 연구를 하기 쉽게 된다.

단순계를 다루는 과학에서 유래된 경험론적 과학관을 복잡계를 다루는 과학기술 분야에 적용하게 되면 통상 복잡계를 연구할 때 더 큰 영향을 미치기 마련인 역사적, 사회적 조건은 과소평가되고, 과학계 내부의 젠더관계를 포함한 다양한 사회적 위계관계는 과학의 본질과 무관한 것으로 생각할 수 있게 된다. 또한 이러한 연구는 과학적 객관성을 표방하고 있기에 연구결과에 과도한 권위가 부여되면서 사실상 사회적 불평등을 지속시키는데 필요한 과학적 근거로 작동하게 된다. 예컨대 해러웨이는 영장류학에 특유한 성차별과 인종차별에 대한 연구를 통해 자연이 결코 "있는 그대로" 우리에게 다가오지 않는다는 것을 보여줬다.[30] 즉, 영장류학은 미국백인여성을 문명과 연관 짓는 것과는 대조적으로 아프리카여성을 야생동물과 연관 짓는 것을 과학적으로 정당

(Cambridge: Cambridge University Press, 1999), 2~3쪽.

29 Cartwright, *The Dappled World*, 24~28쪽.

30 Donna Haraway, "The Bio-politics of a Multicultural Field," in *Primate Visions: Gender, Race, and Nature in the World of Modern Science* (New York: Routledge, 1989), 244~75쪽.

화시키고 있었다. 또한 해러웨이는 미국, 일본, 인도의 영장류학 연구가 각기 다른 영역에 몰두하고 있음을 드러내면서 그 이유가 자연과 사회에 대한 각 나라의 문화적 개념 차이에 근거하는 것임을 보여줬다.

해러웨이의 연구를 비롯한 페미니즘 과학기술학은 단순계를 다루는 과학과 복잡계를 다루는 과학은 연구의 강조점이 달라져야 한다는 것을 분명히 보여주고 있다. 즉, 복잡계에 대한 이해는 각 분과학문마다 각기 다르게 요구되는 수준의 거시적 변수로 표현된 이론으로 제시되어야 하며, 그 설명은 반드시 특정 현상의 한 측면만을 조명하는 작업을 거친 것이어야 한다. 특정 현상 전체의 윤곽은 그 현상의 다른 측면들을 잘 드러내는 다른 거시이론들을 동시에 고려하는 것으로 가능해진다.[31] 그런데 이러한 접근방법에서 우리가 분명히 고려해야 할 점이 바로 특정 현상의 각 측면을 각기 다르게 조명하는 다양한 거시이론 간의 정합성 문제다. 즉, 각각의 거시이론을 동시에 고려하는 '통합적 다원주의 integrative pluralism'의 접근방법이 단순히 다양한 거시이론들의 집합에 불과하여 상대주의의 함정에 빠지는 일이 없게 하려면 거시이론들 간의 정합성 문제가 반드시 해결되어야 하는 것이다. 특히 사회과학의 경우 사회구성론의 상대주의에 빠지지 않기 위해서는 해러웨이 자신이 페미니즘 객관성 개념을 통해 극복해나가려고 했듯이 거시이론 간의 정합성 문제가 반드시 해결되어야 한다.

거시이론 간의 정합성 문제를 가장 안정적으로 해결할 수 있는 대표적 방법이 바로 연구대상인 그 특정 현상의 미시적 기제에 대한 이론을 구성하는 것이다. 미시적 기제에 대한 이론이 구성되면 특정 현상에 대한 거시이론의 신뢰도는 이 미시이론의 신뢰도에 비례해 정해질 수 있다. 예컨대 하딩의 경우, 하딩은 거시이론 간의 상대주의 문제를 해결하기 위해 '강한 객관성' 개념을 제시했지만, 강한 객관성 개념은 모든 지

31 Sandra D. Mitchell, *Biological Complexity and Integrative Pluralism* (Cambridge: Cambridge University Press, 2003), 208~18쪽.

식은 상황적 [즉 부분적] 지식이지만 그 지식 중에 상대적으로 덜 왜곡된 지식을 판별할 수 있는 기준이 있다는 일견 상호 모순적으로 보이는 주장 때문에 모순적이라는 비판에 직면했다.[32] 그러나 하딩의 강한 객관성 개념에 미시적 기제에 대한 이론을 적용하게 되면 접근방법에 따라 그리고 분석대상인 특정 현상이 변화함에 따라 변화할 수밖에 없는 거시이론의 변화과정에 일관성이 부여되면서 강한 객관성이 모순된 개념으로 전락하지 않을 수 있게 된다.

복잡계를 다루는 과학의 이 같은 방법론적 해석을 수용하게 되면 페미니즘 정치에도 새로운 대안이 떠오르게 된다. 예컨대 정체성 정치의 경우, 그것이 통합된 여성이라는 단일한 집합적 여성 정체성에 의존하는 것이든 혹은 여성 간의 차이를 결정하는 계급, 인종, 섹슈얼리티, 국가 간의 상호교차성의 결과로 구성된 것이든 그 정체성으로 포착할 수 있는 불평등이나 억압의 형태는 제한적일 수밖에 없다. 정체성 정치가 초기에 성공적으로 저항할 수 있었던 권력의 형태가 점차 다양한 형태로 작동하고 있는데 비해[33] 그러한 권력의 작동을 유연하게 추적하기에 정체성 정치는 지나치게 경직돼있기 때문이다. 따라서 정체성 정치가 아닌 사회구성원들이 수긍할 수 있는 기준에 따라 다양한 억압적 권력의 작동에 저항할 수 있는 그런 정치를 제시하는 것이 필수적이게 된다.[34]

사회구성원들이 다양하게 서로 상충된 형태로 전개하는 저항과 그 저항을 통해 제시되는 사회적 목표 및 효율성의 창의적 공간은 소수의 전문가가 구체화시킨 사회적 논제들로 이루어진 공적 공간과 대조를 이룬다. 그리고 공적 공간을 견인하는 정체성 정치는 그 경직성으로 인

32 하딩, 『누구의 과학이며 누구의 지식인가?』, 231~36쪽.

33 Colin Gordon, "Governmental Rationality: An Introduction," in *The Foucault Effect: Studies in Governmentality*, ed. B. Burchell, C. Gordon, and P. Miller (Chicago: The University of Chicago Press, 1991), 1~52쪽.

34 이러한 형태의 전략으로 필자는 아고니즘 정치를 지목했다. 아고니즘 정치에 대한 자세한 설명으로는 이 책의 8장 참조.

해 후기 근대적 풍경에 익숙해진 사회구성원들로부터 호응을 끌어내기가 갈수록 어렵게 된다. 정치적 공간을 견인하는 아고니즘 정치와 공적 공간을 견인하는 정체성 정치의 이러한 대조는 해러웨이가 입장론은 여성들의 삶의 위치를 선험적으로 특권화하고 있다고 비판하면서[35] 페미니즘에서의 과학 문제를 '위치에 따른 합리성으로서의 객관성objectivity as positioned rationality'으로 표현하기도 하고, 또 "과학은 종속된 자들의 지식의 특징인 혼란스러운 시선과 새로운 전망을 제시하는 목소리를 번역하고 연결하는 채무와 의무에 대한 신화"[36]라는 현란한 표현으로 지적하기도 한 것과 궤를 같이 한다.

실천이론의 통찰은 거시이론에서 도출된 추상적 원리로 사회적 목표를 설정하려할 경우 그 목표는 필연적으로 시공간적 한계에 부딪친다는 것을 보여준데 있다. 특히 실천이론은 후기 근대는 사회구성원들의 다양한 목소리가 제공하는 창의적 사회변화의 가능성이 한없이 소중해지는 시기이며, 거시이론이 내포하고 있는 억압성이 그 이론이 가져다주는 실천적 효율성보다 더 큰 영향을 미치는 시기임을 강조한다. 실천이론의 이러한 논리에 우리가 동의한다면 이제 여성학 방법론은 거시이론을 모색하는 대신 그러한 거시이론의 사회적 목표를 결정하는 미시적 과정에 대한 분석으로 방향을 전환해야 한다는 결론에 이르게 된다. 미시적 과정에 대한 분석이란 먼저 사회적 목표를 구성하는 과정을 결정하는 최소한의 기제를 밝힌 후, 그렇게 도출된 미시이론에서 출발하여 각 시공간적 조건에서 사회적 목표가 설정, 강화, 변형, 혹은 소멸되는 과정에 대한 다양한 사례를 분석하며, 그 사례 분석에서 얻은 자료를

---

35 Haraway, "A Cyborg Manifesto," 161쪽.

36 원문: "Science becomes the myth not of what escapes human agency and responsibility in a realm above the fray, but rather of accountability and responsibility for translations and solidarities linking the cacophonous visions and visionary voices that characterize the knowledges of the subjugated." (Haraway, "Situated Knowledges," 196쪽).

통해 새로운 효율적 사회의 구성을 상상하는 것이다. 이러한 관점에서 본다면 페미니즘 정치가 정체성 정치에서 아고니즘 정치로 전환을 모색하고 있는 것처럼 페미니즘 과학기술학 역시 과학적 실천이 이루어지는 미시적 과정에 대한 분석을 중심으로 연구가 진행되어야 한다는 결론에 이르게 되는데, 바로 이것이 해러웨이가 처음 열어 보인 길이기도 하다.

4. 브랜덤의 '관대한 읽기'와 사이보그 페미니즘

앞에서 논의했듯이 여성학 방법론과 실천이론은 많은 부분에서 이론적 논의를 공유하고 있다. 하지만 이 두 분야는 과학적 실천을 포함한 다양한 사회적 실천에 대해 분명히 구분되는 문제의식을 갖고 있고 연구의 강조점 또한 확연히 구분되는 것이 사실이다. 예컨대 실천이론의 실용주의계열 철학자들은 언어적 실천에 주목하면서 인간의 사회활동에 핵심적 역할을 하는 언어가 어떻게 과학과 같은 엄밀한 지식생산을 가능하게 하는지 분석해왔다. 이들은 언어적 실천을 포함한 사회의 다양한 실천이 스스로 구조적 안정성과 효율성을 보이게 되는 것은 인간의 인식능력의 핵심인 규범적 판단능력normative judgment 때문인 것으로 설명한다.[37] 즉, 실천이론의 실용주의계열 철학자들의 관심사는 어떻게 다양한 사회적 실천이 외부의 설계자나 조종자의 도움 없이도 스스로 안정성과 효율성을 달성할 수 있는가에 대한 것이다.

반면에 여성학 방법론 연구자들의 관심사는 일견 확고한 진리로 보

37 Robert Brandom, "Reason, Genealogy, and the Hermeneutics of Magnanimity," Paper presented at the University of California at Berkeley - Howison Lectures in Philosophy (2013.3.13).

이는 과학, 사회제도, 규범, 관습과 같은 사회적 실천들이 사실상 역사적 우연의 결과이거나 부당한 권력으로 유지되는 것임을 밝히는 데 있다. 여성학 방법론 연구자들의 이러한 문제의식은 마르크스주의자나 비판이론가들 뿐만 아니라 부르디외, 푸코, 기든스, 가펑클 등 사회과학계열의 실천이론가들이나 쿤 등의 과학사학자들과 공유하는 것이며, 페미니즘 이론이 이들의 영향을 많이 받은 것도 바로 이러한 문제의식의 공유 때문이기도 하다. 여성학 방법론 연구자들을 포함한 사회과학계열 실천이론가들에게 지식의 사회적 구성성 혹은 실천성은 자명한 것이기 때문에 이들이 해결하려는 문제는 그 지식에 작동하는 지배 권력의 효과를 어떻게 하면 최소화할 수 있는가에 있다. 실천은 이처럼 철학적 실천이론이 주목한 실천의 구조적 안정성과 여성학 방법론을 포함한 사회과학계열의 실천이론이 주목한 실천의 변화가능성이라는 서로 상반되는 두 측면을 가지고 있다. 그러므로 우리는 과학적 실천을 포함한 모든 사회적 실천은 이 두 측면 간의 적절한 균형에 의해서만 설명될 수 있다고 결론지을 수 있다.

실용주의계열의 분석철학자인 브랜덤은 이처럼 일견 상호 모순적으로 보이는 실천의 두 측면이 그 실천에 속하는 구성원들의 규범적 판단을 통해 나타나는 것임을 분명히 보여준다.[38] 먼저 구성원들의 규범적 판단을 계보학적으로 보게 되면 자신과 다른 구성원들의 행위에 대한 판단은 구성원 모두가 공유하는 삶의 방식에 의해 결정되는데, 그 삶의 방식은 다양한 권력관계들에서 초래된 불평등, 편견, 차별 등이 언제나 작동될 여지가 있는 것이다. 그 결과, 그러한 삶의 방식의 영향을 받는 구성원 개개인의 판단으로 유지되는 실천은 비효율적이고 비합리적이며 불평등한 실천이 될 수 있다. 이처럼 실천은 구성원 개개인의 판단행위 속에 분산된 상태로 유지되는 상징적인 것인 반면에 그 구성원들의 판단행위를 결정하는 삶의 방식은 바로 그 구성원 개개인의 판단

38 Brandom, 같은 글.

행위로 유지, 강화, 변형, 혹은 소멸되는 과학적 지식과 같은 다양한 실천의 산물들에 의해 결정되는 재귀적 체계로 작동한다. 따라서 예컨대 푸코가 섹슈얼리티 분석에서 잘 보여주고 있듯이 "왕의 목을 베는"[39] 식의 결집된 집단적 저항으로 비효율적 실천을 효율적으로 변화시키는 것이 어렵게 되고 결국 푸코는 "모든 것이 위험하다"[40]는 결론에 이르게 되는 것이다. 그러나 브랜덤에 따르면 이 같은 계보학적 읽기는 사회의 비효율적 실천들이 왜 지속되는지를 밝히는 데는 효과적인 방법이지만 언어, 법, 시장경제와 같은 효율적 실천들이 왜 지속되는지를 밝히는 데는 설명력이 떨어지는 방법이다. 브랜덤은 효율적 실천들이 보이는 구조적 안정성은 구성원들이 그 실천을 구성하는 삶의 방식 중에서 '관대한 읽기the hermeneutics of magnanimity'를 통해 실천의 핵심적인 부분을 끊임없이 합리적으로 재구성하기 때문이라고 주장한다.[41]

결국 어떤 효율적인 사회적 실천이 구성원들의 '관대한 읽기'를 통해 끊임없이 재생산되거나 창의적으로 변화하는 과정을 거칠 것인지 아니면 그 효율적인 사회적 실천을 '하인의 관점'으로 읽어내어 효율성을 유지하지 못하게 될 것인지는, 혹은 어떤 비효율적 실천이 구성원의 '비열한 읽기'를 통해 유지·강화될 것인지 아니면 '계보학적 해석'에서 시작된 저항으로 그 비효율적 실천이 소결될 것인지는 각 구성원이 내리는 판단의 순간에 결정된다. 사회적 실천은 어떻게 변화하는가 혹은 변화할 수 있는가에 대한 브랜덤의 이 같은 해석에 우리가 동의한다면, 우리는 사회변혁을 추구하는 여성학 방법론 역시 규범적 판단의 순간에 작동하는 개개인의 행위성과 그 행위성의 조건을 결정하는 삶의 방

39 Michel Foucault, *The History of Sexuality: An Introduction* (New York: Vintage, 1976), 89쪽.

40 Michel Foucault, "On the Genealogy of Ethics: An Overview of Work in Progress," in *Michel Foucault: Beyond Structuralism and Hermeneutics*, 2nd ed. H. L. Dreyfus and P. Rabinow (Chicago: The University of Chicago Press, 1983), 231~32쪽.

41 Brandom, "Reason, Genealogy, and the Hermeneutics of Magnanimity."

식이 어떻게 결합해야 가장 효율적인 사회적 실천이 생성, 유지, 혹은 변화될 수 있는가에 대한 것으로 그 관심사를 이동해야한다는 결론에 이르게 된다. 필자는 해러웨이가 '사이보그', '유색인 여성', '뱀파이어', '여성인간©', '앙코마우스™' 등과 같은 다양한 은유를 통해 재현하려고 했던 것도 결국 개개인의 판단행위가 잘 이루어질 수 있는 조건에 대한 것이었다고 생각한다.[42]

개개인의 판단행위가 잘 이루어질 수 있는 조건에 대해 여성학 방법론 연구자들이 제시하는 전략은 하버마스의 '이상적 대화 상황ideal speech situation'의 조건과 유사하다.[43] 그러나 이러한 이상적인 공적 공간의 조건은 현실적으로 불가능한 경우가 많고 설령 그러한 조건이 설정된다 하더라도 잘못된 판단이 이루어질 가능성은 언제나 존재한다. 그러므로 이상적인 전략은 이상적 판단 행위를 통해 단일한 집합적 의견을 도출하려는 과도한 목표를 설정하는 대신 잘못된 판단을 했을 경우 언제든지 그것을 시정할 수 있는 이상적 공간의 유지 자체가 목표가 되게 하는 것이다.[44] 경험론자인 론지노가 "다양한 관점의 존재는 생동감 넘치고 인식론적으로 효과적인 비판담론을 위해 꼭 필요한 것이다."라고 지적하고 있듯이[45] 사회적 실천의 효율적 작동을 위해서는

---

42 Donna Haraway, *Modest_Witness@Second_Millennium.FemaleMan©_Meets_OncoMouseTM: Feminism and Technoscience* (New York: Routledge, 1997).

43 반면에 철학적 실천이론가들의 경우 이상적 판단행위를 할 수 있는 조건에 대한 언급이 거의 없는데, 이것은 이 조건이라는 것이 결국 공동체의 삶의 방식 전체에 의존하기 때문에 이에 대해 도식적인 체계를 도출하려는 작업 자체가 적절하지 않다고 보았기 때문일 것이다. 결국 개개인이 이상적 판단행위를 할 수 있는 조건은 철학적 문제라기보다는 사회적, 혹은 정치적 문제라고 할 수 있다.

44 조주현, "후기근대와 사회적인 것의 위기: 아고니즘 정치의 가능성."

45 원문: "a diversity of perspectives is necessary for vigorous and epistemically effective critical discourse" (Helen. E. Longino, *The Fate of Knowledge* (New Jersey: Princeton University Press, 2002), 131쪽; Stanford Encyclopedia of Philosophy, "Feminist Social Epistemology," in http://plato.stanford.edu/entries/feminism-epistemology (2014.9.6. 검색).

관점의 다양성을 유지하려는 이 같은 노력이 반드시 강조되어야 한다.

페미니즘 정치는 기존의 비효율적 실천들의 불평등성을 시정함으로써 실천을 효율적으로 만들었던 바로 그 정체성 정치가 역으로 다양한 관점의 등장을 막음으로써 그 시정된 효율적 실천들이 다시 새로운 불평등의 기원이 되거나 효율성을 유지하지 못하게 되는 상황이 발생하지 않도록 노력해야 한다. 이것은 단일한 집합적 정체성 정치인 젠더정치의 결집력이 주는 유혹이 아무리 크다 하더라도 젠더를 포함한 계급, 인종, 섹슈얼리티, 국가, 지역과 같이 우리가 이미 익숙하게 알고 있는 다양성뿐만 아니라 앞으로 끝없이 다양하게 펼쳐질 새로운 다양성에 대해서도 열린 태도를 가져야 한다는 것을 의미한다. 필자는 바로 이 점이 해러웨이가 '사이보그 선언'에서 처음 열어보였던 길이며, 해러웨이를 다른 페미니즘 이론가들과 가장 차별화시킨 점이라고 생각한다.

현재 한국의 젊은이들은 비록 기형적이긴 하지만 가장 후기 근대적 삶에 가까운 형태를 보이면서 각자가 다양한 방식으로 이러한 삶에 대응해 나가고 있다. 특히 지난 30여년에 걸친 여성운동의 성과로 특별히 대학에서 여성학을 수강하지 않고도 페미니즘 관점을 체득하게 된 20-30대 여성들은 자신들의 부모세대를 좌절시키곤 했던 성차별을 다양한 방식으로 무력화하거나 희화화하려는 시도를 하고 있다. 젊은 여성들의 이러한 시도는 정체성 정치를 주도해온 기존의 페미니스트들을 당혹하게 만드는 신여성성의 핵심적 특징이다. 물론 신여성성으로 분류되는 행위 중에는 퇴행적일 수 있는 행위가 있는 것도 사실이다. 그러나 우리는 젠더정치 스스로가 새로운 형태의 위계적 체계가 되어 새롭고 창의적인 삶을 구상할 여성들의 공간을 축소시킬 수 있음에 대해서도 경계할 필요가 있다. 필자는 실천이론의 분석틀이 더욱 정교해져서 신여성성으로 불리는 젊은 세대의 새로운 시도와 그들이 이루는 창의적 공간이 진정한 사회적 효율성의 출발점 역할을 할 수 있음을 보여줄 수 있게 되기를 기대한다. 해러웨이의 다양한 은유는 젊은 여성들의 이러한 시도가 궁극적으로 불평등한 사회적 실천을 계보학적으로 해체시키는 것으로 나아가게 할 뿐만 아니라 하인의 관점으로 폄하되던 실천을 관대한 읽기를 통해 효율적 실천으로 거듭나게 하는 것으로 나아가게 하는데 훌륭한 길잡이가 되어 줄 것이다.

CHAPTER 4

실천이론에서 본 캐런 바라드의 행위적 실재론

과학적 실천이론과 페미니즘 과학기술학의 접점

1. 문제제기

그동안 페미니즘 과학기술학Science and Technology Studies, STS은 성차별적이거나 남성중심적인 과학적 실천에 대한 비판적 연구 결과로 과학기술학 안에서 많은 주목을 받아왔다. 하지만 사회구성론적 경향이 강했던 그러한 비판적 연구에서 한걸음 더 나아가 과학적 실천에 대한 독창적 시각을 가지고 과학기술학 자체의 실천적 전환에 기여한 업적은 크게 주목받지 못했다. 캐런 바라드Karen Barad는 하딩에서 해러웨이를 거쳐 바라드로 이어지는 페미니즘 과학기술학 발전과정의 한 흐름을 담당하면서 동시에 과학기술학 자체의 실천적 전환에 기여한 연구자이다.[1] 바라드의 연구는 실천이론의 틀에서 그 의미가 분명

1 한국에서 바라드의 "행위적 실재론"을 처음으로 소개한 글로는 임소연(2011)이 있다; 임소연, "여성들의 기술과학 실행에 대한 '기술-과학적 방식의 생각하기': 캐런 바라드

해진다. 실천이론은 사회가 언어나 법과 같은 다양한 실천으로 이루어진 문화를 통해 작동한다고 보고 그 문화를 이루는 기본 단위인 각 실천이 어떻게 그 실천을 이루는 각 구성원의 수행과 그 수행에 대한 판단으로 이루어지는 상호작용을 통해 유지되는지 그 동적 모델을 제시하는 이론을 말한다.[2] 그러나 이 장에서는 실천이론을 기존의 실천이론에 몸을 가진 인간이 자연적, 사회적 환경 속에서 살아가는 방식을 다루는 행위자 모델을 결합시킨 '실천적 행위자 모델'을 의미하는 것으로 사용한다.

실천적 행위자 모델은 사회의 목표인 '효율성efficiency' 개념을 경제학에서 사용하는 효율성 개념보다 훨씬 더 일반적인 사회구성 원리로 확장시킨다. 예컨대 사회의 구성원들은 훈육을 통해 사회적 실천[혹은 좀 더 친숙한 예로 사회적 규범]을 체화된 '삶의 기술'로 습득한 후 그 사회적 실천에 의존해 매 행위의 순간마다 본능적으로 적절한 대응을 하게 된다.[3] 그런데 이 과정에서 실천적 행위자 모델이 보여준 가장 중요한 통찰은 각 구성원이 매 대응의 순간에 그 사회적 실천에 의존해 판단하기만 하는 것이 아니라 그 사회적 실천이 적절한 것인지 그 실천 자체에 대한 판단도 언제나 동시에 한다는 것이다! 즉, 각 구성원의 판단은 대개는 즉각적이고 본능적으로 이루어지지만 실천의 판단기준에 대한 의문이 쌓이게 되면 구성원은 그 사회적 실천의 변화를 시도하게 되고, 그 시도는 다시 다른 구성원들의 판단에 의해 수용 혹은 거부되면

의 행위적 실재론을 중심으로," 『과학기술학연구』 11:2 (2011), 97~119쪽 참조.

2 Joseph Rouse, "Social Practices and Normativity," *Philosophy of the Social Sciences* 37:1 (2007a), 46~56쪽; Joseph Rouse, "Practice Theory," in *Philosophy of Anthropology and Sociology*, ed. Stephen Turner and Mark Risjord (Dordrecht: Elsevier, 2007b), 639~81쪽; Robert Brandom, *Making it Explicit: Reasoning, Representing, and Discursive Commitment* (Cambridge, MA: Harvard University Press, 1994).

3 카너먼이 System 1이라 지칭한 사고의 방식을 말한다; Daniel Kahneman, *Thinking, Fast and Slow* (New York: Farrar, Straus and Giroux, 2011), 20쪽.

서 사회적 실천의 변화 혹은 유지로 이어지게 된다. 이처럼 실천적 행위자 모델은 철저하게 사회적 규범에 따라 행동하는 '사회학적 인간homo sociologicus' 모델이나 사회적 규범의 제약 하에 자신이 가진 정보에 따라 자신의 욕구를 최대한 만족시키는 선택을 하는 '경제학적 인간homo economicus' 모델과 달리 구성원의 행동이나 선택이 사회적 실천 자체에 미치는 피드백 과정을 모델의 핵심요소로 포함시킨다는 점에서, 효율성 개념을 훨씬 더 일반적인 사회구성 원리로 확장시킬 수 있게 된다.

실천적 행위자 모델은 인간이 자연적, 사회적 환경 속에서 적절한 행위와 대응을 할 수 있게 되는 것은 훈련을 통해 습득한 삶의 기술 때문이고 그 삶의 기술은 환경에 대한 단순화된 모델을 구성하는데서 시작된다고 본다. 인간이 환경에 대한 극단적으로 단순화된 모델이 필요한 이유는 인간은 대부분의 행위와 대응을 매순간 즉각적이고 본능적으로 해야 하기 때문이다. 그런데 이렇게 단순화된 모델은 환경이 급격하게 변화하면 필연적으로 실수를 낳게 되기 때문에 단순화된 모델이 작동하기 위해서는 환경을 안정적으로 유지하는 것이 필수적이게 된다. 특히 사회적 환경을 구성하는 사회적 실천의 경우, 실천을 안정적으로 유지하여 행위자가 적절한 행위와 대응을 할 수 있게 하는 것이 실천의 가장 중요한 필수조건이 된다.

그러나 사회적 실천은 이처럼 안정성도 유지해야 하지만 다른 한편 근본적으로 더 나은 효율성을 위해 궁극적으로 변화되어야 한다. 따라서 환경의 안정적 유지에 기반을 두고 일상적으로 이루어지는 행위자의 행위와 대응 속에서도 사회적 실천의 변화시기와 방향에 대한 모색은 이루어질 수밖에 없다. 즉, 행위자의 일상적 행위와 대응은 단순화된 모델에 기반을 두고 피드백 과정을 통해 실수를 줄이는 방식으로 최적화되어 진행되지만, 동시에 주어진 단순화된 모델 그 자체를 변화시켜 효율성을 더 높이거나 실수를 근본적으로 줄일 수 있는 가능성도 모색되게 된다. 단순화된 모델의 변화는 단순화 작업 중에 어떤 부분을 되돌려놓을 것인가에 따라 무한한 방식으로 시도될 수 있지만 그 변화의 범위는 사회적 실천의 안정성을 해치지 않는 수준에서 결정된다. 요약하면, 행위자가 실천의 안정적 작동에 대해 높은 자신감을 갖고 있으면 있을수록 [달리 말하면 행위자가 사회적 목표의 유지 가능성을 확신하고 있으면 있을수록] 그 행위자가 시도해볼 수 있는 변화의 범위는 더 넓어지게 되고 그 결과 더 나은 효율성을 달성할 수 있게 된다.

개개인의 행위와 대응 과정에 필수적인 이러한 단순화 작업은 거시적 사회관계를 이해하고 해석하는데 결정적 영향을 미친다. 즉, 개별 행위자 수준에서 단순화 작업이 적응적 조정과정을 통해 사회변화를 수용하는 작업을 하지 못하게 되면 정치적 불평등이 생기게 되고 그에 대한 저항으로 급격한 사회변화가 초래되게 된다. 예컨대 역사적으로 20세기 중반 이후 등장한 여성운동을 포함한 다양한 정체성 정치는 개별 행위자 수준에서 적응적 조정과정이 이루어지지 못해 누적된 정치적 불평등에 대한 집단적 저항의 표현이었다고 할 수 있다. 그러나 오늘날 분명한 정치적 불평등이 상당 부분 해소된 대부분의 국가에서는 이러한 집단적 저항방식이 오히려 비효율적이 되고 개별 행위자 수준에서 미세하고 점진적인 조정을 통해 불평등을 해소하는 보완적 역할이 사회를 변화시키는데 더 많은 비중을 차지하게 되는데, 필자는 이러한 상황이 후기 근대의 가장 핵심적 특징이라고 생각한다.

따라서 후기 근대적 상황에서는 구성원 각자가 사회적 실천이 어떻게 생성, 유지, 변화, 혹은 소멸되는지 그 적응적 변화기제를 체계적으로 이해하고 특히 그 적응적 변화기제의 안정성과 변화가능성이 각각 어떤 경우에 나타날 수 있는지 그 다양한 양식을 이해하는 것이 중요해진다. 그와 함께 후기 근대적 상황에서는 구성원 각자가 자신이 원하는 사회로의 변화를 위해 개인적 수준에서 어떤 노력과 절충이 필요한지 분명하게 인식, 제시, 평가, 대답할 것을 권하는 아고니즘 정치가 효율적인 정치전략이 된다. 바라드의 '행위적 실재론agential realism'은 실천이론의 이 같은 정치적 함의를 과학기술의 급속한 발달로 더욱 미세하고 다양한 형태로 전개되고 있는 사물과 인간의 분리 방식의 영역에 적용시킨 것이다. 이러한 바라드의 연구는 과학기술학뿐만 아니라 페미니즘 정치의 실천적 전환과 맞물려 여성학 방법론에 혁신을 가져온 것으로 판단된다.

과학적 실천에 대한 분석은 노이라트O. Neurath와 하이데거에서 시작되었지만 과학기술학 전체에 실천적 관점이 영향을 미치게 된 것은 1960년대 쿤을 비롯한 일련의 과학철학자들의 연구에서부터 였다.[4] 이들은 과학자의 수행으로 이루어지는 과학적 실천과 그 결과물인 엄밀한 과학적 지식은 서로 별개의 것이며, 과학적 실천은 그 작동방식에 있어 다른 사회적 실천과 질적 차이가 없다는 중요한 결론을 도출해 내었다. 즉, 과학적 실천의 결과물인 과학적 지식이 엄밀성을 보이는 이유는 그 연구대상이 극도로 단순하기 때문이지 연구방법[즉 과학적 실천]이 특별해서가 아니라는 것이다. 예컨대 물리학 이론이 정확성을 보이는 것은 그 주 연구대상인 물리적 계가 단순하기 때문이고, 과학적 실천[즉 연구방법]이 규율과 엄격성을 유지하는 것은 연구대상이 단순해서 그 연구의 결과물에 대한 평가가 비교적 체계적으로 이루어질 수 있기 때문이다.[5] 그런데 과학적 실천이 사회과학적 실천이나 인문학적 실천, 또는 파이어아벤트P. Feyerabend가 짓궂게(?) 강조했듯이 예컨대 점성술에서 이루어지는 실천과 사실상 질적 차이가 없는 것이라면, 그래서 어떤 객관적 기준에 따라 과학적 실천과 인문사회학적 실천을 구분할 수 있는 것이 아니라면, 그것은 과학적 실천 역시 문화를 구성하는 다양한 실천의 영향을 받을 수밖에 없다는 것을 의미한다. 즉, 과학적 실천도 문화를 통해 작동하는 계급, 인종, 젠더에 따른 불평등한 권력의 효과에서 벗어날 수 없다는 것이다.

과학철학자들의 이 같은 지적은 그동안 성차별적이거나 남성 중심적

---

4 Joseph Rouse, *How Scientific Practices Matter: Reclaiming Philosophical Naturalism* (Chicago: The University of Chicago Press, 2002).

5 이러한 지적은 카트라이트에 의해 가장 체계적으로 제시되었다; Nancy Cartwright, *The Dappled World* (Cambridge: Cambridge University Press, 1999).

인 과학적 실천을 비판해온 페미니즘 비판과 조우하면서 새로운 '페미니즘 과학기술학' 발전의 중요한 지지기반이 되었다. 이후 하딩과 해러웨이와 같은 페미니즘 과학기술학자들은 과학적 실천이론의 이러한 함의를 더 깊이 천착하여 정체성 정치에 기반을 둔 기존의 페미니즘 정치를 변화시키려고 했다. 특히 최근 바라드의 연구는 페미니즘 과학기술학자가 과학적 실천에 대한 독창적 시각을 가지고 과학기술학의 실천적 전환에 기여한 업적 중에서도 가장 체계적인 것으로, '제4물결' 페미니즘 정치[6]와 함께 페미니즘 정치의 실천적 전환에 결정적 역할을 하고 있는 것으로 판단된다.

페미니즘 과학기술학의 이러한 흐름을 자세히 분석하기 위해 이 장은 다음 순서로 논의를 전개한다. 2절은 페미니즘 과학기술학의 최근 흐름을 대변하는 바라드의 이론을 '행위적 실재론'을 중심으로 자세히 소개한다. 바라드는 보어N. Bohr가 양자측정이론의 해석을 위해 제시했던 철학적 접근법을 재해석하여 과학적 실천이론을 위한 일반이론으로 발전시키려고 했다. 2절은 바라드가 도입한 '현상phenomenon', '내부-작용intra-action', '장치apparatus', '회절diffraction', '행위적 절단agential cut'과 같은 개념들이 이러한 이론화에 어떤 역할을 했는지 상세히 설명한다. 또한 이 과정에서 바라드의 과학적 실천이론이 푸코와 버틀러의 사회적

6 '제4물결' 페미니즘 정치의 특징을 가장 잘 보여주는 것으로 린다 제를리의 연구를 예를 들 수 있다; Linda Zerilli, *Feminism and the Abyss of Freedom* (Chicago: The University of Chicago Press, 2005). '제4물결' 페미니즘 정치는 근대의 계몽주의적 관점에 기반한 페미니즘 정치와는 근본적으로 다른 시도를 한다. '제4물결' 페미니즘 정치는 인권이나 법을 중심으로 한 형식적 제도변혁을 통해 정치적 불평등을 해소하려는 것에 머물지 않고 이러한 제도를 실질적으로 작동시키는 원천인 사회적 실천이 더 '효율적'인 새로운 안정적 실천으로 변화할 수 있도록 하는 것을 궁극적 목표로 한다. 그런 의미에서 필자는 학계에서 말하듯이 '제4물결'이라고 부르기 보다는 기존의 페미니즘 정치와 차별화하기 위해 "페미니즘 정치의 실천적 전환"이라고 부르는 것이 더 적절하다고 본다; 제를리의 연구를 '제4물결'의 시작으로 평가한 글로는 George Steinmetz, "The New Aesthetic-Political Avant-Garde: Linda Zerilli's *Feminism and the Abyss of Freedom*," *Sociological Theory* 27:1 (2009), 86쪽 참조.

실천이론을 어떤 방식으로 더 정교한 권력분석의 도구로 재구성했는지도 살펴본다. 3절은 바라드의 행위적 실재론의 의미를 더 넓은 실천이론의 틀 속에 위치시켜 평가한다. 특히 하딩, 해러웨이, 바라드의 연구를 과학적 실천이론의 틀 속에서 재해석한 라우스J. Rouse의 연구를 중심으로 바라드의 연구가 기존의 일반적 실천이론의 난점을 해결하는 길을 어떻게 열어보였으며, 이 과정에서 행위적 실재론의 정치적 함의가 어떻게 새롭게 드러나게 되는지 설명한다. 마지막으로 4절은 바라드의 행위적 실재론이 페미니즘 정치에 새로운 방향을 제시해줄 뿐만 아니라 한국적 후기 근대의 상황을 분석하는데 적절한 출발점 역할을 할 수 있음을 설명한다.

2. 행위적 실재론의 핵심 테제들

바라드의 행위적 실재론은 페미니즘 과학기술학에서 지금까지 두 개의 대립적 인식론으로 이해되왔던 실재론과 사회구성론이 모두 선험적 분석범주를 전제한다는 점에서 여전히 외재적 기준을 재현시키는 인식론이라고 보고, 이 두 인식론 모두에 대해 비판적 입장을 취하는 이론이다. 재현론이 문제인 이유는 재현론은 어떤 절대적 기준, 정의, 평등, 가치, 규범이 존재한다고 봄으로써 '사회적인 것'이 실천되는 방식의 비결정성을 드러내지 못하기 때문이다.

재현론은 권력의 작동방식이 사회의 구석구석까지 세밀하게 편재해 있는 상태에서 개인이 선택을 한다는 것[즉 개인의 행위성]의 의미가 즉각적 해석을 허용하지 않을 만큼 비결정적인 혹은 재귀적이게 된 상황을 설명하지 못한다. 재현론에 대한 이러한 비판은 특히 실용주의계열 철학자들에 의해 정초됐다. 이들은 이상형으로의 세계가 있고 그 기준에 따라 우리가 세계와 관계를 형성하는 것이 아니라, 사람들이 주어진 나머지 자연과 상호작용을 통해 살아가면서 행한 실천들이 세계와 관계를 형성한다고 주장했다. 그러므로 이러한 입장에 따르면 우리의 연구는 선험적 분석범주를 전제한 후 그에 기초하여 인과관계를 설명하고 미래를 예측하는 것을 목표로 하는 것이 아니라, 행위자의 수행으로 이루어지는 사회적 실천들을 철저히 추적해서 그 실천들이 언어, 과학, 사회조직 등으로 발현되고 다시 그러한 사회체계들이 행위자의 수행을 제약하고 조정하는 장site의 역할을 하는 재귀적 과정을 밝혀내는 것을 목표로 해야 한다.

하딩과 해러웨이와 같은 페미니즘 과학기술학자들은 바로 이러한 맥락에서 극단적인 객관주의와 주관주의 혹은 절대주의와 상대주의 둘 다를 거부했다. 이들은 극단적인 객관주의와 상대주의는 둘 다 지식주장의 '체화embodiment'를 거부한다는 점에서 서로 동전의 양면을 이루는 논리라고 비판했다. 예컨대 하딩의 '강한 객관성',[7] 해러웨이의 '상황적 지식론',[8] 켈러의 '역동적 객관성',[9] 론지노의 '맥락적 경험론'[10]은 모두 실재론에 반대하면서도 상대주의적이지 않을 수 있는 사회구성론적 입장을 구체화하고 있다.[11] 바라드 역시 하딩과 해러웨이가 그러했듯이 극단적인 객관주의와 주관주의 혹은 절대주의와 상대주의 둘 다를 거

7 샌드라 하딩(Sandra Harding), 『누구의 과학이며 누구의 지식인가? 여성들의 삶에서 생각하기』, 조주현 역 (파주: 나남, 2009).

8 Donna Haraway, "Situated Knowledges: The Science Question in Feminism as a Site of Discourse on the Privilege of Partial Perspective," *Feminist Studies* 14:3 (1988), 575~99쪽.

9 이블린 폭스 켈러(Evelyn Fox Keller), 『과학과 젠더』, 민경숙·이현주 역 (서울: 동문선, 1996).

10 Helen E. Longino, *Science as Social Knowledge: Values and Objectivity in Scientific Inquiry* (New Jersey: Princeton University Press, 1990).

11 Karen Barad, "Meeting the Universe Halfway," in *Meeting the Universe Halfway: Quantum Physics and the Entanglement of Matter and Meaning* (Durham: Duke University Press, 2007b), 44쪽.

부한다. 그러나 바라드는 하딩이나 헤러웨이와 달리 의식, 경험, 언어 등과 같은 매개물의 도움 없이 세계와 직접 접속할 수 있다고 본다는 점에서 실재론자다. 다만 바라드의 행위적 실재론은 단어가 사물을 반영하는 [즉 단어와 사물이 일치하는] 재현론적 방식이 아니다. 행위적 실재론은 단어와 사물의 존재를 미리 전제하지 않으며, 단어와 사물의 일치에 근거한 진리개념을 인정하지 않는다.[12]

바라드는 양자물리학의 창시자 중 한 명인 보어의 인식론으로부터 많은 영향을 받았다. 보어 양자물리학의 핵심적인 결론은 우리 자신이 우리가 이해하려는 자연의 일부라는 것이다.[13] 보어는 측정 과정에서 물질과 의미가 만나는 순간이 바로 과학적 지식 형성의 유력한 순간임을 밝혀냈다. 즉 보어의 양자물리학은 지식 형성에서 측정 과정이 중요한 역할을 한다는 것을 보여준다. 바라드는 보어의 이 같은 '철학적-물리학적' 분석에 영감을 받고 그로부터 인식론적, 존재론적 문제를 포괄하는 분석틀인 행위적 실재론을 도출했다.[14] '내부-작용intra-action'은 이러한 바라드의 행위적 실재론을 이해할 수 있는 핵심개념이 된다. 예컨대 상호-작용inter-action이 이미 분리된 개별 기구 간의 상호작용을 뜻하는 것이라면 내부-작용은 상호 간에 깊이 연루된 기구 간의 상호구성을 뜻한다. 따라서 내부-작용을 통해 '분명한' 기구가 새롭게 등장한다면 그 분명함은 관계적 의미에서 구분의 분명함이지 개별적 단위로서 구분의 분명함이 아니다. 바라드는 이러한 내부-작용이 전통적 인과관계를 급진적으로 재구성한다는 점을 강조했다.[15]

행위적 실재론에서 존재론적 단위는 독립적 실재entities가 아니고 '현

---

12 Barad, "Meeting the Universe Halfway," 45쪽.

13 Barad, 같은 글, 67쪽.

14 Barad, 같은 글, 69쪽.

15 Karen Barad, "The Science and Ethics of Mattering," in *Meeting the Universe Halfway: Quantum Physics and the Entanglement of Matter and Meaning* (Durham: Duke University Press, 2007a), 34쪽.

상'이다.[16] '현상'은 '알기knowing'와 '되기becoming'가 상호간에 깊이 연루된 물적 실천이다. 이 현상 안에서, 이 현상의 일부로, 실험과 이론화의 내부-작용을 통해 주체, 대상, 물질, 의미가 형성되는 인과관계가 설정된다.[17] 즉 현상이라는 존재론적 단위는 관찰자, 관찰대상, 관찰결과가 '인식론적으로' 분리 불가능하다는 게 아니라 내부-작용을 하는 행위적 요소들이 '존재론적으로' 분리 불가능하다는 것을 뜻하는 단위다. 바라드에게서 실재의 기본 단위는 사물이 아니고 현상인 것이다! 바라드는 존재론의 대상을 사물에서 현상으로 이동시킴으로써 과학의 성격을 포함하여 존재론적, 인식론적, 윤리적 문제에 있어 커다란 변화를 가

---

16 뉴턴 물리학적 관점은 어떤 현상을 이해하기 위해 실행되는 실험과정을 실험자가 실험장치를 이용하여 실험대상에 대한 정보를 끌어내는 것으로 단순화시키는데, 이러한 관점은 양자물리학의 측정과정에 대한 해석에서 보면 한계를 드러내는 것이다. 뉴턴 물리학적 관점은 실험대상과 실험장치는 각기 독립적인 실체이며 이들 간의 상호작용을 통해 관찰된 현상이 드러나는 것으로 보고 관찰과정이 실험대상에 영향을 미칠 수 있는 가능성은 원칙적으로 한없이 줄일 수 있는 것으로 가정한다. 그러나 보어는 뉴턴식의 이러한 가정이 양자물리학의 측정 과정에서는 성립될 수 없으며 실험대상과 실험장치의 실체, 역할, 의미 등의 일부분이 각 물리학적 현상을 통해 드러나는 것으로 해석해야 한다고 주장한다. 즉, 실험대상이나 실험장치의 구체적 의미를 다양한 현상들을 통해 드러나는 부분적인 정보들의 총합에 의해 결정되는 것으로 보는 것이다.

바라드는 보어의 이런 주장을 물리학 해석의 범위를 넘어 과학적 실천과 다양한 사회적 실천이 만나는 영역으로까지 확장시킨 후 기존의 이슈들을 재해석하는 시도를 하고 있다. 이러한 시도에서 '현상'은 이제 물리학적 현상을 넘어서서 사물과 인간 사이의 내부-작용을 통해 사물과 인간 각각의 의미가 드러나고 또 구성되는 과정 혹은 그 과정의 한 단면을 지칭하는 것으로 확장된다.

이처럼 '현상'과 그것을 구성하는 요소들로 간주되는 관찰자, 관찰대상, 관찰장치 간의 관계가 도치되는 것과 유사한 예로 프레게G. Frege에서 시작된 언어철학에서의 추론주의inferentialism를 들 수 있다. 추론주의는 문장의 의미가 그것을 구성하는 요소인 단어나 개념에 의해 결정되지 않고 문장 간의 추론적 관계에 의해 각 상황에서 분명하게 드러나게 되는 것으로 그리고 단어의 의미는 그 단어가 등장하는 문장에서의 역할에 의해 결정되는 것으로 본다; Brandom, "Toward an Inferential Semantics," in *Making it Explicit: Reasoning, Representing, and Discursive Commitment*, 67~140쪽.

17 Barad, "Meeting the Universe Halfway," 56쪽.

져왔다.[18] 이 절에서는 행위적 실재론의 핵심 테제들을 1) 일반적 측면에서 행위성을 인간의 특징인 것에서 물질도 갖고 있는 특징인 것으로 확장시킨 것, 2) 과학기술적 측면에서 실험대상과 실험장치를 내부-작용을 통한 '행위적 절단'의 결과로 구체화되는 현상으로 본 것, 마지막으로 3) 산부인과의 초음파검사 사례를 통해 행위적 실재론이 권력 분석의 정교한 도구가 될 수 있음을 보여준 것을 중심으로 살펴본다.

1) 포스트휴머니즘: 인간의 행위성에서 물질의 행위성으로

바라드는 과학적 실천이 물질의 역동성을 고려하기 위해서는 물질에 대해 '포스트휴먼 수행성performativity' 개념으로 접근하는 것이 필요하다고 주장했다. 물질에 대한 포스트휴먼 수행적 접근이란 단어와 사물의 일치라는 재현론적 질문에서 벗어나서 실천과 행동의 문제로 질문을 이동시키는 것을 말한다. '포스트휴먼 수행성' 개념은 존재론, 물질성, 행위성 문제를 제기하는 과정에서 '반사reflection' 대신 '회절diffraction' 개념에 주목한다.[19] 또한 포스트휴먼 수행성 개념은 자연과 문화의 관계를 "내부에 있는 외부성의 관계이며, 경계를 만드는 행동이고, 구성적 배제를 가져오면서 책임감을 수반하는 관계"라고 본다.[20] 포스트휴먼 수행적 접근은 자연의 역사성과 행위성을 인정하고, 자연과 문화의 이분법적 구분을 반대하며, 인간을 만물의 척도로 보면서 인간을 예외적

18 Barad, "The Science and Ethics of Mattering," 33쪽.

19 사물이 독립된 개체로 존재하고 그 개체를 정확하게 다시 재현하는 과정을 '반사'라는 은유로 담아내려는 재현론자의 시도와 대조적으로, 바라드는 물체가 빛과 같은 파동에 영향을 주어서 파동의 진행방식 자체를 변화시키는 현상인 '회절' 개념을 차용하여 물체와 관찰자가 독립적으로 존재하지 않는다는 점을 강조했다.

20 Karen Barad, "Agential Realism: How Material-Discursive Practices Matter," in *Meeting the Universe Halfway: Quantum Physics and the Entanglement of Matter and Meaning* (Durham: Duke University Press, 2007c), 135쪽.

으로 취급하는 모든 공간적, 존재론적, 인식론적 구별을 거부한다.[21] 따라서 포스트휴먼 수행적 접근은 자연과 문화의 구분을 전제하는 대신 그 구분이 어떻게 물질적이고 담론적으로 이루어지게 되는지 그 과정을 분석하는 것에 초점을 맞춘다.[22] 한편 바라드는 인간 중심의 행위성에서 물질을 포괄하는 행위성으로 행위성 개념을 확대하는 이러한 작업에 푸코의 '권력 분석학analytics of power', 버틀러의 '수행성 이론', 그리고 '양자역학이론'을 차용하는데, 여기서는 이들의 주장을 각기 간략하게 정리함으로써 이들의 이론이 바라드의 '포스트휴먼 수행성' 개념과 어떻게 접합되는지 알아보도록 하자.

먼저 푸코의 권력 분석학의 경우, 푸코는 연구자가 권력을 분석할 때 지켜야 할 네 가지 규칙이 있음을 강조했다. 그 네 가지 규칙이란 내재성의 규칙, 지속적 변화의 규칙, 이중적 조절의 규칙, 그리고 담론들을 전술적으로 혼합하는 규칙을 말한다.[23] 첫째, 내재성의 규칙은 연구대상을 미리 확정돼있는 것으로 보지 않고 특정 권력관계가 구축한 결과로 보는 것이다. 예컨대 섹슈얼리티 영역은 권력-지식power-knowledge의 내부-작용을 통해 구축된 결과로 존재하는 것이지 미리 확정되어있는 것이 아니다. 그러므로 권력 분석학은 권력-지식의 내부-작용이 작동하는 국지적 지점에서 분석을 시작한다.[24] 둘째, 지속적 변화의 규칙은 이 국지적 지점의 권력-지식 관계를 내부-작용을 통해 끊임없이 변화하는 변형의 행렬로 보는 것이다. 권력 분석학은 누가 권력을 갖고 있는가를 찾지 않고 국지적 세력관계의 변형의 패턴을 찾는다.[25] 셋째, 이중적 조절의 규칙은 '국지적 세력관계의 변형의 패턴'과 '총체적 전략'의 관계

21 Barad, "Agential Realism: How Material-Discursive Practices Matter," 136쪽.

22 Barad, "The Science and Ethics of Mattering," 32쪽.

23 Michel Foucault, *The History of Sexuality: An Introduction* (New York: Vintage, 1976), 92~7쪽.

24 Foucault, 같은 책, 98쪽.

25 Foucault, 같은 책, 99쪽.

를 미시와 거시로 분리되어있다거나 구모만 다를 뿐 동일한 패턴인 것으로 보지 않는 것이다. '국지적 세력관계의 변형의 패턴'과 '총체적 전략'의 관계는 어떤 국지적 변형의 패턴도 총체적 전략에 편입되지 못하면 작동할 수 없고, 역으로 어떤 총체적 전략도 이 미미한 국지적 세력관계의 지지를 얻지 못하면 그 포괄적 효과를 기대할 수 없는 재귀적 관계에 놓여있는 것으로 이해되어야 한다.[26] 넷째, 담론들을 전술적으로 혼합하는 규칙은 각각의 담론을 미리 수용담론이나 배제담론으로 혹은 중심담론이나 주변담론으로 분류하지 않는 것이다. 담론들은 권력-지식의 내부-작용이 작동하는 다양한 전략의 전술적 요소들, 즉 블록들이기 때문에 동일담론이 권력전략과 저항전략에 동시에 작동할 수 있다. 예컨대 특정 성담론의 성격은 그 담론이 어떤 권력-지식의 상호효과를 보장하는지에 따라, 그리고 어떤 세력 관계들이 그 담론을 필요로 하는지에 따라 결정된다.[27]

푸코는 이처럼 행위성을 가진 인간의 몸을 대상으로 권력과 지식이 일방적으로 작동하고 또 형성되는 단순한 권력 모델에서 벗어나서 다양한 담론을 통해 지식이 체계화되고 인간의 행위성이 구체화될 뿐만 아니라 역으로 인간의 규범적 판단을 통해 다양한 담론의 형태와 성격이 변화되고 그 결과 인간의 규범적 판단기준도 다시 변화되는 재귀적 적응과정을 중심으로 하는 권력 모델을 구축했다. 푸코와 마찬가지로 바라드 역시 '포스트휴먼 수행성' 개념을 통해 어떻게 물질과 인간의 상호작용을 통해 물질적, 담론적 구분이 이루어지는지, 각 구분을 통해 얻어진 개념적 단순화는 어떤 권력의 효과를 수반하는지, 그리고 상황의 변화에 따라 이러한 구분이 어떻게 재배열될 수 있는지를 드러내고자 했다.

한편 버틀러의 수행성 이론은 호명의 예를 들어 담론적 경계가 물질

---

26 Foucault, 같은 책, 100쪽.

27 Foucault, 같은 책, 100~102쪽.

화 과정에 어떻게 작용하는지를 보여준다. 예컨대 태아는 의료적 호명을 통해 '아기'에서 '딸' 혹은 '아들'로 바뀌고, 작명을 통해 '여자아이가 되며,' 호명을 통해 성별 구분의 방식으로 언어영역과 친족영역에 들어오게 된다. 이러한 태초의 호명은 시간차를 두고 반복적으로 다양한 관련 기관들을 통해 지속되며 그 결과 성별의 자연스러움은 강화되거나 경합을 거치게 된다. 호명은 이처럼 경계를 설정하면서 반복적으로 규범을 주입한다.[28] 버틀러는 몸은 이미 성별에 따라 사회적으로 구성되어있는 것이라는 사회구성론적 주장은 몸의 물질성materiality이 어떻게 강제적으로 생산되는지에 대한 설명을 결여한 주장이라고 보았다. 버틀러에 따르면 우리는 몸을 이미 성별로 구성된 것으로 보는 대신 몸을 그러한 성별로 물질화되도록 강제하는 것이 무엇이며, 의미를 가지게 되는 몸은 어떤 몸이고 왜 그러한지를 질문해야 한다. 버틀러는 이처럼 물질은 확정된 것이 아니고 "시간을 두고 경계, 고착, 표면의 효과를 생산하면서 안정화되는 *물질화 과정*"으로 이해되어야 한다고 주장했는데, 버틀러의 이 같은 주장은 "몸은 사회적으로 구성되었다"고 주장하는 것의 의미를 재고하게 한다는 점에서 중요한 진전이라고 할 수 있다.[29]

그러나 버틀러가 물질을 영원히 경계 지어진 고정된 실체에서 시간성이 고려되는 물질화 과정으로 변화시킨 것은 중요한 진전이지만, 바라드의 관점에서 보면 그것은 절반의 성공일 뿐이다. 바라드에 따르면 버틀러는 그 시간적 고려를 담론이 어떻게 의미를 가지게 되는가라는 담론적 경계의 문제로만 국한시켰고, 물질이 어떻게 의미를 가지게 되는가라는 물질적 경계material limits의 문제는 고려하지 않았다. 바라드는 우리가 진정으로 물질을 물질화 과정으로 이해하려고 한다면 담론적 경계뿐만 아니라 물질적 강제와 배제, 그리고 물적 차원의 행위성과 조

28 Judith Butler, *Bodies That Matter* (New York: Routledge, 1993), 7~8쪽.

29 이 절에 나오는 모든 강조 표기는 필자에 의한 것임.

정적 실천 같은 물질적 경계의 문제를 반드시 고려해야 한다고 주장했다. 만약 물질화 과정을 담론이 어떻게 의미를 가지게 되는가의 담론적 경계로만 이해하고 물질성은 수동적 역할에 머무르는 것으로 가정한다면, 그것은 또다시 담론과 물질의 이분법적 구분을 도입하는 것이 된다.[30] 바라드는 버틀러의 수행성 이론이 물질을 능동적 행위자가 아닌 담론적 실천의 수동적 산물로 기입함으로써 결과적으로 '인과관계'를 새로운 방식으로 작동시키지 못하게 되었고, 인간 몸의 외형 구축을 인간의 사회적 실천들로만 설명함으로써 자연과 문화의 이분법을 인정하는 셈이 되었다고 비판했다.

바라드는 버틀러와는 대조적으로 물질을 사물이 아닌 내부-작용을 통해 구체화되는becoming 것으로 이해했다. 물질은 반복적인 내부-작용의 안정화 혹은 불안정화 과정이며, 이 과정을 통해 물질은 의미를 갖게 된다. 즉, 물질은 독립적으로 존재하거나 내재적 속성을 갖고 있는 그 무엇이 아니라 지속적으로 구체화되는 과정이다.[31] 물질이 담론적 행위의 수동적 산물이 아니고 담론적 생산인 이유는 물질이 내부-작용의 역동성을 통해 담론적 실천과 완전히 엮이게 되기 때문이다. 즉, 물질은 역동적인 내부-작용의 반복적 '되기'이자 지속적인 경계-재구축을 통해 출현하는 것이라는 점에서 이미 담론적인 반면에 담론적 실천은 지속적으로 세계를 물적으로 재구축한다는 점에서 이미 물질적이다. 또한 이러한 물질적 현상과 담론적 실천의 얽임은 각기 분리된 존재의 자격으로 엮이는 것이 아니라 물질적인 것과 담론적인 것이 내부-활동의 역동성 안에 상호 연루되는 형태로 엮이는 것이다. 따라서 물질적 현상과 담론적 실천 중 어느 하나가 존재론적으로나 인식론적으로 특권적 지

30 Karen Barad, "Getting Real: Technoscientific Practices and the Materialization of Reality," in *Meeting the Universe Halfway: Quantum Physics and the Entanglement of Matter and Meaning* (Durham: Duke University Press, 2007d), 194쪽.

31 Barad, "Agential Realism: How Material-Discursive Practices Matter," 151쪽.

위를 갖지 않으며 어느 한쪽으로 환원되지 않는다. 물질적인 것과 담론적인 것은 서로가 서로를 지정하는 것이기에 한 쪽이 없으면 다른 한 쪽이 의미를 가질 수 없다.[32]

물질의 능동성에 대한 바라드의 이러한 입장은 보어의 인식론에 근거한다. 양자역학quantum mechanics을 개척한 보어는 과학적 탐구과정을 단지 투명한 렌즈로 세계를 수동적으로 조명할 뿐인 것으로 비유하는 뉴턴 물리학의 전통에 도전하는 인식론에 도달했다.[33] 관찰의 투명성이 지지되기 위해서는 세계는 실험의 특수성과 무관하게 확정적 의미와 추상적이고 보편적인 개념으로 재현될 수 있는 개별적 사물들로 이루어져있다는 가설과, 측정은 측정행위와 무관하게 측정 이전부터 대상이 가지고 있는 속성을 그대로 획득할 수 있는 상호작용이라는 가설이 맞아야 한다. 그런데 보어는 상황을 측정하는데 필요한 이론적 개념들은 독립적으로 존재하는 게 아니고 그 상황이 규정한다고 주장한 것이다! 보어는 이러한 사실로부터 *관찰기구와 관찰대상을 구별할 수 있는 분명한 방법은 없으며*, 관찰기구와 관찰대상 간에 근본적 단절이 존재하지 않기 때문에 측정된 값은 관찰과정과 무관한 대상 자체의 속성이 될 수 없고, 나아가 관찰과정과 무관한 관찰대상이란 그 자체의 잘 정의된 특징을 갖지 못한다는 결론을 도출했다. 즉, 보어는 관찰기구와 관찰대상 간에 고유한 구별이 없다는 포스트-뉴턴적 프레임을 구축한 후 관찰기구와 관찰대상 간의 상호작용으로 이루어진 *'총체성wholeness'을 지칭하기 위해 '현상'이라는 용어를 사용하면서*, 이러한 현상의 정확한 설명은 측정과정에 관련된 모든 기능을 설명하는 것이어

32 Barad, 같은 글, 152쪽.

33 보어의 인식론적 주제들은 서술적 개념과 물질적 장치의 상호연결 문제, 관찰기구와 관찰대상의 분리 불가능성 문제, 특정한 물질적, 개념적 실천을 통한 관찰대상과 관찰기구의 공동 구성 문제, 물질적 제한/배제와 개념적 제한/배제의 상호 의존 문제, 객관적 지식의 물적 조건 문제, 인과법칙 개념의 재구성 문제이며 현재까지 중요한 의미를 지니는 것들이다; Barad, "Getting Real: Technoscientific Practices and the Materialization of Reality," 195쪽.

야 한다는 결론을 도출한 것이다.[34]

보어에 따르면 관찰개념은 물리적 장치를 통해 의미를 획득한 후, 관찰기구와 관찰대상 사이에 구축된 '절단cut'의 위치를 표시한다. 관찰개념이 절단을 도입하는 것은 관찰기구와 관찰대상이 내부적으로 구분되어있지 않기 때문이며, 절단을 통한 구분을 구축한다 하더라도 그 구분으로 모호성이 해결되는 건 오직 주어진 맥락에서 뿐이다. 나아가 절단을 통한 구분으로 특정 상황에서 현상이 드러나게 되지만 동시에 절단 자체가 그 현상의 일부가 된다.[35] 보어는 이러한 양자역학의 측정이 '객관적'이라고 말했다. 여기서 보어가 말하는 측정의 객관성이란 측정을 통해 개별적인 사물의 내재적 속성을 드러내는 것을 말하는 게 아니고, "전자electron의 영향으로 사진도판 위에 점이 생기는 것처럼 실험조건을 정하는 물체에 영원히 남겨진 표식"을 말한다.[36] 즉, 객관성은 물체와 관련하여 규정되고 개념은 물체를 참조해서 의미를 갖는다. 결국 이러한 측정을 통해 도출된 지식[즉 객관적 속성]은 측정과 무관한 대상 자체의 속성도 아니고, 측정행위가 창안한 순전히 인위적 가치의 속성도 아닌, 총체적 현상의 속성이다.

바라드는 이렇게 관찰기구와 관찰대상 간의 상호 분리불가능성을 현상이라는 총체성의 용어로 규정한 후, 현상을 '물리적-개념적physical-conceptual' 작용이라고 본 보어의 인식론을 좀 더 일반적인 '물질적-담론적material-discursive' 작용으로 분석을 확대하고 이것을 *내부-작용*이라고 불렀다.[37] 그러므로 내부-작용 개념은 푸코의 연구에서 부족한 물질성 개념은 보어의 물질성 개념으로 보완하고, 보어의 제한적인 물리적-

34 Niels Bohr, *The Philosophical Writings of Niels Bohr, Vol. 3: Essays 1958-1962 on Atomic Physics and Human Knowledge* (Conn.: Ox Bow Press, 1963), 4쪽; Barad, 같은 글, 196쪽에서 재인용.

35 Barad, 같은 글, 196쪽.

36 Niels Bohr, *The Philosophical Writings of Niels Bohr*, 3쪽; Barad, 같은 글, 197쪽에서 재인용.

37 Barad, 같은 글, 197쪽.

개념적 작용 개념은 푸코의 담론 개념으로 보완하여 확장한 개념이라고 할 수 있다. 즉, 바라드는 비인간의 물질화를 푸코의 좀 더 보편적인 물질적-담론적 작용 개념으로 설명하려고 한 것이다. 예컨대 푸코의 패놉티콘은 감시를 통해 개인화된 온순한 몸을 만드는 인문학적 장치다. 여기서 권력은 이미 확정돼있는 주체에 가해지는 외부의 힘이 아니고 주체의 구성[즉 몸의 물질화]을 통해 작동하는 힘이다. 권력이 구성적 작동일 때 그 권력은 담론이 원인이고 물질성이 결과인 일방향적 움직임으로 구성되지 않는다.[38] 구성적으로 작동하는 권력이 구성하는 주체는 일방적으로 행위성의 장site이 될 수 없으며, 그렇다고 그러한 장에 앞서 이미 존재하는 어떤 안정적 존재라고 할 수도 없다. 오히려 주체가 행위성을 보일 수 있는 가능성은 반복적 수행에 있다. 반복적 수행을 통해 주체가 행위성을 보일 수 있다는 사실 자체가 몸의 물질화[즉 주체의 구성]에 완결이란 없으며, 몸은 결코 규범에 완전히 순종하지 않는다는 것을 말해준다.

바라드는 인과관계는 일방향으로 설정되는 것이 아니고 내부-작용을 거쳐 '원인'과 '결과'로 구체화되는 것이며, 내부-작용이 반드시 동반하는 배제가 결정론의 가능성을 방해하면서 열린 미래의 조건을 제공하게 된다고 주장했다. 그러므로 바라드에게 있어 행위성이란 '시행enactment'을 말하는 것이지 주체나 대상의 속성을 말하는 것이 아니다. 즉 행위성이란 내부-작용 안에서 개별적 실천이 반복적으로 변화되는 것을 말하고, 그 반복적 실천을 통해 경계의 설정과 배제가 이루어지는 것을 말하며, 그 경계의 설정과 배제를 통해 물질적-담론적 장치가 재형성될 수 있는 가능성과 책임을 말하는 것이다.[39] 결국 행위성이 주체나 대상의 속성이 아니고 구체적 실천을 통해 구성되는 것이라면, 그리

38 Butler, *Bodies That Matter*, 251쪽.

39 Barad, "Getting Real: Technoscientific Practices and the Materialization of Reality," 214쪽.

고 '장치'가 관찰대상과 분리된 단순한 도구가 아니고 인간과 비인간의 내부-작용을 통해 구성된 현상이라면, 그러한 행위성은 자유주의 인문학적 의미의 '선택'을 뜻하는 것이 아니고 실천의 중요한 특징인 '절단'과 '배제', 그리고 그로부터 발생하는 '가능성'과 '책임감'을 뜻하는 것이 된다. 즉 행위성은 책임감과 연동되어 있다.[40]

2) 현상: 내부-작용을 통한 행위적 절단의 결과

바라드는 사회적 실천에 대한 실천이론의 입장을 과학 영역에까지 확장하여 '과학'과 '사회적인 것' 모두 '현상'이라는 공통의 개념도구 안에 통합시키는 입장을 보이고 있다는 점에서 실천이론을 가장 강력하게 적용시킨 페미니즘 과학철학자라고 할 수 있다. 특히 해러웨이와 같은 사회적 구성론자들이 과학의 추상적 객관성에 대한 대안으로 '상황적 지식' 개념을 제안하고 연구자의 책임감 강조를 통해 추상적 객관성으로 환원되지 않으면서 과학을 해나갈 수 있는 방법을 모색했지만 여전히 연구자와 연구대상이라는 선험적 범주를 전제했다면, 바라드는 과학적 실천 안에서 실천이 어떻게 과학적 진리를 만들어내는가 혹은 객관적인 것으로 보이게 만드는가를 질문함으로써 객관적 진리에 대해 완전히 다른 접근을 한다.[41]

먼저 '행위적 절단' 개념을 보자. 행위적 절단은 공간적 분리에 대응되는 개념으로 객관성을 가능하게 하는 존재론적 조건이다. 행위적 절단을 통해 광범위한 물질적 배열이 존재른적-의미론적 불확실성을 해소하고 '주체'와 '대상'으로 출현한다.[42] 즉, 행위적 절단을 통해 관찰대상

---

40 Barad, 같은 글, 218쪽.

41 K. 바라드, "행위적 실재론: 과학실천 이해에 대한 여성주의적 개입," 박미선 역, 『문화/과학』 57 (2009), 61~82쪽.

42 Barad, "Agential Realism: How Material-Discursive Practices Matter," 140쪽.

(원인)이 관찰기구(결과)를 표시하는 국지적 인과구조가 설정된다. 관찰기구는 관찰기구에 남겨진 '표시' 혹은 물질화 '효과'를 통해 현상 내부에서 관찰대상과 행위적으로 분리된 것으로 인식되게 된다. 이때 관찰기구에 남겨진 표시는 관찰대상의 구체적 성질을 측정한 것이다. 바라드는 이것을 측정으로 이해할지 혹은 우주가 지속적인 구별화 작업과 물질화를 통해 그 일부를 드러낸 것으로 이해할지는 선호의 문제라고 설명했다. 어쨌든 내부-작용에서 중요한 것은 "표시가 물체에 새겨진다는 것이다."[43]

구체적인 절단과 재구축의 결과로 물체는 세계의 특정한 패턴을 각기 다르게 물질화한다. 따라서 장치가 바뀌면 행위적 절단이 바뀌게 되고, 각기 다른 행위적 절단은 각기 다른 현상을 낳게 된다. 예컨대 인간과 비인간, 문화와 자연, 과학과 사회의 차별적 경계는 경계를 긋는 장치의 실천을 통해 구축되는 것이다.[44] 그러므로 무엇이 의미를 가지고 무엇이 배제되는지 규정하는 장치가 물질화의 가능성과 불가능성 모두를 결정하는 물질적 조건이라고 할 수 있다. 즉, 장치가 행위적 절단을 규정하고, 행위적 절단이 결정적인 경계와 함께 현상 내부의 '존재들'의 속성을 생산하며, 현상 내부에서 그 의미론적, 실체적 애매함을 해소시킨다. 결국 장치는 행위적 절단을 통해 경계를 만드는 실천이라고 할 수 있다.[45]

바라드의 행위적 실재론에서 가장 원초적인 분석단위는 '현상'이다. 연구자, 연구대상, 실험장비의 의미는 모두 현상 안에서, 현상을 통해, 현상의 일부로 그 의미와 역할이 규정된다. 그러므로 현상을 설명하는 과학적 진리의 객관성은 연구자, 연구대상(자연), 실험장비에 의해 확보되지 않으며, 그 현상이 속해있는 과학적 실천에 의해 확보된다. 즉, 바

43 Barad, 같은 글, 176쪽.

44 Barad, 같은 글, 140쪽.

45 Barad, 같은 글, 147~48쪽.

라드의 행위적 실재론은 우리가 과학적 진리[즉 객관성]에 대한 외재적 기준 없이도 객관성을 구성해나갈 수 있다고 주장하는 것이다. 실재는 이미 확정된 존재들로 구성되어 있지 않으며, 현상들로 구성되어 있다. 그리고 그 현상들은 인간이 실험실 작업을 통해 단순히 얻어낸 결과가 아닌 각기 다른 물질화의 패턴들, 즉 '회절 패턴들'이다. 현상은 다방면에 걸친 물질적-담론적 실천이나 물적 생산 장치의 복잡한 내부-작용을 통해 생산되고, 그 생산 장치의 가정과 경계 재편성을 통해 재가공된다. 생산 장치는 단순한 관찰기구가 아니다. 생산 장치는 경계를 긋는 실천이고 세계에 대한 구체적인 물적 재구성이면서 물질이 되게 하는 것이다. 주체, 대상, 장치는 미리 존재하지 않으며 구체적이고 개별적인 실천을 통해 현상 안에서, 현상의 일부로 구성된다.[46] 같은 방식으로 인간 역시 세계 안에 있거나 세계 밖에 있는 것이 아니라 세계의 일부를 구성한다. 바라드에 따르면 인간도 세계도 모두 현상이다. 즉, 인간도 내부-작용을 통해 세계 생성의 일부로 재구성되는 것이다. 바라드는 인간의 몸 역시 사물이 아니고 물질적-담론적 현상이며, 그 몸의 생산은 개별적인 생산 장치와 분리될 수 없는 내부-작용을 통해 이루어진다는 것, 나아가 몸을 포함한 모든 현상은 세계의 지속적인 구체화 과정을 통해 행위성이 응고된 침전물이라는 것을 강조했다.[47]

마지막으로, 바라드가 현상을 구성하는 요소들이 존재론적 불가분성의 특징을 보이고 있다고 말하면서 관찰장치를 통해 요소들이 물질화된다고 주장하는 것과 사회구성론에서 예컨대 라투르가 '행위자'와 '행위소'가 똑같이 행위성을 갖는다고 설명하는 것과는 차이가 있음을 강조할 필요가 있다. 바라드는 현상만이 명확한 것이라는 점을 강조하면서 어떠한 선험적(외재적) 분석범주도 거부한다는 점을 강조한 데 비해

46 Barad, "Getting Real: Technoscientific Practices and the Materialization of Reality," 206쪽.

47 Barad, 같은 글, 210쪽.

라투르는 사람뿐만 아니라 사물도 행위성을 갖는 단위로 보고 선험적 분석범주를 확대시키려고 했다는 점에서 사회적 구성론에 속하기 때문이다.

3) 물질적–담론적 실천: 초음파검사 사례

바라드는 푸코의 '생명권력'이 유기체의 효율성과 병리학을 강조하는 20세기형 권력이라면 '기술생명권력'은 21세기형 권력으로서 "기술적, 유기적, 정치적, 경제적, 상상적, 텍스트적 붕괴implosion"와 관련된다고 보았다.[48] 예컨대 18세기의 관찰장치로 '패놉티콘[원형감옥]'이 있다면 21세기의 관찰장치에는 '초음파 기술'이 있다. 산부인과의 초음파검사에서 사용하는 압전변환기는 한마디로 말해서 몸에 대한 기계의 접촉면이다. 몸의 각 부위에서 반사된 음파가 압전변환기에 닿으면 음파는 전기신호로 전환되고 우리는 그 전기신호를 시각적으로 볼 수 있게 된다. 이때 무수히 많은 요소들이 화면에 나타나는 이미지에 영향을 끼치는데, 예컨대 몸의 각 부위는 각기 다른 소리저항을 갖고 광선의 반사는 기계접촉면의 기하학에 따라 그리고 접촉면을 만드는 물질 간의 전기저항의 차이에 따라 달라진다. 따라서 관찰장치인 압전변환기는 관찰대상인 임산부의 뱃속 태아를 있는 그대로 응시하는 것이 아니며, 그렇다고 압전변환기가 순전히 인위적으로 이미지를 만들어내는 것도 아니다.

컴퓨터 화면에 나타난 초음파 이미지는 관찰장치인 압전변환기와 관찰대상인 태아의 내부–작용으로 구성된 총체적 '현상'이다. 그러므로 이러한 사실에서 우리가 도출할 수 있는 매우 중요한 결론은 압전변

---

48 Donna Haraway, *Modest_Witness@Second_Millennium.FemaleMan©Meets_OncoMouseTM: Feminism and Technoscience* (New York: Routledge, 1997), 12쪽; Barad, 같은 글, 201쪽에서 재인용.

환기를 통해 관찰된 특성의 '지시대상referent'은 관찰과정의 내부-작용을 거쳐 구체화된 '현상'이지 이미 분명하게 구분된 형태로 존재하는 임산부의 뱃속 태아가 아니라는 것이다![49] 바라드는 우리가 컴퓨터 화면에 나타난 초음파 이미지를 임산부의 뱃속 태아로 오인하지 않는 것이 정치적으로도 과학적으로도 매우 중요하다는 점을 강조한다. 한편 관찰기구인 장치 역시 언제나 다른 장치들과 내부-작용 과정에 놓여있으며, 특정 상황에서 반복적 실천으로 구현되는 현상을 통해, 현상 안에서, 그 성격이 확정된다. 즉, 관찰장치 역시 물질적-담론적 현상으로서 다른 물질적-담론적 장치들과 내부-작용을 통해 실체가 되는 것이다.[50]

바라드는 이처럼 인과법칙, 행위성, 물질성을 재개념화하는 것을 통해 버틀러의 수행성 개념을 '반복적 인용'에서 '반복적 내부-작용'으로 확장시켰다. 즉, 담론이 어떻게 물질이 되는가에 대한 것만이 아니라 물질이 어떻게 의미를 갖게 되는가를 다루는 것으로 논의를 확장시킨 것이다. 바라드는 물질은 물질화 과정을 통해 현상으로 응고되며 활발하게 재형상화된다고 주장한다. 예컨대 초음파 기술은 특정한 물질적-담론적 실천에 따라 끝없이 변화하는 현상이다. 즉, 기술과학적, 의료적, 경제적, 정치적, 생물학적, 문화적 발전에 따라 반복적으로 내부-작용이 이루어지며, 그에 기반을 둔 사용에 따라 무엇이 드러나고 가려질지 혹은 생산되고 억제될지가 결정된다.[51] 이때 행위성이란 누군가가 가질 수 있는 무엇이 아니고 '시행'이기에 행위성은 인간만이 아니라 비인간 유형에도 퍼져있는 것으로 보는 것이 적합할 뿐만 아니라 중요하다.[52] 그러나 앞에서도 설명했듯이 비인간 유형에 행위성이 있다는 바라드의 주장은 행위자-연결망 이론가들의 비인간 행위성 개념과 다르다. 바라드에 따르면 행위자-연결망 이론(ANT)의 비인간 행위성은 비인간이 인간

49 Barad, 같은 글, 203쪽.
50 Barad, 같은 글, 204쪽.
51 Barad, 같은 글, 212쪽.
52 Barad, 같은 글, 214쪽.

과 대립적 위치에 있는 이분법적인 존재론적 위치를 전제하고 있는데, 바라드는 이러한 전제는 분석해야 할 핵심 요소를 미리 배제해버리는 결과를 낳는다고 본다.

초음파 기술의 이러한 특징을 잘 보여주는 예로 바라드는 카스퍼M. J. Casper의 태아수술 연구를 사례로 든다. 카스퍼에 따르면 태아는 태아수술을 통해 '아기' 혹은 '여아'나 '남아'로 호명되고 초음파 사진을 통해 그 정체성이 강화되면서 행위성을 가진 존재로 구축된다. 이때 태아가 어떻게 정체성을 가진 존재로 구축돼 가는지 그 과정을 분석하지 않고 태아를 하나의 존재로 전제하게 되면 인간 행위자로서의 임산부는 배제되고 단지 태아의 기술모성적 환경으로 환원된 임산부만 드러나게 된다.[53] 카스퍼는 이러한 상황을 비판하면서 태아의 행위성과 임산부에 대한 책임감 사이에서 태아의 행위성을 거부하고 임산부에 대한 책임감을 강조하는 쪽으로 결론을 내렸다. 그러나 바라드는 카스퍼가 분석에서 태아와 임산부를 각기 개별적인 존재로 전제한 것이 문제라고 지적한다. 바라드에 따르면 분석에서 중요한 것은 임산부와 태아의 경계가 어떻게 그어지는지 그 개별적인 실천과정이며, 우리가 분석해야 할 것은 그 실천과정이다. 카스퍼가 태아와 임산부 사이에 일반화된 경계 긋기를 했다면, 바라드는 태아와 임산부 각각의 행위성과 책임감의 결합은 개별적으로 그리고 조심스럽게 이루어져야 하며, 태아와 임산부에게 행위성을 부여하거나 배제하는 것 자체가 정치적 문제라고 본 것이다.

바라드에 따르면 문제는 태아의 행위성을 인정한데 있는 것이 아니라 태아를 잘못 프레임화한데 있었다.[54] *우리가 행위성을 부여한 태아는 실제로 임산부의 뱃속에 있는 존재가 아니라 현상인 것이다!* 태아라

53 Monica J. Casper, "Reframing and Grounding Nonhuman Agency: What Makes a Fetus an Agent," *American Behavioral Scientist* 37:6 (1994), 843쪽; Barad, 같은 글, 215쪽에서 재인용.

54 Barad, 같은 글, 216쪽.

는 현상을 분석한다는 것은 임산부, 의료, 생물학, 과학, 법 실천 간의 내부-작용을 분석해야한다는 것을 뜻한다. 그것은 조사대상의 구축, 법적 주체로의 구성, 구축을 위한 배제 시행, 그리고 그에 따른 인식론적, 존재론적, 윤리적 결과에 대한 분석을 한다는 것을 뜻하며, 그것이 바로 연구자의 책임감이 된다.[55] 페미니스트들은 통상 태아와 임산부의 행위성을 상호 대립적인 것으로 설정한 후 우리가 태아를 능동적 행위자로 구축하게 되면 임산부는 기술모성적 환경으로 축소된다고 주장하지만, 태아와 임산부는 각기 몸 생산의 구체적 장치들 간의 내부-작용을 통해 구성된 것이지 태아의 행위성 그 자체 때문에 구성된 것이 아니다. 결국 바라드에 따르면 낙태반대운동이 결정적 힘을 갖게 된 것은 태아의 행위성을 주장할 수 있었기 때문이 아니라 현상인 태아를 주체로 호명한 후 그 주체와 행위성을 결합시킬 수 있었기 때문이다. 즉, 현상인 태아와 임산부의 뱃속 태아를 혼동한데서 문제가 시작된 것이다.[56]

행위적 실재론의 관점에서 보면 태아는 본래적 속성을 갖고 이미 존재하는 관찰대상이 아니다. 태아는 몸 생산의 물질적-담론적 장치들의 구체적이고 반복적인 내부-작용을 통해 구성되고 재구성되는 현상이다. 현상인 태아의 구성에는 장치들뿐만 아니라 다른 현상들도 포함된다. 즉, 현상인 태아 안에는 임산부[임산부의 자궁, 태반, 양수, 호르몬, 수혈, 영양상태, 감정뿐만 아니라 그녀의 '환경'과, 그 환경 안에서, 그 환경과 함께 하는 내부-작용]를 포함하여 더 많은 것들이 포함되어 있

55 태아 '현상'을 구성하는 법 실천, 의료 실천, 사회적 실천에 대한 논의는 태아를 프레임화 하는 방식 자체가 연구자의 책임감에 포함되는 문제라는 것을 보여 준다; 이선순, "낙태논쟁 속 법담론의 탈관계성 비판: 낙태죄 헌법소원을 중심으로," 『젠더와 문화』 7:1 (2015), 169~203쪽; 김경례, "기술의 문화-적 재현과정과 실천: 보조생식술을 중심으로," 『젠더와 문화』 3:2 (2010), 149~89쪽; 배은경, "현재의 저출산이 여성들 때문일까?: 저출산 담론의 여성주의적 전유를 위하여," 『젠더와 문화』 3:2 (2010), 37~75쪽.

56 Barad, "Getting Real: Technoscientific Practices and the Materialization of Reality," 217쪽.

다. 따라서 태아의 '반응'은 태아의 주체성을 표시하는 것이 아니라 임산부와 태아라고 불리는 대상 간의 반복적 내부-작용을 표시하는 것이다. 그러므로 연구자의 책임감에는 단순히 태아의 건강을 지켜야 한다는 '어머니'로서의 임산부에 대한 책임감뿐만 아니라 태아를 주체로 구축한 결과에 대한 책임감, 임산부에 대한 차별적이고 부적절한 의료혜택과 영양관리의 결과에 대한 책임감, 그리고 부의 불평등을 포함한 전지구적 신자유주의의 결과에 대한 책임감 등 수많은 다른 요소의 결과에 대한 책임감도 포함된다.

결국 바라드가 내리는 결론은 변화는 내부-작용의 구체적 성격을 변화시킬 수 있는 물질적-담론적 장치의 재가동 여부에 달려있다는 것이다. 물질적-담론적 장치의 재가동에는 인간, 비인간, 사이보그 각각에 행위성을 배분하는 문제와 함께 현재진행형의 '시행'을 통해 반복적으로 인간과 비인간을 재구성하는 문제가 포함된다. 즉, 세계의 일부로 혹은 세계 안에서 세계와 함께 책임감 있게 내부-작용을 할 수 있으려면 개별적인 물질적-담론적 장치를 통해 작동하는 절단, 배제, 강제에 대한 비판적 사유가 필수적이다.[57]

3. 과학적 실천이론에서 본 행위적 실재론

실천이론은 그 안에 다양한 종류의 이론들을 포함하고 있지만, 모든 실천이론계열 이론들에 나타나는 공통점은 '실천'이라는 안정적 패턴의 동적 모델을 통해 개개인 또는 공동체가 창출해내는 특징을 설명하려한다는 것이다. 몸을 가지고embodied 자연과 사회환경 속

57 Barad, 같은 글, 219쪽.

에서embedded 적응적 반응을 하는 복잡계인 인간은 정의상 무한에 가까운 자유도number of degrees of freedom를 가지고 있기 때문에 다른 인간이나 복잡적응계와의 상호작용 역시 무한한 방식으로 이루어지게 할 수 있지만, 그 상호작용이 안정적으로 이루어질 수 있으려면 그에 걸맞은 안정적 상호작용방식 모델이 몸에 형상화된 [혹은 의식화된] 형태로 장착돼 있어야 한다. 이 상호작용방식 모델은 1절에서 설명했듯이 단순화 과정을 거친 것이므로 필연적으로 '모듈module' 형태를 보여야 하지만,[58] 그와 동시에 환경 변화에 대응하면서 효율성을 유지해야 하기에 적응적 변화도 할 수 있어야 한다. 따라서 '모듈화'는 상호작용방식 모델의 안정성과 변화가능성이라는 상반된 요구 사이에서 적절한 균형trade-off을 취하는 방식으로 결정된다. 또한 상호작용방식 모델의 변화 과정은 두 복잡적응계[예컨대 인간]가 상호작용하는 확장된 공간 속에서 새로운 형태의 모듈을 모색하는 것을 통해 이루어진다.

행위적 실재론은 이러한 실천이론의 영역을 새로운 방식으로 확장한 것이다. 바라드는 관찰자와 사물이라는 두 복잡계의 상호작용을 더 미시적이고 근원적으로 분석하기 위해 이러한 상호작용을 '현상'이라는 개념으로 포획했고 그 '현상'을 이론화했다. 보어의 양자측정에 대한 이론은 바라드가 이러한 상호작용에 대한 새로운 이해를 시도하기 위해 적극적으로 수용한 이론이다. 그동안 주류 실천이론이 '규범성'[59] 개념

58 Jerry. A. Fodor, *The Modularity of Mind: An Essay on Faculty Psychology* (Cambridge: The MIT Press, 1984).

59 실천이론의 맥락에서 '규범성'이란 사회적 실천의 수행자가 자신이나 다른 구성원의 행위가 옳은지 그른지, 적절한지 부적절한지 등을 판단할 때 그 규범적 판단능력의 핵심을 포착하기 위해 사용하는 용어다. 이러한 '규범적 판단'은 일반적으로는 공동체의 목표 달성을 위해 구성원의 행위의 적응적 변화를 유도하는 기제로 작동하지만, 그와 동시에 공동체의 목표 자체를 재조정할 수 있는 기제로 작동하기도 한다. 여기서 '공동체의 목표'는 궁극적으로는 유전적-문화적 진화 과정에서 선택된 것이지만, 법 실천, 경제적 실천, 과학적 실천과 같이 공동체가 의식적으로 그 목표를 선택한 경우가 무의식적이거나 본능적으로 선택된 경우보다 압도적으로 더 많다. 그러므로 실천이론에서 '규범성'이란 도덕적 의미가 아니고 적응적 기제로서의 역할을 강조하는 용어다.

에 기반을 두고 주로 문화적 공간에서 사회적 실천의 경계가 생성, 유지, 변화, 혹은 소멸되는 방식에 집중하고, 인간의 체화embodied 방식이나 인간이 환경에 매몰되어 적응해가는embedded 방식에 대해 그동안 과학기술의 발달이 가져온 변화에 대해서는 등한시해왔다면, 바라드는 바로 이 후자의 방식을 체계적으로 이해할 수 있는 이론을 제시한 것이다. 특히 최근 들어 정보통신기술(ICT)이 급속히 발달함에 따라 개개인의 '삶의 기술'에서 사물과 상호작용하는 역할의 비중이 점점 커지고 있고, 또 인간과 사물의 내부-작용으로 인간의 행위와 사물의 의미가 끊임없이 변화함에 따라 이 변화를 체계적으로 이해하고 해석할 수 있는 이론이 필요하게 되었는데,[60] 인간과 사물의 내부-작용을 다루는 바라드의 확장된 실천이론이 사회의 구성원들에게 단순화된 모델을 제공함으로써 구성원들이 이러한 기술적 변화를 효율적으로 활용할 수 있는 방법을 모색할 수 있게 해준 것이다. 또한 바라드의 이론은 푸코나 버틀러의 미시권력 이론보다 더욱더 미세한 수준에서 과학기술 발달이 기존의 권력관계에 가져오는 변형과 균열을 포착하기 때문에, 바라드의 이론은 새로운 변화에 동반되기 마련인 권력의 왜곡된 작동에 더 효과적으로 대비하는 도구가 될 수 있다.

한편 과학적 실천에 대한 다양한 접근법을 인과적 체계로 구성하려는 노력을 지속해온 라우스는 과학적 실천에 대한 철학적 자연주의의 접근법이 '규범성'을 어떻게 자연과학적으로 설명할 것인가라는 가장 중요한 문제에 대해 구체적인 접근방법을 제시하지 못한 채 보증수표만 남발하고 있다고 비판했다. 라우스에 따르면, 페미니즘 과학기술학자들도 이 점에서는 예외가 아닌데, 바라드의 최근 시도가 이러한 상황에 괄목할만한 변화를 가져왔다. 라우스에 따르면 바라드의 행위적 실재론은 자연을 미리 주어진 객체로 보고 과학자가 연구를 통해 그 자

60 Andy Clark and David J. Chalmers, "The Extended Mind," *Analysis* 58:1 (1998), 7~19쪽.

연법칙을 발견하는 것으로 이해해온 기존의 형이상학적 자연론의 관점을 현상 속에서 행위적 절단에 의해 관찰자, 관찰대상, 관찰장치로 구체화되는 과정 자체가 '규범적'으로 이루어지는 것임을 드러냄으로써, "개념적, 담론적 규범성을 비규범적인 인과관계로 축소시키지도 않고 그렇다고 미리 명확하게 규정된 규범을 물질세계에 확대 적용시키지도 않는" 관점으로 전환시켰다.[61] 나아가 바라드 자신은 이러한 방식으로 "인간이 아닌 물체의 행위성을 인정하는 것이 결코 인간의 책임감을 위축시키지 않으며, 오히려 기존의 권력 불평등에 훨씬 더 많은 주의를 기울이게 한다."고 주장했다.[62] 결국 바라드는 행위적 실재론을 통해 철학적 자연주의의 난관을 해결할 수 있는 길을 열어보였을 뿐만 아니라 실천이론의 정치적 함의인 아고니즘 정치와의 관련성도 더 분명히 드러날 수 있게 한 셈이다.

필자는 규범성을 어떻게 자연과학적으로 설명할 것인가의 문제는 규범적 판단 과정을 단순히 어떤 행위에 대한 옳고 그름 혹은 적절함/부적절함의 판단 과정으로 단순화해서 이해할 때 생기게 된다고 본다. 규범적 판단의 역할은 판단 자체에 있는 게 아니고, 판단을 통해 행위를 어떤 방향으로 조정해야 그 행위가 판단의 암묵적 기준에 수렴할지, 혹은 판단기준 자체를 어떤 형태로 조정하면 지금까지의 행위를 더 적절한 것으로 판단할 수 있을지, 행위와 판단기준의 불일치를 최소화시키는 적응적 변화의 방식을 찾아내는 데 있다. 여기서 판단기준 자체는 원래 유전적 진화과정을 통해 결정된 것이지만 그 역할이 문화적 진화과정을 통해 극단적으로 왜소화됨에 따라 구성원들은 이제 사회의 목표를 [혹은 효율성의 기준을] 자유롭고 창의적으로 선택할 수 있게 되었고, 그에 따라 판단기준을 조정할 수 있게 된 것이다. 따라서 우리는

61 Joseph Rouse, "Barad's Feminist Naturalism," *Hypatia* 19:1 (2004), 146쪽.

62 Karen Barad, "Getting Real: Technoscientific Practices and the Materialization of Reality," *Differences* 10:2 (1998), 116~17쪽; Rouse, "Barad's Feminist Naturalism," 156쪽에서 재인용.

이러한 사실로부터 실천이론의 핵심은 규범성 자체에 있다기보다 사회적 목표를 달성하기 위해 자신의 행위와 판단행위를 적응적으로 변화시킬 수 있는 능력에 있다는 결론을 도출할 수 있다. 즉, 규범성보다 적응적 조정이 실천이론에서 더 핵심요소가 되는 것이다.

따라서 라우스는 바라드의 행위적 실재론을 평가할 때 행위적 절단이 규범적으로 이루어진다고 했는데, 그보다는 적응적 변화를 통해 이루어진다고 설명하는 것이 더 정확한 해석일 것이다. 예컨대 만약 실험대상이 전자electron와 같은 단순한 계라면 실험결과와 이론적 예측이 분명하기 때문에 적응적 변화를 위한 피드백 과정이 정확하고 체계적으로 이루어질 수 있고, 그에 따라 양자역학에 가장 부합하는 방식으로 행위적 절단이 이루어지는 것으로 단순화할 수 있다. 그러나 실험대상이 태아의 초음파검사와 같이 복잡한 계일 경우에는 다양한 행위적 절단이 가능해지고 그에 따라 적응적 변화의 양상도 복잡해지게 된다. 이 경우 행위적 절단을 단순히 규범성으로 요약하기보다는 절단이 이루어지는 공간을 구성하는 과학적 실천을 포함한 다양한 사회적 실천들이 물질적-담론적 장치들의 내부-작용을 통해 특정 절단을 구성하고 재구성하는 적응적 과정임을 드러내 보일 수 있어야 한다.[63] 필자는 이러한 적응적 변화의 관점이 확장된 실천이론의 핵심요소가 되어야 한다고 생각한다.[64] 바라드의 행위적 실재론은 확장된 실천이론의 맥락에서 그 의미와 가능성이 더 잘 드러난다. 그리고 바로 그 점이 필자가 바라드의

---

63 적응적 변화의 관점은 데닛D. Dennett이나 클라크A. Clark와 같이 인지과학을 철학적 논의에 적극적으로 도입할 것을 주장하는 철학자들이 옹호하는 방식이기도 하다.

64 인지과학과 좁은 의미의 실천이론 간의 적절한 결합의 필요성에 대해 간결하지만 명쾌한 설명을 한 것으로 호그랜드를 보라. 호그랜드는 정신mind, 육체body, 세계world 사이의 '친밀성intimacy'을 어떻게 분해할 것인가는 우리가 이해하려는 것이 무엇인가에 따라 달라진다는 점을 강조했는데, 그 점에서 그의 주장은 바라드의 것과 일맥상통한다; John Haugeland, "Mind Embodied and Embedded," in *Having Thought: Essays in the Metaphysics of Mind* (Cambridge, MA: Harvard University Press, 1998), 207~37쪽.

이론을 소개하고 분석한 가장 중요한 이유이기도 하다.

4. 한국적 후기 근대와 행위적 실재론

지금까지 필자는 바라드의 행위적 실재론이 과학적 실천이론의 발전에 정확하게 어떤 기여를 했는지 자세히 보여주려고 했다. 또한 필자는 바라드의 행위적 실재론이 여성학 방법론의 실천적 전환에 기여한 페미니즘 과학기술학 중에서도 가장 독특한 사례라고 할 수 있을 뿐만 아니라 실천이론을 인지과학적 접근법과 접목시켜 실천적 행위자 모델을 구성하려는 확장된 실천이론의 시도에도 중요한 기여를 하고 있다는 점을 강조하려고 했다. 이 과정에서 필자는 여러 번 바라드의 이론이 페미니즘 정치에 가지는 함의를 언급했는데, 그 이유는 바라드 자신이 그 점을 자기 이론의 중요한 기여로 간주하였을 뿐만 아니라 필자도 바라드의 그 판단에 동의하기 때문이다. 그러므로 이제 바라드의 행위적 실재론과 여성학 방법론의 실천적 전환이 페미니즘 정치에 가지는 함의를 간결하게 설명하는 것으로 결론을 맺는 것이 적절할 것 같다.

실천이론은 각 경험이나 행위를 그 실천의 안정적 유지나 효율적 변화의 순간으로 보기 때문에 인식론적, 윤리적, 정치적 문제를 모두 일관된 방식으로 설명한다. 즉, 주어진 실천의 목표가 과학적 지식이든, 윤리적 삶이든, 혹은 정치적 제도의 안정적이고 효율적인 작동이든, 그 작동방식에는 차이가 없다고 생각한다. 그러므로 실천이론은 인식론적 문제의식에서 출발했지만 처음부터 사회가 원하는 정치적 목표에 대한 의견 수렴과 그 수렴된 목표를 달성하기 위한 정치전략에 대해 분명한 이론을 제시한다. 통상 실천이론계열의 정치철학은 점진적 개혁을 통한 정치적 목표 달성을 주장하는 것으로 간주되는데, 이것은 각각의 실천이론가가 처한 역사적, 문화적 지역성을 고려하지 않은 평가다. 필자는 실천이론에 충실한 정치전략은 아고니즘 정치라고 생각한다.[65] 그동안 페미니즘 연구자들은 젠더 불평등을 해결하기 위한 구체적 정치전략을 모색하는 과정에서 독자적으로 아고니즘 정치적 결론에 도달했는데, 이후 실천이론과 조우하게 되면서 아고니즘 정치의 의미와 역할에 대한 이해가 더 깊어지게 되었다. 이러한 맥락에서 바라드의 행위적 실재론이 갖는 페미니즘 정치적 함의는 바라드의 이론이 아고니즘 정치와 실천이론 간의 조우의 가장 최근 사례가 된다는 것, 그리고 실천이론의 정치적 의미를 사물과 인간의 상호작용 영역으로 확장했다는 것이다.

몸을 가진 인간은 자연과 사회 환경 속에서 적응적 조정 과정을 통해 삶을 성공적으로 유지해나가게 된다. 그리고 그 결과로 인간은 그것이 윤리적 판단이든, 사회적 규범이든, 혹은 자연현상에 대한 본능적 판단이든 즉각적으로 반응할 수 있게 되는데, 이러한 즉각적 반응은 환경에 대한 단순화된 모델에 기반을 두기 때문에 가능하다. 그런데 환경에 대한 인간의 즉각적 반응에는 단순화 모델을 적용하는 것뿐만 아니라 그 모델 자체에 대한 평가도 포함된다. 이 과정에서 모델에 대한 체계적 분석이나 숙고deliberation가 이루어지고, 그를 통해 단순화 과정에 따른 비효율성이 조절된다. 또한 이 과정에서 윤리적 딜레마에 대한 논의, 사회적 불평등에 대한 저항, 그리고 기존의 과학적 해석에 대한 이의 제기가 이루어지며, 구성원들의 실천적 수행 역량에 따라 단순화 모델이 얼마나 효율적으로 변화할지가 결정된다.

예를 들어보자. 한국은 불과 40년 만에 경제근대화와 정치민주화를 성공적으로 이룩했지만 곧 이어 숨 돌릴 틈도 없이 1997년 아시아 금융위기를 겪었고, 이후 20년 가까운 세월동안 유래가 없이 빠른 속도로 신자유주의적 사회재편 과정을 거쳤다. 이 과정에서 기존의 사회과

---

65 아고니즘 정치에 대한 더 자세한 논의와 참고문헌으로는 조주현, "후기 근대와 사회적인 것의 위기: 아고니즘 정치의 가능성," 『경제와 사회』 95 (2012), 163~89쪽 참조.

학은 경제근대화와 정치민주화를 수치적 데이터로 측정할 수 있는 형식적 제도의 정착 여부로 평가했고, 이러한 형식적 제도가 실제로 작동하기 위해 필요한 다양한 실천의 역할은 소홀히 했다. 통상 사회적 실천의 형성과 변화는 형식적 제도변화에 이어서 시작되지만 실천이 효율적 형태로 진화하는 데는 오랜 시간이 걸린다. 특히 한국의 경우처럼 사회변혁이 압축적으로 일어날 경우는 먼저 진행된 사회변혁의 작동에 필요한 사회적 실천들이 미처 형성되지 못한 상태에서 또 다른 사회변혁이 일어나는 것이기 때문에 예상치 못한 결과를 초래할 가능성이 커진다. 한국의 후기 근대적 풍경이 더 삭막한 것도 바로 이러한 이유 때문이다.[66]

바라드가 행위적 실재론을 통해 확장한 실천이론은 이러한 한국적 상황을 분석하는데 적절한 출발점이 될 수 있다. 예컨대 환경문제, 동물보호운동, 그리고 새로운 과학기술 등에 대한 감정적이거나, 복고적이거나, 경제적인 측면에만 집중하는 현재의 경향을[67] 인간과 자연의 다양한 내부-작용을 상상할 수 있는 가능성을 체계적으로 제시하는 행위적 실재론과 실천이론의 도움을 통해 자연과 과학기술에 대한 우리들의 인식 지평을 획기적으로 넓히는 것으로 변화시킬 수 있다.[68]

---

66 실천이론으로 한국적 후기 근대를 분석한 시론적 시도로는 조주현(2013) 참조; 조주현, "한국의 신자유주의적 지구화와 여성 주체성의 변화: 실천이론의 관점," 『동아시아 여성과 가족변동』, 조주현 편 (대구: 계명대학교출판부, 2013), 71~97쪽.

67 최근 알파고와 프로바둑기사 이세돌과의 대국에 대한 사회의 반응을 보면, 알파고를 가능하게 한 기계학습machine learning이 예컨대 과거 '딥블루Deep Blue'가 당시 세계체스챔피언이었던 카스파로프G. Kasparovf를 이겼을 때의 인공지능 기술과 어떤 근본적 차이가 있는지에 대한 관심 대신 인간 승리와 같은 다분히 감정적 반응이 주를 이룬다든지, 정부의 반응 중 미래에 올 거대한 인공지능 시장을 위해 국가연구센터를 세우겠다는 발상이 중심이었던 것도 한 예라고 생각된다.

68 과학기술학과 사회적 실천 사이의 관계를 라투르의 ANT와 관계적 존재론의 관점에서 분석한 연구로는 다음을 참조; 김환석, "두 문화, 과학기술학, 그리고 관계적 존재론," 『문화/과학』 57 (2009), 40~60쪽; 김환석, "과학기술과 사회 연구의 동향과 전망," 『한국사회학의 미래: 사회학의 위기 진단과 미래 전망』, 조대엽·신광영 편 (파주: 나남, 2015), 548~77쪽.

CHAPTER 5

상징적 복잡적응계로서의 사회적 실천

여성학 방법론과 페미니즘 정치에의 함의

1. 문제제기

이 장의 서론으로 필자는 먼저 이 장에서 사용하는 개념들 중에 여성학에서 통상적으로 사용되지 않거나 혼동의 여지가 있는 용어인 '사회적 실천', '실천이론', '아고니즘 정치'를 설명하고, 필자가 실천이론이라는 새로운 이론을 제안하게 된 동기를 간략히 개진하려고 한다.

'상징적 복잡적응계로서의 사회적 실천social practices'은 일반적으로 제도, 조직, 규범, 관습 등으로 불리는 다양한 사회적 구조물 중에서도 안정성과 적응적 변화가능성이 적절하게 균형을 이루는 상징적 계를 말한다. 상징적 복잡적응계로서의 사회적 실천의 안정성은 그 실천의 수행performance과 관련된 행위에 대해 각 구성원이 내리는 규범적 판단

normative judgment에 의해 유지된다.[1] 여기서 규범적 판단이란 각 구성원이 자신의 규범적 판단 대상인 행위에 대해, 그 행위가 속해있는 사회적 실천에서 암묵적으로 가정하고 있는 기준에서 보았을 때 그 행위가 적절한지/부적절한지 판단한다는 의미다. 이러한 규범적 판단이 이루어지는 순간은 그 행위에 대한 평가가 이루어지는 순간일 뿐만 아니라 그 판단의 기준에 대한 평가가 이루어지는 순간이기도 하다. 즉, 사회적 실천에서 규범적 판단은 판단 대상인 '행위'의 적응적 변화뿐만 아니라 '판단기준'의 적응적 변화까지도 유도하는 유일한 기제다. 따라서 상징적 복잡적응계로서의 사회적 실천은 우리가 일반적으로 실천이라 부르는 수많은 사회현상들 중에서도 실천의 구조적 영속성 또는 안정성을 유지하면서 동시에 변화하는 사회적 환경 속에서 적응적 변화를 통해 효율성을 유지하기 위한 필요충분조건으로 오직 구성원들의 규범적 판단능력만을 필요로 하는 상징적 계로 요약된다. 필자는 이러한 상징적 복잡적응계로서의 사회적 실천을 줄여서 '사회적 실천'이라 부르고, 이에 대한 필자의 이론을 줄여서 '실천이론'이라 부르도록 한다.

필자가 이 글에서 일상적 용어로 사용되는 실천을 혼란과 오해의 여지에도 불구하고 그대로 가져와서 '실천이론'으로 명명하는 이유는 일반적으로 페미니즘 이론에서 실천이라는 용어를 사용할 때 그 가장 중요한 맥락이 실천을 통해 사회변화를 끌어내려는 것이라고 보기 때문이다. 통상 페미니즘 이론과 비판이론은 인간의 행위성을 젠더 불평등을 포함한 사회적 불평등에 대한 중요한 저항의 원천으로 보고, 행위성의 발현을 실천의 출발점으로 생각한다. 따라서 규율권력의 작동으로 행위성의 발현이 근본적으로 차단되는 경우 저항은 어떻게 가능한 것

1 '규범적 판단'이라는 말은 주어진 실천에서 내재적으로implicitly 주어진 기준이나 목표에 따라 행위자의 수행이 맞는지/틀리는지correct/incorrect, 적절한지/부적절한지appropriate/inappropriate, 합리적인지/비합리적인지rational/irrational, 또는 옳은지/그른지right/wrong 등을 판단하는 것을 말한다. 그러므로 여기서 사용하는 규범적이라는 말은 일반적으로 도덕적 의미를 갖지 않는다. 이러한 판단행위는 평가의 의미를 내포하고 있기 때문에 이 글에서는 상황에 따라 '판단judgment'과 '평가assessment'의 용어를 병행해서 사용한다.

인가의 문제는 푸코의 권력이론에 대한 비판에서뿐만 아니라 지난 수십 년간 특히 가부장제를 여성 종속의 원인으로 지적해온 페미니즘 정치이론에서 가장 중요한 논제여 왔다.[2] 필자는 페미니즘 이론과 비판이론이 봉착한 이러한 난관이 인간의 행위성과 자유에 대한 상대적으로 간결한 이론화에서 비롯된 것이라고 보고, 그 대안으로 사회적 실천을 통해 사회변화를 추구하는 실천이론을 제시하려고 한다.

일반적으로 명백한 불평등의 경우에는 이론적 간결함이 집단적 저항을 위한 결집에 효율적일 수 있으며, 실제로 정체성 정치의 성공적 작동은 상당부분 이론적 간결함에 기인한다. 한국의 여성운동은 이러한 정체성 정치 중 특히 젠더정치에 기반을 두고 진행해왔는데, 지난 수십 년간 젠더정치가 이룬 법적, 제도적 성과는 놀라운 것이었다고 평가할 수 있다. 그러나 다른 한편 여성운동의 성공적인 젠더정치 시기와 상당부분 겹치면서 급속하게 진행된 한국의 신자유주의적 사회재편은, 비록 왜곡된 형태이긴 하지만 다양한 선택 공간을 확장시키면서 개인의 창의적 삶에 대한 욕구를 동력으로 하는 후기 근대적 풍경을 한국사회에 드리우고 있고, 이제 페미니즘 정치의 다양성을 요구하고 있다.[3] 필자는 이러한 페미니즘 정치의 다양성 모색이 그동안 한국의 여성운동이 젠더정치로 이룬 성과를 약화시키거나 퇴행적 변화로 전락시키지 않기 위해서는 가장 먼저 페미니즘 정치이론의 확장과 함께 무엇보다도 여성의 행위성 개념의 정교화가 이루어져야한다고 생각한다. 실천이론은 여성학 방법론의 재편과 함께 후기 근대에 요구되는 다양한 페미니즘 정치의 확장에 중요한 출발점 역할을 할 수 있다.

한편 실천이론은 페미니즘 정치와 같은 일반적 의미의 실천학문에 더 중요한 함의를 가진다. 실천이론의 가장 중요한 뿌리가 실용주의

---

2 Amy Allen, "Feminism and the Subject of Politics," in *New Waves in Political Philosophy*, ed. Boudewijn de Bruin and Christopher F. Zurn (New York: Palgrave Macmillan, 2007), 1~18쪽.

3 홍찬숙, 『개인화: 해방과 위험의 양면성』 (서울: 서울대학교 출판문화원, 2015).

pragmatism인데, 실용주의는 인간의 인지적, 윤리적, 정치적 행위를 사회적 실천 개념을 통해 통합적으로 설명하려하기 때문이다.[4] 서양철학에서 데카르트 이후 재현론을 극복하려는 노력의 결과물인 실천이론이 단지 지식에 대한 실천이론뿐만 아니라 정치와 윤리에 대한 실천이론을 동시에 제시하는 것도 바로 이러한 통합적 설명을 하려는 노력 때문이다. 필자는 이러한 실천이론의 정치적 구현을 '아고니즘 정치agonistic politics'라는 다소 생소한 용어로 명명하려고 한다.[5] 아고니즘 정치는 아고니즘agonism, 아고니즘 민주주의agonistic democracy, 또는 아고니즘적 다원주의agonistic pluralism 등으로 불리지만 필자는 이 글에서 숙의정치와 대비되는 개념으로 아고니즘 정치를 사용한다.[6]

숙의정치deliberative politics를 대표하는 롤즈나 하버마스가 궁극적 합의 도출을 목표로 자신의 사적 이익을 고려하지 않고 합리적 숙의가 이루어지는 '공적 공간public space'을 가정하는데 비해 아고니즘 정치이론가들은 그러한 숙의정치는 사회적 실천의 급격한 변혁이나 새로운 사회적 실천의 창조를 불가능하게 한다고 주장한다. 아고니즘 정치이론가들은 정치가 고대 그리스의 경연장agon에서 이루어지던 경연처럼, 한편으로 상대방의 생소할 수도 있는 의견을 존중하되 정확하게 이해하면서 반박하려 애쓰고 다른 한편 자신의 정당한 주장을 굽히지 않고 정확하게 제시하되 상대방의 반박에 정확하게 응답하는 과정을 이어

---

4 특히 듀이J. Dewey와 로티R. Rorty가 실천이론과 그 정치적 전략을 상호 밀접한 형태로 제시하는 작업을 해왔다; Cheryl Misak, *Truth, Politics, Morality: Pragmatism and Deliberation* (New York: Routledge, 2000); Eric A. MacGilvray, *Reconstructing Public Reason* (Cambridge: Harvard University Press, 2004).

5 아고니즘 정치라는 용어를 사용하는 대표적인 학자들 중에 무페C. Mouffe나 호니그B. Honig 같은 페미니즘 정치학자들이 있다는 점도 필자의 용어 선택에 영향을 주었다; Chantal Mouffe, *On the Political* (New York: Routledge, 2005); Bonnie Honig, *Emergency Politics: Paradox, Law, Democracy* (New Jersey: Princeton University Press, 2009).

6 아고니즘 정치를 정치전략으로 옹호하는 대표적인 학자들로 푸코, 라클라우, 무페, 코널리W. Connolly, 제를리L. Zerilli, 호니그B. Honig 등이 있다.

감으로써, 그 결과가 반드시 합의에 이르지 못한다 하더라도 논박 자체가 사회적 실천이 더 효율적으로 변화하거나 급격한 변형의 실마리가 될 수 있게 한다는 점을 강조한다. 아고니즘 정치이론가들은 새로운 사회적 실천의 창조적 순간은 숙의정치가 가정하는 공적 이성public reason을 통해서는 실현 불가능하며, 아렌트의 세계-구축world-building의 순간이나 제를리의 단정적 순간predicative moment이 가능한 '확장된 경연장'에서만 실현될 수 있다고 믿는다. 아고니즘 정치이론가에게 공적 공간이나 공적 이성을 강조하는 숙의정치는 정체성 정치에 의존하는 근대적 정치의 향수에서 숙의정치가 완전히 벗어나지 못했음을 보여주는 징표로 간주될 뿐이다.[7]

반면에 필자가 지향하는 아고니즘 정치는 이러한 기존의 아고니즘 정치에 정체성 정치나 숙의정치를 특수한 경우로 포함시킨 확장된 정치로서의 아고니즘 정치다. 아고니즘 정치의 성공적 작동 여부는 공동체의 역사적, 문화적 유산이 결정하는 것이지만 동시에 구성원의 실천적 수행능력에 달려있다는 점 또한 분명하다. 즉, 아고니즘 정치의 성공적 작동은 구성원이 세계-구축적 판단을 통해 새로운 실천을 창조하거나 받아들일 수 있는 용기와 창의성을 보이느냐에 달려있다. 그러므로 필자가 지향하는 아고니즘 정치는 구성원의 실천적 수행능력, 특히 규범적 판단능력의 중요성을 강조하는 특징을 보인다. 푸코는 구성원의 이러한 수행능력을 '존재의 미학' 혹은 '윤리의 기술'을 통해 관리할 수 있다고 보았지만 이러한 수행능력의 향상은 인간의 창의성의 핵심이면서도 궁극적으로는 그 인간이 속한 공동체의 다양한 사회적 실천들의 유연성에 의존하는 것이다. 그러므로 필자는 실천이론과 그 정치적 구현인 아고니즘 정치의 핵심은 형식적 규칙이나 제도에만 의존하지 않고 유연한 사회적 실천들이 주는 적극적 자유를 통해 확장된 삶의 형식

7 린다 M. G. 제를리, "자유의 정치적 실천으로서 페미니즘," 조주현 역, 『젠더와 문화』 9:2 (2016), 7~26쪽; 조주현, "과학적 실천이론과 페미니스트 과학학의 접점: 캐런 바라드의 경우," 『한국여성철학』 25 (2016), 97쪽에서 재인용.

혹은 문화적 공간을 구축하면서도, 그것이 자유방임적이거나 상대주의로 환원되지 않게 하는 구성원의 행위성을 신뢰하는 것이라고 판단한다.[8]

한국적 후기 근대에서 최근 젊은이들은 젠더 평등에 대해 퇴행적 시도들을 보이고 있는데, 필자는 이것을 단순히 신자유주의에 내몰린 일부 젊은이들의 일탈로만 규정하기보다는 그동안 여성운동과 그 여성운동이 사용해온 전반적인 전략에 대해 근본적 질문을 던지고 있는 것으로 보아야 한다고 생각한다.[9] 또한 이러한 근본적 질문에 대한 대답은 단지 신자유주의적 정책에 대한 설득력 없는 불만을 쏟아내는 소극적 대응에 머무는 것일 수 없으며, 여성학 방법론 전반의 방향을 완전히 새롭게 재조정하는 적극적 대응으로 나아가는 것이어야 한다고 생각한다. 이러한 맥락에서 필자는 새로운 여성학 방법론 모색의 한 가지 가능한 방향을 제시해보려고 하는데, 필자의 이 같은 시도는 단지 여성학 방법론에만 국한되지 않으며 현재 사회과학 방법론 전반에 걸쳐 진행되고 있는 방향 조정과 수렴되는 것이다. 또한 새로운 형태의 여성학 방법론은 지금까지 한국의 여성학 방법론이 시달려왔던 서구의 방법론과 이론에 과도하게 의존한다는 비난에 대해서도 새로운 해석과 해법을 제공할 수 있을 것이다.

이 장은 5절로 구성된다. 1절은 상징적 복잡적응계로서의 사회적 실천, 실천이론, 아고니즘 정치 개념을 소개하고, 필자가 제안하는 실천이론이 후기 근대 한국여성학에 요구되는 새로운 형태의 방법론 구성에 어떤 역할을 할 수 있는지 간략히 설명했다. 2절은 사회적 실천을 다

8 조주현, "과학적 실천이론과 페미니스트 과학학의 접점: 캐런 바라드의 경우," 98쪽에서 재인용.

9 임옥희, "신자유주의 시대와 젠더 무의식," 『젠더와 문화』 4:2 (2011), 37~70쪽; 배은경, "'청년 세대' 담론의 젠더화를 위한 시론: 남성성 개념을 중심으로," 『젠더와 문화』 8:1 (2016a), 7~41쪽; 조한혜정 외, 『노오력의 배신: 청년을 거부하는 국가 사회를 거부하는 청년』 (파주: 창비, 2016).

루는 실천이론을 소개한다. 필자가 제안하는 실천이론은 상호 연관되지만 개념적으로는 서로 전혀 다른 세 가지 이론, 즉 (1) 사회적 실천이론, (2) 독일 관념론과 현상학 그리고 최근에는 인지과학과 진화심리학의 영향을 받고 있는 철학적 실용주의, 그리고 (3) 복잡적응계 이론에 기반을 둔다. 필자는 특히 최근에 논의되고 있는 다양한 실천이론 유형의 간략한 분류와 검토를 통해 필자가 제안하는 실천이론과 그 이론들 간의 차이를 부각시킨다. 3절은 여성학 방법론의 실천적 전환이 함의하는 바를 사회과학 방법론 전반과 관련해서 검토하고, 궁극적으로 새로운 여성학 방법론이 서구의 여성학 방법론과 어떤 관계에 놓이게 되는지를 논의한다. 4절은 여성학 방법론의 실천적 전환이 함의하는 바를 페미니즘 정치와 관련해서 검토하고, 페미니즘 정치에 대한 실천적 이해는 아고니즘 정치적 전환으로 구현된다는 점을 강조한다. 마지막으로 5절은 이 장에서 제시한 논의를 간략하게 요약한다.

2. 상징적 복잡적응계로서의 사회적 실천과 실천이론

1) 실천이론을 구성하는 세 가지 요소

터너S. Turner에 따르면 실천은 "20세기 철학의 가장 중요한 관심사들이 결집하는 지점"이다. 터너는 "20세기 철학의 가장 대표적인 업적은 비록 그 업적이 정확히 실천이라는 용어를 사용한 것은 아니라 하더라도 실천을 논의한 것이라고 간주될 수 있는 것들"이라고 지적했다.[10]

---

10 Stephen Turner, "Practices and their Conceptual Kin," in *The Social Theory of Practices* (Cambridge: Polity Press, 1994a), 1쪽.

실제로 실천 개념을 분명하게 설명해내려는 시도를 해본 연구자라면 누구나 자신의 설명이 마치 '장님 코끼리 만지기' 우화가 묘사한 상황처럼 결국 부분적 사실만을 설명하는 것에 불과하게 된다는 것을 깨닫게 되곤 한다.

지금까지 학계에서는 실천을 다양한 이름으로 불러왔다. 그중 일부만 제시해보면 '아비투스', '규범', '전통', '삶의 형식', '세계관', '패러다임', '이데올로기', '암묵적 지식', '틀framework', '삶의 기술coping skills', '노하우', '전제presuppositions' 등을 들 수 있다. 이들 각각의 개념은 각기 그 개념에 핵심적인 실천의 어떤 특징들을 강조하기 위해 고안된 것이다. 그러나 다양한 학문분과에 속해 있는 수많은 연구자들이 자신이 중요하다고 생각하는 모든 특징을 포괄하는 실천이론을 구축하기 위해 노력해왔지만 그러한 시도는 성공하지 못했다. 그렇다면 이 많은 연구자들이 최소한 합의할 수 있는 방법은 이 많은 개념들을 포괄할 수 있는 포괄적 실천이론을 구축하려하기보다 오히려 모든 실천에 공통적으로 나타나는 기본구조를 찾아내는 것이 될 것이다.

이를 위해서는 우선 실천이론에 대한 잠정적 정의를 내리는 것이 도움이 될 수 있다. 실천이론은 한 사회가 작동하기 위해 반드시 있어야 하는 다양한 사회제도가 다시 그 사회제도 안에 반드시 사회적 실천을 포함하고 있다고 설명한다. 여기서 사회적 실천이란 구성원 각자의 행위와 그에 대한 구성원 간의 상호주관적인 규범적 판단을 통해 유지되는, 안정적이면서도 적응적으로 조절해나가는 일련의 행동패턴을 말한다.[11] 한편 실천처럼 정의내리기 어려운 개념은 실천이 아닌 것들과 대비시키는 방식을 통해 그 특징을 좀 더 분명하게 드러낼 수 있다. 같은 방식으로 필자가 추구하는 실천이론의 경우도 실천이 아닌 것들과의 간략한 대비를 통해 현재 사용되고 있는 다른 실천이론들과의 차이를

11 Joseph Rouse, "Practice Theory," in *Philosophy of Anthropology and Sociology*, ed. Stephen Turner and Mark Risjord (Dordrecht: Elsevier, 2007b), 639~81쪽.

분명하게 드러낼 수 있다고 생각한다. 필자가 추구하는 실천이론은 사회적 실천이론, 독일 관념론과 현상학의 영향 아래 최근에는 인지과학 및 진화심리학을 통해 수정을 거친 철학적 실용주의, 그리고 복잡적응계 이론 이상 세 가지 요소로 구성되어 있다.[12]

먼저 필자가 추구하는 실천이론의 첫 번째 요소인 사회적 실천이론은 행위자와 사회구조 사이에 작동하는 재귀성을 강조하며, 그런 점에서 사회적 실천은 상대적으로 안정적인 행동패턴이라고 할 수 있는 유행, 관습, 사회적 규범, 그리고 과학적 실천과 같은 다양한 형태의 실천들을 포괄한다. 사회적 실천이론가들은 실천에 대해 예컨대 경제학이나 정치학에서 사용되는 합리적 선택이론이나 게임이론의 경우처럼 형식적 이론화를 할 필요성을 느끼지 않는다. 사회적 실천의 이러한 느슨함 때문에 사회적 실천이론가들은 실천 개념을 훨씬 더 광범위한 사회현상에도, 예컨대 마르셀 모스M. Mauss가 미국식 걸음걸이를 묘사했던 데서 볼 수 있듯이 훨씬 덜 안정적이면서 지속성도 약한 사회현상에도 적용할 수 있게 된다.[13]

반면에 실천이론의 두 번째 요소인 철학적 실용주의는 사회적 실천이론과 달리 주로 언어적 실천을 설명하기 위해 구성된 이론이다.[14] 철학적 실용주의자들은, 혹은 좀 더 정확하게 말하자면 20세기 이후의 신실용주의자들은, 어떻게 언어가 언어적 실천을 통해 작동하는지에 주목

---

12 물론 이 세 요소들은 분명히 서로 구분될 수 있는 것이 아니다. 특히 사회적 실천이론과 철학적 실용주의 양쪽 모두에 속하는 이론이나 연구자들의 경우 어느 한 쪽 범주에 속하는 것으로 범주화하는 것은 문제적일 수 있다. 잘 알려져 있다시피 사회적 실천이론에 속하는 연구자들이나 철학적 실용주의에 속하는 연구자들은 빈번히 상호 영향을 주고 받아왔다.

13 Stephen Turner, "Practices as Causes," in *The Social Theory of Practices* (Cambridge: Polity Press, 1994b), 14~27쪽.

14 아래의 논의에서 볼 수 있듯이 철학적 실천이론은 필자가 구상하는 실천이론의 중심을 이루지만 다양한 실용주의 계열 철학자들이 20세기에 완성한 실천이론의 논거를 체계적으로 요약하는 것은 필자의 능력을 넘어서는 일이다. 필자는 이 이론들 중 중요한 결론만 재해석하여 제시하면서 논의를 끌어가려고 한다.

한다. 나아가 이들은 단순히 인식론적 연구에 머물지 않고 도덕적 실천에 대한 연구를 거쳐 일반적인 사회적 실천에 대한 연구로 그 통찰력을 확장시킨다. 철학적 실용주의는 한 사회가 안정적이면서도 효율적으로 작동될 수 있게 하는 기본 기제로 사회적 실천을 지목하였는데, 그러한 논의의 기원에는 칸트와 헤겔의 상상력이 놓여있다.[15] 즉, 철학적 실용주의는 미국의 실용주의와 관련된 다양한 현대철학의 조류를 포괄하는 용어로서 맥도웰J. McDowell, 브랜덤R. Brandom, 호그랜드J. Haugeland 등과 같은 분석철학자들의 노력에 의해 칸트와 헤겔이 대변하는 독일 관념론의 규범적 전통을 이어가는 것으로 재해석됐다.[16] 한편 드레이퍼스H. Dreyfus는 실천에 대한 철학적 실용주의의 핵심 부분이 후설, 하이데거, 메를로-퐁티로 대변되는 현상학적 접근으로 보완될 수 있다고 보았다.[17] 최근 들어 이들의 현상학적 통찰은 인지과학과 신경과학, 그리고 진화심리학의 발달을 통해 좀 더 구체적인 형태로 진화하고 있다.[18] 이처럼 철학적 실용주의를 구성하는 미국 실용주의, 철학적 현상학, 인지과학과 신경과학, 그리고 진화심리학은 서로 엇갈리면서 영향을 주고받고 있는데, 이 요소들이 사회적 실천이론 및 복잡적응계 이론과 함께 필자가 추구하는 '실천이론'의 핵심을 구성하는 이론적 배경이라고 할 수 있다.

사회적 실천이론만큼은 아니지만 철학적 실용주의도 그 내부는 서로 이질적이면서 다양한 요소들로 구성되어 있다. 그러나 최근 브랜덤은

15 Robert Brandom, *Making it Explicit: Reasoning, Representing, and Discursive Commitment* (Cambridge: Harvard University Press, 1994).

16 Robert Brandom, *Perspectives on Pragmatism: Classical, Recent, and Contemporary* (Cambridge: Harvard University Press, 2011).

17 Hubert L. Dreyfus, "Part III. Alternatives to the Traditional Assumptions," in *What Computers Still Can't Do: A Critique of Artificial Reason* (Cambridge: The MIT Press, 1992), 231~84쪽.

18 Michael Tomasello, *A Natural History of Human Thinking* (Cambridge: Harvard University Press, 2014).

철학적 실용주의를 정식화하여 실천의 작동방식을 형식화하는 작업을 도모하고 있는데, 브랜덤의 이러한 작업은 경제학의 합리적 선택이론이나 게임이론과 비견할만한 가능성을 지닌 것으로 판단된다. 브랜덤에 따르면 사회적 실천은 그 실천에 속하는 행위와 그 행위를 규범에 따라 평가하는 행위로 구성되어 있다. 실천에 속하는 구성원의 자격은 그 실천에 속하는 행위와 평가행위를 할 수 있는 능력에 따라 결정된다. 사회는 핵심적 실천들로 구성되어 있으며, 합리적 인간이란 이러한 핵심적 실천들을 구성하는 행위와 평가행위를 할 수 있는 자를 말한다. 실천에 속하는 구성원의 규범적 지위는 다른 구성원들이 그 구성원을 '인정recognition'해 주는가의 규범적 태도normative attitudes에 달려있다. 다른 구성원들로부터 인정을 받는 구성원은 규범을 따를 '책임responsibility'을 지게 되며, 인정을 통해 그 구성원에게 책임을 지우는 다른 구성원들의 '권위authority'는 그 구성원이 인정해줄 때만 구속성을 가진다. 이렇게 서로 인정받고 인정하는 구성원들 간의 상호 대칭적인 책임과 권위의 규범적 의존은 주관성을 넘어서는 규범적 지위를 획득하게 되며, 그것으로 충분히 사회적 실천을 구성할 수 있게 된다. 브랜덤의 이러한 사회적 실천모델은 모든 종류의 실천에 내재하고 있는 책임과 권위, 또는 종속과 행위성의 양 측면을 상호인정의 사회적 모델로 통합시킨 것이라고 할 수 있다.[19]

철학적 실용주의를 단순한 실천모델로 형식화하려는 브랜덤의 작업 중 필자가 주목하는 것은 언어적 실천을 '의무적 점수기록deontic scorekeeping' 모델로 포착하려는 시도다.[20] 이 모델에서 각 구성원은 자

19 Robert Brandom, "Reason, Genealogy, and the Hermeneutics of Magnanimity," Paper presented at the University of California at Berkeley-Hawison Lectures in Philosophy (2013.03.13), 8~10쪽.

20 Brandom, *Making it Explicit*, 180~98쪽.

신과 다른 구성원들의 '헌신'[21]과 '자격'[22]으로 이루어진 점수의 기록을 [즉 주어진 헌신과 자격에서 실질적 추론으로 도출되는 헌신과 자격을 기록하고, 평가 대상인 수행자 자신이 인정한 헌신과의 모순 여부를 확인하며, 모순이 포착되는 경우 해명을 요구하기도 하는 과정을] 지속적으로 일관성 있게 자신이 파악한 평가규범에 따라 수행한다. 각 구성원은 이렇게 매 순간마다 기록된 구성원들의 점수를 모아서 '점수 함수score function'를 구성할 수 있다. 점수 함수는 자신을 포함한 구성원 각자의 행위에 대한 매 순간의 평가와 그 평가점수들의 축적으로 이루어진다. 그리고 각 행위의 의미는 그 실천의 평가규범에 따라 결정되고 그 결과 구성원들에 대한 점수가 특정한 방식으로 변하게 된다. 이것은 각 행위의 의미와 그것의 평가규범 둘 다가 이 점수 함수에 고스란히 담겨있다는 것을 뜻한다. 즉, 점수 함수는 각 행위의 의미가 그 순간의 구성원들이 부여하는 점수에 의해 결정되는 과정과 각 구성원에게 어떠한 헌신과 자격을 부여하는 것이 적절한지를 결정하는 평가규범을 바꾸는 과정, 둘 다를 관할한다. 이러한 과정을 통해 각 구성원의 행위는 평가대상이 될 뿐만 아니라 모든 구성원의 행위에 대한 평가기준인 평가규범에 영향을 미치는 재귀적 과정이 완성된다.[23]

브랜덤은 구성원들이 각 개인의 행위에 대해 내리는 평가는 과거의 행위에 대한 과거 구성원들의 평가와 그 평가에 대한 평가로 이어지는 과거의 평가 전체로부터 구성원 각자가 읽어낸 평가규범에 의해 이루

21 "헌신commitment"이라는 용어는 적절하게 번역하기 매우 어려운 것 중 하나다. 일반적으로 누가 어떤 주장statement, claim에 commit 한다는 말은 그가 그 주장을 하고 필요하다면 그 주장에 근거를 제공할 의사가 있다는 것을 의미한다. "공약公約"이라고 번역하는 학자도 있다.

22 "자격entitlement"이라는 용어도 commitment 보다는 낫지만 적절한 용어가 없다는 점에서는 비슷하다. 누가 어떤 주장을 할 자격이 있다entitled to는 말은 그가 그런 주장을 할 만한 적절한 근거를 가지고 있다고 평가자가 판단한다는 것을 의미한다. "권리"라고 번역하기도 한다.

23 Brandom, *Making it Explicit,* 180~86쪽.

어진다고 말한다. 이때 각 구성원이 어떻게 과거의 평가규범을 읽어내는가는 그 구성원이 속한 사회의 사회적 실천들의 총합이라고 할 수 있는 '삶의 형식forms of life'에 의해 결정된다.[24] 따라서 브랜덤에게 있어 인간의 합리성은 이러한 과거의 평가규범으로부터 어떤 평가를 어떤 '합리적 이유reasons'에 따라 자신이 재구성한 평가규범에 포함시킬지 끊임없이 판단하는 것에서 발현된다. 그리고 이 '합리적 이유'에는 어떤 평가가 실천을 더 '효율적'인 것으로 만들지에 대한 고려 등이 포함된다. 한편 각 개인이 내린 평가나 해석은 다시 다음 평가자에 의해 엄밀한 심사를 거치게 되고, 다음 평가자는 이전 평가자가 내린 평가나 해석을 자신의 새로운 규범적 해석에 포함시킬지 여부를 결정하게 된다. 물론 각 개인이 내린 평가는 다음 평가자에 의해 잘못된 것으로 평가받을 수 있다.

마지막으로 필자가 추구하는 실천이론의 세 번째 구성요소로 복잡적응계 이론이 있다. 복잡적응계는 수많은 단순한 요소로 구성되며, 이 내부의 단순한 구성요소들 간의 상호작용을 통해 자기-조절적으로 안정성을 유지하거나 외부조건의 변화에 따라 진화함으로써 자기 정체성을 유지하는 특징을 보이는데, 복잡적응계의 이러한 특성을 '자기-조직화self-organization'라고 부른다. 물론 복잡적응계도 급작스러운 구조적 변화를 헤쳐 나갈 수 있긴 하지만 복잡적응계는 기본적으로 자기 정체성의 어떤 형식을 반드시 유지할 수 있어야 한다. 또한 복잡적응계는 그 구성요소나 요소 간의 상호작용 패턴을 이해하는 것만으로는 쉽게 예측할 수 없는 중요한 특징을 갖고 있는데, 그 특징적 현상을 '창발emergence'이라고 부른다. 복잡적응계 이론의 목표는 무엇보다도 어떻게, 그리고 어떤 조건 하에서, 아무런 중앙 집중적 통제기관도 없는 상태에서 그렇게 분산된 방식으로 자기-조직화와 그에 따른 창발현상이

---

24 Robert Brandom, *Tales of the Mighty Dead: Historical Essays in the Metaphysics of Intentionality* (Cambridge: Harvard University Press, 2002).

일어날 수 있는지를 설명하는 데 있다.[25]

사회적 실천은 구성원들이 구성요소가 되고 구성원 간의 상호작용이 그 체계를 유지해주는 복잡적응계의 한 사례라고 할 수 있다.[26] 사회적 실천 외에 다른 복잡적응계 사례로 새떼, 개미집단, 고속도로 교통, 면역체계, 뇌, 그리고 대부분의 생물학적 계를 들 수 있다.[27] 복잡적응계 이론은 일반적으로 먼저 자기-조직화 행동의 창발에 꼭 필요한 최소한의 구조만 남겨둔 채 체계를 극도로 단순화시킨 후, 그 체계에 대한 수학적 모델을 구축하는 작업을 시작한다. 그리고 그 수학적 모델에 근거한 계산이나 컴퓨터 모의실험을 통해 복잡적응계의 행동을 간파해 나간다. 복잡적응계 이론의 연구 결과는 단순한 구성요소로 이루어진 복잡적응계가 어떠한 중앙집중적 조정자도 없이 다양한 외부조건 아래서 스스로 자기-조직화를 통해 안정성과 효율성을 유지해 나가는 다양한 사례를 보여준다. 그런데 다른 복잡적응계들과 달리 사회적 실천은 실천의 구성요소인 구성원 각자가 그 자체로 복잡적응계인 2차 복잡적응계이다. 2차 복잡적응계인 사회적 실천을 구성하는 그 자체로 복잡적응계인 구성원은 다른 복잡적응계의 구성요소처럼 단순히 실천의 안정성과 효율성을 확보하기 위해 행동하지 않고, 자기-이익 추구를 포함한 복잡한 행동들을 보이게 된다. 따라서 홉스 이래 철학자들과 사회과학자들 사이에서 체계의 안정성과 효율성을 손상시키지 않을 수 있는 최소한의 조건을 체계의 구성요소인 사회구성원 각자의 행동에 설정하는 작업이 가장 중요한 문제 중 하나가 되게 된 것은 당연한

25 Melanie Mitchell, *Complexity: A Guided Tour* (New York: Oxford University Press, 2009).

26 이러한 사회적 실천들의 일부는 루만N. Luhmann이 체계화한 체계이론의 하위체계 subsystems에 상응하는 것으로, 하위체계 간의 상호작용을 통해 한 사회가 그 체계를 유지할 수 있게 된다.

27 필자가 사회적 실천을 '상징적 복잡적응계'라고 명명한 이유는 '복잡적응계'는 물질적 요소로 구성된 일반적 계를 뜻할 뿐이지만 사회적 실천은 그 구성요소인 인간의 상징적 조작 능력에 의해 유지, 변화되는 계이기 때문이다.

귀결이었을 것이다.

2) 핵심이론으로서의 실천이론

이상과 같은 세 가지 이론으로부터 새로운 실천이론을 구성하려는 필자의 시도가 단순히 이론들의 나열에 그치지 않고 이론 간의 정합성을 보이는 체계적 이론이 되기 위해서는 필자가 제시하는 실천이론과 그것의 출발점 역할을 하는 사회적 실천이론 및 철학적 실용주의와의 관계에 대한 분명한 설명이 있어야할 것이다. 필자가 추구하는 실천이론은 긴티스H. Gintis가 말한 사회과학의 '핵심이론' 역할을 할 수 있는 이론이다. 긴티스는 다양한 사회과학들이 인간 행위를 공통의 연구대상으로 삼으면서도 각 분과학문이 서로 전혀 다른 모델을 기반으로 연구하는 현재의 상황은 분명 기이한 현상이라고 지적하면서, 인간행위에 대한 공통이론 구성의 중요성을 강조했다.[28] 긴티스는 이러한 맥락에서 '진화론적 게임이론'이 합리적 행위자모델에 대한 비판에서 벗어날 수 있는 핵심이론 역할을 할 수 있다고 주장했지만, 다양한 반론에서 볼 수 있듯이[29] 진화론적 게임이론은 이전의 합리적 행위자 모델과 게임이론의 중요한 결함을 여전히 가지고 있다. 그러나 사회과학의 중심 역할을 담당해야할 사회학에 핵심이론이 '부재'함으로써 인간 행위에 대한 공통이론을 구성하는데 사회학이 가장 결정적 장애물이었다는 그의 주장은 중요한 지적이라고 생각한다.

아마도 대부분의 사회학자들은 긴티스의 주장을 경제학자의 편협한

28 긴티스는 사회과학을 인간의 행위에 대한 관심사를 공유한다는 의미에서 행동과학 behavioral sciences이라고 부를 것을 제안했다; Herbert Gintis, "A Framework for the Unification of the Behavioral Sciences," *Behavioral and Brain Sciences* 30 (2007), 1~61쪽.

29 Gintis, 같은 글, 16~45쪽.

또는 제국주의적 시각에서 비롯된 터무니없는 왜곡이라고 평가할지 모른다.[30] 그러나 이에 대한 긴티스의 재반론[31] 외에도 필자는 사회학자들의 이러한 반응이 근대 사회학 태동의 사회적, 지적 배경에서 시작된 과학적 방법론에 대한 중대한 오해에서 비롯되었을 가능성을 지적한 적이 있다.[32] 예컨대 과학적 실천에 대한 쿤의 연구[33]에서 가장 중요한 결론은 과학적 실천과 그 결과물인 과학적 지식의 엄밀성은 분명히 구분되어야 한다는 것이었다. 또한 물리학 방법론에 대한 카트라이트의 연구[34]에서 중요한 함의는 근대 물리학이 성공할 수 있었던 가장 중요한 요소가 새로운 과학적 실천의 도입뿐만 아니라 더 중요하게는 물리학적 연구대상의 단순성 때문이라는 것이었다. 즉, 물리학은 극단적으로 단순화된 계의 행동에 대한 엄밀한 수학적 이론과 그 실험적 증명이라는 결과물로 인해 다른 학문의 부러움을 사게 됐다는 것이다. 이 사실은 사회과학, 특히 사회학 방법론에 중요한 함의를 지닌다. 즉, 사회학적 계는 물리학적 계에 비해 말할 수 없이 복잡하기 때문에 설령 자연과학적 실천만큼 엄밀한 사회과학적 실천을 적용시킨다 하더라도 엄밀한 이론적 결과물을 기대할 수 없으며, 그럼에도 불구하고 사회과학적 연구대상을 물리학의 경우처럼 단순화시키는 전략을 취하면 이론의 설명력이 급격히 약화된다는 것이다. 그러나 근대의 사회학자들은 당시 자신들에게 기대됐던 역할을 충족시키려는 욕구에서 연구대상을 극단

30 Herbert Gintis and Dirk Helbing(eds.), "Special Issue on Homo Socialis," *Review of Behavioral Economics* 2:1~2 (2015), 61~210쪽.

31 Herbert Gintis, "Modeling Homo Socialis: A Reply to Critics," *Review of Behavioral Economics* 2:1~2 (2015), 211~37쪽.

32 조주현, "실천이론으로 본 비판사회학과 페미니스트 정치학의 문제," 『경제와 사회』 88 (2010), 90~91쪽.

33 토머스 S. 쿤(Thomas Samuel Kuhn), 『과학혁명의 구조』, 김명자·홍성욱 역 (서울: 까치글방, 2013).

34 Nancy Cartwright, *The Dappled World: A Study of the Boundaries of Science* (New York: Cambridge University Press, 1999).

적으로 단순화시킨 사회적인 것의 사회학을 구성하는 방식으로 이 난관을 해결하려 했고, 그 결과 핵심이론인 행위자 모델을 체계적인 형태로 구성하는 작업은 등한시됐다.

거시적 변수로 [즉 사회적인 것으로] 사회현상을 포착하는 이론은 사회변화에 따라 끊임없이 이론이 재구성되어야 하는데, 이 재구성 작업이 체계적이고 일관성 있게 이루어지기 위해서는 사회변화의 원인인 사회적 실천의 동적 모델이 [즉 실천을 구성하고 수행하는 행위자 모델이] 확립돼 있어야한다. 필자는 바로 이 점이 핵심이론의 필요성에 대한 긴티스의 주장이 의미를 갖게 되는 지점이라고 생각한다. 필자가 구성하려고 노력하고 있는 실천이론은 이러한 역할을 할 수 있을 뿐만 아니라 긴티스가 제안한 진화론적 게임이론에 기반을 둔 합리적 행위자 모델의 개정판이 가지는 약점도 해결할 수 있다. 예컨대 긴티스의 진화론적 행위자 모델의 약점은 행위자의 선택을 결정하는 '믿음beliefs', '선호preferences', '사회적 구속조건들social constraints' 자체를 결정하는 사회적 실천의 완전한 모델이 부재하다는 데 있다. 즉, 진화론적 게임이론에는 사회적 실천의 변화에 기여하는 개인의 역할에 대한 이론이 매우 빈약하게 나타난다. 진화론적 게임이론에서 개인은 훈육 과정을 통해 익힌 사회적 규범을 주로 수동적으로 적용하는 것에 머물고, 사회적 규범 자체가 구성되고 변화되는 과정에 개인의 판단이 작용하는 과정은 생략된다. 진화론적 게임이론이 개인의 선택 혹은 행위성을 강조하는 이론으로 알려진 점을 고려한다면, 이러한 상황은 진화론적 게임이론의 매우 특이한 맹점이 아닐 수 없다.

필자가 진화론적인 게임이론의 문제점을 가장 체계적으로 해결할 수 있는 이론으로 철학적 실용주의를 주목하는 이유는 철학적 실용주의가 개인의 행위성이 발현되는 순간을 정확하게 포착했다고 보기 때문이다. 필자는 언어적 실천 과정에서 진술과 같은 언어적 수행의 순간에 다른 개인(들)이 그 수행에 대해 내리는 규범적 판단이 [즉 그 수행이 주어진 상황에서 적절한 수행이었는지, 그 수행이 수행자의 지금까지의 수행들과 가지는 추론적 관계는 적절한 것인지, 수행자와 평가자가 수행과 평가 과정에서 동원한 평가기준은 여전히 적절한 것인지, 만약 적절하지 않다면 어떤 식으로 그 평가기준이 수정되어야 하는지에 대한 판단이] 행위성이 발현되는 순간이며, 사회적 실천은 이러한 규범적 판단을 통해 안정성과 조정적 변화가능성을 동시에 유지할 수 있다고 본 것이 철학적 실용주의의 가장 중요한 통찰이라고 판단한다.

필자는 철학적 실용주의가 인간의 인지적, 윤리적, 정치적 행위를 실천[혹은 상징적 복잡적응계]의 구성 요소로 이해하는 과정에서 사회과학적 핵심이론의 구성에 필요한 이론적 기반을 제시했다고 생각한다. 이것은 사회적 실천이론가들이 사회현상을 설명할 때 실천의 다양한 형태에 주목하느라 그 실천과정에서 핵심적 역할을 하는 규범적 판단과 판단기준 사이의 동력학에 대한 간결하고 핵심적인 이론 구성을 등한시한 것과 대비되는 점이다. 사회적 실천이론과 철학적 실용주의의 이러한 차이는 두 이론이 근본적으로 다른 문제의식을 가졌기 때문이다. 사회적 실천이론은 사회학과 인류학의 많은 사례들을 통해 이미 다양한 사회적 실천들을 접했기 때문에 실천이 하나의 상징적 복잡적응계로 작동하는 것을 당연하게 받아들였고, 그 결과 각 사례가 어떻게 유지 혹은 변화되는지를 기술하는 것에 몰두하느라 실천의 작동방식에 대한 통일된 이론을 구성할 필요성을 느끼지 못했다. 반면에 철학적 실용주의는 문법과 같은 형식적 규칙으로 규정할 수 없는 언어적 실천이라는 느슨하고 창의적으로 변화하는 체계가 어떻게 인간들이 서로 정확한 정보를 주고받을 수 있게 하고 나아가 엄밀한 과학적 지식의 형성을 가능하게 하는지에 대한 문제의식에서 출발했기 때문에 실천의 작동 가능성은 그냥 당연하게 받아들일 수 없는 연구대상이 된 것이다.

사회적 실천이론과 철학적 실용주의의 이러한 차이는 필자가 구성하려는 핵심이론에서 전혀 다른 역할로 나타난다. 즉, 철학적 실용주의는 모든 실천의 핵심을 실천의 수행자인 구성원의 행위와 규범적 판단으로 요약한다. 각 구성원의 행위는 각 순간에 적절한 행위가 무엇인지에 대한 판단에 의해 결정되고, 다른 구성원들은 그 행위가 적절한 것인지를 판단한다. 중요한 것은 이 판단의 순간이 그 '행위'에 대한 것뿐만 아니라 동시에 각 구성원이 훈육과정에서 습득한 '판단기준'에 대한 평가의 순간이기도 하다는 것이다. 철학적 실용주의의 통찰은 이처럼 얼핏 보기에 상식적인 동력학이 실천을 구성, 유지, 강화, 혹은 변형시키는데 필요한 모든 것이라는 점을 보여준데 있다. 실천은 그 외의 특별한 형식적 규칙이나 문법을 필요로 하지 않을 뿐만 아니라 실천이 적응적 변화를 통해 그 효율성을 유지하는데 있어 그러한 규칙이나 문법은 오히려 치명적이기 때문에 존재하지 않아야 한다.

실천의 이러한 특징 때문에 실천은 항상 실패할 수 있다. 즉, 비효율성의 누적으로 실천은 소멸될 수도 있는 것이다. 그러므로 결국 실천이 안정성을 통한 효율성과 조정적 변화가능성을 통한 창의성을 동시에 유지하는 방식으로 작동할 수 있을지 여부는 수행자의 규범적 판단능력에 달려 있게 된다. 수행자의 규범적 판단은 대부분 본능적으로 이루어지며, 이러한 판단을 내릴 수 있는 능력은 그 사회를 살아가는 데 필수적인 삶의 기술이기도 하다. 판단기준에 대한 재평가의 필요성 역시 대개는 본능적으로 이루어진다. 그리고 판단기준의 변화가 실제로 일어나는가는 각 수행자의 새로운 시도에 대한 다른 수행자의 호응 정도에 달려있게 된다. 철학적 실용주의의 통찰은 바로 이러한 과정이 체계적으로 이루어질 수 있다는 것을 밝혔다는데 있다. 결국 실천의 안정성과 창의성 간의 절충이 어떻게 최적화된 형태로 이루어지는가는 바로 수행자의 규범적 판단능력 수준에 달려있게 된다.

3. 여성학 방법론의 실천적 전환: 실천이론의 방법론적 함의

한국 여성학의 경우 필자가 제안하는 실천적 전환은 더욱 중요한 함의를 갖는다. 다른 나라의 사례와 마찬가지로 한국의 사회과학도 그동안 서구의 사회과학 방법론과 한국의 사회과학 방법론 사이에 올바른 관계를 정립하는 문제로 씨름해왔다. 이 문제는 특히 경제학이나 심리학과 달리 (자연)과학적 실험이나 수학적 접근방법에 덜 경도되어 있는 사회학, 인류학, 정치학의 영역에서 학문의 정체성을 위협하는 심각한 문제로 논의돼왔다. 그리고 여기에는 한국의 여성학도 예외가 아니다. 지난 수십 년간 활동해온 상당수의 한국 페미니스트 연구자들이 서구의 대학에서 교육과 훈련을 받은 연구자들인데, 이러한 상황은 서구이론을 한국여성들의 경험에 적용하는 것이 적절한가라는 질문으로 이어졌다.

필자는 이 문제가 탈식민주의 연구가 지적해온 역사적, 정치적 문제일 뿐만 아니라 사회과학의 이론적, 방법론적 특성에 대한 근본적인 질문을 포함하는 문제라고 생각한다. 인문사회과학과 자연과학의 결정적 차이를 드러내려는 다양한 시도는 딜타이와 베버 이후 지속되어왔다. 이것은 오랜 역사를 가진 인문사회과학이 근대로 넘어오면서 자연과학에 훨씬 못 미치는 성과를 보이는 이유가 무엇인지 설명하기 위한 끊임없는 시도의 일환으로 이해될 수 있는 것이다. 그런데 쿤이 설명했듯이 자연과학의 과학적 방법이 과학적 실천으로 더 잘 설명될 수 있는 것이라면,[35] 그리고 자연과학과 인문사회과학에서 각기 실행되는 과학적 실천들은 본질적으로 차이가 없는 것이며 다만 각각이 관심을 보이는 체계의 복잡성의 차이일 뿐인 것이라면, 어째서 서구에서 발전했거나 선

35 쿤, 『과학혁명의 구조』.

호되는 이론들에 부분적으로 혹은 전적으로 의존하는 것에 대한 논쟁이 자연과학과 공학에서는 사실상 존재하지 않는데 비해 인문사회과학에서는 지속되는 것일까?

필자는 인문사회과학과 자연과학 간에 이러한 대조적 반응이 나오게 된 주요 이유가 대부분의 서구 인문사회과학자들이 발전시킨 이론 형태의 특이성 때문이라고 믿는다. 그러한 이론의 전형적인 예가 바로 라투르가 '사회적인 것의 사회학'이라고 부른 형태의 사회이론들이다. 이 이론들은 사회현상을 거시-사회적 개념인 계급, 이데올로기, 노동, 사회규범, 그리고 공식적인 사회제도와 기능으로 직조된 망을 통해 설명하려고 한다. 따라서 그 개념들이 설명하고 있는 바로 그 사회구조를 창조하고, 유지하고, 변화시키고, 때로는 소멸시키는 각각의 개별행위자의 기여는 일반적으로 무시되며, 그 대신 '행위자'는 대체로 변치 않는 형태로 이 구조들과 직면한 상태에서 과잉 사회화된 방식으로 일상을 살아나가는 것으로 설정된다.[36] 라투르에 따르면 근대의 사회학자들이 '사회적인 것의 사회학'을 기본 이론으로 삼을 것을 주장했던 이유는 근대적 기획에 필요한 이론적 가이드를 긴급히 요구하는 정부 관료들의 수요가 점차 증가하는 상황에서 근대 사회학이 그 수요에 부응할 수 있을 것으로 잘못 판단했기 때문이다. 타르드G. Tarde가 설파했던 행위자 간의 상호작용에서 출발하는 미시이론으로는 정책적 조언을 원하는 정부 관료들의 수요를 충족시킬 수 없을 것이 분명했기 때문에, 근대의 사회학자들에게는 '사회적인 것의 사회학'에서 출발하는 것이 유일한 희망이었던 것이다.

그런데 '사회적인 것의 사회학'과 같이 거시적 개념들을 주 분석도구로 활용하는 사회과학 방법론은 그 개념들의 선택과 구성 과정에서 그 개념들이 그로부터 형성된 정치적, 사회적, 문화적 환경을 반영하기 마

36 Bruno Latour, *Reassembling the Social: An Introduction to Actor-Network-Theory* (New York: Oxford University Press, 2005).

련이다. 그리고 이러한 특징은 특히 성공적인 사회과학 이론일수록 더 두드러지게 나타난다. 따라서 한국의 여성학 방법론과 나아가 한국의 사회과학 방법론이 그 거시이론이 구성된 지적 환경의 영향으로부터 자유로울 수 있는 훨씬 더 효과적인 방법은 '사회적인 것의 사회학'의 출발점인 핵심이론 단계에서 서구의 지적 환경에 고유한 특징을 감별해내는 작업을 하는 것이다. 필자는 2절에서 제시한 실천이론이 이러한 작업을 하는 가장 효과적인 도구임을 주장하려고 한다. 이제 이 주장을 좀 더 자세히 분석해보자. 예컨대 경제학의 경우를 보면 경제학이 엄밀과학인지에 대해서는 논란이 많지만 적어도 모든 선진국의 경제정책은 공통된 경제학 이론에 기반을 두고 운용된다. 또한 경제학은 각국의 경제 환경에 따라 그 연구주제는 다를 수 있지만 연구방법론은 공통된 것을 활용한다. 따라서 경제학이 수학적 통계방법에 과도하게 의존한다는 비판은 제기될 수 있지만 그 폐해가 한국 경제학의 경우 더 심하다는 주장은 거의 존재하지 않는다. 이러한 사실은 여성학, 정치학, 사회학의 경우와 대비되는 현상인데, 필자는 그 근본원인이 경제학에는 핵심이론이 있는 반면 여성학, 정치학, 사회학에는 핵심이론이 없기 때문이라고 생각한다. 예컨대 경제학의 핵심이론인 합리적 행위자 모델은 개인의 정치적, 사회적, 문화적 환경과 무관한 형태로 구성되어 있는데, 이처럼 이론이 그 이론의 형성 환경과 무관할 경우 게임이론이 수학적 형태로 표현될 수 있는 것에서 볼 수 있듯이 그 이론의 형식화 작업 가능성은 높아지게 된다.

그렇다면 사회학의 핵심이론 구성 작업은 어떤 상황일까? '사회적인 것의 사회학'의 한계를 극복하기 위한 시도 중 한 예로 가핑클H. Garfinkel의 사회적 실천이론을 들 수 있다. 가핑클은 행위자 행동의 재귀적 성격을 사회질서 유지의 장애물로 인식하여 그 효과나 영향력을 축소하고 그 대신 규범의 내재화를 통해 사회질서 문제를 해결하려했던 파슨스의 사회행위이론이 직면한 딜레마에서 벗어나, 오히려 행위자 행동의 재귀적 성격이 사회질서 유지의 수단이 될 수 있다는 점을 주장했다.[37] 행위의 재귀적 성격을 소위 '구조와 행위성의 문제'나[38] '미시-거시의 연결문제'로[39] 보는 사회적 실천이론의 이러한 관점은 철학적 실용주의를 중심으로 한 필자의 실천이론에 영향을 준 부분이라고 할 수 있다. 그러나 기든스를 비롯한 사회적 실천이론가들의 저작에서 이러한 행위의 재귀적 성격이 체계적인 핵심이론의 형태로 제시된 적은 없다. 반면에 필자의 실천이론에서 중심 역할을 하는 철학적 실용주의의 경우, 행위의 재귀적 성격은 수행자가 내리는 규범적 판단행위 과정에서 일어난다. 그리고 이 규범적 판단행위의 모델은 브랜덤의 의무적 점수기록 모델에서 가장 체계적으로 제시되고 있다.

2절에서 간략히 소개한 브랜덤의 모델은 기존의 사회적인 것의 사회학이나 전통적 세계관의 철학과 달리 서구의 정치적, 사회적, 문화적 전통이 제거되어있기 때문에 다른 문화적 전통과 환경에 고유한 문제들을 분석할 수 있는 거시이론 구성의 출발점 역할을 할 수 있다. 이것은 달리 표현하자면 '사회적인 것의 사회학'과 같은 거시이론과 실천이론은 각기 접근하는 층위가 다르기 때문에 서로 경합하는 접근법이 아니라는 것이다. 즉, 단순화시켜서 말한다면 실천이론은 거시이론을 구성하는 도구적 역할을 하는 것인 반면, 거시이론은 주어진 사회적 환경과 문제에 실천이론을 적용시켜 얻어낸 결과물이라고 할 수 있다. 각각의 거시이론들은 사회라는 복잡적응계가 가지는 다양한 특징들을 각각의 관점에서 접근하여 그 관점에서 잘 드러나는 특징들을 포착하고, 주어진 현상의 전체 구조는 다양한 거시이론들이 제공하는 해석들의 정합적 통합으로 나타난다. 이때 거시이론들 간의 정합성은 이론들 간

37 John Heritage, *Garfinkel and Ethnomethodology* (New York: Polity Press, 1984).

38 Margaret S. Archer, *Culture and Agency: The Place of Culture in Social Theory* (New York: Cambridge University Press, 1996).

39 Karin Knorr-Cetina and Aaron Cicourel(eds.), *Advances in Social Theory and Methodology: Toward an Integration of Micro- and Macro-Sociologies* (New York: Routledge, 1981); Jeffrey C. Alexander et al.(eds.), *The Micro-Macro Link* (Berkeley: University of California Press, 1987).

에 서로 모순되거나 경합하는 지점에서 핵심이론의 관점으로 다시 돌아가 두 상반된 해석 간의 정합성이 어떻게 회복되는가를 보여줌으로써 확보된다. 핵심이론의 이러한 역할은 기존의 사회과학이론과 실천이론의 관계에 대한 오해를 해소시켜준다. 즉, 실천이론은 예컨대 사회학의 경우 베버를 비롯한 고전사회학이론의 중요성을 부정하는 것이 아니라 재배치하고 재해석할 수 있는 통합적 관점을 제공하여 그 이론의 효력과 적용 범위를 체계적으로 파악할 수 있게 해주는 역할을 하는 것이다. 그리고 이것은 한국 사회과학 방법론을 구성하기 위한 필수적 사전작업이기도 하다.

지금까지 필자는 외국의 사회문화적 지형에서 발전된 이론들을 무분별하게 수입, 적용한다는 혐의에서 벗어날 수 있는 사회과학 방법론을 구축하는데 있어 실천이론이 가장 전망 있는 후보군 중 하나가 될 수 있음을 설명했다. 요약하면, (1) 핵심이론을 구성할 때 개인 간의 상호작용이 이루어지는 과정을 최대한 형식화한 모델[즉 시대적, 지역적, 문화적 조건과 최대한 무관한 모델]을 구성하는 것이 필요하다는 것, (2) 개개인의 수행과 규범적 판단에 의해 변화되는 실천과 그러한 실천들로 구성된 문화가 규범적 판단기준을 구성하는 과정을 최대한 형식적인 형태로 담아낸 실천이론이 바로 그 핵심이론의 역할을 할 수 있다는 것, 그리고 (3) 이 핵심이론이 한국 사회과학의 출발점 역할을 할 수 있고 동시에 기존의 서구 사회과학의 어떤 부분을 선택하고 어떻게 변화시켜야 한국의 사회적 현상들을 왜곡시키지 않고 분석하는 이론을 구성할 수 있는지에 대한 가장 중요한 가이드 역할을 할 수 있다는 것이다.

한편 우리가 목표로 하는 여성학 방법론의 재정립을 위해서는 사회과학 방법론에서 실천이론이 갖는 의미뿐만 아니라 여성학 방법론의 정치적 특징을 [즉 우리는 역사적으로 가장 오랜 기간 억압돼온 가장 거대한 집단의 해방을 목표로 하기에 여성학 방법론은 다른 어떤 인문사회과학보다 페미니즘 정치와 본질적으로 연관돼있다는 사실을] 철저히 고려해야 한다. 다음 절에서는 실천이론이 이러한 여성학 방법론과 페미니즘 정치의 문제에 어떤 근본적으로 새로운 관점을 제공할 수 있는지, 그래서 그것이 후기 근대의 페미니즘 정치에 어떤 중요한 함의를 지니는지 분석하도록 하겠다.

4. 페미니즘 정치의 실천적 전환: 아고니즘 정치의 가능성

실천이론은 데카르트 이후 서구 인식론을 지배해온 재현론을 극복하기 위한 과정에서 형성된 이론으로 알려져 있다. 특히 실천이론의 가장 중요한 기원이자 20세기 후반부터 뚜렷한 영향력을 발휘하고 있는 철학적 실용주의는 실재에 대한 재현론적 접근법을 사회적 실천의 역할로 확장하여 구성원 간의 평가를 통한 적응적 조정과정에 초점을 맞추는 것으로 전환시켰다. 인식론적 관점에서 실천적 관점으로 확장된 인간행위에 대한 이러한 이해는 인간의 인지적, 윤리적, 정치적 행위를 동시에 통일된 방식으로 이해할 수 있게 하는 특징을 보인다.[40] 따라서 실천이론의 이러한 통합적 이해방식을 상호 밀접하게 연관돼있는 여성학 방법론과 페미니즘 정치에 적용시켜보면, 여성학 방법론의 실천적 전환이 페미니즘 정치에 가지는 중요한 함의가 분명하게 드러난다는 것을 알게 된다. 필자는 이 절에서 여성학 방법론의 실천적 이해와 동시적으로 일어나는 페미니즘 정치의 실천적 이해는 페미니즘 정치의 아고니즘 정치적 전환으로 구현된다는 점을 주장하려고 한다.

한국의 여성운동은 1990년대 이후 정부가 양성평등에 관한 일련의

40 Louis Menand, *The Metaphysical Club: A Story of Ideas in America* (New York: Farrar, Straus and Giroux, 2001).

정책을 법제화하도록 성공적으로 정부를 설득할 수 있었다. 양성평등 정책의 성공적인 법제화는 한국이 지난 수십 년에 걸쳐 이룩한 경이로운 경제 발전과 견줄 만한 것으로, 이러한 성과는 여성운동이 지난 반세기에 걸쳐 일치단결된 모습으로 보여준 엄청난 노력 없이는 상상도 할 수 없는 것이었다. 그리고 이 시기 페미니즘 정치의 주요 전략은 대부분의 동아시아 국가와 서구 선진국가가 그러했듯이 젠더정치에 기반을 둔 것이었다.[41]

젠더정치 역시 상호교차성 개념과 같은 정교한 개념들과 함께 실천적 전환이 주장하는 전략들과 중복될 수 있는 일련의 전략들을 포괄하고 있다.[42] 그러나 페미니즘 정치로서 젠더정치가 보여줄 수 있는 핵심적 효과는 무엇보다도 다양한 정치적, 경제적, 문화적 삶 안에서 여성들이 겪고 있는 억압적 상황을 강조하는데 있다. 젠더정치는 그러한 억압적 상황에 저항하고 궁극적으로는 집합적 투쟁을 통해 그 상황에서 여성들을 해방시키는 것을 목표로 한다. 따라서 페미니즘 정치 전략으로서 젠더정치의 효과는 얼마나 강력하게 여성들을 단일한 정치적 범주로 묶을 수 있느냐에 달려있게 된다. 그리고 그러한 젠더정치가 성공하게 되면 단일한 정치적 범주로서의 '여성'은 더욱 강화되게 된다. 반면에 페미니즘 정치의 실천적 전환이 함의하는 것은 다양한 형태의 불의와 불평등을 보이는 무질서한 사회적 실천들에 대해 저항할 수도 있고, 변화시킬 수도 있고, 소멸시켜버릴 수도 있는, 우리가 상상할 수 있는 모든 정치 전략의 스펙트럼 안에 젠더정치를 위치시킨 후 다시 새로운 전략을 창조하는 것이다.

---

41 신상숙, "신자유주의 시대의 젠더-거버넌스: 국가기구의 제도적 선택성과 여성운동," 『페미니즘연구』 11:2 (2012), 153~97쪽; 배은경, "젠더 관점과 여성정책 패러다임: 해방 이후 한국 여성정책의 역사에 대한 이론적 검토," 『한국여성학』 32:1 (2016b), 1~45쪽.

42 이 점에 관한 좀 더 자세한 논의로는 알코프L. Alcoff를 참조하라; Linda Alcoff, "Who's Afraid of Identity Politics?" in *Reclaiming Identity: Realist Theory and the Predicament of Postmodernism*, ed. P. Moyaand and M. Hames-Garcia (Berkeley: University of California Press, 2000), 312~44쪽.

근대를 거쳐 오면서 서구의 선진국가들은 다양한 형태의 불의와 불평등을 성공적으로 제거해왔고, 고통받는 집단들의 조건을 크게 개선시킬 수 있었다. 대부분의 동아시아 국가들 역시 불의와 불평등을 제거하는 데 있어 성공적인 경제발전과 함께 단기간에 서구의 선진국가들과 어느 정도 유사한 정도의 성취를 이룰 수 있었다. 그러한 성공을 이루는데 정체성 정치에 기반을 둔 정치 전략들이 중심 역할을 했다는 것은 분명한 사실이다. 그렇다면 정체성 정치는 이 시대에도 여전히 여성운동의 주요 전략적 도구가 되는 것일까? 나아가 정체성 정치는 여전히 불평등과 불의에 대해 발언하고 저항해야 하는 소수자 집단의 주요 전략적 도구가 될 수 있는 것일까? '후기 근대'라는 개념적으로 모호하긴 하지만 그럼에도 우리가 현재 경험하고 있는 이 새로운 사회 환경의 근본적으로 변화된 성격에 초점을 맞추게 하는 이 '후기 근대'라는 용어를 빌려서 얘기하자면 그에 대한 대답은 부정적인 것으로 보인다.[43]

바우만이 묘사한 것처럼 후기 근대는 원래 다소 비관적인 미래를 표현하기 위한 용어이고, 실제로 후기 근대의 삶은 진정 암울한 것으로 보인다.[44] 여성운동의 경우 이 암울함은 지난 수십 년간 여성운동이 그토록 열심히 노력하여 얻은 성과가 후기 근대의 신여성성과 포스트페미니즘의 형식 아래 무화될 위기에 놓인 모습으로 나타나고 있다.[45] 그러나 후기 근대는 좀 더 '효율적인' 사회가 시작됐음을 알리는 신호로 받아들여지기도 한다.[46] 예컨대 코널리W. Connolly처럼 아고니즘 정치를 제안하는 사람들은 후기 근대에는 가장 노골적인 불평등과 불의는 제

43 Ulrich Beck and Elisabeth Beck-Gernsheim, *Individualization: Institutionalized Individualism and Its Social and Political Consequences* (London: Sage, 2002).

44 지그문트 바우만(Zygmunt Bauman), 『액체근대』, 이일수 역 (서울: 강, 2009).

45 Rosalind Gill and Christina Scharff(eds.), *New Femininities: Postfeminism, Neoliberalism and Subjectivity* (New York: Palgrave MacMillan, 2011).

46 여기서 효율성이란 경제학이나 경영학에서 전형적으로 사용되는 좁은 의미의 효율성만을 뜻하는 게 아니고, 좀 더 많은 사람들이 자유롭고 창의적인 삶을 영위할 수 있는 기회를 갖게 된다는 의미에서의 일반적인 효율성을 말한다.

거되거나 적어도 그 사회의 성숙한 시민들에 의해 비웃음의 대상이 되며, 후기 근대는 아고니즘 정치와 아고니즘 정치가 지원하는 다원주의의 수용으로 열리게 된 자유와 창의성을 통해 많은 것을 기대할 수 있는 시대가 된다고 말한다.[47] 그리고 여기에는 지식경제와 IT산업이 주도하는 시장경제 시대에 고도의 효율성을 담보할 수 있게 된 상황도 포함된다.

그러나 전통적으로 페미니즘 정치는 효율성이나 합리성 개념에 기대어 젠더 평등을 주장하는 것을 피해왔다.[48] 사회적 실천의 효율성이, 특히 그것이 경제적 효율성일 경우, 그 사회의 지배문화를 구성하고 있는 수많은 다른 실천들에 의해 좌우될 수밖에 없는 것임을 고려한다면, 이것은 일견 타당한 대응이라고 할 수 있다. 그리고 실제로 바로 그러한 이유 때문에 새로운 실천들이 효율적이지도 합리적이지도 않은 것으로 쉽게 매도되곤 하는 것도 사실이다. 그러나 필자는 여성학 방법론의 실천적 전환과 페미니즘 정치의 아고니즘적 전환이 '확장된' 판단 개념뿐만 아니라[49] '확장된' 효율성과 합리성 개념을 제공할 수 있다고 주장한다. 특히 필자가 강조하고 싶은 것은 여성학 방법론과 페미니즘 정치의 실천적 전환을 통해 누구보다도 페미니스트들 자신이 코널리가 경고했던 불필요할 정도로 협소한 이론틀의 인위적 구속에 빠지게 되는 위험을 피할 수 있게 된다는 것이다.

근대적 기획에서 개혁은 먼저 형식적 실천인 제도개혁에 초점을 맞춘 후, 그에 걸맞은 새로운 비형식적 실천들을 생성, 재편함으로써 효율성

47 William Connolly, "Confessing Identity\Belonging to Difference," in *Identity\Difference: Democratic Negotiations of Political Paradox* (Minneapolis: University of Minnesota Press, 2002), xiii~xxx쪽.

48 Nancy Folbre, "Macro, Micro, Choice, and Structure," in *Theory on Gender/Feminism on Theory*, ed. P. England (New York: Aldine Publishers, 1993), 323~30쪽.

49 Linda Zerilli, *Feminism and the Abyss of Freedom* (Chicago: The University of Chicago Press, 2005).

을 향상시키는 전략을 취해왔다. 이러한 근대적 개혁방식은 급격한 사회재편의 충격을 감내할만한 가치가 있는 거대한 불의를 제거할 때 적합한 것이지만, 그 형식적 실천의 변화에 걸맞은 비형식적 실천들의 변화는 사실상 문화적 환경의 변화와 함께 오랜 시간이 요구되는 것이다. 반면에 더 이상 급격한 사회재편이 필요하지 않게 되는 후기 근대적 상황에서는 제도개혁보다 비형식적 실천들[즉 사회적 규범]의 변화가 먼저 일어나는 것이 더 효율적 전략이 될 수 있으며, 이 경우 사회적 작동기제에 대한 섬세한 이해가 중요해진다. 나아가 이런 상황에서는 자유, 정의, 합리성과 같은 다양한 정치적 개념들을 좀 더 섬세하고 정교한 형태로 확장할 필요가 있게 된다.

실천이론과 아고니즘 정치는 이러한 작업이 체계적으로 이루어질 수 있도록 하는 길잡이 역할을 한다. 예컨대 근대적 기획에서의 정치적 전략은 특정한 정치적 불평등을 포착한 후 그것을 해소하는데 적절한 가이드 역할을 할 소수의 정치적 개념들을 선택하고, 그 개념이 함의하는 바를 최대한 논리적으로 추론한 다음 그로부터 성찰적 평형, 즉 상호무모순적 체계를 끌어내는 작업이다. 그러나 이러한 작업은 근대적 기획을 추구하는 자들이 신봉하듯이 그 정치적 개념들의 본질적 의미를 객관적 기준과 논리적 절차에 따라 도출하는 작업이 아니다. 이 작업은 사실상 그 개념들로부터 추론된 구체적 전략들이 실제로 구성원들이 바람직하다고 여기는 사회적 목표에 부합하는 것인지 취사선택하는 과정을 거쳐 그 의미가 구체화되는 과정인 동시에, 그 사회적 목표 자체의 적절성 여부를 판단하고 필요하다면 수정하는 과정이다. 즉, 이 과정은 정치적 전략의 적응적 선택과 사회적 목표의 적응적 조정을 이루기 위한 방법 중 하나일 뿐인 것이다.

근대의 정치 전략은 채택된 정치적 개념의 의미에 대한 확고한 사회적 동의가 주어질 때 특히 효율성을 발휘하게 되는데, 근대적 기획이 성공적으로 작동했던 사회적 상황이 바로 그런 경우에 해당한다. 그러므로 사회개혁의 방향에 대한 간결하고 객관적인 기준 역할을 할 수 있는 확고한 정치적 개념을 승인해줄 그런 정체성 정치에 대한 향수가 여전히 지속되고 있는 것은 어쩌면 당연한 반응이라고 할 수 있을 것이다. 그러나 후기 근대의 다양한 정치적 환경에서는 정치가 좀 더 유연하고 포괄적인 방식으로 확장될 필요가 있다. 필자는 예컨대 근대적 기획의 개선책으로 제시되는 숙의정치나 공적 이성의 정치가 사회구성원들이 공동의 삶의 형식을 이미 공유하고 있을 때만 효율적으로 작동될 수 있는 것이기 때문에[50] 여전히 정치적 선택의 공간을 불필요하게 축소시킨다는 코널리, 무페, 호니그, 제를리 등의 비판에 동의한다. 필자는 이들의 다양한 비판과 이질적인 이론적 특징들을 실천이론의 관점에서 하나의 통일된 정치적 행위이론으르 구성할 수 있다고 판단하며, 이 일반화된 정치를 1절에서 밝혔듯이 '아고니즘 정치'라고 부른다.

필자는 하버마스의 공적 공간이나 롤즈의 공적 이성과 같은 숙의정치적 개념은 근대의 계몽적 기획에 대한 미련을 드러내는 것이며, 그러한 개념에 대한 집착은 인식론에서 재현론이 갖고 있는 끈질긴 생명력에 비견되는 현상이라고 생각한다. 이러한 상황에 대한 아고니즘 정치적 대안은 재현론에 대한 철학적 실용주의의 대안처럼 정치적 실천에 실천이론을 일관되게 적용시키는 것이다. 즉, 정치적 행위를 선택하는데 있어 근대적 기획에서의 자유, 정의, 인권과 같은 정치적 개념이나 숙의정치가 상정하는 공적 이성과 같은 합리성 개념은 분명 중요하고 또 적절한 출발점 역할을 할 수 있는 것이지만, 그 이유가 논리적 추론이라는 객관적 방식을 통해 그 개념들의 분명한 정치적 의미를 도출할 수 있기 때문은 아니라는 것이다.

정치적 개념에 대한 객관적 평가의 순간은 그 개념적 도구를 통해 다다른 정치적 결론이 구성원들이 상상한 바람직한 사회변화의 방향과 일치하는가를 판단하는 순간에 있다. 이 판단은 근대적 기획의 경우에

50 Andrew Schaap, "Agonism in Divided Societies," *Philosophy and Social Criticism* 32:2 (2006), 264쪽.

는 대부분 그 정치적 결론을 수용하는 것으로 귀결되었지만, 후기 근대에 들어서는 이 판단을 통해 정치적 개념과 목표 자체를 개정하려는 시도가 점차 빈번해지게 된다. 그리고 이러한 개정의 시도가 실제로 재조정으로 귀결되는 경우가 늘어날수록 정치적 개념의 개념적 도구 역할의 당위성은 약화되고, 그 대신 더 다양한 정치적 이슈나 주장들, 심지어 근대적 기획에서 비웃음의 대상이었던 것들이 그 자리를 대체할 가능성이 높아지게 된다. 근대적 기획의 경우, 초기에는 계급 불평등, 인종 불평등, 성 불평, 그리고 최근에는 종 불평등species inequality 같은 정치적 이슈들이 이러한 비웃음의 대상이었고, 그 결과로 누적된 사회적 불만과 비효율성이 혁명적 방식을 통해 해소될 수 있었다. 그런 의미에서 아고니즘 정치는 사회적 혁명의 이러한 급진적 방식을 점진적이고 미시적인 방식으로 전환하여 사회변혁의 방식을 확장하려는 것이라고 할 수 있다.

한편 이러한 아고니즘 정치는 실용주의적 정치나 푸코의 권력 개념에 가해지던 비판처럼 기존의 억압적 권력체제에 대한 비판을 약화시키고 나아가 그 권력체제를 유지시키는데 기여하는 논리를 제공한다는 비판에 직면하기 마련이다. 그러나 이러한 비판은 오해에서 기인한다. 3절에서 실천이론과 거시적 사회이론이 각기 서로 다른 층위를 설명하는 이론임을 밝혔듯이, 실천이론의 정치적 구현인 아고니즘 정치는 거시적 사회이론의 정치적 구현인 정체성 정치와 경합하는 전략이 아니며 다양한 거시적 사회이론의 정치적 전략들을 구성하기 위한 출발점 역할을 하는 전략이다. 특히 아고니즘 정치의 목적은 다양한 사회적 지형에 각기 적합한 정치적 전략을 구성하고, 후기 근대에 봇물처럼 터져 나오는 다양한 소수자 집단의 부당한 차별에 대한 항의를 최대한 효율적 방식으로 대처해나갈 수 있는 체계적 관점을 제공하는데 있다. 이 과정에서 정체성 정치는 구성원 대다수에 의해 차별의 부당성이 뚜렷하게 인지된 경우에 작동하는 것으로 아고니즘 정치의 극단적 사례로 포함되게 된다. 즉, 아고니즘 정치는 정체성 정치를 포함한 더 다양한 정치적 전략들을 체계적으로 구성하고 결정하는데 있어 당위적인 정치적 개념들만 기준으로 삼는 대신, 구성원 각자가 상상하고 파악한 사회적 목표 전반으로 그 기준을 확장시킨다.

이러한 아고니즘 정치는 정치 전략의 공간은 확장시키지만 그 확장은 정치적 저항의 강렬함을 희생한 대가로 얻어지는 것이 사실이다. 결국 한 사회에서 정치 전략의 확장성과 결집력이라는 이 두 가지 상충되는 요구 간에 최적의 절충점을 찾는 문제와 그렇게 찾은 절충점의 효율성 정도는 구성원 개개인이 도달한 규범적 판단능력의 수준에 의해 결정된다고 할 수 있다.

5. 맺으면서

지금까지 필자는 실천이론의 이론적 구조를 자세히 분석한 후, 여성학 방법론의 실천적 전환이 가지는 함의와 함께 이 전환이 여성학 방법론에 어떤 새로운 가능성을 제시할 수 있는지에 대해 논의했다. 또한 필자는 페미니즘 정치의 아고니즘 정치적 전환이 실천이론의 정치적 구현으로 자연스럽게 이해될 수 있다는 점을 실천이론의 틀 속에서 강조했다. 아고니즘 정치에 대한 논의에서 드러나듯이 실천이론은 사회변혁을 향한 전략의 범위를 근대의 진보/보수와 같은 단순한 이분법적 분류에서 벗어나, 사회적 실천의 효율성에 따라 변화할 수 있는 연속적인 스펙트럼을 가진 전략들로 확장시킨다. 즉, 실천이론은 한 사회의 문화와 구조를 결정하는 다양한 사회적 실천들 중 어떤 실천이 비효율적인가에 따라 [즉 그 실천이 얼마나 비정상적이거나 불평등하거나 또는 정의롭지 못한가에 따라] 그에 걸맞은 정치적 전략을 제시하려 한다. 특히 후기 근대적 풍경에 익숙해있는 서구 선진국가나 동아시아 대부분의 국가에서는 대다수 시민들이 동의하는 분명한 불평등은 이미 대부분 해결되었거나 점진적 해결이 예정되어 있는 반면 점점 더 다양하고 세밀한, 새로운 형태의 정치적 억압이나 불평등에 대한 저항/항의가 시민들의 동의를 얻기 위해 경합하는 상황이 전개되고 있다.[51] 아고니즘 정치는 바로 이러한 상황이 요구하는 유연하고 다양한 정치적 전략과 사회적 대응방식을 제시한다.

마지막으로 필자는 지난 이십 년간의 급격한 신자유주의적 사회재편으로 효율적인 사회적 실천을 형성할 기회를 잃어버리고 저출산과 고령화와 같은 심각한 인구학적 문제에 직면하게 된 이 시대 페미니즘 정치의 효율적 전략 모색에 실천이론과 아고니즘 정치가 체계적인 해법을 제공할 수 있다는 점을 다시 한 번 강조하고 싶다. 특히 한국의 여성운동이 지난 수십 년간 이루어낸 성과에 기반을 둔 젠더평등을 개인의 규범적 판단기준의 일부로 자리 잡게 하고, 그렇게 확장된 사회적 실천을 더 효율적이고 창의적인 삶의 공간 확장으로 이어질 수 있게 하려면, 규범적 판단과 그것이 결정하는 사회적 실천의 효율성 간의 재귀적 관계에 대한 이해가 각 개인의 삶의 기술의 일부로 자리 잡아야 한다. 이를 위해서는 규범적 판단, 사회적 실천, 그리고 정치적 실천에 대한 구체적 이론이 먼저 완성되어야 하는데, 필자는 이 글에서 제시한 실천이론이 이를 향한 중요한 출발점이 될 것이라고 판단한다.

---

51 김영옥, "여성주의 관점에서 본 촛불집회와 여성의 정치적 주체성," 『아시아여성연구』 48:2 (2009), 7~34쪽.

제2부

페미니즘 정치의 실천적 전환

제6장 '사회적인 것'의 위기와 페미니즘 정체성 정치:
린다 제를리의 대안

제7장 실천이론으로 본 비판사회학과
페미니즘 정체성 정치의 문제:
푸코, 라투르 제를리의 통찰

제8장 후기 근대와 '사회적인 것'의 위기:
아고니즘 정치의 가능성

제9장 신자유주의적 지구화와 여성주체성의 변화:
실천이론의 관점

제10장 보편주의와 상대주의를 넘어:
페미니즘 정치의 실천적 전환

CHAPTER 6

'사회적인 것'의 위기와 페미니즘 정체성 정치

린다 제릴리의 대안

1. 문제제기

니콜라스 로즈가 '사회적인 것the social'은 죽어가고 있다고 진단했을 때 그가 의미한 것은 사회통합이나 사회정의 같은 문제가 더 이상 정치적 논쟁의 중심에 있지 않으며, '사회적인 것'이 더 이상 정부 정책의 주요 목표도 핵심 영역도 아니게 된다는 것이었다.[1] 로즈는 지구화와 네트워크 사회의 도래로 경제가 국민국가의 통제를 벗어나고 있으며, '사회적인 것' 대신 커뮤니티가 통치의 새로운 공간이 되고 있다고 주장했다. 법의 지배하에 특정 영토상에서 발생하는 개인과 사건의 경제적, 도덕적, 정치적 관계의 총합으로서의 '사회'는 이제 그 자명함이 훼손돼가고 있다는 것이다. 그런데 이러한 '사회적인 것'의 위기는

1 Nicholas Rose, "The Death of the Social? Re-figuring the territory of government," *Economy and Society* 25:2 (1996), 327~56쪽.

푸코의 권력 개념에서 알 수 있듯이 권력의 작동방식의 변화와 동시에 일어난다. 생명권력 또는 통치성으로 요약할 수 있는 이러한 권력의 작동방식의 변화는 결국 정치적 저항방식이나 정치적 판단의 정당성에 대한 새로운 논의를 끌어내게 되고, 그 새로운 논의는 다시 '사회적인 것'의 위기 분석과 필연적으로 만나게 된다. 이것이 바로 현재 여전히 진행 중인 '사회적인 것'의 위기의 내용이며, 라투르 식으로 표현하자면 기존 사회학의 정체성 위기의 내용이다.[2]

라투르는 사회학이 위기를 맞은 것은 사회구조라고 할 수 있는 특정 영역이 더 이상 없는데도 '사회적인 것'을 여전히 경제적인 것이나 심리적인 것처럼 그 자체의 독자적 영역과 특성을 갖고 있는 하나의 재료material인 것으로 간주하는 관행이 계속되고 있기 때문이라고 주장했다. '사회적인 것'이 확정된 것thing이 아닌데 확정된 것으로 간주한 데서 사회학의 위기가 발생했다면, 그 위기의 극복은 '사회적인 것'을 새롭게 정의하는 데서 시작될 것이다. 라투르는 '사회적인 것'을 "새롭게 구성되는 연결의 결과로 나타나는 현상"[3]으로 정의하자고 제안했다. 이렇게 되면 사회학은 더 이상 '사회적인 것의 과학science of the social'이 아니며, "새로운 현상을 구성하는 이질적 요소들의 결합을 추적하고 그 새로운 집합을 설계하는 것tracing of associations and designing of their assemblages"이 된다.[4]

'사회적인 것'의 위기를 또 다른 시각에서 제기한 학자로 긴티스가 있다.[5] 긴티스는 특히 뒤르켐이나 파슨스처럼 사회학의 '과도하게 사회화

---

2 Bruno Latour, *Reassembling the Social: An Introduction to Actor-Network-Theory* (New York: Oxford University Press, 2005).

3 Latour, *Reassembling the Social*, 5쪽.

4 Latour, 같은 책, 7쪽.

5 긴티스는 경제학자로서 산타페연구소를 중심으로 활동하고 있으며 진화론적 생물학과 게임이론을 사용하여 사회적 규범을 도함한 다양한 사회현상을 설명하고 있다; Ernst Fehr and Herbert Gintis, "Human Motivation and Social Cooperation: Experimental and Analytical Foundations," *Annual Review of Sociology* 33:3

된 인간 개념'에 기반을 둔 행동 모델을 사용하는 것이 문제라고 보았다. 즉, 자신의 이익은 등한시하고 사회적 규범에 따라 행동하는 '사회학적 인간homo sociologicus' 모델은 자신의 이익추구에 골몰하는 '경제학적 인간homo economicus' 모델만큼이나 실제 인간행동에 대한 실험결과와는 거리가 먼 모델이라는 것이다.[6] 긴티스는 사회학이 사회학적 인간 모델에 집착함으로써 궁극적으로 인간행동에 대한 다양한 실험연구를 위축시키는 상황이 사회학을 위기로 몰아간다고 진단했다. 긴티스는 이러한 사회학적 인간 모델 대신 지난 20여 년간 경제학, 정치학, 심리학 등에서 행해진 실험결과와 일치하는 '합리적 행위자 모델'[긴티스의 용어로는 'BPCBeliefs, Preferences, and Constraints' 모델]에 기반을 둔 사회학적 실험연구를 해볼 것을 권했다. 긴티스 등은 사회학이 이러한 BPC 모델을 기반으로 인지과학, 진화생물학, 게임이론 등의 이론적 도구들을 활용하여 다양한 사회현상을 분석할 것을 제안하고 있다.[7]

'사회적인 것'의 위기에 대한 이상과 같은 논의들은 쿤의 이론으로 본다면 정상과학normal science으로서의 기존 사회학의 위기를 뜻하는 것이며, 이 시대가 패러다임 변혁이 모색되는 시기라는 것을 의미한다. 그런데 앞의 논의에서 볼 수 있듯이 패러다임 변혁의 방향은 그동안 '사회적인 것'의 분석에 사용돼왔던 이미 그 효용가치가 다한 사회학적 개념들을 새롭게 재구성하는 데 있는 것 같지 않다. 변혁의 방향은 푸

(2007), 1~22쪽; Herbert Gintis, "A Framework for the Unification of the Behavioral Sciences," *Behavioral and Brain Sciences* 30 (2007), 1~61쪽; Herbert Gintis, *The Bounds of Reason: Game Theory and the Unification of the Behavioral Sciences* (New Jersey: Princeton University Press, 2009).

6 Fehr and Gintis, "Human Motivation and Social Cooperation: Experimental and Analytical Foundations," 3~4쪽.

7 이렇게 전통적으로 사회학의 영역이 아니라고 생각되었던 인지과학, 뇌과학, 신경과학 분야의 결과들을 사회학에 적극적으로 활용할 것을 권하는 사회학자로는 S. 터너, M. 카스텔 등이 있다; Stephen Turner, "Social Theory as a Cognitive Neuroscience," *European Journal of Social Theory* 10:3 (2007), 357~74쪽; Manuel Castells, *Communication Power* (New York: Oxford University Press, 2009).

코, 라투르, 긴티스가 제안하고 있듯이 분석대상인 사회체계 내 행위자들의 선택과 그들 간의 상호작용, 혹은 연결망의 작동방식을 분석하는 형태로 나아가는 것이어야 함은 분명한 것 같다. 이것은 20세기 마지막 사반세기에 가속화된 신자유주의, 지구화, 네트워크 사회의 도래로 그 동안 사회현상을 설명하기 위해 사용돼왔던 대부분의 사회학적 개념들의 효율성이 의문시되게 된 상황과 관련된다.[8]

사회적 차원 혹은 사회구조에 설명력을 부여하는 기존의 사회학적 접근법에 대한 대안적 이론으로 푸코의 통치성 이론이나 라투르의 행위자-네트워크 이론 이외에도, 이론에서 차지하는 구성원 간의 상호작용에 대한 의존도가 높은 순서에 따라 악셀로드 등의 '행위자-기반 모델 agent-based model', 비키에리, 빈모어, 긴티스 등의 '진화론적 게임이론', 카스텔의 '네트워크 사회이론', 루만의 '사회체계이론' 등을 들 수 있다. 이 다양한 이론의 공통점은 그 접근방법의 다양성에도 불구하고 사회적 변수들로 사회현상을 설명하는 것을 거부하고 실제 사회에서 구성원들이 상호작용하는 방식을 끈기 있게 추적하며, 상호작용에 영향을 미치는 모든 자료, 지식, 연결망들을 상세히 분석하여 그 현상을 총체적으로 이해해야 한다고 보는 입장을 가지고 있다는 점이다. 그러나 이 장에서 현재 전개되고 있는 이러한 다양한 접근법을 모두 살펴보고 새로운 방향을 모색하는 것은 필자의 능력을 넘어서는 일이다. 다만 위에서 나열한 대안들은 크게 두 가지 방향으로 구분할 수 있는 것으로 보인다. 첫 번째 방향은 행위자 행동의 모델을 찾은 후 그 모델에 기반을 두고 다양한 사회현상을 분석하는 것으로 인지과학, 진화생물학, 게임이론, 복잡계이론 등에서 가져온 개념과 도구를 사용하는 접근방법이

8 지구화의 실체에 대해서는 많은 논란이 있지만 그 특징으로 지적되는 사회적, 경제적, 정치적 변화들의 상당 부분이 실제로 진행되고 있다는 것은 부인할 수 없을 것이다; Angus Cameron and Ronen P. Palan, *The Imagined Economies of Globalization* (London: Sage Publications, 2004); Wendy Larner and William Walters, "Globalization as Governmentality," *Alternatives* 29 (2004), 495~514쪽.

다. 만약 우리가 사회현상을 창발현상으로 이해하고 이러한 현상의 기원, 유지, 변화기제를 더 구체적으로 이해하고 싶다면 이러한 접근법이 필수적일 것이다. 두 번째 방향은 푸코, 라투르, 라우스 등의 이론으로 이들의 접근법은 사회학, 철학, 사회심리학 등 좀 더 거시적인 방향의 분석틀을 선호하지만 행위자 간의 상호작용에서 사회현상을 이해하는 실마리를 찾는다는 점에서는 첫 번째 연구 방향과 일치한다.

이 장의 목적은 이상과 같은 '사회적인 것'의 위기를 주로 창발현상의 특성과 푸코의 통치성 이론 중심으로 살펴본 후, '사회적인 것'의 위기의 성격이 페미니즘의 보편주의 대 구성주의 논쟁과 같은 맥락에 있음을 보여주려는데 있다. 또한 페미니즘 정치의 위기를 돌파하려는 정치철학자인 린다 제릴리의 대안이 '사회적인 것'의 위기를 극복할 수 있는 새로운 접근법이라고 할 수 있는 푸코, 라투르, 라우스의 이론과 비교하여 어떤 함의를 갖는지 살펴보려는데 있다.[9]

이 장은 4절로 구성되어 있다. 1절은 로즈, 라투르, 긴티스의 진단에 근거하여 '사회적인 것'의 위기의 주요 원인이 점점 더 복잡해지는 다양한 사회구조의 작동방식 때문이라는 것과 향후 사회학 연구의 방향은 미시적 수준에서 사회적 개념, 제도, 조직 등이 발생, 유지, 변형, 소멸되는 과정을 면밀히 조사하는 것으로 재조정되어야 함을 주장했다. 2절은 '사회적인 것'의 위기의 성격을 창발현상의 특성과 관련지어 살펴보고, 새로운 접근법이 필요한 이유를 제시하며, 새로운 접근법의 가장 대표적인 예로 라투르의 '결합의 사회학sociology of associations'과 푸코의 '통치성 이론'을 간략히 소개한다. 3절은 '사회적인 것'의 위기와 동일한 문제의식에서 시작된 페미니즘 정치의 본질론 대 구성론 논쟁을 하딩,

9 Linda Zerilli, "Doing Without Knowing: Feminism's Politics of the Ordinary," *Political Theory* 26:4 (1998), 435~58쪽; Linda Zerilli, *Feminism and the Abyss of Freedom* (Chicago: The University of Chicago Press, 2005b); Linda Zerilli, "Toward a Feminist Theory of Judgment," *Signs: Journal of Women in Culture and Society* 34:2 (2009b), 295~317쪽.

해러웨이, 버틀러의 논의를 중심으로 설명하며, 제를리가 비트겐슈타인의 분석에 근거하여 행한 보편주의 혹은 본질주의에 대한 비판과 주체에 대한 비판, 그리고 아렌트의 정치적 행위이론에 기반을 두고 제시한 '정치적 자유론'을 소개한다. 마지막으로 4절은 제를리의 '정치적 자유론'이 푸코, 라투르, 라우스의 이론과 비교하여 어떤 함의를 갖는지 논의한다.

2. '사회적인 것'의 위기의 성격

사회학의 개념 도구이자 연구 대상인 '사회적인 것'에 의문이 제기되는 이유는 '사회적인 것'이 분석 도구로서 비효율적이라고 보기 때문이다. 사회학자가 '사회적인 것'에 속하는 개념들로 설명하려는 현상은 사실상 개인 간의 상호작용을 통해 생겨나는 것인데, 개인 간의 상호작용에서부터 설명하려는 현상까지의 연결고리는 누구도 일목요연하게 꿰뚫어 볼 수 없는 창발현상 혹은 자생적 사회질서spontaneous social orders인 경우가 대부분이기 때문에, '사회적인 것'의 분석도구로는 그 연결고리를 포착할 수 없게 된다.[10]

가장 전형적인 창발현상으로 시장, 도덕체계, 언어, 법질서와 같은 것이 있다.[11] 이 현상들은 그 발생기제의 특성상 어느 한 개인이나 집단

10 창발현상을 포함한 복잡계의 특성 등에 대해서는 다음을 참조하라; Melanie Mitchell, *Complexity: A Guided Tour* (New York: Oxford University Press, 2009); John H. Miller and Scott E. Page, *Complex Adaptive Systems: An Introduction to Computational Models of Social Life* (Princeton: Princeton University Press, 2007); Brian Castellani and Frederic William Hafferty, *Sociology and Complexity Science: A New Field of Inquiry* (Heidelberg: Springer, 2009).

11 Gintis, *The Bounds of Reason*, 161~63쪽.

의 노력으로 그 최종 형태가 결정되지 않는다. 또한 이 현상들은 혁명과 같은 급격한 변화를 제외하곤 일상 세계에서 그 기본 형태를 유지하는 특징이 있다. 기본 형태를 유지하게 하는 기제로는 시장의 경우는 수요와 공급에 따라 탄력적으로 반응하는 가격체계가 그런 보이지 않는 손의 역할을 하고, 사회적 규범의 경우는 내면화된 사회적 규범을 통한 사회통제가 그런 역할을 한다. 창발현상이 비교적 안정적 평형 상태를 이루는 경우, 구성원 간의 상호작용에 중점을 두지 않고도 '사회적인 것'에 속하는 개념과 변수들로 창발현상의 많은 특성을 이해할 수 있게 된다. 그러나 급격한 사회변화가 일어나거나 사회유지 기제의 작동 방식이 복잡해질 경우, 이러한 거시적 변수들의 설명력은 떨어지게 된다.

사회유지 기제의 작동 방식이 복잡해지는 이유는 사회의 효율성을 인구증가에 걸맞은 수준으로 충족시켜야 하기 때문이다. 통상 사회 구성원 수가 증가하게 되면 그 사회는 안정적 운용을 위한 통치기술technology of rule의 보다 더 높은 효율성을 요구하게 되는데, 이러한 효율성은 개인적 수준에서만 가능한 지식이나 정보에까지 접속해서 그 지식이나 정보를 활용할 수 있는 통치기술에 의존하지 않고서는 달성될 수 없는 것이다. 문제는 그러한 통치기술은 소수의 엘리트집단이 중앙집중적 방식으로 획득할 수 있는 것이 아니기 때문에 중앙집중적 방식으로는 사회의 효율성을 충족시킬 수 없다는 데 있다. 이것이 푸코의 통치성 또는 통치이성 등장의 역사적 배경에서 볼 수 있듯이 권력의 주요 작동방식이 주권권력에서 경찰국가의 규율권력을 거쳐 18세기의 자유주의적 통치성으로 그 중심이 이동하게 된 이유다.[12] 즉, 권력은 규율화와 규범의 내재화, 그리고 인문사회과학적 지식에 기반을 둔 인구학적 지식을 통해 개개인이 스스로 자신의 내면을 통제하고 자율적으로

12 Michel Foucault, *The Birth of Biopolitics: Lectures at the College de France, 1978~1979*, ed. M. Senellart, A. I. Davidson, A. Fontana, and F. Ewald, tr. G. Burchell (New York: Palgrave Macmillan, 2008).

조절하게 하는 개인적 통치기술을 주 작동방식으로 선택함으로써, 모세혈관처럼 사회의 구석구석까지 스며들 수 있게 된 것이다.

한편 푸코가 인구증가에 따라 권력의 작동방식이 거시권력에서 미시권력으로 변했고 신자유주의 시대에 그 특성이 더욱 심화되었음을 강조했다면, 라투르 역시 사회적 차원과 같은 거시적 사회개념을 거부하고 '사회적인 것'을 이질적 요소들의 결합의 결과로 나타나는 현상으로 간주한다. 라투르는 '사회적인 것'이란 그 자체로 어떤 재료를 갖고 있는 것으로 간주될 수 없는 것이라고 주장했다.[13] '사회적인 것'이 어떤 재료를 갖고 있다고 보는 것은 생물학적인 것, 경제적인 것, 혹은 심리적인 것처럼 '사회적인 것'이 그 자체의 특별한 영역과 요소를 갖고 있다고 보는 것인데, 사회에 그렇게 '사회적인 것'이라고 부를 수 있는 특별한 영역이 남아 있는지 확신할 수 없는 상태라는 것이다. 만약 사회적 차원 혹은 사회구조라고 부를 수 있는 어떠한 특별한 현실 영역도 없다면 '사회적인 것'이란 다른 영역들이 설명할 수 없는 잔여적 특징들을 설명할 수 있는 사회적 힘이 아니라 그 자체가 설명되어야 할 대상이 되게 된다. 즉 '사회적인 것'이란 사회현상들의 원인이 아니라 서로 다른 유형의 수많은 연결자들에 의해 결합된 것의 결과다.

'사회적인 것'을 이렇게 보게 되면 이질적 요소들 간의 결합의 유형은 화학적 결속부터 법적 결속에 이르기까지의 결합, 원자력부터 기업체에 이르기까지의 결합, 생물학적 결합체부터 정치적 결합체에 이르기까지의 결합 등 그 어떤 것도 가능하게 된다. 게다가 이렇게 각기 이질적인 결합체는 특정 상황마다 새롭게 결합될 수 있게 된다.[14] 라투르는 이것이 특이한 가설이 아니라 '사회적인 것'의 이해할 수 없는 모습에 직면했을 때 우리가 가장 일반적으로 경험하게 되는 방식이라고 주장했다. 예컨대 새로운 백신이 시장에 출시되는 것, 새로운 직업 유형이 제시되

13 Latour, *Reassembling the Social*, 1~7쪽.

14 Latour, 같은 책, 1~7쪽.

는 것, 새로운 정치운동이 시작되는 것, 새로운 행성계가 발견되는 것, 새로운 법안이 채택되는 것, 새로운 재앙이 발생하는 것과 같은 '사회적인 것'은 모두 각기 다른 유형의 수많은 이질적 요소들이 결합된 것의 결과다. 그리고 결합의 형식은 각 현상마다 다르기 때문에 그 결합의 형식을 매번 새롭게 추적하는 것이 사회학의 내용이 된다. 이것은 결국 사회현상을 유지 혹은 변화시키는 원인은 구성원들의 행동에 의해 결정되고, 이들의 행동은 다른 구성원들과의 직접적인 상호작용이나 연결망, 혹은 대중매체를 통한 가상적 상호작용을 통해 이루어진다는 것을 말한다. 이러한 방식의 구체적인 예로 푸코의 권력/지식론을 좀 더 자세히 살펴보자.

푸코는 서구사회에서 18세기 이후의 권력은 그 작동 방식이 거시적 변수로 분석하기에는 너무 다양하고 은밀한 방식으로, 주로 개인의 몸에 대한 각종 훈육과 자기 규율의 내면화를 통해 작동하고 있음을 자세히 보여준 바 있다. 푸코에 따르면 통치성이란 정부가 인구를 대상으로 사회과학자를 포함한 다양한 전문가가 만들어낸 지식, 진리, 담론들을 바탕으로 채택한 정책이나 전략, 방침들로써, 사회를 직접 통치하는 대신 가족이나 커뮤니티에 대한 각 개인의 특별한 헌신의 맥락에서 각 개인이 스스로 만든 통제된 선택을 통해 통치하는 방식이다.[15] 이 통치성은 그 주관자가 분명하지 않으며, 정부는 고전적 방식의 주권권력을 동시에 사용하곤 있지만 예외적 상황을 제외하면 주권권력의 실질적 역할은 점차 줄어들고 있고, 통치성에서는 그 출발점 역할을 할 수 있을 뿐이다. 신자유주의 시대의 통치성은 모세혈관처럼 미시적으로 작동하기 때문에 고전적인 저항방식은 [즉 푸코의 말을 빌리자면 "왕의 목을 자르는cutting off the king's head" 식의 저항은][16] 효과가 없게 된

15 Colin Gordon, "Governmental Rationality: An Introduction," in *The Foucault Effect: Studies in Governmentality*, ed. Graham Burchell, Colin Gordon, and Peter Miller (Chicago: The University of Chicago Press, 1991), 1~51쪽.

16 Michel Foucault, *The History of Sexuality: An Introduction* (New York: Vintage,

다.[17]

그러므로 이 같이 변화된 권력의 작동방식을 변화시키려는 집단은 개인 간의 상호작용과 행동에서 시작하지 않을 수 없게 되는데, 이것이 바로 푸코가 말하는 촘촘하게 짜여진 생명권력biopower에서 발생된 균열점으로부터 저항은 시작된다는 것의 의미다.[18] 이런 방식의 저항이나 변화의 시도는 변화의 최종 방향을 미리 정해놓고 그 방향을 향해 모두 함께 나아가게 하려고 노력하는 방식, 즉 본질론자들이 선호하지만 창발현상의 경우 실현 불가능한 그런 방식이 아니라 바람직한 사회적, 정치적 결과와 같은 원하는 결과를 조성하는 데 도움이 된다고 판단되는 미시적 방식, 즉 행위자 간의 상호작용 수준에서 작동하는 기제를 찾아내고 그러한 기제에 대한 합의를 도출하기 위해 사람들을 설득하는 방식이 될 수밖에 없다. 이것이 바르 카스텔이 그 결과는 예측할 수 없지만 변화는 일으킬 수 있다고 한 말의 의미이고,[19] 아렌트가 정치적 행위는 본질적으로 예측 불가능하고 그 경계를 정할 수 없다고 주장하는 이유이며,[20] 제를리가 대안으로 제시하는 자유의 방식이기도 하다.[21]

이것은 변화된 권력의 작동방식에 저항할 수 있는 최선의 전략이란 주어진 정치적, 사회적 문제를 해결할 수 있는 이상적인 정치적, 사회적 체계를 먼저 선택한 다음 그것을 향해 모든 구성원이 나아가도록 요구하는 것이 아니라, 각 개인 혹은 커뮤니티 수준에서 주어진 문제에 대

1976), 88~9쪽.

17 신자유주의 통치성에 대한 자세한 논의와 그와 관련된 참고 문헌으로는 다음 자료 참조; Joo-hyun Cho, "Neoliberal Governmentality at Work: Post-IMF Korean Society and the Construction of Neoliberal Women," *Korea Journal* 49:3 (2009), 15~43쪽.

18 Foucault, *The History of Sexuality: An Introduction*, 95~7쪽.

19 Castells, *Communication Power*.

20 Hannah Arendt, *Between Past and Future* (New York: Penguin Books, 1954), 85쪽.

21 Linda Zerilli, "Feminism and the Abyss of Freedom: Rejoinder to Ferree, Glaeser, and Steinmetz," *Sociological Theory* 27:1 (2009a), 90쪽.

해 가장 효율적이라고 판단되는 대안을 제시하고 사람들을 설득하는 노력을 하는 것임을 말해준다. 개인 수준에서 제시된 이러한 대안이 주변의 개인이나 커뮤니티에 수용되고 궁극적으로 사회 전체의 변화로 이어질지는 그 대안이 다른 구성원들에게 얼마나 설득력을 가지는가에 달려 있다. 이것이 바로 푸코가 말한 '아고니즘'[22]이며, 또 '윤리의 기술the art of ethics' 혹은 '존재의 미학the aesthetics of existence'일 것이다.[23] 페미니즘 정치의 보편주의 혹은 본질주의에 대한 제틀리의 비판과 대안이 합류하는 지점도 바로 이곳이다.

3. '사회적인 것'의 위기와 페미니즘 정치

1) 제2물결의 젠더정치와 제3물결의 정체성 정치

페미니즘 정치에는 '여성'과 '남성'이라는 사회적으로 결정된 개념에 근거한 젠더정치와 좀 더 최근의 전통으로 정체성 정치가 있다. 서구는 역사적으로 페미니즘 운동에 크게 세 번의 물결wave이 있었던 것으로 정리하고 있다. 제1물결(1880s~1920s)은 여성의 정치적 권리 획득을 위한 참정권운동이 주를 이뤘고, 제2물결(1968~1980s)은 여성해방을 기치로 여성의 관점에서 평등권 획득을 목표로 하는 젠더정치가 주를 이뤘으며, 제3물결(1990~2005)은 여성 간의 차이를 드러내는 정체성 정

22 아고니즘은 직접적인 상호 충돌로 각자가 무감각해지는 관계가 아니고 서로 간에 영원히 상호 경쟁과 자극을 유발하는 관계를 말한다; Gordon, "Governmental Rationality: An Introduction," 5쪽.

23 Gordon, 같은 글.

치가 주를 이뤘던 것으로 평가된다.[24] 젠더정치에 기반을 둔 제2물결은 하딩[25] 등의 입장론이 인식론적 토대를 제공했다면, 정체성 정치에 기반을 둔 제3물결은 콜린스[26] 등의 유색여성 페미니즘의 상호교차성 이론과 버틀러[27] 등의 후기구조주의 페미니즘의 수행성[즉 범주의 불확정성] 이론이 인식론적 토대를 제공했다.[28]

이 제2물결과 제3물결의 각축은 '여성' 범주에 대한 인식론적 논쟁으로 압축된다. 우리가 '여성'의 이름으로 정치적 주장을 할 때 그 '여성'은 얼마나 확실한 범주인가? 그 '여성'은 보편적이고 단일한 집단이라고 말할 수 있는가? 그 보편성과 일관성을 확보해주는 근거는 무엇인가? 하딩은 여성의 본질적 의미는 없지만 여성들의 삶에 근거한 '단일한 집합적 여성' 범주를 구성할 수 있다고 보았다.[29] 또한 하딩은 여성의 상황을 연구 자원으로 활용함으로써 경험적으로 더 정확하고 이론적으로 더 풍부한 해명을 할 수 있게 되며,[30] 여성들의 삶에 근거한 연구가 지배 남성들의 삶에 근거한 지식보다 편견과 왜곡을 줄일 수 있게 한다고 주장했다. 즉, 하딩의 페미니즘 인식론은 여성의 정치적 주장이 진리 주장truth claim이 될 수 있으며, 정당성을 입증할 수 있는 객관

24 Myra Marx Ferree, "Feminist Practice Meets Feminist Theory: Symposium on Linda Zerilli's *Feminism and the Abyss of Freedom*," *Sociological Theory* 27:1 (2009), 74쪽.

25 샌드라 하딩(Sandra Harding), 『누구의 과학이며 누구의 지식인가?: 여성들의 삶에서 생각하기』, 조주현 역 (파주: 나남, 2009).

26 패트리샤 콜린스(Patricia H. Collins), 『흑인 페미니즘 사상: 지식, 의식, 그리고 힘 기르기의 정치』, 박미선·주해연 역 (서울: 여성문화이론연구소, 2009).

27 주디스 버틀러(Judith Butler), 『젠더 트러블: 페미니즘과 정체성의 전복』, 조현준 역 (파주: 문학동네, 2008).

28 Zerilli, "Feminism and the Abyss of Freedom: Rejoinder to Ferree, Glaeser, and Steinmetz," 91쪽.

29 하딩, 『누구의 과학이며 누구의 지식인가?』, 185~204쪽.

30 하딩, 같은 책, 186쪽.

성을 확보하고 있다고 본 것이다.[31]

반면에 버틀러는 "행위 뒤에 행위자는 없다."는 니체의 주장을 확장해서 "젠더의 표현물 뒤에는 어떠한 젠더 정체성도 없으며 정체성은 결과라고 알려진 바로 그 '표현들' 때문에 수행적으로 구성된다."고 주장했다.[32] 행위자라는 존재를 부정하고 나면 지금까지 행위에 영향을 끼치는 원인으로 믿었던 '여성'이라는 젠더 정체성이 사실상 환영적 구성물에 불과한 것이라는 결론에 이르게 된다.[33] 여성이 본질적으로 존재하는 게 아니고 행위 속에서 행위를 통해 다양하게 구성되는 것이라면 그 여성은 분명 행위의 원인이 아니라 행위를 통해 구성된 결과라고 말할 수 있을 것이다. 하지만 여성이 행위를 통해 구성된다고 하여 행위성의 가능성이 없어지는 것은 아니다.[34] 구성된다는constituted 것은 결정된다는 determined 것이 아니고 의미화 과정을 통해 주장된다는 것을 뜻하기 때문이다. 즉, 여성은 이미 의미화된 것일 뿐만 아니라 여러 개의 맞물린 담론 안에서 순환하며 지속적으로 의미화된다.[35] 이것은 우리가 인식하고 있는 여성이 담론의 효과이고 그 담론은 규율권력이자 지배 담론으로서 특정한 여성 주체를 구성하지만 동시에 그 지배 담론은 다양한 담론적 명령을 통해 필시 다양한 비일관적 배치물[예컨대 좋은 어머니, 능력 있는 직장여성, 매력적인 여성의 비일관성]을 만들어냄으로써 그 담론적 명령을 능가하고 저항하는 재배치와 재전개의 가능성을 만든다는 주장에서 잘 나타난다.[36]

버틀러에게서 '여성' 범주의 근본적 불안정성을 드러내는 것은 페미니

---

31 하딩, 같은 책, 194쪽; 여기서 객관성은 가치중립적 객관성이 아니고 연구 대상뿐만 아니라 연구자 집단의 신념과 가정들도 조사 대상이 되는 강한 객관성을 말한다.

32 버틀러, 『젠더 트러블』, 131쪽.

33 버틀러, 같은 책, 351쪽.

34 버틀러, 같은 책, 352쪽.

35 버틀러, 같은 책, 354쪽.

36 버틀러, 같은 책, 357쪽.

즘 정치를 약화시키는 것이 아니다. 그것은 오히려 여성을 근본적 범주로 믿는 것이 여성을 특정 범주로 제한하는 것임을 드러내는 것이며, 여성을 생산하는 것은 토대가 아니라 지배담론과 규율권력이라는 '생성적 정치구조generative political structures'임을 드러냄으로써 페미니즘 정치의 목표가 이러한 생성적 정치구조를 중심에 둬야 한다는 것을 주장하는 것이다. 즉, 버틀러에게서 페미니즘 정치는 그 생성적 정치구조에 존재하는 인식 가능한 것과 불가능한 것을 재배열하는 것[즉 위치를 변경시키는 것]이 전복의 방식이 된다는 것을 주장하는 것에 있다.[37] 특히 버틀러는 여성 범주는 고정되어 있는 것이 아니기 때문에 여성 범주는 '사회적인 것'의 구속성을 갖지 못한다고 보았다. 이 같은 버틀러의 이론은 이후 누가 페미니즘의 주체이며, 누가 '여성' 범주를 대표하고/대표하지 못하는가의 문제로 확대되면서 다양한 페미니즘 주체를 드러내게 했고, 그에 따라 다양한 페미니즘 정체성 정치가 전개되게 하는 인식론적 배경을 이루었다.

그러나 여성 범주의 불안정성을 전제하는 이러한 정체성 정치는 페미니즘 정치를 위기에 몰아넣는다는 우려를 낳았다. 이러한 우려를 배경으로 단일하고 통합된 집합적 주체 위에 다시 페미니즘을 위치시키고자 하는 욕망이 그 어정쩡한 타협안으로 내놓은 것 중 하나가 '전략적 본질주의'다. 전략적 본질주의는 단일하고 통합된 집합적 여성 집단이란 존재하지 않는다는 것을 우리가 '알지만' 정치적 목적을 위해 마치 그런 집단이 존재하는 것처럼 행동하자는 것이다. 그러나 달리 생각해 보면 왜 우리는 '여성'의 이름으로 제기하는 어떠한 주장도 그것이 정치적 의미를 지니려면 반드시 확정된 여성 범주가 미리 정해져 있어야 한다고 생각하며, 왜 우리는 여성들 간의 다름을 드러내는 것은 '여성'의 이름으로 말할 가능성 자체를 파괴하는 것이라고 생각하는 것일까? 그 생각은 어디에 근원한 것이며 과연 정확한 것인가?

37 버틀러, 같은 책, 362쪽.

제를리는 이 같은 문제 설정이 잘못된 것이라고 주장한다. 제를리가 보기에 여성 간의 다름을 드러내는 것이 페미니즘 정치에 위기를 가져온다는 생각의 기저에는 정치란 행위성을 요구하는 것이고 행위성이란 주권적 주체를 전제하지 않고는 불가능한 것인데, 여성 간의 다름을 드러내거나 여성 범주의 불확정성을 드러내게 되면 그 주권적 주체는 존재하기 어렵게 된다는 전제가 깔려 있다. 그러나 제를리는 페미니즘 정치의 위기는 페미니즘 정치의 주체가 다양해진 데 있는 게 아니라 단일한 주체를 요구하는 페미니즘의 개념 혹은 인식론 그 자체에 있다고 보았다.[38] 예컨대 제를리는 제3물결의 이론적 토대를 제공한 버틀러에 대해 정치적 행위 이전에 주체를 상정할 수 없다는 버틀러의 주장은 옳은 것이라고 설명한다. 문제는 그 주장은 틀린 것은 아니지만 의미가 없는 것이라는 데 있다. "내가 정치적으로 행동할 때 나는 주체가 된다."는 점에서 [즉 내 행동에 앞서 주체가 미리 주어지지 않는다는 점에서] 버틀러의 주장은 옳은 것이지만 그러나 그것이 정치적 행위가 되기 위해서는 [즉 페미니즘의 주체가 되기 위해서는] 페미니즘 커뮤니티의 다른 구성원들이 그 정치적 주장에 동의해야 하는 과정이 필요하다는 점에서 단지 정치적 주장을 하는 행위에만 초점을 맞추는 것은 무의미하다는 것이다.[39]

이처럼 제를리 역시 버틀러와 마찬가지로 '여성'의 토대는 보편주의 혹은 본질주의로 회귀할 수 없으며 여성 간의 다름은 드러나야 하고 여성 범주의 임의성은 환원될 수 없는 조건이라고 생각한다는 점에서 제3물결 페미니즘 이론가들과 같은 입장에 있지만, 그럼에도 불구하고 우리가 '여성'의 이름으로 페미니즘 정치를 실천해나갈 수 있다고 주장하는데서 제를리는 제3물결의 후기구조주의 페미니스트들과 분명한 선

38 Zerilli, "Feminism and the Abyss of Freedom: Rejoinder to Ferree, Glaeser, and Steinmetz," 90쪽.

39 Zerilli, 같은 글, 92쪽.

을 긋고 있다. 즉, 제를리는 제3물결의 페미니즘 이론이 '주체'[즉 정체성]를 강조했기 때문에 딜레마에서 벗어날 수 없다고 보았고 그 극복의 대안으로 '행동'을 강조하고 있는 것이다.

2) 린다 제를리의 대안

제를리는 주체를 전제하지 않는 페미니즘 정치를 제안한다. 즉, 페미니즘 정치의 패러다임을 '여성' 범주 혹은 주체의 일관성 문제와 같은 철학적, 인식론적 문제에서 벗어나 '정치적 주장하기' 혹은 '누군가의 이름으로 말하기'와 같은 정치적 문제로 이동시키자는 것이다. 제를리는 우리가 주체, 즉 자유의지가 있는 주체sovereign subject를 필요로 할 때는 페미니즘 정치를 그것이 민주화든 진보세력을 위한 것이든 특정 목적을 위한 수단으로 사용할 때라고 말한다.[40] 페미니즘 정치의 주체를 미리 설정하게 되면 우리의 행동은 미리 계획된 목적-수단 정치에 종속되게 되며, 우리의 행동의 결과까지도 통제되거나 예측 가능한 범위 안에 들어가게 된다. 그러나 제를리는 아렌트의 정치적 이성 논의에 근거해서 "행동이란 근본적으로 예측 불가능하고 무제한적인boundless 것"이라고 주장했다. 우리가 행동을 통제할 수 없는 것은 우리가 어떤 동기나 목적 없이 행동하기 때문이 아니라 순전히 다른 구성원들이 우리의 행동을 어떻게 받아들일지 통제할 수 없기 때문에 그러하다. 즉, 우리의 행동은 일단 끝없이 복잡하게 짜여 있는 현실의 일부가 되면 그 행동이 어떤 의미를 갖게 될지 예측하거나 통제할 수 없게 된다.

제를리는 비트겐슈타인과 아렌트의 논의에 근거해서 주체[즉 정체성] 논의에서 벗어날 수 있었다.[41] 주체 논의에서 벗어나자는 제를리의 주

40 Zerilli, 같은 글, 90쪽.

41 Zerilli, "Doing Without Knowing: Feminism's Politics of the Ordinary."

장은 특히 많은 부분 인식론과 언어에 대한 가장 철저한 철학적 분석을 해낸 비트겐슈타인의 분석에 기반을 둔 것이다.[42] 제를리에 따르면,[43] 비트겐슈타인은 편견이 작동하는 인간의 일상세계everyday life-world에서 벗어나 정확한 언어사용, 절대적 지식확보, 혹은 정확한 개념정의를 위한 규칙이나 기준을 제공할 수 있는 그런 아르키메데스적 관점 혹은 신의 관점을 찾으려는 실재론realism이나 그러한 실재론을 비판하는 회의론은 둘 다 사실상 다른 사람들이나 세계에 대한 우리의 관계를 인식론적 문제로 본다는 점에서 근본적으로 인간적 유혹에서 벗어나지 못한 것이라고 보았다.

비트겐슈타인은 인간 간의 소통을 가능하게 하는 공통의 언어나 지식의 옳고 그름을 판별할 수 있는 기준에서 핵심적인 규칙의 준수가 사실상 인간이 일상생활에서 공유하는 온갖 다양한 행위[즉 실천]에 의존한다는 사실을 지적했다. 비트겐슈타인을 해석한 연구자들에 따르면,[44] 언어의 사용이나 지식의 정당성에 있어 기준이 되는 것은 바로 우리가 속해 있는 커뮤니티 구성원들의 합의다. 즉, 커뮤니티 구성원들이 이의를 제기하지 않는다면 그 언어 사용이나 지식은 옳은 것이다. 커뮤니티에 의해 그 정당성이 인정되는 지식과 언어의 핵심 부분은 중심부를 차지하면서 안정적으로 유지되지만 그 지식과 언어의 주변부에 해당하는 유동적인 부분은 끊임없이 교체와 변환의 과정을 거친다.[45] 즉,

---

42 Ludwig Wittgenstein, *On Certainty*, ed. G. E. M. Anscombe and G. H. von Wright (New York: Wiley-Blackwell, 1969); Ludwig Wittgenstein, *Philosophical Investigations* (New York: Prentice Hall, 1973).

43 Zerilli, *Feminism and the Abyss of Freedom*, 42~7쪽.

44 Susan Hekman, *The Material of Knowledge: Feminist Disclosures* (Bloomington: Indiana University Press, 2010); Saul A. Kripke, *Wittgenstein on Rules and Private Language* (Cambridge: Harvard University Press, 1982); Richard Rorty, *Objectivity, Relativism, and Truth: Philosophical Papers, Volume 1* (Cambridge: Cambridge University Press, 1991); Joseph Rouse, *How Scientific Practices Matter* (Chicago: The University of Chicago Press, 2002).

45 Wittgenstein, *On Certainty*, 94~99절.

유동적인 주변부는 사회변화에 따라 사라지거나 새로운 것들로 보완되기도 하지만 일반적으로 핵심 부분은 유지되면서 어떤 기준의 역할을 할 수 있게 된다. 이것은 실재론자들이 바라는 것과 같은 주체와 객체의 명확한 구분이 불가능하며, 주체와 객체의 경계 부분은 끊임없이 변화하고 있다는 것을 함의한다.

그런데 제를리는 크립키S. Kripke나 로티R. Rorty로 대표되는 이러한 해석을 아직도 인간 행위에 대한 인식론적 구도에서 완전히 벗어나지 못한 것이라고 보고, 비트겐슈타인의 진정한 의도는 왜 이런 인식론적 유혹이 생기게 되는지, 즉 왜 우리는 우리의 실천을 정당화시키는 이론이나 의미론이 필요하다고 느끼게 되는지 묻는 것이라고 주장했다.[46] 제를리에 따르면 실재론에 대한 회의론자들의 의심에 대해 크립키 등이 커뮤니티 구성원 간의 합의가 원하는 기준을 제공한다고 대답하는 것 역시 비트겐슈타인이 "나는 그냥 이렇게 할 뿐이야.This is simply what I do."[47]라고 말하는 것에 비해 더 나은 대답이라고 말할 수 없다. 실재론의 대척점에 있는 회의론자 역시 여전히 인식론적 구도의 그림자 속에 머무르고 있다고 보기 때문이다. 제를리는 이러한 깨달음을 통해 인식론에서 벗어나 '정치적 판단론'으로 나아갔다.

제를리는 지식의 궁극적 토대가 없다는 사실에 대한 비트겐슈타인의 이해를 바탕으로 페미니즘의 본질주의를 거부한 후, 그 대안을 아렌트의 정치적 이성political reason에서 찾았다. 계몽적 이성에 기반을 둔 정치적 논의에 대한 아렌트의 대안은 권력/지식에 대한 푸코의 저항 방식과 같은 맥락에 속하는 것이다. 즉, 계몽적 이성이 법과 제도에 정립된 자유의 개념에 바탕을 둔 것이라면, 정치적 이성은 정치적 주장을 하는 개인과 그 주장에 동의하는 구성원들의 '세계-구축world-building'이라는 정치적 실천을 통해 실현되는 자유의 개념에 바탕을 둔 것이다. 따라서

46 Zerilli, *Feminism and the Abyss of Freedom*, 42~6쪽.

47 Wittgenstein, *Philosophical Investigations*, 217절.

아렌트의 정치적 이성 개념은 푸코가 권력이 법과 제도를 통해 작동하기보다는 몸과 인구통제의 맥락에서 작동하며, 저항도 그 맥락에서 일어날 것이라고 본 것과 일치한다. 제를리는 이러한 아렌트의 정치적 이성 개념을 '정치적 행위자로서의 여성'과 '주장하기와 인정하기의 자유' 개념으로 확장시킴으로써 페미니즘 정치의 위기를 극복하려고 했다. 제를리에게 있어 주장을 제기하는 것과 같은 정치적 행동과 새로운 언어를 발견하고 그로부터 진정으로 새로운 생각을 할 수 있는 수사학적 기회를 갖는 것, 그리고 커뮤니티에 속하기로 하거나 속하기를 거부하는 정치적 결정은 페미니즘 프로젝트를 구성하는 핵심적 요소들이다. 제를리는 이 같은 정치적 영역에 자유의 궁극적 의미를 부여했다. 행동으로의 자유는 [즉 의미 있는 정치적 행위자로 인정받을 수 있는 것은] 자발적인 개인에게 만큼이나 자발적인 커뮤니티에 속하는 것이다. 개인도, 커뮤니티도, 어떤 단단한 토대에 근거해 행동하는 것이 아니고 주장하기와 더 중요하게는 다른 사람들이 그 주장을 인정하기에 기초해 존재한다.

제를리는 이러한 정치적 주장을 '정치의 단정적 순간predicative moment of politics'이라고 부른다. '여성'의 이름으로 무엇을 주장하는 것은 이미 존재하는 여성에 기반을 둔 행위가 아니라 페미니즘의 주체로 여성을 구성하는 것이다. 즉, 여성을 정치적 범주로 이해한다면 그 여성은 그 말을 하기 전에는 존재하지 않는 것이 된다. 여기서 이 정치적 주장의 특별한 성격은 우리가 어떤 주장을 할 때 '여성'은 인식론적 규정에 따라 특정 정체성을 갖고 그 정당성에 따라 주장할 때 나타나는 것이 아니라 단지 앞질러서 발언하는anticipatory 구조로 주장할 때만 나타난다는 점이다. 모든 정치적 주장은 다른 구성원들의 동의를 끌어내려 하지만 증거를 제시하는 방식으로 그 동의를 강제할 수는 없다. 페미니즘 정치의 단정적 순간은 바로 이런 불확정성의 순간에 있다. 그러므로 페미니즘 정치는 커뮤니티에 대한 모든 주장의 한계를 실험하는 것이 되며, 다른 구성원들의 동의의 한계와 성격을 실험하는 것이 되며, 우리가

'여성'의 이름으로 정치적 발언을 했을 때 동의를 얻지 못하거나 처음부터 우리가 생각했던 방식으로 구체화되지 않을 때 무슨 일이 벌어지는지를 발견하는 것이 된다.

4. 함의: 토대주의에서 실천이론으로

제릴리는 이제 새로운 아젠다를 여성운동에 제안한다. 즉, 여성 간의 차이를 인정하면서도 그로 인해 운동의 힘이 훼손되지 않으면서 '여성/들'의 이름으로 정체성 정치를 할 수 있다고 주장하는 것이다. 제릴리는 기존의 젠더 개념[제2물결]이나 기존의 정체성 개념[제3물결]에 구속되지 않고 새로운 형식을 창조할 수 있다고 주장한다. 그것은 한편으로는 페미니스트의 주장과 다른 한편으로는 그 주장에 대한 사람들의 판단과 토론으로 구성되는 세계-구축의 창의적이고 갈등적인 열기 안에서 가능하다고 말한다. 이렇게 볼 때 제4물결 페미니즘[48]에서 페미니즘의 주체는 과거의 범주에 구속되어 있지 않으며, 미래에 결정되는 것, 미래로 열려 있는 것이라고 말할 수 있다.

제릴리는 젠더정치나 정체성 정치는 그것이 정체성의 사회적 범주로 자신을 이해하든 것이든 아니면 개별여성이 주관적으로 자신의 젠더를 실천하는 것이든 둘 다가 가능성의 비전a vision of the possible보다는 현재의 경험에 근거해서 작동하는 것이기 때문에 자신이 말하는 '정치적

48 제릴리의 작업은 페미니즘의 제4물결을 여는 작업이라고 명명된다; George Steinmetz, "The New Aesthetic-Political Avant-Garde: Linda Zerilli's *Feminism and the Abyss of Freedom*," *Sociological Theory* 27:1 (2009), 86쪽. 그러나 제릴리의 작업 자체가 앞질러서 발언하는 정치적 주장이고 자유로의 발언이라고 할 때 제4물결을 열 수 있을지의 여부는 화답하는 페미니즘 연구자들이 등장하느냐에 달려 있을 것이다.

행위자'로서의 여성을 제대로 정의할 수 없다고 주장한다. 정치적 행위자가 행위를 통해 가져오는 가능성의 비전은 상상력을 발휘해서 완전히 새로운 어떤 것을 생산하고, 일단 상상을 하고 나면 정치적 행동으로 실현될 수 있는 가능성을 갖는 것을 말한다. 이것은 페미니즘 정치를 '사회적인 것'에 근거해 논의하는 것이 아니라 개인과 커뮤니티 단위에서 제기되는 주장과 호응의 수준에 의해 '사회적인 것'으로 확산될 수도 있고 실패의 위협에 놓일 수도 있는 것으로 보는 것이다. 이러한 제릴리의 정치적 판단과 정치적 행위자는 푸코가 앞에서 논의했던 신자유주의 통치성에 대한 저항 방식으로 그리스 시대의 '파르헤지아fearless speech'와 '파르헤지아스티스truth-teller'를 거론한 것과 유사하다.

푸코는 파르헤지아[즉 '두려움 없는 발언']와 파르헤지아스티스[즉 '진실을 말하는 사람'] 개념을 가지고 진실 말하기 게임을 통해 '존재의 미학'[즉 '윤리적 주체성']을 형성해나가려고 했다. 푸코의 윤리적 주체는 현대의 전문가들과 달리 화자와 청자 사이에 위계적 관계를 형성하지 않는다. 오히려 청자가 화자를 선정하며, 청자는 화자의 주장이 마음에 들지 않으면 언제든지 떠날 수 있다. 또한 화자의 권위는 사회적 지위나 제도에 의해 뒷받침되는 것이 아니라 위험에 직면하는 독립성을 통해 부여된다. '윤리적 주체성'은 독립적으로 성취되거나 획득되는 것이 아니고 구체적인 일상에서 말과 행동을 통해 실천되고 표현되는 것이다. 그 진정성의 기준은 규범이나 정상화의 권위에 있지 않으며, 진실을 말하는 화자가 청자와 신뢰를 형성하여 청자를 교육시키고 나아가 화자와 청자가 함께 진실함을 추구해나가는 데 있다.[49] 푸코의 이러한 윤리적 주체성 개념은 근대 자유주의국가 체제에서 개인이 국가에 시민의 권리를 요구함으로써 한편으로 국가로부터 보호를 받게 되지만 다른 한편 정상화 과정을 통해 국가에 종속되는 구도를 벗어날 수 있는

49 조주현, 『벌거벗은 생명: 신자유주의 시대의 생명정치와 페미니즘』 (서울: 또하나의 문화, 2009), 105쪽.

단초를 제공한다. 물론 제를리도 지적하고 있듯이[50] 푸코는 자신의 자유의 실천으로서의 윤리학이 가지는 정치적 의미에 대해 상당히 유보적인 입장을 보이고 있지만, 제를리가 자신의 정치적 판단론의 기반으로 삼고 있는 아렌트와 푸코의 지적 연관성은 어렵지 않게 확인할 수 있다.[51]

한편 제를리나 푸코의 이러한 주장은 실용주의계열 철학자들이 완성시킨 철학적 자연주의 논리와 유사하다. "실용주의자들이 객관성을 확보하려는 것은 자신이 속한 커뮤니티의 한계를 벗어나려는 욕망이기보다는 구성원 간에 가능한 많은 상호합의를 도출하여 할 수 있는 한 '우리'의 범위를 확장하려는 욕망" 때문이라는 로티의 해석과[52] 제를리나 푸코의 주장은 같은 선상에 있기 때문이다. 실제로 제를리나 푸코의 주장은 철학적 자연주의[53] 논리를 사회과학 영역으로 확장시킨 실천이론에서 가장 정리된 형태로 제시되고 있다. 실천이론은 다양한 학자의 수만큼이나 그 내용도 다양하지만, 여기서는 라우스가 페미니즘 이론의 본질론 대 구성론 논쟁에서 나온 해러웨이[54]와 바라드[55]의 연구 결과

50 Zerilli, *Feminism and the Abyss of Freedom*, 190~2쪽.

51 제를리는 푸코가 자유를 주체의 특성이 아니라 실천으로 이해한다는 점에서 아렌트와 동일하다고 보고 있다. 하지만 제를리는 푸코의 자유 개념에서 자유의 문제가 주체의 문제로부터 출발한다는 점에서 그의 자유 개념은 자유의 실천과 경험에 의해 창조된 공적 공간 속의 다양한 타인들과의 관계들을 그 출발점으로 하는 아렌트의 정치적 자유 개념에 비해 미흡한 점이 있다고 지적하고 있다; Zerilli, 같은 책, 15~6쪽. 그러나 필자는 푸코와 아렌트의 차이는 행위와 사회변혁의 관계에 대한 관점의 차이에 불과하다고 생각한다.

52 Rorty, *Objectivity, Relativism, and Truth: Philosophical Papers, Volume 1*, 23쪽.

53 철학적 자연주의에 대해서는 라우스를 참조하라; Rouse, *How Scientific Practices Matter*.

54 Donna Haraway, *Modest_Witness@Second_Millennium.FemaleMan_Meets_OncoMouse: Feminism and Technoscience* (New York: Routledge, 1997).

55 Karen Barad, "Posthumanist Performativity: Toward an Understanding of How Matter Comes to Matter," *Signs: Journal of Women in Culture and Society* 28:3 (2003), 801~31쪽.

를 철학적 자연주의 논쟁에서 얻은 성과에 접목시켜 제시한 사회적 실천social practices 이론을 통해 살펴보기로 하자.[56,57]

라우스에 따르면[58] 실천은 그것을 구성하는 수행performances 간의 상호작용으로 유지되며, 각 행위는 그 실천의 올바르거나 올바르지 않은 수행으로 간주하는 것이 적절하게 여겨질 경우에만 그 실천에 속한다. 적절하다고 여기는 판단 그 자체도 실천의 핵심적 부분이며, 그 역시 올바르거나 올바르지 않게 행할 수 있다. 수행이 올바르지 않게 행해졌을 경우에는 그에 대한 적절한 반응이 취해지게 되어 있다. 이러한 조절 과정이 이어지면서 그 실천의 구성 요소들, 특징들, 그리고 그 범위 등이 결정되고, 유지/변화된다.[59] 그리고 이러한 규범적 개념의 실천들에서 규범은 더 근원적인 방식으로 설명하는 것은 불가능하지만 그렇다고 이해 불가능하지는 않은 특징, 즉 창발적 성격을 가지게 된다. 한편, 실천에서의 쟁점은 각기 다른 특정한 방식으로 쟁점을 풀어가려는 차이에 있다. 그런데 그 차이는 미리 설정되어 있지 않으며, 그 쟁점 또한 무엇인지 미리 동의된 공식도 없다. 결국 쟁점을 끌어내고 그 쟁점을 어떻게 해결할 것인가 자체가 실천이 된다. 라우스는 이것을 "해결책이 제시되지 않은 쟁점들에 대한 구성적 수행의 상호책임성mutual accountability"[60]으로 표현했다. 수행은 의도적으로 '어떤 것'으로 향해 있

56 Joseph Rouse, "Social Practices and Normativity," *Philosophy of the Social Sciences* 37:1 (2007a), 46~56쪽; Joseph Rouse, "Practice Theory," in *Philosophy of Anthropology and Sociology: A Volume in the Handbook of the Philosophy of Science Series*, ed. Stephen Turner and Mark Risjord (Dordrecht: Elsevier, 2007b), 639~81쪽.

57 바라드와 라우스 등 이 글에서 살펴본 대부분의 저자의 이론들 간의 관계를 다른 맥락에서 다룬 저서로 헤크먼 참조; Hekman, *The Material of Knowledge: Feminist Disclosures*.

58 Rouse, "Social Practices and Normativity."

59 이러한 조절 과정은 제를리와 헤크먼도 인용한 비트겐슈타인의 유명한 강바닥 비유에서 잘 드러난다; Wittgenstein, *On Certainty*, 94~99절.

60 Rouse, "Social Practices and Normativity," 51쪽.

고, '어떤 것'에 [설명적] 책임이 있다. 그리고 시간이 지나면서 국지적으로 스스로의 해석을 선택하게 된다. 이것이 실천이 단순히 규칙을 반복하는 것이 아니라 미래를 향한 상호작용적인 상호책임감인 이유다. 이런 점에서 라우스의 실천 개념은 푸코의 권력 개념과 분명한 유사성을 보인다. 실제로 라우스는 푸코도 사회적 실천이론가로 분류하고 있다.[61]

라우스[62]는 의미, 지식, 사회적 삶에 대해 철학자나 전문가만이 성찰할 수 있는 어떤 규칙, 규범, 가치, 초월적 조건, 자연법이나 토대 등 어떠한 특별한 영역도 존재하지 않는다고 선언한다. 그 대신 비판적 성찰은 의사소통, 이해, 생산과 교환, 관리에서부터, 즉 부분적으로 공유된 상황 안에서의 내부 행동에서부터 생성된다. 라우스는 서로 간의 쟁점을 교통정리 해줄 그런 '신의 시선God's eye view'과 같은 관점은 존재하지 않으며, 결국 우리는 "우리가 공유하지만 논쟁이 끊이지 않는 과거와 현재로부터 실행 가능한 미래를 창출하기 위해 공동으로 지속적인 노력"을 기울이는 것만이 유일한 길이라는 것을 강조한다. 라우스의 이러한 결론은 위에서 설명한 푸코나 제릴리가 내린 결론과도 일치한다.

그런데 제릴리, 푸코, 라우스를 포함한 실천이론가들의 이러한 주장은 상대주의라는 의심을 받게 된다. 푸코에게는 모든 곳에 권력이 작동한다면 어떤 정치적 선택도 별 차이가 없게 될 것이며, 주체가 권력에 의해 구성된다면 저항의 근거는 어디서 찾을 것인가라는 비판이 가해졌고,[63] 제릴리에게는 토대주의를 대신할 수 있는 진리 판단을 위한 표준이 제시되어야 한다는 권유나,[64] 모든 정치적 주장을 주관적이거나 상상력의 자유로운 작동의 단순한 결과물로 치부한다는 비판이 가해

61 Rouse, "Practice Theory," 639쪽.

62 Rouse, "Social Practices and Normativity."

63 Mark G. E. Kelly, *The Political Philosophy of Michel Foucault* (New York: Routledge, 2009), 5쪽.

64 Linda Zerilli, "Response to John Simons," *Political Theory* 28:2 (2000), 279~84쪽.

졌다.[65,66] 그런데 이러한 비판들에 대한 철학적 실용주의자들의 반론은 "재현론자들representationalists은 인정하지 않겠지만 우리가 원하는 '세상과의 관계'는 바로 그것들이 우리들의 실천[즉 자연의 나머지 부분들과 인과적 상호작용을 하고 있으면서 현실 속에서 살아가고 있는 사람들의 실천]이라는 사실 안에 내장되어 있다는 점이다."라는 로티의 주장에서 잘 드러난다.[67]

독립적으로 존재하는 실체에 대응하는 것으로서의 진리에 대한 미련의 원천인 재현론representationalism은 서구 인식론을 관통해서 흐르고 있는 경향으로 해킹I. Hacking과 라우스는 각각 그리스의 원자론자와 데카르트에서 그 기원을 찾고 있다. 그러나 인식론에서의 이러한 경향들에 대한 비판을 가장 철저하게 시도한 것이 비트겐슈타인이며, 앞에서 보았듯이 제릴리의 대안도 비트겐슈타인의 이론에 기반을 두고 있다.[68] 비트겐슈타인의 논의 중 핵심 부분은 20세기에 이루어진 창발현상에 대한 다양한 이해와 밀접한 관련이 있다. 시장, 도덕체계, 언어, 법질서 등과 같은 창발현상들은 그 체계의 안정적 질서를 설명하기 위해 그 현상이 발현되는 기반인 사회를 넘어선 어떤 근본적인 진리나 독립적 기제에 의한 합리적 설명이나 이해가 필요하다는 생각을 하게 만든다. 인식론의 경우에는 진리의 기준은 인식주체와 독립적으로 존재하는 객체와 그런 객체들로 이루어진 세계에 대한 사실들과의 일치여부로 주어진다는 실재론이, 그리고 윤리학의 경우에는 도덕의 기준은 보편타당한 법칙[즉 황금률]으로 존재해야한다는 믿음이 그런 예가 된다. 창발현상에 대한 이러한 착각은 가장 단순화해서 비유하자면 진화론에 대

65 Linda Zerilli, "Reply to Leslie Thiele," *Political Theory* 33:5 (2005a), 715~20쪽.

66 데이비슨(D. Davidson)을 비롯한 실용주의자들도 이런 비판들을 자주 받아왔다; Rorty, *Objectivity, Relativism, and Truth: Philosophical Papers, Volume 1*, 1부와 2부 참조.

67 강조는 원문 그대로 임; Rorty, 같은 책, 157~8쪽.

68 Barad, "Posthumanist Performativity: Toward an Understanding of How Matter Comes to Matter," 806~7쪽.

한 창조론자들의 반론과 궤를 같이 하는 것이다. 즉, 모든 정교한 복잡계들의 작동에는 반드시 그것을 설계한 자가 있어야 한다는 주장이 그런 예가 된다.

이 글에서 제시된 이론들에 대한 이러한 의구심의 핵심은 행위자의 수행을 통제하는 사회적 실천이 어떻게 이들 행위자 자신의 수행에 의해 전파되고 유지될 수 있는가 하는 것에 있다.[69] 이것은 달리 말하면, 행위자의 몸이 어떻게 "권력과 규범화의 목표물이면서 동시에 능동성, 감정적 반응, 문화적 표현의 장소"로 작동하는가 하는 것이다. 결국 사회적 실천의 조직, 작동 및 유지 방식에 대한 만족할만한 이론이 주어진다면 상대주의라는 비난은 동시에 사라질 것인데, 필자는 라우스가 소개한 다양한 실천이론이[70] 이러한 역할을 충분히 할 수 있다고 판단한다.

---

69 서론에서 지적했듯이 이러한 기제들에 대한 구체적인 이론은 인간 행동의 구체적인 모델을 기반으로 한 진화론적 게임이론에서 가장 자세히 제시되고 있다; Gintis, *The Bounds of Reason*.

70 Rouse, "Practice Theory."

CHAPTER 7

실천이론으로 본 비판사회학과 페미니즘 정체성 정치의 문제

푸코, 라투르, 제믈리의 통찰

1. 문제제기

비판사회학과 주류사회학 전반에 대한 최근의 비판 중 가장 신랄한 것으로 아마도 라투르의 비판을 들 수 있을 것이다. 라투르는 비판사회학 혹은 주류사회학을 '사회적인 것'의 사회학으로 명명하면서, 특히 비판이론가가 사회현상을 설명할 때 이미 만들어진 이론적 도구들을 끝없이 반복적으로 적용하고 있을 뿐만 아니라 심지어 "자신이 제시한 사회적 설명에 구성원이 동의하지 않는다는 사실 자체가 자신의 설명이 옳다는 가장 확실한 증거라고" 주장하기까지 한다고 비판했다.[1] 라투르에 따르면 이 같은 상황은 19세기 말경 근대화에 따른 사회공학적 정책 실행과정에서 사회학자들이 정책자문가로서의 새로운

1 Bruno Latour, *Reassembling the Social: An Introduction to Actor-Network-Theory* (New York: Oxford University Press, 2005), 9쪽.

역할에 빠르게 부응하려는 데서 시작됐다. 즉, 사회학자들은 각각의 개별적인 사회현상, 사회질서, 혹은 사회적 실천마다 구성원 간의 상호작용을 힘들게 추적하면서 그 사회현상에 적합한 개념과 도구를 구축해야 한다는 타르드의 신중한 권고를 따르는 대신 뒤르켐이 이끄는 대로 사회를 끌어와 다른 것들을 설명하거나 당대의 정치적 문제를 해결하는 방식을 택했다는 것이다.[2]

'사회적인 것'의 사회학 혹은 사회학의 구조기능주의적 접근이나 총체적 접근에 대한 라투르의 이러한 비판은 현재 사회과학의 여러 진영에서 진행되고 있는 다른 논의들과도 조우한다. 그 중에서도 '합리적 행위자 모델'을 중심으로 하는 방법론적 개인주의는 최근 들어 다양한 학문분과로부터 가장 주목받고 있는 논의라고 할 수 있다.[3] 방법론적 개인주의는 지난 수십 년간 엘스터,[4] 콜만,[5] 부동[6] 등의 연구를 중심으로 재부상했으며, 경제학이나 정치학뿐만 아니라 최근에는 사회학에서도 조금씩 반경을 넓혀가고 있는 접근방법이다. 특히 방법론적 개인주의의 중심에 있는 '합리적 선택이론'은 최근 들어 진화론적 게임이론과 실험경제학, 그리고 정치학과 사회학의 최근 논의를 통해 더욱 강력한 접근방법으로 부상하고 있는 것으로 알려져 있다.[7] 물론 라투르 자신

---

2 Latour, 같은 책, 13쪽.

3 Peter Hedstrom, *Dissecting the Social: On the Principles of Analytical Sociology* (Cambridge: Cambridge University Press, 2005). 헤드스트롬은 베버, 토크빌, 파슨스, 머튼을 방법론적 개인주의를 수용한 대표적인 사회학자들로 보고 있다.

4 Jon Elster, *Explaining Social Behavior: More Nuts and Bolts for the Social Sciences* (New York: Cambridge University Press, 2007).

5 James S. Coleman, *Foundations of Social Theory* (Cambridge: Harvard University Press, 1990).

6 Raymond Boudon, "Rational Choice Theory," in *The New Blackwell Companion to Social Theory*, ed. Bryan S. Turner (New Jersey: Wiley-Blackwell, 2009), 179~95쪽.

7 Herbert Gintis, *The Bounds of Reason: Game Theory and the Unification of the Behavioral Sciences* (New Jersey: Princeton University Press, 2009). 합리적 선택이론은 행위자가 자신의 이익만을 추구하는 이기적 행위자로 생각하는 초기의 단순한

은 이 같은 방법론적 개인주의에 대해 분명히 거부하고 있지만,[8] 방법론적 개인주의는 라투르의 접근방법과, 혹은 좀 더 정확히 말하면 라투르가 해석한 타르드의 접근방법과 충분히 양립 가능하다. 예컨대 라투르는 비판사회학이 노동자나 소비자가 자신들의 사회적 조건에 악영향을 주는 선택을 자발적으로 하는 '비합리적' 행동을 하는 이유를 이들이 신자유주의적 이데올로기와 허위의식을 내면화했기 때문이라고 간단히 말하고는 설명하지 않고 넘어가버린다고 비판하고 있는데, 합리적 선택이론에서 다루고 있는 '집합행동의 문제'나 '죄수의 딜레마'와 같은 경우로 이 현상을 보게 되면 비판사회학과 달리 좀 더 구체적인 설명을 할 수 있게 된다.[9]

한편 라투르의 사회적인 것의 사회학에 대한 비판은 방법론적 전체주의를 수용하는 주류사회학 전반에 대한 비판이지만 특히 비판사회학의 경우 더욱 분명하게 그 문제점을 지적하고 있다. 그런데 필자는 이

이론과는 관계가 없다.

8 Latour, *Reassembling the Social: An Introduction to Actor-Network-Theory*, 202~03쪽. 라투르가 방법론적 개인주의를 비판하는 주요 이유는 간단히 말해서 "상호-주체적 상호작용, 개인 단위의 계산, 혹은 개인적인 의도"에 근거한 접근은 사회적 행위자들 사이의 얽히고설킨 결합을 충분히, 정당하게, 드러낼 수 없다고 보기 때문이다. 그러나 이러한 비판은 행위자 모델에 대한 불충분한 이해 혹은 오해에서 비롯된 것으로 생각된다. 초기 파슨스가 지적했듯이 사회학의 핵심 문제는 구성원들의 미시적 상호작용으로부터 어떻게 거시적 사회구조, 조직, 실천들이 형성, 유지, 변화되는지를 설명하는가에 있다고 할 수 있다. 그런데 이러한 설명에는 그러한 거시적 사회구조, 조직, 실천들과 같은 '사회적인 것'에 의해 구성원들의 행동이 어떻게 규정되는가와 같은 대응 문제가 포함되어 있다. 그러므로 '사회적인 것'의 형성에는 미시에서 거시, 거시에서 미시라는 두 개의 문제가 동시에 포함되어있는 셈이다. 이처럼 실제로는 인과관계를 적용할 수 없는 동시적인 문제를 인과관계로 설명하는 것은 편의상 현상을 두 개의 문제로 분리해서 볼 수밖에 없는 전략적 필요성 때문이다. 행위자 모델의 궁극적 목표는 라투르가 말하듯이 미시적 수준의 상세한 분석이 궁극적 목적이 아니며, 최종 지점은 미시적 정보의 많은 부분을 단순화시키는 절차를 통해 거시적인 것으로의 구현 과정을 보여주려는 데 있다.

9 Joseph Heath, "The Structure of Hip Consumerism," *Philosophy and Social Criticism* 27 (2001), 1~17쪽; Joseph Heath "The Benefits of Cooperation," *Philosophy and Public Affairs* 34 (2006), 313~51쪽.

점에 있어서는 페미니즘 정치학도 유사한 비판에 직면하고 있다고 생각한다. 비판사회학과 페미니즘 정치학이 비슷한 문제에 봉착한 이유는 비교적 분명하다. 첫째, 이 두 학문 영역은 연구의 정치적 함의가 그 핵심을 이루기 때문에 한 세기 전에 뒤르켐과 그 추종자들이 받았던 그 유혹[즉 정책자문가로서의 역할에 빠르게 부응하려는 노력]에 빠지기 쉽다. 둘째, 방법론적 개인주의 중에서도 특히 합리적 선택이론은 현재의 사회규범과 제도를 사회구성원 개개인의 선택의 결과로 보며, 그렇게 이루어진 사회질서와 제도는 특유의 안정성을 보이면서 대부분의 국지적이거나 일방적인 개혁, 혹은 혁명의 시도에 저항한다고 보고 있다. 그렇다면 방법론적 개인주의에서 개혁이나 혁명이 가능하기 위한 전제조건이나 기제는 무엇인가를 분석해나가는 것이 다음 순서겠지만, 기존 체제를 안정적으로 보는 방법론적 개인주의의 이러한 입장 때문에 방법론적 개인주의는 일반적으로 보수적 관점으로 의심받기 마련이고, 특히 가장 진보적 학문 중 하나로 알려진 비판사회학과 페미니즘 정치학에서는 거의 노골적인 적의의 대상이 되곤 한다. 그러나 페미니즘 연구자는 비판사회학자에 비해 후발주자이고, 후발주자가 갖는 이점 때문에 비록 방법론적 개인주의에 대한 적대감은 여전하지만 적어도 첫 번째 비판, 즉 라투르가 지적한 '사회적인 것'에 대한 비판에서는 벗어나있는 연구자들이 등장하고 있다. 예컨대 해러웨이,[10] 제릴리,[11] 바라드[12]의 연구결과를 보면 라투르의 작업과 상당히 많은 공통점이 있다는 것을 알게 된다. 필자는 이들 페미니즘 연구자들의 작업과 라투르의 작업은 모두 사회적 실천이론의 범주로 묶을 수 있다고 생각한다.

10 Donna Haraway, *Modest_Witness@Seccnd_Millennium.FemaleMan©Meets_OncoMouse™: Feminism and Technoscience* (New York: Routledge, 1997).

11 Linda Zerilli, *Feminism and the Abyss of Freedom* (Chicago: The University of Chicago Press, 2005).

12 Karen Barad, *Meeting the Universe Halfway: Quantum Physics and the Entanglement of Matter and Meaning* (Durham: Duke University Press, 2007).

'실천이론'에는 다양한 연구자가 속해 있고 그 범주가 광범위하여 그것을 '이론'이라고 부르는 것이 가능한지에 대해서조차 반론이 있을 수 있지만, 적어도 실천이론의 가장 핵심적인 아이디어는 20세기 사상가인 비트겐슈타인, 하이데거, 실용주의계열 분석철학자들, 그리고 [과거와 현재의] 실용주의자들 등에 의해 형성됐다.[13] 실천이론은 상세하게 들어가면 매우 복잡하지만 주요 논리는 비교적 분명하다.[14] 그것은 외부에서 주어진 분명한 규칙이나 특정인의 계획 없이도 상호작용하는 수많은 행위자로 이루어진 체계 안에서 상당 기간 동안 복잡한 세부구조를 지닌 안정적 질서가 생성, 유지될 수 있다는 것이다. 이러한 자생적 질서의 예로 사회 체계에서의 도덕성, 언어, 시장경제, 그리고 의식이나 뇌를 들 수 있다. 이 자생적 질서는 '창발현상'이라고도 부르는데, 복잡적응계의 특징적 현상 중 하나다.[15] 자생적 질서의 생성과 발전 기제는 사회과학자 대부분에게 익숙한 인과적 모델과 다르기 때문에 창발현상을 인과적으로 설명하려는 잘못된 시도는 여러 다양한 모순을 낳을 수 있다. 이러한 실수를 피할 수 있는 한 가지 방법이 복잡계와 창발현상을 가능한 한 많이 다뤄보는 것일 텐데, 그중 가장 유용한 방법이 창발현

13 Joseph Rouse, "Practice Theory," in *Philosophy of Anthropology and Sociology*, ed. Stephen Turner and Mark Risjord (Dordrecht: Elsevier, 2007), 639~81쪽. 현대의 실천이론가들은 그 관심사에 따라 크게 가핑클H. Garfinkel, 부르디외P. Bourdieu, 푸코M. Foucault, 라투르B. Latour 등을 포함한 사회학자 및 인류학자 그룹과 데이비드슨D Davidson, 로티Richard Rorty, 브랜덤Robert Brandom, 라우스Joseph Rouse 등의 신실용주의계열의 철학자 그룹으로 구분할 수 있다. 이 글에서 실천이론은 후자에 속하는 신실용주의자 또는 철학적 자연주의자들의 이론을 의미한다.

14 실천이론의 상세한 논의로는 언어와 진리에 대한 실천이론과 관련해서는 브랜덤의 연구를, 사회적 실천과 관련해서는 라우스의 논의를 참조하라; Robert Brandom, *Making it Explicit: Reasoning, Representing, and Discursive Commitment* (Cambridge, MA: Harvard University Press, 1994); Robert Brandom, *Articulating Reason: An Introduction to Inferentialism* (Cambridge, MA: Harvard University Press, 2000); Joseph Rouse, "Social Practices and Normativity," *Philosophy of the Social Sciences* 37:1 (2007), 46~56쪽.

15 Melanie Mitchell, *Complexity: A Guided Tour* (New York: Oxford University Press, 2009).

상의 가장 핵심적인 기본구조만 남기고 나머지 모든 세부사항은 사상시킨 극도로 단순화된 모델을 구축하는 것이다. 집합행동의 문제에 대한 합리적 행위자 모델의 접근방식이 그러한 예가 될 수 있다.[16]

합리적 행위자 모델은 바로 그 모델의 단순성 때문에 라투르를 위시하여 대부분의 사회학자들의 거센 비판의 대상이 되었다. 그러나 헤드스트롬과 스웨드버그가 지적했듯이 "하나의 사회적 상황을 설명하기 위해 수없이 많은 분석모델 중 하나를 선택하는 것은 그 모델이 더 진리에 가깝기 때문이 아니다. 왜냐하면 모든 모델은 본질상 그 모델이 설명하려는 현실을 왜곡시키기 때문이다. 모델의 선택은 현재의 목적에 어떤 모델이 가장 유용한가에 의해 결정되어야 한다."[17] 만약 우리가 헤드스트롬과 스웨드버그의 이러한 견해를 따른다면, 합리적 행위자 모델, 라투르의 ANT, 그리고 고프만의 상징적 상호작용론과 같은 이론들이 서로 충분히 양립 가능한 모델이라고 생각할 수 있을 것이다. 왜냐하면 이들 각각의 이론이 적용하는 모델은 각자가 설명하려는 사회현상을 위해 고안된 것이고, 그 사회현상의 기제와 구조를 단순히 반영하고 있을 뿐이기 때문이다.

이 장에서 필자는 타르드-라투르의 접근방식이 현재 비판사회학이 직면하고 있는 문제를 극복할 수 있는 잠재적 대안을 갖고 있다고 보고, 이들의 접근방식에 초점을 맞추려고 한다.[18] 필자는 6장에서 '사회적인 것'의 위기는 푸코와 라투르를 포함한 실천이론의 광범위한 분석틀 안에서 극복될 수 있다고 주장한 바 있다. 특히 아렌트를 재해석하고 있는 제를리의 최근 연구결과 역시 이 분석틀 안에 포함될 수 있으

16 Thomas Schelling, *Micromotives and Macrobehavior* (New York: W. W. Norton, 1978).

17 Peter Hedström and Richard Swedberg, "Rational Choice, Empirical Research, and the Sociological Tradition," *European Sociological Review* 12:2 (1996), 130쪽.

18 앞에서도 논의했듯이 필자는 합리적 행위자 모델이 이 장이 다루고 있는 타르드/라투르의 접근 방식과 결합될 수 있다고 생각한다

며, 실천이론이라는 공통의 토대 위에 푸코, 라투르, 제를리를 모두 위치지울 수 있다는 점을 주장했었다. 이 장의 2절은 필자가 6장에서 다소 광범위하게 제시했던 논거를 실천이론 관련 부분과 라투르가 사회과학자가 따라야 할 모델로 간주하고 있는 푸코의 권력/지식론 관련 부분을 중심으로 간략하게 재정리하여 소개한다.

3절은 라투르의 접근법을 다소 상세하게 다루며, 특히 라투르가 강조한 결합의 사회학적 연구의 정치적 관련성에 대해 논의한다. 4절은 제를리의 연구결과를 다루며, 특히 제를리의 정치적 자유론이 페미니즘 정체성 정치가 직면한 위기를 극복하는 대안이 될 수 있는지에 대해 논의한다. 필자가 제를리에 주목하는 이유는 특히 신자유주의 통치성이 지배하는 이 시대에 라투르의 정치적 관련성 문제나 푸코의 저항 개념이 지난 수십 년간 페미니즘 연구자들 사이에서 강렬한 쟁점을 구성했던 보편주의 대 상대주의 문제에 대한 제를리의 해법과 서로 조우한다고 보기 때문이다. 필자는 특히 제를리의 접근법이 비판사회학이 최근에 직면한 문제를 극복하는데 함의하는 바를 논의한다. 5절 결론에서는 이 장에서 푸코, 라투르, 제를리의 연구결과에 대한 논의를 통해 얻어낸 주요 통찰을 한국의 비판사회학의 최근 상황과 관련지어 논의한다.

2. 푸코의 '권력/지식론'과 실천이론

실천이론의 쟁점은 구성원의 행위를 통제하는 사회적 실천이 어떻게 구성원의 능동적 행위에 의해 전파되고 유지되는지를 밝히는 데 있다.[19] 달리 말하면, 어떻게 능동성, 감정적 반응, 문화적 표현의 원

19 Rouse, "Practice Theory."

천인 행위자가 동시에 권력과 규범의 전달자로 작동하는가 하는 것이다. 실천이론가들은 사회적 실천의 조직, 작동 및 유지 방식에 대한 만족할만한 이론을 제시하여 이 문제를 해결하려고 한다. 실천이론의 이 같은 쟁점은 사회조직, 규범, 문화, 사회구조와 같은 '사회적인 것'이 구성원 개개인의 행위로 환원될 수 있는지 아니면 완전한 환원은 불가능한 어떤 성질을 가지고 있는지에 대한 그동안 사회학에서 끊임없이 제기돼온 문제와 밀접한 관계를 가진다. 이 문제에 대한 실천이론의 입장은 먼저 사회조직, 규범, 문화, 사회구조와 같은 '사회적인 것'을 대신하는 '실천'은 개개인의 행위로 구성되어 있지만 그 개개인의 행위는 어느 정도 안정적으로 유지되는 실천 안에서만 일어나며 또 의미를 가질 수 있다는 것이다. 즉, '사회적인 것'을 대신하는 실천은 구성원들의 행위를 통해서만 생성, 유지, 변화, 혹은 소멸의 과정을 거치는 것일 뿐이지만, 그 구성원들의 행위 역시 자신들의 행위의 산물인 이러한 실천 속에서만 의미를 가지고 이해될 수 있다는 것이다.[20] 앞에서 언급했듯이 이러한 성질은 복잡적응계에서 자주 나타나는 창발현상의 전형적 특징이다.[21]

실천이론은 언어와 진리에 대한 비트겐슈타인의 연구와 인간의 이해와 해석에 대한 하이데거의 연구에서 시작되었지만, 이후 다양한 학자들의 연구를 통해 사회조직, 규범, 문화, 구조, 권력 등과 같은 사회적 실천들을 설명하는 이론으로 발전했다. 푸코의 권력/지식론에서 알 수 있듯이 실천이론의 이 같은 발전은 근대사회의 발전과정과 밀접한 관련이 있다. 예컨대 사회조직, 규범, 문화, 구조, 권력과 같은 사회적 실천들은 사회가 어느 정도 안정적 상태를 유지하는데 중요한 역할을 하며, 이러한 사회적 실천들의 가장 두드러진 특징은 창발현상의 하나로 자주 언급되는 시장경제에서도 볼 수 있듯이 바로 그 효율성에 있다.

20 Rouse, "Practice Theory," 641~42쪽.

21 조주현, "'사회적인 것'의 위기와 페미니스트 정체성의 정치: 린다 제릴리의 대안."

근대들어 인구증가와 경제발전, 그리고 현대사회의 정보량의 폭발적인 증가 등이 이어지면서 안정성과 조정적 변화가능성이 적절하게 균형을 이루는 사회적 실천을 통한 조절 혹은 통제의 분산이 필연적으로 요구되게 되었고, 그 결과 권력과 문화와 같은 사회적 실천들의 측면이 더욱 강화된 것이다.[22]

푸코의 권력/지식론은 이 같은 과정을 특히 사회의 안정성 유지 측면에서 가장 철저하게 [그리고 지나치게 편향적으로] 분석한다. 즉, 가정, 학교, 군대, 회사, 정신병원, 감옥 등에서 작동하는 규율권력을 통해 규범을 내면화한 구성원들이 면대면 상호작용이나 다양한 매체를 통한 상호작용을 통해 모세혈관처럼 작동하는 생명권력을 안정적으로 유지, 재생산하는 '중간자intermediary' 역할을 하게 된다. 그러나 이처럼 권력의 편재성을 강조하는 푸코의 권력/지식론은 다른 한편 그 이론에 권력에 대한 저항의 여지가 없다는 비판을 받게 된다. 그러나 구성원 간의 상호작용에서 [특히 그 상호작용이 대칭적인 경우에는 더욱 그러하듯이] 개인은 단순한 권력의 '중간자intermediary' 역할을 거부하고 저항을 통한 권력 변화의 출발점 역할을 할 수 있다. 또한 저항의 가능성은 푸코 자신이 말한 '자기에의 배려care of the self' 또는 '존재의 미학aesthetics of existence'의 수행을 통해 더 높아질 수 있다. 중요한 것은 구성원 개개인이 기존의 생명권력을 전달하는 중간자 역할을 선택하든 혹은 저항을 선택하든, 생명권력은 구성원의 그 행위에 의해 어떤 형태로든 변화되기 마련이라는 것이다. 즉, 구성원의 행위는 그 구성원이 속한 사회의 다른 구성원(들)로부터 [흉내 내거나, 보상이나 제재를 가하거나, 교정을 하거나, 추론을 끌어내거나 등등] 다양한 행위를 유발하게 되고, 이런 과정을 거쳐 생명권력의 성격이나 의미가 변하게 된다. 이러한 변화과정을 해러웨이나 바라드는 하나의 행위가 다른 행위에 의해

22 조주현, 같은 글.

회절된다diffracted고 표현했다.[23] 특히 브랜덤의 언어적 실천 모델의 경우, 이러한 과정은 각 구성원이 자신을 포함한 다른 구성원들의 언어적 행위와 그 행위의 적절성을 판단하는 행위에 의해 지속적으로 변화되는 '의무적 점수기록deontic scorekeeping' 행위에 대응되는 것이다.[24]

이처럼 실천에 속하는 각 구성원의 행위는 그 실천에 의해 그 행위의 의미나 효과가 결정되지만, 역으로 생명권력이나 언어적 실천, 또는 사회적 규범과 같은 실천들은 각 구성원의 행위 하나하나에 의해 결정되게 된다. 예컨대 한국인인 나의 행위의 의미는 다양한 한국의 전통이나 문화에 의해 결정되지만, 한국인이라는 것이 어떤 의미를 가지는가에 대한 나와 다른 구성원들 간의 끊임없는 논쟁에 의해 이러한 한국적 전통이나 문화가 부분적으로 변화 또는 유지되게 된다. 그리고 당연히 이러한 논쟁에는 논제나 논의 목표가 미리 확정되어 있지 않으며, 논제나 논의의 목표는 논쟁 과정에서 구체화되어 나간다.[25] 실천이론은 이러한 이해를 체계적으로 구체화하려고 한다. 푸코의 권력/지식론의 경우 실천이론의 첫 번째 측면인 각 행위가 실천에 의해 그 의미가 결정되는 면을 잘 보여주고 있지만 실천이론의 두 번째 측면인 구성원 개개인의 행위에 의해 실천의 의미가 정해지는 면은 체계적으로 소화시키지 못한 점이 있다.[26]

언어적 실천에서 사회적 실천으로 확장된 실천이론은 신자유주의적

---

23 Joseph Rouse, "Social Practices and Normativity," *Philosophy of the Social Sciences* 37:1 (2007), 49~50쪽.

24 Brandom, *Making it Explicit*, 142쪽.

25 한국적 전통과 문화는 미리 규정되어있는 것이 아니며 끊임없는 논쟁을 통해 변화 또는 유지되는 것이라는 위의 주장이 불러올 상대주의라는 비판에 대한 응답은 조주현, "'사회적인 것'의 위기와 페미니스트 정체성의 정치: 린다 제를리의 대안"을 참조하라. 사실 실천이론에 속하는 대부분의 이론은 보편주의의 경직성과 상대주의의 무기력증 사이를 적절하게 항해해 나가려는 노력의 산물이다.

26 하지만 푸코와 부르디외에 대한 라투르의 평가에서도 드러나듯이 푸코의 권력 개념이 부르디외의 아비투스 개념보다는 좀 더 유연한 것으로 보인다; Latour, *Reassembling the Social*, 86쪽, 156쪽.

지구화와 같은 사회변화로 인해 다양한 사회적 실천의 작동방식이 더욱 분산 또는 편재되는 경향을 보임에 따라 더 큰 설득력을 얻어가고 있다. 사회적 실천들의 이 같은 분산 또는 편재 경향은 현재의 다양한 사회적 실천이나 현상을 모듈module이나 블랙박스로[27] 구성된 일정한 개념도구를 가지고 설명하는 방식이 더 이상 효율적 전략이 될 수 없게 하였다. 이것은 예컨대 주권권력이나 국가이성의 통치성governmentality of raison d'etat을 설명하는데 유용했던 개념적 도구들을 적절히 변형하는 것만으로는 신자유주의 통치성의 현란한 변신과 다양한 사회현상을 효율적으로 다룰 수 없을 뿐만 아니라, 신자유주의 사회에 적합한 안정적 개념도구 세트를 재구성하면 그 안에서 일어나는 모든 현상을 그 개념도구 세트로 다시 설명할 수 있을 것이라는 기대 자체를 접어야 한다는 것을 의미한다.[28] 또한 이것은 사회학적 접근을 통해 얻을 수 있는 정치적 함의라는 것이 어떤 단일한 원리나 주의, 혹은 관점을 통해 도출될 수 있는 것이 아니고, 각 사회현상에 대한 구성원 간의 상호작용 단계에서부터 철저한 관찰과 분석을 통해 얻어진 연구결과를 통해 도출되어야 하는 것임을 의미하며, 그렇게 얻어진 정치적 함의도 사회적 동의를 얻기 위한 논의와 설득 과정에서 그 의미가 변화 또는 구체화되는 과정을 거치게 된다는 것을 의미한다.

아마도 대부분의 실천이론가들은 이러한 결론에 동의하겠지만 이러한 주장을 최근에 가장 강력하게 펼친 이론가로 라투르와 제를리를 들 수 있다. 다음 절에서는 먼저 라투르의 이론을 자세히 살펴보도록 한다.

27 Michel Callon and Bruno Latour, "Unscrewing the Big Leviathans: How Do Actors Macrostructure Reality," in *Advances in Social Theory and Methodology: Toward an Integration of Micro and Macro Sociologies*, ed. K. Knorr and A. Cicourel (New York: Routledge, 1981), 277~303쪽.

28 Joo-hyun Cho, "Neoliberal Governmentality at Work: Post-IMF Korean Society and the Construction of Neoliberal Women," *Korea Journal* 49:3 (2009), 15~44쪽.

3. 라투르의 '결합의 사회학'과 정치적 관련성

과잉 사회화된 인간 개념의 문제를 극복할 수 있는 통찰력은 라투르의 대안을 통해 얻을 수 있다. 라투르는 자신의 과학사회학sociology of science 연구를 통해 앞에서 설명한 실천이론과 유사한 결론에 도달했다. 라투르는 행위자-연결망 이론ANT에 대한 최근 연구에서 '사회적인 것'의 사회학을 하는 주류 사회학자들이 설명해야 할 것과 설명을 혼동하고 있다고 주장했다. 즉, 주류 사회학자들이 어떤 사회현상의 원인으로 제시하는 사회체social aggregates란 것이 어떤 설명력을 갖고 있는 것이 아니라 그 자체가 설명을 통해 도출되어야할 결과이며, 주류 사회학자들은 '사회적인 것'이 본질적으로 사회적인 것들의 결합으로 이루어진다고 보고 있지만 실제로 '결합associations'은 사회적이지 않은 것들의 결합으로 이뤄지고 있으며, 사회현상을 연구할 때는 이미 확정된 사회적 변수를 찾아 그걸 가지고 설명하려할 것이 아니라 어떻게 개별 요소들 간의 새로운 결합을 통해 그 같은 사회현상이 결과했는지 그 결합의 과정을 추적하는 것이어야 한다고 본 것이다.[29]

라투르가 ANT의 선구자라고 지목한 가브리엘 타르드에 따르면, 수많은 복잡계 중에서도 인간사회가 우리에게 특별한 이유는 우리 자신이 인간사회를 내부에서부터 조망할 수 있을 뿐만 아니라 인간사회가 외부에서 관찰해야 하는 다른 어떤 복잡계보다도 작은 수의 요소들로

29 *Latour, Reassembling the Social*, 8쪽. 필자는 이 글에서 타르드가 제시한 이론과 관련된 부분을 더 강조하고 라투르가 과학기술사회학의 연구를 통해 도출한 몇 가지 특성, 예컨대 그의 비인간 행위자를 포함한 행위소actant 개념으로 사회와 자연을 대칭적으로 다루려는 시도는 배제했다. 라투르가 자신의 이론의 핵심부분의 하나로 간주한 것을 제거한 이론이 과연 라투르의 ANT라고 부를 수 있는가라는 반론이 제기될 수 있겠지만 라투르 이론의 여러 측면 중에 필자에게 필요한 부분은 실천이론에 반영되어 있는 라투르의 이론 정도로도 충분하다고 보았다.

구성되어있기 때문이다.[30] 라투르에 따르면, 사회학자는 자신의 이 같은 특별한 조건을 활용하여 구성원들이 만들어내는 새로운 결합을 찾아나서야 하며, 비판사회학자가 충고하듯이 '사회적인 것'에 의해 미리 부과되거나 임의적으로 주어진 경계에 머물러서는 안된다. 라투르는 이러한 결합들을 수집하고 비교한 후 수정을 거쳐 일관된 전체로 변형시키는 것, 즉 '사회적인 것'을 재조립reassembling the social하는 것이 필요하다고 보았다. 이때 재조립은 '사회적인 것의 사회학'이 해왔듯이 어떤 미리 전제된 원칙에 따라 실행될 수 없다. 즉 사회학자는 스스로를 과학적 의미에서 더 객관적이고 그래서 사물을 다른 사회구성원들보다 더 깊고 넓게 볼 수 있다고 주장하기보다는, 사회구성원들이 비록 연구자의 눈높이에 맞게 분명히 표현하지는 못한다하더라도 자신들의 행위를 잘 알고 있을 뿐만 아니라 절대로 사회적 맥락에 묶여있지만은 않으며, 단순한 정보제공자 이상의 의미를 지닌다는 사실을 받아들여야 한다는 것이다.[31]

ANT의 초기연구에서 깔롱과 라투르는 '사회적인 것의 재조립 과정'에 대해 좀 더 상세한 설명을 하고 있다. 이들은 구성원 간의 일련의 결합이 협상과 타협, 폭력 등을 통해 상대적으로 견고한 하나의 결합[즉 블랙박스]으로 정착되면, 사람들은 이 블랙박스를 통해 '큰-행위자macro-actors'를 구성하여 다른 행위자들의 의도를 이 '큰-행위자'의 의도로 치환해서 이해할 수 있게 된다고 주장했다.[32] 블랙박스란 일관된 전체로 가기 이전의 중간단계의 결합을 상징하는 말인데, 이 개념은 이후 좀 더 포괄적인 '중간자intermediary'와 '중재자mediators' 개념으로 발전된

---

30 타르드에게 사회란 복잡계를 말한다. 타르드에 따르면 "모든 복잡계를 다 사회라고 부를 수 있다"; Bruno Latour, "Gabriel Tarde and the End of the Social," in *The Social in Question: New Bearings in the History and the Social Sciences*, ed. Patrick Joyce (New York: Routledge, 2002), 117~32쪽; 인용은 120쪽.

31 Latour, *Reassembling the Social*, 4쪽.

32 Callon and Latour, "Unscrewing the Big Leviathans: How Do Actors Macrostructure Reality," 277~303쪽.

다. 즉 '중간자'는 블랙박스의 새로운 이름이고, '중재자'는 중간자에 비해 덜 안정적이지만 주어진 행위에 대해 몇 가지 서로 다른 반응을 하는 좀 더 창의적인 결합의 이름이다.[33] 그러므로 ANT 혹은 '결합의 사회학'은 어떤 사회도, 사회적 영역도, 조는 사회적 결속도 미리 전제하지 않으며, 추적 가능한 결합을 낳을지도 모르는 중재자들 사이의 이동 혹은 번역translation을 따라가는 것을 목표로 삼는다. 이때 연구자가 추적하는 결합은 자연과학을 모델로 하는 '수동적 사실matters of fact'에 관한 문제가 아니고 '관심이 필요한 사실matters of concern'에 관한 문제로,[34] 연구자는 도처에서 이러한 사실들의 흔적을 발견할 수 있을 뿐만 아니라 그 사실들에 대한 정보가 홍수를 이루고 있으므로 결합의 사회학은 그 다양한 존재양식을 제대로 다뤄나가야 한다는 것이다.[35] 라투르는 이러한 시도를 통해 융통성 없는 '사회적인 것의 사회학'을 유연한 '결합의 사회학'으로 전환시킬 수 있을 것으로 보았다.[36]

물론 예외적으로 결합의 사회학이 필요하지 않는 경우가 있다. 그 경우는 이 모든 간섭을 따라가는 힘든 작업을 포기하고 느슨한 설명으로 후퇴할 때다. 그리고 그런 경우에는 '사회구조'나 '면대면 상호작용'으로 상황을 설명해도 아무 문제가 없게 된다. 그러나 이것은 우리가 판에 박힌 상황을 판에 박힌 틀로 설명한다는 것을 의미한다. 느슨한 설명에서 '사회구조'란 사실상 정보가 거의 없는 행위자-연결망 혹은 행위자가 너무 조용해서 행위자에 대한 어떤 새로운 정보도 필요하

33 '중간자'는 "의미나 세력을 변형 없이 그대로 전달"하고, '중재자'는 "의미나 요소들을 변형, 번역, 왜곡, 수정"한다; Latour, *Reassembling the Social*, 39쪽.

34 '관심이 필요한 사실들matters of concern'이란 객관적으로 정립되어 있는 것이 아니고 탐색과정에서 그 의미가 다양한 양상들로 드러날 수 있는 그러한 사실들의 집합을 말한다.

35 Latour, *Reassembling the Social*, 114~15쪽.

36 Latour, 같은 책, 184쪽. 라투르는 결합의 사회학이 사회적인 것의 사회학을 바꾸는 패러다임이라는 것을 강조하기 위해 결합의 사회학을 심지어 상대성 이론의 발달과 대비시키기도 했다; Latour, 같은 책, 12쪽.

지 않은 형태의 행위자-연결망을 뜻한다. 또한 '면대면 상호작용'이란 중간자로 행동하는 국지인들이 이미 너무 잘 구성한 장이 되기 때문에 '국지적인 사실'로 간주해도 별 문제가 없는 상황이 된다.[37]

라투르는 사회학이 잘못된 방향으로 들어서게 된 것은 사회공학을 향한 정책적 대안을 제시하기 위해 결합들의 추적이라는 어렵고도 인내심이 요구되는 작업을 너무 일찍 포기하면서부터였다고 말한다.[38] 물론 사회학이 '단순히' 과학으로만 남으려고 한다면, 어떤 식으로 공동체를 이룰 것인가에 대한 수많은 후보안을 참조할 필요 없이 실현가능한 몇 가지 안만 제시하면 될 것이다. 그러나 행위자-연결망 이론은 사회학이 단순히 과학으로만 남지 않고 공동체의 과학이 되려한다면, "공동체를 조립하는 작업은 미리 규정된 좁은 사회적 영역들 훨씬 저 너머로까지 예상치 못한 개체 간의 결합을 추적하는 작업이 동반되지 않는 한 이루어질 수 없는 것"이라고 조언한다.[39] 라투르가 말했듯이 "우리는 결코 근대인인 적이 없었다." 왜냐하면 '사회적인 것의 사회학'은 '사회적인 것'의 개념에 묻혀 정책적 대안을 제시하느라 바빠서 "사회적인 것이 흐트러지는 광경에 대한 놀라움을 지속했다면 제대로 설명할 수 있었을 20세기의 수많은 재앙, 혁신, 위기들을 설명하지 못했기 때문이다."[40]

사회학이 공동체의 과학이라는 명칭에 걸맞은 학문이 되기 위해서는 사회학은 충분한 정치적 관련성을 보여야 한다.[41] 그러나 라투르는 사회학이 정치적 관련성을 보여야 한다는 것을 마치 비판사회학이 지금껏 해왔던 것처럼 사회현상의 배후에서 보이지 않게 영향력을 행사하는 어떤 강력한 힘을 밝혀내는 식의 설명을 한다는 것으로 이해할 수는 없다고 보았다. 오히려 사회학이 정치적 관련성을 갖게 되는 것은 특수

37 Latour, 같은 책, 202쪽.

38 Latour, 같은 책, 13쪽.

39 Latour, 같은 책, 260쪽.

40 Latour, 같은 책, 258~59쪽.

41 Latour, 같은 책, 259쪽.

한 요구에 걸맞은 방식으로 새로운 결합을 조립함으로써 그 조립이 신선함을 유지할 때다.[42] 결국 라투르가 제안하는 것은 확고부동한 사회적 변수가 아니라 집합의 요소[즉 결합]를 반복적으로 개선하고, 매 번의 반복마다 그 일관성을 높이도록 노력하자는 것이다.[43] 이러한 라투르의 접근법은 푸코의 저항과 비판 개념, 특히 푸코의 아고니즘[44]을 더욱 구체화시킨 것으로 볼 수 있다. 그러나 라투르는 사회과학자, 철학자, 지식인의 역할에 대해 좀 더 낙관적인 태도를 보인 반면 푸코는 이들의 역할에 대해 비관적인 태도를 보인다.[45] 지식인에 대한 푸코의 비관적 전망은 다음 인용문에 잘 나타나 있다.

> 오늘날 지식인의 역할은 법을 수립하거나 정책을 제시하거나 미래를 예측하는 데 있지 않다. 왜냐하면 그 같은 일들은 내 생각으로는 비판되어야 할, 이미 확고해진 권력의 상황이 잘 작동하도록 돕는 것일 뿐이기 때문이다.[46]

42 Latour, 같은 책, 260~61쪽.

43 Latour, 같은 책, 260~61쪽.

44 '아고니즘agonism'은 상호 투쟁적이면서 동시에 상호격려적인 관계를 말한다. 그 관계는 면대면 대립으로 양쪽이 모두 무력화되는 것이기보다는 영원히 서로를 자극하는 관계이다. Michel Foucault, "The Subject and Power," in *Beyond Structuralism and Hermeneutics*, ed. H. L. Dreyfus and P. l. Rabinow (Chicago: The University of Chicago Press, 1983), 208~229쪽, 인용은 208쪽; Colin Gordon, "Governmental Rationality: An Introduction," in *The Foucault Effect: Studies in Governmentality*, ed. G. Burchell, C. Gordon, and P. Miller (Chicago: The University of Chicago Press, 1991), 1~52쪽, 5쪽에서 재인용.

45 이 문제에 대한 푸코의 태도에 대한 자세한 논의로는 Kelly(2009)의 제5장과 6장을 참조하라; Mark G. E. Kelly, *The Political Philosophy of Michel Foucault* (New York: Routledge, 2009).

46 Michel Foucault, *Remarks on Marx: Conversations with Duccio Trombadori* (New York: Semiotext(e), 1991), 157쪽; Kelly, *The Political Philosophy of Michel Foucault*, 136쪽에서 재인용.

행위자-연결망 이론이 제안한 사회과학의 야심적 역할이 정당한 것인지 여부는 그 주장에 걸맞은 연구결과를 제시할 수 있느냐에 달려있을 것이다. 그러나 정치적 관련성과 행위자에 관한 행위자-연결망 이론의 주장은 라투르 외에도 특히 아렌트의 정치적 판단론과[47] 아렌트를 페미니즘 관점에서 발전시킨 앨런, 제를리, 라클라우와 무페 등의 이론들에서도 공통적으로 나타나는 주장이다. 요약하면 우리는 행위자-연결망 이론이 푸코의 권력/지식론을 다음과 같은 식으로 보완했다고 말할 수 있다. 첫째, 행위항 사이에 발생되는 연결을 어떤 이론적 전제[즉 사회적인 것]나 특권적 지위를 부여하지 않고 따라갈 것. 둘째, 이 연결들의 일부를 중간자나 중재자로 조립할 것. 셋째, 이 중간자나 중재자를 집합체[즉 사회]로 재조립할 것. 넷째, 필요하면 변형과 수정을 거쳐 집합체를 정치적 함의를 지닌 일관된 전체로 재조립할 것이다.[48]

4. 제를리의 '정치적 자유론'과 비판사회학에의 함의

보편주의는 자유주의 페미니즘이 젠더 정치를 구사하면서 오랜 기간 의존해온 세계관이다. 보편주의는 인간의 권리를 요구하는 보편주의적 가치가 정치와 지식 추구의 기준이 되게 하는 것이다. 자유주의 페미니즘의 정치학은 이러한 보편주의를 기반으로 인권의 보편적 기준에 근거하여 여성의 권리를 요구하는 전략을 구사해왔다. 즉, 자유주의 페미니즘의 목표는 여성의 보편적 권리를 확보하는데 있다. 그러나 지구화가 진행됨에 따라 국민국가 단위로 진행되던 페미니즘 정치

47 Hannah Arendt, *Between Past and Future* (New York: Penguin Books, 1954).

48 Latour, *Reassembling the Social*, 247~62쪽.

가 문화적 충돌이 주요 이슈로 부각되는 글로벌 페미니즘 정치로 패러다임이 이동하면서 탈식민주의와 다문화주의 페미니즘이 등장하게 됐고, 서구의 기준을 보편의 기준으로 위장하는 보편주의에 대한 비판이 제기되기 시작했다.[49]

너스범M. Nussbaum과 벤하비브S. Benbhabib 등 보편주의를 지향하는 페미니스트들은 이 같은 비판에 대해 지구화 시대에 문화는 이미 혼종의 형태를 보이고 있는데 아직도 문화적 충돌이라고 부를 수 있을 정도로 서로 구분되는 고유한 문화적 단위가 있다고 보는 것은 연구자의 관점이지 실제 그 안에서 살고 있는 구성원의 관점이 아니라고 반박하면서, 만약 지역문화의 특수성을 고집하는 경우가 있다면 그런 지역문화는 타문화의 수용을 거부하고 자기문화의 절대적 진리를 주장하는 것이 되므로 그런 닫힌 입장 자체가 그 문화가 보편적이지 못함을 말해주는 것이고, 무엇보다도 어떤 문화권도 자기 문화 안에 이미 보편적 가치를 내재하고 있기 때문에 이미 거기에 있는 공동의 보편주의적 가치를 발견해낼 수 있을 것이라고 주장했다.[50] 나아가 보편주의 페미니스트들은 만약 페미니즘 정치가 보편적 가치를 수용하지 않는다면 각 문화권의 경험을 판단하는 기준은 그 문화 내부에서 나와야 하는데, 이렇게 되면 맥락을 떠난 보편적 판단기준이란 존재하지 않는다는 상대주의 논리를 받아들일 수밖에 없게 될 것이며, 상대주의를 받아들이게 되면 페미니스트들은 자신이 속하지 않은 영역의 여성문제에 대해서는 정치적으로

49 Linda Zerilli, "Toward a Feminist Theory of Judgment," *Signs: Journal of Women in Culture and Society* 34:2 (2009), 295-317쪽.

50 제릴리는 보편주의 인식론의 논객으로 너스범과 벤하이브를, 상대주의 인식론의 논객으로 하트속, 하딩, 해러웨이를, 제3의 대안적 인식론의 논객으로 아렌트, 버틀러, 제릴리를 위치짓고 있다. Martha Nussbaum, *Women and Human Development: The Capabilities Approach* (Cambridge: Cambridge University Press, 2000); Seyla Benhabib, *The Claims of Culture: Equality and Diversity in the Global Era* (New Jersey: Princeton University Press, 2002); Zerilli, "Toward a Feminist Theory of Judgment," 303쪽에서 재인용.

침묵해야 하는, 페미니스트라면 도저히 받아들일 수 없는 상황에 놓이게 될 것이라고 경고했다.

사실상 많은 페미니스트들이 한편으로 보편주의를 비판하면서도 동시에 이러한 상대주의의 질곡에서 벗어날 수 있는 전략을 시도했다. 제릴리는 입장론이 그 대표적인 예가 된다고 말한다. 예컨대 하트속이 주장한 입장론은 여성들의 경험을 여성의 시각에서 주장하는 것이 정당한 지식이 될 수 있다고 보는 인식론이다. 그런데 이러한 입장론은 보편적 판단기준을 전제하지 않으며, 여성주체의 주관적 인식에 따른 주장을 지식으로 인정할 수 있다고 보는 것이므로 처음부터 상대주의 혐의를 받게 된다. 제릴리에 따르면 입장론자들은 이 같은 상대주의 혐의를 벗어나기 위해 서둘러 보편주의 용어인 '객관성'을 차용한 후 여성들의 주변적인 사회적 위치가 인식론적으로 덜 왜곡된 지식을 담보한다고 주장하는 '강한 객관성' 개념을 제시하는 전략을 택했지만, 궁극적으로 입장론자들은 상대주의 혐의에서 벗어나기 위해 자신들이 그동안 비판한 보편주의 기준에 다시 의존하는 결과를 가져왔다. 더구나 제릴리에 따르면 상대주의를 벗어나려는 하트속의 이 같은 시도는 또 다른 입장론자인 하딩이 '여성'의 관점으로 일반화할 수 없는 여성들 사이의 차이의 문제를 제기함에 따라 입장론은 스스로 상대주의 문제에서 벗어날 수 없는 상태에 놓이게 됐다.[51]

제릴리에 따르면 입장론은 여성들의 경험에 특권적 지위를 부여하고 있지만, 그 지위의 정당성을 철학적 혹은 인식론적으로 입증하려하는 한 입장론이 상대주의 혐의에서 벗어날 수 있는 방법은 없다. 제릴리는 이러한 보편주의와 상대주의의 위험 사이에서 제3의 길을 제시하는 데, 그 시작이 바로 버틀러의 '문화번역' 개념이다. 문화번역은 초역사적이고 탈맥락적인 보편적 기준에 의존하지 않으면서도 동시에 판단기준은

51 Zerilli, 같은 글, 306~07쪽. 그러나 하딩은 이후 방향을 선회하여 입장론이 여성들 간의 차이의 문제를 다뤄나갈 수 있다고 보았다; 샌드라 하딩, 『누구의 과학이며 누구의 지식인가?: 여성들의 삶에서 생각하기』, 조주현 역 (파주: 나남, 2009), 50쪽 각주 21.

내부에서만 나올 수 있으므로 외부자는 내부의 경험을 판단할 수 없다는 자민족중심주의의 무개입성에도 동의하지 않는 것을 말한다. 버틀러와 제를리가 주장하는 대안적 인식론은 간단히 말해 "보편적 가치는 오직 국지적 장소에서만 실현된다."이다.[52] 또한 그러한 보편적 가치는 각각의 국지적 장소가 갖고 있는 수사적 틀에 맞는 방식으로 번역된 형태로 제시되어야 하며, 그 과정은 이미 있는 보편적 가치를 발굴하는 것이 아니라 새로운 보편적 가치를 창출할 수 있는 것이어야 한다. 보편적 가치가 이처럼 미리 정해져 있는 확정된 것이 아니라 세계로 열려 있는 것이고 그 실현 지점은 국지적 장소라고 할 때, 보편주의와 상대주의 위험에서 벗어나는 방법은 미리 주어진 보편적 규칙이 없는 상황에서 하나의 특수성의 자격으로 다른 특수성에 대해 의견을 만들어낼 수 있는 능력을 키우는 것이 된다.[53]

제를리는 보편주의와 상대주의 위험에서 벗어날 수 있는 구체적 전략으로 아렌트의 정치적 판단 개념을 차용하여, 상대주의 문제를 인식론적으로 해결하려하지 말고 일차적 실천의 영역에서 해결될 수 있는 문제로 보자고 제안한다. 먼저 제를리는 정치적 판단을 하는 데 있어 [즉 타문화 혹은 타 집단의 경험을 이해하는데 있어] 행위자가 그 타 집단의 구성원과 동일시될 필요는 없으며, 오히려 행위자가 판단하려고 하는 그 집단의 외부에 위치하는 것이 그 집단의 경험을 판단하는데 핵심적 조건이 된다고 주장한다. 동일시된 관점은 단지 또 한사람의 원주민을 낳을 뿐이기 때문이다. 이때 외부자인 행위자가 내리는 정치적 판단은 객관적 기준에 근거한 것도 아니고, 그렇다고 단순히 주관적이거나 개인 혹은 특정문화가 갖고 있는 선호도 때문이라고만도 할 수 없다. 정치적 판단이란 바로 타자의 동의를 구하는 행위이기 때문이다.[54]

52 Zerilli, 같은 글, 303쪽.

53 Zerilli, 같은 글, 307쪽.

54 Zerilli, 같은 글, 309쪽.

동의를 구하는 과정은 인식론적 권위나 특권에 기대어 이루어질 수 없으며, 어렵더라도 설득과 의견 교환이라는 일차적인 정치적 실천 그 자체를 통해 달성되어야 한다.[55]

이처럼 페미니즘 정치의 패러다임을 철학적 혹은 인식론적 보편주의 기준을 전제하는 것에서부터 하나의 특수성의 신분으로 다른 특수성을 판단하는 정치적 실천과정을 통해 궁극적으로 보편성을 창출해내는 것으로 보는 것으로 전환하는 것이 갖는 효과는 제릴리가 분석한 이태리의 '밀라노 페미니즘 공동체' 사례에서 잘 나타난다.[56] 밀라노 페미니즘 공동체는 1987년에 더 이상 사회계약의 논리 안에서 성평등을 주장하지 않겠다고 선언했다. 이들은 평등권에 대한 요구는 언제나 남성권력이 보편적 기준이 되며, 그 기준에 근거해 여성은 피해자의 위치에서 보상으로서의 평등을 요구하게 되는 구조를 가져온다고 보았다. 이들은 남성의 기준에 근거한 여성 피해자의 권리회복 운동보다 억압 이전의 여성들 사이의 자유로운 관계를 상징적으로 형상화하는 작업이 더 중요하다고 생각했다.[57]

1970년대의 제2차 여성해방운동[즉 제2물결]은 여성들 간의 동질성과 상호성을 강조하는데서 시작했지만, 여성들 간의 차이는 드러내지 못했었다. 밀라노 페미니즘 공동체는 이에 대한 반성으로 이후 구성원 모두의 의견을 듣는 것에 집중하는 방식을 도입했다. 그러나 공동체는 여성들 간의 차이를 모두 드러내는 것으로 전략을 바꾸었지만, 그 드러난 차이를 어떻게 이해해야 하는가에 대한 문제를 해결하지 못했기 때

55 Zerilli, 같은 글, 308~09쪽.

56 The Milan Feminist Collective, *Sexual Difference*, tr. P. Cigogna and T. de Lauretis (Bloomington: Indiana University Press, 1990); Zerilli, *Feminism and the Abyss of Freedom*, 92~123쪽에서 재인용.

57 밀라노여성서점조합(밀라노 페미니즘 공동체)The Milan Women's Bookstore Collective은 그동안 수용됐던 여성 해방의 틀로서 여성의 보편적 권리 주장이나 여성의 다름을 통한 사회에의 기여 둘 다를 거부하고, 여성들 사이의 자유로운 관계를 실천하는 새로운 페미니즘 정치를 제안했다.

문에 차이를 드러내는 작업이 여성들 간의 동질성을 강조함으로써 차이를 부정했던 방식에 비해 더 나을 것이 없었다. 여성들 사이의 차이는 그 차이를 연결하고, 평가하고, 판단하지 않으면 무의미한 것이다. 제릴리는 차이를 단지 드러내기만 하는 것은 모든 차이를 평등하게 다루는 것인데, 그 자체로는 목적한 바인 아무도 제외되지 않고 모두가 존재할 수 있게 하는 것이 가능하지 않으며, 오히려 모두의 존재가 현실화될 수 있는 사이공간 그 자체를 파괴해 버린다고 주장했다.[58]

밀라노 페미니즘 공동체가 보여준 특이점은 단지 차이를 드러내기만 하는 작업에서 벗어나 바로 이 여성 간의 차이를 상징화하는 문제에 총력을 기울인데 있다. 이들은 차이를 드러내기만 하는 페미니즘 정치를 비판하면서 "여성은 다른 여성을 판단할 수 있고 해야 한다. 또한 여성은 자신에 대한 다른 여성의 판단을 직면할 수 있으며 해야 한다."고 주장했다.[59] 판단을 유보하고 오직 차이만을 지속적으로 드러내는 작업은 결코 해방적이지 않으며, 결국 여성들의 욕망을 시들게 할 것이라는 것이다. 서로 다른 여성 욕망을 표출하게만 하고 판단을 금지시킬 때 실천의 기운은 상실된다. 제릴리는 페미니즘 정치에서 여성 간의 불일치가 드러나는 강렬한 갈등의 공간이 없이는 강렬한 욕망의 공간도 진정한 페미니즘 정치의 가능성도 존재할 수 없으며, 단지 미리 확정된 담론만이 현실과 결합되지 않은 채 작동하게 된다고 말했다. 그러므로 밀라노 페미니즘 공동체가 보여준 교훈은 페미니즘 정치의 방향이 여성 간의 동질성과 공동의 목표를 미리 설정해놓으려고 하거나 여성 간의 차이를 그대로 드러내는 것에 머무는 상대주의의 위협에 빠져있을 것이 아니라, 여성 간의 차이를 결합시키는 방식에 대해 고민하는 방향으로 나아가야 한다는 것이다.

제릴리는 페미니즘 정치는 여성의 자유에 토대를 제공해줘야 한다고

---

58 Zerilli, *Feminism and the Abyss of Freedom*, 107쪽.

59 Zerilli, 같은 책, 111쪽.

주장했다. 이때 토대란 여성의 자유를 사회적으로 정당화시켜주는 것이 아니라 여성의 자유에 신뢰를 보내는 것entrustment을 말한다.[60] '위임entrustment'이란 다른 여성의 자유에의 욕망을 인정해주는 나와 나의 욕망을 인정해주는 다른 여성의 존재에 의해 보장되는 실천이다. 밀라노 페미니즘 공동체는 여성의 자유를 추구하는데 있어 선험적으로 주어진 사회적 권리를 획득하는 것보다 내가 신뢰할 수 있는, 내 욕망을 인정해주고 나를 대변해줄 수 있는 여성 대표를 갖는 것이 더 중요하다고 주장했다. 이렇게 '여성 자유의 정치'는 여성 간의 관계에 의해 형성돼가는 것으로서 보편적 기준이 없는 정치인데 비해 '평등권의 정치'는 보편적 기준이 전제돼있는 정치라고 말할 수 있다. 제를리는 서로 대립돼보이는 이 두 정치에 대해 공존의 방식을 제안한다. 먼저 여성 자유에의 요구는 말과 행동의 교환을 뜻하는 것이므로 그것은 근원적으로 선험적 기준을 갖고 있지 않은 것이다. 따라서 여성 자유에의 요구는 상황에 따라 여성의 권리를 주장하는 것으로 표출될 수도 있지만, 전혀 다른 방향으로 구체화될 수도 있다. 그런데 이렇게 여성 간의 관계를 통해 무엇을 평등한 것으로 볼 것인가가 정해지는 여성 자유의 정치가 선행되지 않는다면 평등의 정치는 사실상 현실에서 포착되기 어려운 관계라는 점에서, 여성 자유의 정치는 평등의 정치를 위해서도 반드시 필요한 것이라고 말할 수 있다.[61]

이상의 논의에서 밀라노 페미니즘 공동체의 특성을 앞에서 제를리가 설명한 보편주의 대 상대주의의 논쟁과 결합시켜 보면 다음과 같다. 밀라노 페미니즘 공동체는 평등의 기준을 선험적으로 정해 놓았던 초기 보편주의 페미니즘 정치도, 이후 여성 간의 차이만을 부각시켰던 상대주의 페미니즘 정치도, 둘 다 공동체에 활력을 가져다주지 못한다는 것을 알게 됐다. 이 공동체가 택한 제3의 페미니즘 정치는 여성들이 서로의

60 Zerilli, 같은 책, 115쪽.

61 Zerilli, 같은 책, 120쪽.

차이를 인정하고 그 차이를 통해 자신의 욕망을 대변하는 다른 여성을 신임하고 지지하며, 지지받은 여성대변인authoritative female interlocutors은 공적 영역에서 여성의 경험을 대변하는 성찰적 과정을 통해 페미니즘 정치가 보편적 평등의 기준을 새롭게 만들어나가기도 하지만 또한 다른 방향으로 나아갈 수도 있다고 보는 정치다. 그리고 오직 개별 여성 간의 관계망을 통해서만 보편적 여성운동의 가능성은 열려있다고 본다.

필자는 페미니즘이 그동안 겪은 경험적 위기를 극복하기 위해 나온 이 대안이 비판사회학에 유용한 함의를 제공한다고 본다. 그것은 국지적 경험세계를 뛰어넘는 보편적 틀을 적용하기를 멈추는 것, 그리고 국지적 공간의 사람들 간의 관계에서 말과 행동을 통해 구성되는 의미의 장으로부터 보편화를 추구해 나가야한다는 것이다. 그것은 더디고 느린 길이지만 그 길 외에는 방법이 없다는 메시지이다.

5. 푸코, 라투르, 제롤리의 통찰과 한국 비판사회학에의 함의

이 장에서 필자는 비판사회학과 라투르가 '사회적인 것의 사회학'이라고 부른 대부분의 주류 사회학적 접근법의 문제점을 살펴본 후, 라투르가 대안으로 제시한 방법론을 중심으로 변화의 방향을 살펴보았다. 필자는 라투르가 내린 '사회적인 것의 사회학'에 대한 진단이 상당히 설득력이 있다고 생각하며, 특히 비판사회학의 경우는 그 실천적 성격 때문에 더욱 더 라투르가 지적한 문제에 노출되어 있다고 생각한다. 즉, 사회문제를 비판하고 변화를 위한 대안을 제시해야 한다는 전제가, 그것도 효율성을 위해서는 적절한 시기에 빨리 대안을 제시해야 한다는 전제가, 바로 라투르식의 비판에 취약하게 되는 주요 이유가 된다는 것이다. 비판사회학의 이러한 전제는 사회현상을 정확히 분석하고 그 효과적 해결을 찾는 작업을 오히려 어렵게 할 수 있다. 페미니즘 정치의 경우 억압받고 있는 여성을 위한 정치적 '목적의 효용성'만이 이론 채택 여부를 결정하는 기준이 되었다는 비판을 받고 있는데,[62] 비판사회학의 경우도 유사한 비판을 피해가기 힘든 것으로 보인다.

이러한 '조급증'으로 인한 문제 중 자주 지적되는 것이 바로 라투르가 '사회적인 것'이라고 했던 지나치게 광범위한 개념을 내포하고 있는 개념적 도구를 사용하는 것이다. 이런 개념적 도구의 사용은 라투르도 지적하듯이 비판사회학을 "설명하지 못하는 것이 하나도 없는" 사회학이라는 비판을 받게 할뿐만 아니라, 궁극적으로 그 연구의 정치적 의미도 약화시키는 결과를 가져온다.[63] 그러므로 라투르의 지적처럼 사회학자는 연구대상인 사회구성원이 볼 수 있는 것보다 더 많은 것을 볼 수 있다는 '편견'을 버리고 구성원 속에서 사회현상을 관찰하며, 구성원이 자신의 행위에 대한 사회학자의 해석을 부정할 경우 그 구성원의 의견에 더 많은 주의를 기울여야 한다고 생각된다. 구성원의 행동에 대한 이러한 관심은 궁극적으로 인지과학 등, 다른 학문이나 접근방법에 대한 열린 태도와 함께 사회학적 설명력과 정치적 의미를 향상시켜줄 수 있을 것이다. 또한 비판사회학이 연구결과로부터 정치적 함의를 도출하여 사회변화의 전략을 제시하는 과정에서도 제를리가 지적했듯이 그 도출되는 정치적 함의와 변화전략은 궁극적으로 사회적 동의를 끌어내고 설득하는 논의과정을 통해 최종적으로 변화 또는 구체화되는 것이라는 점도 비판사회학이 실천이론으로부터 얻을 수 있는 교훈이라고 생각된다.

---

62 Stephen Turner, "The Future of Social Theory," in *The New Blackwell Companion to Social Theory*, ed. Bryan. S. Turner (New York: Wiley-Blackwell, 2009), 551~66쪽.

63 Latour, *Reassembling the Social*, 251쪽.

윤상철은 최근 10년간의 한국 비판사회학에 대한 개괄에서 "비판사회학이 위계적이고 집중적인 편제에서 벗어나 보다 다양하게 분화됨으로써 학문적 토양 자체는 더 풍요로워졌다"는 평가를 내리면서, 그 원인 중 하나로 "1990년대의 연구가 연구대상의 총체성을 강조하는 양상이었다면 최근 10년의 연구는 분석적, 방법론적 엄밀성이 요구되었기 때문"이라며, "과거의 비판사회학이 제시했었던 한국사회에 대한 총체적 비전보다는 사회의 구체적인 영역에 대한 작은 전망을 제시하고 있지만 보다 실현가능한 현실에 다가갔다는 긍정적인 평가를 내릴 수 있다"고 보았다.[64] 이러한 경향은 라투르 등이 권하는 방향으로 비판사회학이 변화해가고 있음을 보여주는 것이다.

그러나 이러한 변화가 라투르 등이 제시하는 더 근본적인 변화로 이어질지는 분명치 않다. 예컨대 최장집도 최근의 한국 민주주의와 진보진영에 대한 논평에서 진보적 지식인들이 도덕적 우월성에 집착해서 정치적 소외계층의 의사를 민주주의적 정당체제 안으로 끌어들이는데 소홀한 점, 또 일부는 이들 계층의 정치적 참여가 급감하는 현상을 '깨어있는 시민'이 되어야 한다는 논리로 책임을 떠넘기는 점 등을 지적하고 있는데,[65] 이는 라투르 등이 제기한 비판사회학, 더 일반적으로는 주류 사회과학 전반에 대한 비판과 상당부분 겹치는 지적인 것으로 보인다. 예컨대 사회구성원들이 자신의 이익에 반하는 선택을 하는 경우, 무지나 선호도 조작에 의한 경우도 있지만 주어진 사회적 조건에서 차선책으로 선택한 경우도 많으며, 어떤 설명이 옳은가는 경험연구로 검증될 문제라는 샤피로의 지적은[66] 최장집이 손낙구의 한국투표자 투표행태

64 윤상철, "한국의 비판사회학 1998~2008," 『경제와 사회』 85 (2010), 121~151쪽, 인용은 123~24쪽.

65 최장집, "한국 민주주의를 이해하는 방법에 관한 하나의 논평," 『경제와 사회』 85 (2010), 93~120쪽.

66 Ian Shapiro, "On the Second Edition of Lukes' Third Face," *Political Studies Review* 4 (2006), 146~55쪽.

에 대한 연구를 평가할 때 지적한 점과 유사하다.[67]

이 장에서 다룬 푸코, 라투르, 제믈리를 포함한 실천이론가들의 제안은 모두 점진적이면서 많은 시간과 노력을 요하는 것이다. 제믈리가 제안한 '정치적 자유론'이나 푸코식의 '아고니즘 정치', 그리고 라투르가 제안하는 '결합의 사회학'은 어느 하나 속 시원히 문제해결을 위한 객관적 기준을 제공하는 법이 없다. 그러므로 이들을 상대주의자 혹은 보수주의자 등으로 폄하하고 보편주의로 귀의하거나, 정치혁명으로 모든 모순을 해결하거나, 아니면 뒤르켐처럼 모든 사회현상을 명쾌하게 설명할 수 있는 '사회적인 것의 사회학'을 추구하고 싶은 유혹을 느끼는 것은 어쩌면 당연할지 모른다. 그러나 비트겐슈타인이나 하이데거를 포함한 실천이론가들은 그런 해결책은 헛된 희망일 뿐이라고 말한다. 비트겐슈타인 식으로 말하자면, 우리는 그냥 묵묵히 해나가는 수밖에 없다. 그러나 다른 한편 필자는 좀 더 밝은 해석도 제시하고 싶다. 만약 보편적 기준을 찾아내서 모든 불합리한 윤리적, 정치적 문제를 단번에 해결하고, 정치혁명으로 모든 불의를 몰아내며, 모든 사회문제를 완벽하게 해결할 수 있다면, 그런 세계가 정말 우리가 원하는 다양함, 놀라움, 신기함 등을 끊임없이 제공할 수 있을까? 그리고 그것이 우리가 바라는 세계일까?

푸코, 라투르, 제믈리의 처방은 어쩌면 우리의 신념과 선호하는 바를 제시, 비판, 이해하고 협상하는 과정에서 그러한 즐거움을 주는 사회가 결정되는 과정, 즉 우리 누구도 미리 예측할 수 없는 그런 사회를 고안하는 흥미롭고 창조적인 과정을 의미할지 모른다. 그리고 그런 사회에 대한 합의는 우리가 속한 사회의 시공간적 조건에 따라 끊임없이 변해갈 것이다. 이것은 다른 한편 생명진화의 결과로 지구 위에 존재하는 놀라운 다양성, 즉 창조론의 따분함을 압도하는 새로움을 만든 것과 동일한 기제로 보인다. 결국 제믈리가 제안하는 '정치적 자유론'은 생명

67 최장집, "한국 민주주의를 이해하는 방법에 관한 하나의 논평," 105쪽.

진화에서 자연선택이 하는 역할을 사회적 규범, 조직, 문화 등의 진화에서 구현하고 있는 것이라는 생각이 든다.

최장집은 한국 진보진영의 문제점으로 민주주의 체제 안에서 정당 정치적 절차를 통해 문제를 해결하려하기보다 80년대의 독재체제에 저항하던 방식을 고집하는 점을 지적했다.[68] 이것은 결국 분명하고 거대한 사회적 불의는 사실상 혁명을 통해 해결하는 것이 효과적일 수도 있고, 대부분의 정치개혁은 그것에 비해 답답하게 보일지 모르지만, 제를리 등이 제안하는 방식이 궁극적으로 훨씬 더 효율적일 수 있다는 점을 보여주는 주장이라고 할 수 있다. 이와 관련하여 한 가지 강조하고 싶은 것은 이러한 방식이 잘 작동할 수 있는 사회적 기제를 고안하고 유지하는 문제다. 이러한 기제가 잘 작동하지 않을 경우, 제를리 등이 제안하는 방식은 무기력해지고 결국 기존 체제의 수호에 기여하게 되며, 그 역동성은 사라지게 된다. 그러므로 이러한 기제의 원활한 작동을 방해하는 요소에 대한 경계는 지속되어야 할 것이다.

마지막으로 '사회적인 것의 사회학'이 직면한 위기에 대한 라투르의 진단과 처방은 머튼의 것과 유사하다는 점을 지적하고 싶다.[69] 반세기 전에 머튼은 '중범위 이론'을 제안하면서 왜 이론사회학자가 일반사회이론을 체계화하고 싶어 하는지에 대해 라투르보다 좀 더 분명한 어조로 설명했었다. 머튼에 따르면 초기 사회학은 18, 19세기의 광범위한 철학체계의 절대적 영향 하에 있었고, 그 영향 하에서 한번에 광범위한 사회현상을 모두 포괄할 수 있는 일반사회이론을 집대성하려고 했다. 머튼에 따르면 초기 사회학자들이 이러한 시도를 할 수 있었던 것은 첫째, 사회학을 성숙한 과학체계로 발전시키기 위해서는 먼저 엄청난 양의 기본적 관찰이 축적되어 있어야 한다는 사실을 과소평가했고, 둘째,

68 최장집, 같은 글.

69 Robert Merton, "On Sociological Theories of the Middle Range," in *Social Theory and Social Structure* (New York: Free Press, 1968), 39~72쪽.

'역사적 동시대성에 대한 잘못된 전제'를 가졌으며, 셋째, 자연과학에서의 이론의 실제 상태를 잘못 이해하고 있었기 때문이다.[70]

이 문제에 대한 머튼의 처방은 "필요는 단지 발명의 어머니일 뿐이고, 사회적으로 축적된 지식이 발명의 아버지"라는 사실을 기억해야 하며, 사회학은 사회학에 주어진 요구에 부응하기 위해 아직 더 많은 시간과 노력이 필요하다는 것이었다.[71] 즉, "우리는 아직 준비되지 않았다. 아직 충분한 연구가 이루어지지 않았다."이다.[72] 아마도 라투르는 머튼의 이 같은 진단과 처방에 대해 충분히 동의할 것 같다. 그러나 라투르와 머튼이 갈리는 지점은 머튼이 생각하는 최종 목적지에 있다. 즉, 언젠가 지식이 충분히 축적되면 일반사회이론을 체계화해서 사회가 사회학에 요구하는 거의 모든 것에 부응할 수 있을 것이라는 머튼의 희망을 라투르는 자신의 '결합의 사회학'에서는 허용되지 않는 허망한 꿈이라고 보는 것이다.

70 Merton, 같은 글, 48쪽.
71 Merton, 같은 글, 50쪽.
72 Merton, 같은 글, 45쪽.

CHAPTER 8

후기 근대와 '사회적인 것'의 위기
아고니즘 정치의 가능성

달에 갔다고?

그렇다네.

거길 어떻게.

내비에 찍고 죽곧 가면 나온다네.

산소도 없잖나.

먹고살아야 하는 마당에 산소 따지게 생겼나?

니미럴.

거긴 아직 경쟁이 심하지 않아. 살 만한 놈들이 거길 갈 리 없으니까.

그나저나 거기에도 뭐가 사나?

뭔진 모르겠지만 하여간에 살아. 게다가 돈도 꽤나 돌더라.

많이 팔았나?

제법 팔았네. 숨통이 확 트였다니까.

내가 알기론 우주엔 암흑물질인가 뭔가, 또 태양방사선이니 뭐니

겁나 위험한 곳이라던데.

여기서 돈 없이 사는 거보다 위험하진 않네.

니미럴, 방사선에 뒈지면 어쩌지?

이래 죽으나 저래 죽으나 마찬가지 아닌가. 어느 쪽도 사과하는 놈 없기는 마찬가지지.

좆도 니기미.

다음엔 꼭 박근혜 찍을 거라네.

내 말이 그 말이네.[1]

1. 문제제기

로즈N. Rose에 따르면 '사회적인 것'의 위기는 사회통합이나 사회정의와 같은 큰 주제가 더 이상 정치적 논쟁의 중심에 있지 않고 정부정책의 주요 목표도 핵심 영역도 아니게 된 상황을 말한다.[2] 로즈는 법의 지배를 받는 특정 영토에서 발생하는 개인과 사건 간의 경제적, 도덕적, 정치적 결합과 관계의 총합으로서의 '사회'는 이제 그 자명함이 훼손돼가고 있으며, 그에 따라 사회학은 정체성의 위기를 겪고 있다고 주장했다. 로즈는 지구화와 네트워크 사회의 도래로 경제가 국민국가의 통제에서 벗어나고 있고, '사회' 대신 '커뮤니티'가 통치의 새로운 공간이 된 점을 그 증거로 보았다.[3] 그런데 '사회적인 것'의 위기의 내용이 로즈가 지적한 것과 같은 것이라면 '사회적인 것'의 위기란 정확한 표현이 아니다. 여기서 로즈가 말하는 '사회적인 것'이란 인간의 사

1 박민규, "딜도가 우리 가정을 지켜줬어요," 『더블』, Side B (파주: 창비, 2010), 202~03쪽.

2 Nicholas Rose, "The Death of the Social? Re-figuring the Territory of Government," *Economy and Society* 25:2 (1996), 327~56쪽.

3 Rose, "The Death of the Social?."

회성이라는 항구적이고 실존적인 영역을 뜻하는 것이 아니고, 제한된 시공간에서 인간의 지적, 도덕적, 정치적 기관들이 특정 맥락에서 구성원들의 집합적 경험에 조치를 취하는 방식을 뜻하는 용어이기 때문이다. 그러므로 '사회적인 것'의 위기란 진정한 위기가 아니고 고전적 의미의 '사회적인 것'이 변화를 맞고 있다는 뜻으로 이해해야 할 것이다.[4]

'사회적인 것'의 변화와 그에 따른 신자유주의 정책의 출현과 확산은 이질적이면서 흩어져있는 형태를 보이고 있다. 경제관계는 더 이상 국가 간 거래가 아닌 글로벌 도시 간 연결망을 중심으로 재편되는 형태를 보이고 있으며,[5] 정당은 특정 영토 안에서 국민을 대상으로 작동하고 있긴 하지만 더 이상 사회적 일관성이 경제안보의 조건이 되는 그런 통합된 국민을 향해 자신들이 가동되고 있다고 생각하지 않는다.[6] 그리고 이러한 변화는 푸코가 설명했듯이 권력의 작동방식의 변화와 함께 일어난다. 푸코는 이러한 권력의 작동방식의 변화를 '통치성' 개념으로 요약했는데, 통치성이란 정부가 인구를 대상으로 채택한 정책이나 방침으로서, 사회를 직접 통치하는 대신 개별 구성원이 가족이나 커뮤니티에 대한 특별한 헌신의 맥락에서 스스로 만든 통제된 선택을 통해 통치하는 것을 말한다.

'사회적인 것'의 변화에 대한 이상과 같은 논의를 한마디로 요약할 수 있다면 그것은 '통치의 대상인 주체subject of government'가 변했다는 것이 될 것이다. 통치의 대상인 구성원은 이제 스스로가 스스로를 통치하는 능동적인 개인으로 간주된다. 이들 개개인이 보이는 책임감은 더 이상 국가의 규제 하에 추상적인 시민의 자격으로 사회에 책임감을 갖는 형태가 아니다. 이들의 책임감은 자신의 운명과 관련된 것이고, 자신이 가장 관심을 기울이는 사람들과의 관계에 대한 헌신과 책임감으로

4 조주현, "'사회적인 것'의 위기와 페미니스트 정체성의 정치: 린다 제릴리의 대안," 『사회와 이론』 17 (2010), 53~83쪽.

5 Saskia Sassen, *A Sociology of Globalization* (New York: W.W. Norton, 2007).

6 Rose, "The Death of the Social?" 330쪽.

향해 있는 것이다. 이제 개인은 자신의 개인적 관심과 투자의 대상이 되는 자기 자신, 가족, 이웃, 커뮤니티, 직장을 중심으로 서로 이질적이고 겹치기도 하는 다양한 연결망 안에 위치 지어진다. '신자유주의'라는 통치전략과 개인의 새로운 사고방식의 핵심은 이렇듯 '커뮤니티'라는, 타자를 통치하는 전략과 자신을 통치하는 기술 사이의 새로운 상호 구속적 관계에서 드러난다.[7]

푸코는 후기 근대사회에서의 이러한 변화된 개인의 삶을 신자유주의적 논리를 내면화한 '개인 기업가entrepreneur'로 요약했다. 한국사회 역시 학벌, 스펙 쌓기, 비정규직의 증가 등에서 볼 수 있듯이 사회 전반에 걸쳐 경쟁 논리가 확산되어 있고, 서두에 인용한 박민규의 소설에서 보듯이 한국사회에서 이러한 경쟁은 이제 누구도 피할 수 없는 것이 되었지만 신자유주의를 넘어서는 대안을 찾기는 쉽지 않은 상황이다. 오히려 전방위적 경쟁 논리에 함몰된 개인은 후기 근대의 비대화된 소비문화에서 위안을 찾게 되고, 이제 여성운동을 포함한 정치운동에 대한 관심은 빠른 선택과 즉각적 만족을 추구하는 후기 근대의 삶 속에서 더 이상 설 자리가 없는 것으로 해석되고 있다.

이 장에서 필자는 여성운동을 포함한 사회운동이 정체되어 있는 이유가 정치 지형이 후기 근대로 바뀌었는데도 여전히 계몽적 기획 안에서 운동을 추구하기 때문이라고 보고, 그 대안으로 '아고니즘 정치'의 가능성을 모색해보려고 한다. 후기 근대의 특징으로 자주 지적되는 것 중 하나가 후기 근대의 주체는 '개별화된 개인'의 특징을 보인다는 것이다. 이러한 '각자-문화self-culture'[8] 속의 개별화된 개인은 선택의 자율성은 누리지만 그 선택의 결과를 예측할 수 없다는 점에서 근본적으로

7 Rose, 같은 글, 331쪽.

8 Ulrich Beck and Elisabeth Beck-Gernsheim, *Individualization: Institutionalized Individualism and Its Social and Political Consequences* (Thousand Oaks, CA: Sage, 2002), 42쪽.

불안을 동반한다.[9] 불안은 개인의 선택의 자유만 극대화되고 그 선택이 이루어지는 사회구조나 제도의 영향은 고려되지 않을 때 나타나는 필연적 현상으로, 한국을 포함한 대부분의 선진 국가에서 신자유주의적 사회재편의 결과로 심화되고 있는 현상이다.[10] 그러나 후기 근대는 신자유주의적 사회재편만을 대안으로 제시하는 것이 아니다. 후기 근대의 구성원 개개인의 선택공간의 확장은 단순히 소비행위에만 국한되지 않으며, 사회제도와 규범과 같은 사회적 실천의 변화를 포함해서 훨씬 광범위한 가능성을 열어주는 역할을 한다. 코널리W. Connolly는 구성원 개개인의 창의적 선택으로 사회적 실천이 변화될 수 있고, 이러한 사회적 실천의 변화가 사회적 효율성을 높이는 방식으로 전개될 수 있다는 것이 바로 후기 근대의 진정한 모습이라고 말한다.[11] 그리고 그러한 욕망이 '효율적'으로 이루어질 수 있는가는 구성원 개개인의 '앞질러 말하기'에 대한 다른 구성원들의 호응에 달려있게 된다.

'각자-문화'를 포함한 이러한 사회적 실천은 선험적 기준과 목표가 없는 창발현상이며, 근본적으로 구성원 개개인의 행위를 통해서만 생성, 유지, 전파, 재현 및 변화의 과정을 거치는 것이지만, 동시에 구성원 개개인의 행위 역시 자신들의 산물인 이러한 실천 속에서만 이해될 수 있다는 것이 실천이론의 통찰이다. 실천이론의 이러한 통찰을 우리가 받아들인다면, 후기 근대의 여성운동을 포함한 사회운동의 방향은 미리 선험적으로 공동의 목표를 설정한 후 집합적으로 그 목표를 향해 나아가는 것이 아니라 개별화된 구성원 개개인이 경쟁을 통해 합의를 도출하는 방식을 반영하는 방향으로 나아가야 하며 그것 이외의 방법

9 Scott Lash, "Forward: Individualization in a Non-Linear Mode," in *Individualization: Institutionalized Individualism and Its Social and Political Consequence*, by U. Beck and E. Beck-Gernsheim (Thousand Oaks, CA: Sage, 2002), vii~xiii쪽.

10 지그문트 바우만(Zygmunt Bauman), 『액체근대』, 이일수 역 (서울: 강, 2009).

11 William E. Connolly, *Neuropolitics: Thinking, Culture, Speed* (Minneapolis: University of Minnesota Press, 2002).

은 없다는 결론에 이르게 되는데, 필자는 이 장에서 바로 그 점을 주장하려고 한다.

2. 지구화, 후기 근대, 개별화된 개인

'지구화'는 '신자유주의'와 함께 1970년대 이후의 사회변화를 지칭하는 대표적 개념이다. 그러나 여러 학자들이 지적하듯이 '지구화'란 상당히 모호한 개념인 것 역시 분명하다. 지구화 시대에 국가는 글로벌 체제에 통합되어 그 역할이 급속도로 축소될 것이라는 초기 전망과 달리 국가는 여전히 건재하고 있고, 정치적, 경제적으로 중요한 요소로 작용하고 있기 때문이다.[12] 예컨대 미국은 9/11 이후 일련의 정치적 상황에서 그리고 한국은 이명박 정부 이후 촛불시위를 시작으로 일련의 정치적 상황에서 우리는 국가의 건재를 확인할 수 있다. 그러나 다른 한편 글로벌한 경제적 변화와 그에 따른 다양한 정치, 문화적 변화와 같이, 지구화에 포함시킬 수 있는 여러 현상이 분명히 존재한다는 점 역시 부인할 수 없다. 다문화주의 담론의 확산에서 볼 수 있듯이 지역별, 국가별 정치·문화적 상황에 따라 지구화는 다양한 방식으로 진행되고 있으며,[13] 정보기술의 발달과 함께 인터넷을 포함한 대중매체의 급속한 확산을 통해 그 영향력이 더욱 가속화되고 있는 점 역시 분명해

12 Angus Cameron and Ronen Palan, *The Imagined Economies of Globalization* (Thousand Oaks, CA: Sage, 2004); Mitchell Dean, "Governing Societies: The Story of Two Monsters." *Journal of Cultural Economy* 1 (2008), 25~38쪽.

13 Stephen J. Collier and Aihwa Ong, "Global Assemblages, Anthropological Problems," in *Global Assemblages: Technology, Politics, and Ethics of Anthropological Problems*, ed. A. Ong and S. J. Collier (New Jersey: Blackwell, 2005), 3~21쪽.

보이기 때문이다.[14]

신자유주의적 지구화라는 사회적 변화의 양상이 OECD 국가로 대변되는 선진사회의 가장 중요한 특징으로 등장할 때, 그것을 제2근대second modernity,[15] 성찰적 근대reflexive modernity, 후기 근대late modernity,[16] 또는 액체 근대liquid modernity[17]로 명명한다.[18] 푸코는 이 후기 근대사회의 특징을 이미 1978~1979년의 College de France 강의에서 집요하게 분석했다.[19] 푸코에 따르면 이 후기 근대적 변화의 주요 추진동력을 가장 잘 개념화한 것이 시카고 학파의 신자유주의 경제학적 이념이다. 시카고 학파는 각 개인을 자기 자신을 경영하는 1인 기업가로 간주하고, 개인 간의 경쟁을 통한 효율성 극대화를 사회 전반의 가장 중요한 목표로 설정할 것을 주장했다. 신자유주의 논리의 이 같은 단순명쾌함은 세계적으로 20세기 중반까지 지속됐던 엄청난 경제성장과 결합하면서, 이후 신자유주의 통치성의 빠른 확산을 가능하게 했다.[20] 한편 후기 근대의 주요 추진동력이 '신자유주의'라면 후기 근대의

14 마뉴엘 카스텔, 『네트워크 사회의 도래』, 김묵한·박행웅·오은주 역 (파주: 한울, 2003).

15 Beck and Beck-Gernsheim, *Individualization*.

16 Anthony Giddens, *Modernity and Self-Identity: Self and Society in the Late Modern Age* (Cambridge: Polity, 1991).

17 바우만, 『액체근대』.

18 연구자에 따라서는 후기 근대, 제2근대, 액체 근대의 특징을 '탈근대'로 명명하기도 한다.

19 Michel Foucault, *The Birth of Biopolitics: Lectures at the College de France, 1978-1979* (London: Palgrave MacMillan, 2008).

20 Joo-hyun Cho, "Neoliberal Governmentality at Work: Post-IMF Korean Society and the Construction of Neoliberal Women," *Korea Journal* 49:3 (2009), 15~43쪽. 신자유주의의 확산이 전세계에 균일하게 진행되는 것은 아니다. 신자유주의는 지역, 계급, 젠더에 따라 다양하게 굴절/변형 과정을 거치며, 언제나 전기 근대적 특징과 후기 근대적 특징이 서로 혼재된 형태로 존재한다. 신자유주의 통치성이 지역에 따라 다양하게 분화되는 것을 보여준 대표적 연구로 Ong의 연구를 들 수 있다; Aihwa Ong, "Graduated Sovereignty in South-East Asia," in *Anthropologies of Modernity: Foucault, Governmentality and Life Politics*, ed. Jonathan Xavier Inda (New Jersey: Blackwell, 2005), 83~104쪽.

가장 두드러진 특징은 '개별화된 개인individualized individual'이다. '개별화된 개인'은 계급, 젠더, 또는 이념보다 세대적 동질성에 더 쉽게 반응하고, 정보기술과 대중매체의 발달에 따른 시각문화를 즐기며, 후기 근대의 불안과 불확실성에 대응하는 방법으로 직업이나 사랑과 같은 특정한 일 혹은 사람에게 전적으로 자신의 정체성을 투자하는 것을 피하려는 특징을 보인다.[21]

후기 근대의 권력의 작동방식인 '신자유주의 통치성'은 너무나 세밀하고 다양한 방식으로 작동하기에 계급, 인종, 젠더 등과 같은 정체성 정치로 인식하기 어렵다. 후기 근대에는 집합적 단위인 계급, 인종, 젠더, 지역 등 각 정체성의 특징들이 서로 복잡하게 상호 교차할 뿐만 아니라 각각의 구성 자체도 빠른 속도로 변화하기 때문이다. 따라서 후기 근대에는 개개인의 삶과 저항이 이처럼 복합적인 공간과 권력의 작동방식 안에 놓여있다는데 우리가 동의한다면, 그러한 사회를 설명하고 변화시키려는 운동방식 역시 정체성 정치 이상의 것이 되어야 한다는 데 동의하지 않을 수 없게 된다. 특히 후기 근대의 변화에 가장 직접적으로 노출돼있는 여성의 위치를 고려할 때, 페미니즘 정치는 정체성 정치에서 벗어나야 한다는 변화에의 요구를 페미니즘 정치가 외면하기는 어려울 것이다. 예컨대 신세대 전문직여성을 대변하는 신여성성이나 포스트페미니즘이 여성 억압에 근거한 여성 피해자정체성에 강한 거부감을 보인다든지, 차이의 정치를 주장하는 제3물결 페미니즘이 젠더나 성차를 더 이상 특권적인 투쟁의 장으로 간주하지 않을 뿐만 아니라 특정 사안을 대표적 여성문제로 부각시키는 것 자체를 거부하는 경향을 보이는 것은 정체성 정치에서 벗어나고 있는 페미니즘 정치의 변화를 보여주는 예라고 할 수 있다.[22]

---

21 Beck and Beck-Gernsheim, *Individualization*.

22 Shelley Budgeon, "The Contradictions of Successful Femininity: Third-Wave Feminism, Postfeminism and 'New' Femininities," in *New Femininities*, ed. R. Gill and C. Scharff (London: Palgrave MacMillan, 2011), 279~92쪽.

그렇다면 정체성 정치를 거부하는 페미니즘 정치는 후기 근대에 어떤 방향을 모색해야 하는가? 이를 위해 먼저 후기 근대의 특징을 일반적인 철학적, 방법론적 관점에서 이해해보도록 하자. 래쉬C. Lash에 따르면 후기 근대는 근대처럼 하나의 평형상태가 외부의 영향력에 의해 변화를 일으키는 선형적 체계가 아니라 구성원 개개인의 행동이 '피드백 회로feedback loop'를 통해 그 행동 자체가 영향력을 구성하여 자생적으로 체계에 변화를 가져올 수 있는 비선형 체계, 즉 '재귀적 체계reflexitve system'다.[23] 후기 근대의 '재귀적 체계'에서 개별화된 개인은 근대의 개인에게는 가능하지도 않았고 강요되지도 않았던 수많은 선택을 스스로, 그것도 빨리해야 할 것을 강요받는다. 후기 근대의 개별화된 개인은 근대의 개인에 비해 더 많은 자율성과 행위성을 확보하고 있는 것으로 보인다. 근대의 개인은 국가, 계급, 인종, 젠더, 가족 등과 같은 사회제도나 조직이 보내는 지시나 신호를 단지 반영reflect하기만 하면 되었다면, 후기 근대의 개인은 그들에 비해 더 많은 선택지와 지식을 소유하고 있을 뿐만 아니라 근대의 사회제도와 조직이 맡았던 역할의 상당 부분까지 스스로 맡고 있기 때문이다. 문제는 후기 근대의 개별화된 개인이 근대의 개인에 비해 자율성과 행위성은 더 많이 확보했을지 모르지만, 중요한 것은 후기 근대에서는 자신뿐단 아니라 구성원들 모두가 자율성과 행위성을 확보한 상태에 놓인다는 것이다.

이렇게 구성원 모두가 자율성과 행위성을 확보하게 되면 사회변화는 외부 충격에서 시작되기보다 주로 개개인의 자율성과 행위성을 통해 이루어지는 재귀적 형태를 갖추게 된다. 또한 재귀적 체계의 사회에서 개인은 더욱더 자신의 행위 결과를 예측하기 힘들게 되고, 그에 따라 자신이 소유한 지식도 확고하기보다는 확률적 지식에 불과해지는 상황을 맞게 된다. 이것은 후기 근대의 개별화된 개인이 누리는 선택의 자유가 개인의 행위성의 증가[즉 '자기-세력화self-empowerment'의 강화]로 이해

23 Lash, "Forward," vii~x쪽.

될 수도 있지만 다른 한편 그 자유는 지식의 불확실성[즉 선택 결과의 불확실성]이 증가하는 것으로 이해될 수 있다는 것을 말한다. 그리고 바로 그 점이 개인의 삶의 변화가 무엇을 의미하는지 예측 불가능하고 불안한 것으로 인식하게 만드는 배경이 된다. 결국 요약하면, 후기 근대에는 개인의 자발적 선택의 폭이 넓어지게 됐는데, 그것이 근대에는 드러나지 않았던 사회체계의 비선형성을 드러나게 했고, 그 결과 후기 근대는 개인이 자신의 행위 결과를 예측할 수 없는 불확실성이 심화되는 사회가 된 것이다.

한편 후기 근대의 개별화된 개인은 자율성과 불안을 동시에 확대된 형태로 갖게 된다는 바로 그 점이 왜 신자유주의 시대의 실질적 수혜자는 사실상 소수에 불과한데도 신자유주의 논리는 그토록 놀라운 속도로 지난 수십 년간 사회 전반에 확산됐는지 설명해주는 주요 단서가 된다. 말하자면 후기 근대의 개인은 자신의 선택 범위가 넓어지는 것에 따른 이점은 분명히 인식하게 된 반면 자신뿐만 아니라 남들도 모두 자신처럼 선택 범위가 넓어지게 된다는 것, 그래서 자신의 선택 결과가 불확실하게 된다는 것은 인식하기 어려웠던 것이다.[24] 우리가 후기 근대

24 신자유주의 하에서 1인 기업가형 인간이 누리는 자기-세력화self-empowerment의 강화는 사실상 양면성을 지닌다. 푸코는 1983년 인터뷰에서 신자유주의 통치성에 대한 저항 방식으로 자신이 제시한 '존재의 미학', '윤리의 기술', 또는 '자기에의 배려'가 당시 미국 캘리포니아에서 유행하던 자기-세력화self-employment 운동과 전혀 다른 것이라는 점을 강조했었다. 즉, '자기에의 배려'는 신자유주의에 저항할 수 있는 개인의 선택인 반면 자기-세력화 운동은 신자유주의 통치성의 일부라는 것이다. 하지만 자기-세력화의 강화가 신자유주의 통치성에 대한 저항인지 혹은 그 일부인지 그 차이를 개개인이 분명하게 인식하기는 어렵다; Michel Foucault, "On the Genealogy of Ethics: An Overview of Work in Progress," in *Michel Foucault: Beyond Structuralism and Hermeneutics*, ed. H. L. Dreyfus and P. l. Rabinow (Chicago: The University of Chicago Press, 1983), 229~52쪽, 인용은 245쪽.
신자유주의적 복지체계에 존재하는 자조self-help 프로그램과 자기 존중self-esteem 강화 프로그램을 분석한 크뤼생크 역시 유사한 결론을 내린다. 즉, 복지 프로그램이 표방하는 바는 개인의 능동성 고취이지만 실질적 결과는 개인을 신자유주의 통치성의 주체로 구성하는 것이다; Barbara Cruikshank, *The Will To Empower: Democratic Citizens and Other Subjects* (Ithaca: Cornell University Press, 1999).

의 이러한 특징을 이해한다면, 페미니즘 연구자나 활동가는 이제 사회현상을 이해하고 사회변화를 도모하는데 있어 더 이상 고전적 의미에서의 사회적 변수나 개념, 즉 라투르가 말하는 '사회적인 것'에만 의존할 수 없으며, 매 번의 새로운 사회현상마다 새로운 개념 도구를 재구성해나가는 방식을 택해야 한다는 결론에 이르게 된다. 그리고 이 과정에서 더 많은 관심을 기울여야 하는 것이 바로 라투르도 지적했듯이 개별 행위자가 자신의 행위에 대해 내리는 해석이다.[25]

후기 근대는 모든 개혁운동 방식에도 변화를 요구하게 된다. 그것은 많은 정치학자들의 평가처럼 집단행동의 방식이기보다는 미시정치 micropolitics, 하위정치subpolitics, 또는 풀뿌리정치의 형태를 보이는 정치적 저항수단을 활용하는 방식이다. 다만 이러한 미시정치의 운동방식이 제대로 작동하기 위해서는 '신뢰'와 같은 사회자본적 기반이 형성되어야 한다. 근대의 조직, 제도, 규범은 후기 근대에서도 비록 점차 약화되고 있긴 하지만 여전히 영향력을 행사하고 있고,[26] 특정 개인이나 집단에 의해 언제든지 호명되어 계급, 인종, 젠더 체계 등의 회로를 따라 후기 근대의 사회운동이나 문화를 굴절, 왜곡, 혹은 변형시킬 수 있기 때문이다. 예컨대 후기 근대에서 식민주의, 인종주의, 성차별과 같은 기억은 잠재되어 있다가 불쑥 변형된 형태로 등장하곤 한다. 또한 근대의 사회문화적 구조를 형성했던 사건, 경험, 혹은 논쟁이 신자유주의적 개인 행위자의 기억 속에 투영되어 그 개인이 능동성을 발휘할 수 있는 범위와 자신의 이익이나 욕망을 최대화하기 위해 선택하는 공간 자체를 구성하기도 하고 제한하기도 한다.

개인의 '자유로운' 선택을 규정하는 이러한 근대의 제도권력은 특히 상업화된 문화영역에서 두드러지게 나타난다. 예컨대 인터넷 등 대중

25 조주현, "실천이론으로 본 비판사회학과 페미니스트 정치학의 문제," 『경제와 사회』 88 (2010), 68~93쪽.

26 Beck and Beck-Gernsheim, *Individualization*.

매체의 발달이 그러한 다양한 제도권력의 효과를 증폭시킴으로써 개인의 자유로운 선택의 결과가 궁극적으로 대중문화의 상업적 특징을 개인 선택의 문화적 조건으로 자리 잡게 하는 피드백 효과를 더욱 강화시키곤 한다. 결국 개인의 자유로운 선택으로 보이는 것이 사실상 개인의 자율성 강화이기보다는 사회적 압력이나 선택범위의 제한 등과 같은 실질적 구속 조건의 강화에 따른 선택인 경우가 많게 된다. 그러므로 푸코나 크뤼생크B. Cruikshank가 '자기-세력화 프로그램'이나 '자기-존중 강화프로그램'에 보였던 의구심이나,[27] 여성학자들이 신여성성이나 포스트페미니즘의 자율성에 보이는 의구심은 정당한 평가인 것으로 보인다.[28]

실천이론에 따르면 개인의 선택은 엄밀한 의미에서 이러한 구속 조건에서 벗어날 수 없다. 이러한 구속 조건, 즉 사회적 실천은 개개인의 행위로 구성되지만 동시에 개개인의 행위는 그 실천 안에서만 일어나며 또 의미를 가질 수 있기 때문이다. 그러므로 구속 조건에서 벗어난 '자유로운' 선택이란 존재하지 않는다.[29] 다만 후기 근대 이전 시기에는 이러한 구속 조건을 구성하는 사회구조가 안정적으로 유지되었고 그 영향력 또한 선형적으로 작동했었기 때문에 개인의 자유로운 선택과 구조적 강제를 구분하는 것이 의미를 가질 수 있었다면, 후기 근대에 들어서는 개인의 선택과 구조의 강제가 재귀적이어서 선택의 결과를 예측

---

27 Barbara Cruikshank, *The Will to Empower: Democratic Citizens and Other Subjects* (Ithaca: Cornell University Press, 1999).

28 Angela McRobbie, *The Aftermath of Feminism: Gender, Culture and Social Change* (Thousand Oaks: Sage, 2008); Rosalind Gill & Christina Scharff, *New Femininities: Postfeminism*, Neoliberalism and Subjectivity, ed. R. Gill and C. Scharff (London: Palgrave MacMillan, 2011). 예컨대, 성매매여성들이 페미니스트 활동가들에게 "우리를 좀 내버려 두라"라고 했을 때, 그 같은 발언도 성매매여성들의 자율성의 표현이기보다는 자신의 삶은 자신이 경영하는 것이라는 논리로 인구를 관리하는 신자유주의 통치성에 포섭된 결과일 수도 있다(성매매여성 지원 사업을 하고 있는 페미니스트 활동가와의 심층면접에서).

29 조주현, "'사회적인 것'의 위기와 페미니스트 정체성의 정치."

하기 어렵게 되었고 그 결과 자율과 강제의 인위적 구분의 효용성이 의문시되는 상황이 급격히 늘게 된 것이다. 푸코가 '통치성'이란 개념으로 포착하려고 한 것도 바로 이러한 권력이나 사회적 실천의 변화라고 할 수 있다.

3. 하위정치 전략으로서의 아고니즘 정치

사회가 이렇게 '개별화된 개인'으로 구성될 때 그 사회는 부와 권력의 집중화 방식에 있어 복잡한 변화를 가져오게 된다. 후기 근대에는 신자유주의 통치성으로 대변되는 모세혈관적 권력의 작동방식으로 인해 비판의 대상이 뚜렷하게 부상하지 않고 분산되기 때문이다. 따라서 후기 근대에서 저항은 개인 단위에서 시작되는 미시적 저항이나 하위정치의 방식을 택하게 된다. 또한 하위정치적 저항에서 개인은 공공의 정치적 운동과 자신을 동일시하기보다 자신의 개별적 신념과 목적에 따라, 그리고 사안에 따라, 다양한 형태로 운동과 결합하는 방식을 택하게 된다.

현재 대부분의 사회운동에 드리운 무기력감은 근대적 프로젝트의 특권이었던, 진리를 설정한 후 그 진리의 구현을 목표로 정치적 운동을 펼치는 방식이 한계에 이르렀기 때문이라는 주장이 여러 학자들에 의해 제기되고 있다. 예컨대 코널리는 기존의 민주주의에서 주류 세력의 정체성에 끊임없이 도전하고, 그들의 정체성, 윤리, 책임, 제도, 담론을 문제화하며, 그들이 제시하는 방식이 전제하는 희생을 폭로하는 근대적 정치 전략이 20세기 후반의 계급, 인종, 젠더 차별을 해소하는 데는 기여했지만 후기 근대의 정치지형에서는 더 이상 효과적이지 못하다고 주장한다.[30] 근대의 계몽적 프로젝트가 상정하는 진리의 담보가 후기 근대적 삶에서는 불가능하다는 것이 분명해진 상황에서 폭로와 수정의 전략은 크게 효과적이지 못할 뿐만 아니라 시대정신을 반영하지 못한다는 것이다. 민주주의는 주류세력의 정체성에 반하는 새로운 정체성이 수용될 수 있는 공간을 마련해주기도 하지만 민주주의는 주류세력의 정체성을 공고히 해주는 수단이기도 하다. 민주주의가 이 같이 양면적 성격을 갖고 있다면, 진리의 담보를 확신할 수 없는 후기 근대의 삶에서 인간이 존엄성을 확보할 수 있는 더 적합한 방법은 이성적 합의 도출의 결과에 모두가 동일시하는 방법 대신 반대의견에 대한 존중을 기반으로 정치적 공간을 열어두는 아고니즘 정치가 될 것이다.[31]

'아고니즘'은 상호 투쟁적이면서 동시에 상호 격려적인 관계를 말한다. 그 관계는 직접적인 상호 충돌로 각자가 모두 무력화되는 관계가 아니고 영원히 서로를 자극하는 관계이다.[32] 아고니즘 정치는 아렌트 등에서 시작하여 90년대 숙의민주주의deliberative democracy 이론가들을 거쳐 본격적으로 제시된 사회적 실천이론에 근거한 대안적 정치방식을 말한다.[33] 아고니즘 정치는 정체성 정치가 갖고 있는 문제점인, 주류

---

30 William E. Connolly, "Confessing Identity\Belonging to Difference," in *Identity\Difference: Democratic Negotiations of Political Paradox* (Minneapolis: University of Minnesota Press, 2002), xiii~xxx쪽.

31 Connolly, 같은 글, 서문.

32 Michel Foucault, "The Subject and Power," in *Michel Foucault: Beyond Structuralism and Hermeneutics*, ed. H. L. Dreyfus and P. l. Rabinow (Chicago: The University of Chicago Press, 1983), 208~28쪽, 인용은 208쪽; Colin Gordon, "Governmental Rationality: An Introduction," in *The Foucault Effect: Studies in Governmentality*, ed. G. Burchell, C. Gordon, and P. Miller (Chicago: The University of Chicago Press, 1991), 1~52쪽, 인용은 5쪽.

33 Seyla Benhabib(ed), *Democracy and Difference: Contesting the Boundaries of the Political* (New Jersey: Princeton University Press, 1996). 벤하비브와 하버마스 등이 주장하는 숙의정치와 푸코, 무페, 제를리 등이 주장하는 아고니즘 정치의 경계를 분명히 정하는 것은 쉽지 않다. 다만 숙의정치가 절차에 대한 규칙은 미리 밝혀줘야 한다고 보는데 비해 아고니즘 정치는 규칙과 결과 모두에 대해 미리 처방을 내리는 것을 거

집단의 정체성에 의문을 던지고 그에 대한 논쟁과 투쟁을 통해 비주류 집단의 정체성을 확립하면 그 정체성은 다시 교조화 되는 과정 그 자체를 근원적으로 차단하려고 한다. 이것은 사회적 약자가 자신의 주장을 지속적으로 제기하되 자신의 주장이 근원적 진리를 확보한 것이라고 내세우지 않으면서 반대되는 주장에 귀 기울이는 것이며, 또한 반대되는 주장의 문제점에 이의를 제기하고 해명을 요구하는 태도를 지속적으로 유지해나가는 것이다. 아고니즘 정치는 이러한 과정 자체가 민주정치의 핵심 정신이라고 생각한다. 즉, 기존의 주류집단의 정체성에 이의를 제기하는 자가 자신의 주장에도 오류가 있을 수 있으며 사회조건의 변화에 따라 자신의 주장이 수정될 수 있다는 사실을 받아들일 뿐만 아니라 이 과정을 통해 오류를 수정한 결과가 우리가 민주정치에서 기대할 수 있는 최선의 것이라는 사실을 [즉 이 과정만이 민주정치를 창의적이고 생기 넘치는 기획으로 유지할 수 있게 한다는 사실을] 인식하는 것이다.

이러한 아고니즘 정치는 기존의 운동방식뿐만 아니라 기존의 정치방식에 대해서도 대안적 패러다임이 될 수 있다. 예컨대 기존의 운동방식의 기본 전략은 주어진 현상의 배경적 이념에서 도덕적 악을 식별한 후, 그

부하고 개인과 집단 간의 경쟁과 논쟁이 모든 정치적 행위의 중심을 이루며, 이러한 과정에 대한 어떠한 제한도 의심하고 저항해야 한다고 본다; Bent Flyvbjerg, "Habermas and Foucault: Thinkers for Civil Society," *British Journal of Sociology* 49:2 (1998), 210~33쪽; Chantal Mouffe, *On the Political* (New York: Routledge, 2005); Andrew Schaap, "Agonism in Divided Societies," *Philosophy and Social Criticism* 32:2 (2006), 255~77쪽 참조.

예컨대, 제를리가 최근 논문에서 롤즈John Rawls의 정치적 자유론에 대해 지적하고 있듯이, 숙의민주주의자들이 포기하지 않는 공적 이성public reason의 개념마저도 소수자가 기존의 규칙이나 기준을 변화시키려고 할 때는 큰 장벽이 된다. 아니 어쩌면 이러한 기존의 규칙이나 기준을 포함한 '삶의 형식forms of life'은 논쟁의 대상에서 제외되어 있다는 점에서 아마도 가장 큰 장애물일 것이다. 노예제에 대한 프레드릭 더글러스의 연설에서처럼 "모든 것이 분명한데 무엇을 더 논증하고 토론하라는 가!"라고 외칠 수 있을 뿐일 것이다; Linda Zerilli, "Value Pluralism and the Problem of Judgment: Farewell to Public Reason," *Political Theory* 40:1 (2012), 6~31쪽, 인용은 16쪽.

악에 대한 해결책을 모색하는 것이었다. 그러나 실천이론에 따르면 이렇게 진리 혹은 선을 확보한 후에 투쟁해나가는 전략은 그 철학적 근거가 의문시되는 것으로 실천이론의 관점에서 보면 기존운동이 처해있는 무기력증은 근원적인 것이다. 반면에 아고니즘 정치는 실천이론으로 정리된 20세기의 철학적 통찰로부터 자연스럽게 도출된 결론으로, 민주정치의 기본 정신을 가장 정확하게 반영한 것으로 볼 수 있다.[34]

이러한 아고니즘 정치의 결과가 항상 '바람직한' 것이 되리라는 보장은 없다. 그러나 아고니즘 정치는 설령 바람직하지 못한 결과가 나온다하더라도 언제나 새로운 도전을 통해 더 나은 방향으로 나아갈 수 있는 가능성에 열려있을 뿐만 아니라 바람직하지 못한 결과가 나올 수 있다는 바로 그 '약점' 때문에 오히려 과정에의 참여 자체가 항상 새로운 기대로 가득찬 창조적 즐거움을 줄 수 있게 된다. 아고니즘 정치는 현재 무력감에 빠져있는 페미니즘 정치에도 새 방향을 제시할 수 있을 것으로 보인다. 아고니즘 정치 방식을 도입한 여성운동은 창조성과 개혁성을 보인다는 점에서 기존의 여성운동과 연속성을 보이지만, 운동의 방향을 예측할 수 없다는 점에서 기존의 여성운동과 차별성을 보이게 될 것이다. 아고니즘 정치 방식을 도입한 여성운동은 환경운동이나 소수자 인권운동과 같이 사회의 다양한 목소리와 논쟁, 대결, 연합을 통해 그 방향이 정해질 것이기 때문이다.

아고니즘 정치에 대해 회의적인 입장은 경제적, 교육적, 문화적 불평등이 존재하는 상황에서 과연 사회적 소수자나 약자가 자신의 목소리를 낼 수 있는가 하는 데 있을 것이다. 이러한 회의적인 입장에서 보면 사회적 소수자나 약자가 자신의 목소리를 낼 수 있으려면 먼저 제도적 불평등이 해소돼야 한다. 그러나 제도적 불평등이 존재하는 상황에서도 아고니즘 정치가 기존의 제도개혁을 주장하는 목소리보다 더 효

34 Richard Rorty, "Universality and Truth," in *Rorty and His Critics*, ed. R. B. Brandom (Oxford: Blackwell, 2000), 1~30쪽.

과적이라는 점이 이미 여러 연구자들에 의해 지적되고 있다.[35] 즉, 오히려 이러한 아고니즘 운동 방식이 소수자가 스스로를 자각시키고 교육시켜서 자신의 목소리를 좀 더 또렷하고 분명하게 낼 수 있도록 훈련할 수 있게 하는 가장 좋은 기회를 제공한다고 볼 수 있다는 것이다. 예컨대 다음 두 사례는 성매매여성이 자신의 목소리를 냄으로써 페미니즘 활동가가 그에 대해 대응하고 연합하여 반성매매 운동의 방향을 조정하게 된 경우다.

> 섹스워커들이 여의도 앞에서 거리투쟁하고 그랬을 때 사실 되게 쇼킹했었거든요. 그 쇼크가 좀 컸구요... 그 전에는 제가 학생운동도 하고 사회운동도 하고 했으니까, 한국의 그 80년대, 90년대 운동 분위기 그런 패러다임 안에서는 다르게 갈 수 있는 길이 없었던 거 같아요. 성매매 문제하면 암흑같이 느껴지는. 해결책이 보이지 않고 할 수 있는 뭔가가 잘 보이지 않는... 그러다가 2004-5년에 만났을 때는... 그 여성들의 어떤 힘을 좀 본 거 같아요... 예전에는 여성들만 윤락녀였다면 이제는 그게 아니라 구매자도 그렇고 중간알선자까지도 사회적으로 문제라고 하니까 제가 볼 때는 그 과정에서 이 여자들의 입지가 높아졌다라고 봐요. 그러니까 (업주와) 파트너가 될 수 있었던 거죠... 그러니까 여러 개의 입장이 다양한 시각으로 볼 수 있는 가능성을 만든 건데 이 중에 어떤 시각이 더 맞다고 할 수는 없다란 생각이 드는 거죠. 예전에는 하나의 시각으로 여자들은 피해자고 성매매는 폭력이다라는 시각만 가능했다면, 그 몇 년을 거치면서는 다른 시각도 가능하게 된 사건들과 변화들이 있었던 거 같아요.
> (페미니즘 연구자단체 연구자/활동가, 운동경력 20년)

35 Amy Gutmann and Dennis Thompson, "How Can Deliberative Democrats Respond to Practical Objections?," in *Why Deliberative Democracy?* (New Jersey: Princeton University Press, 2004), 48~56쪽.

> 2004년 성특법 이후에 이들이 자신들이 노동자다 하고 나와서... 삭발하고 모여서 오랫동안 본인들이 저항했던 것... 국제포럼에서 익명이긴 하지만 수원에서 성노동하고 있는 000씨가 너무 당당하(게 발언하)고... 그 사람들하고 같이 얘기하면 "어떤 손님이 진상이다 아니다" 또는 "너의 성적 경향은 뭐냐", "나는 뭐 SM들도 괜찮다", "너는 어느 지점이 쾌락이냐" 뭐 이런 부분까지 같이 얘기하게 된 점...
> (페미니즘 연구자단체 연구자/활동가, 운동경력 13년)[36]

이 두 사례에서 볼 수 있는 것은 성매매여성이 자신의 입장을 사회에 문제제기했기 때문에 실제로 자신의 상황을 잘 드러내는 것이 가능해졌다는 점이다. 그들의 이러한 문제제기가 없었더라면 연구자, 활동가, 정책입안자 및 집행자는 성매매의 현실에 대해 원론적인 입장과 시각, 그리고 그에 따른 정책과 운동방향만 제시할 수밖에 없었을 것이다. 또한 성매매여성은 이 과정에서 자신의 상황을 새롭게 해석하고 그에 따른 자신감을 갖게 된다. 물론 정책입안자가 성매매여성의 요구에 귀 기울이면서 그 주장의 문제점을 지적하는 과정이 이어지고 이러한 과정이 좀 더 반복적으로 지속되는 여유가 있었더라면, 더 다양한 아고니즘의 면모가 드러날 수 있었을 것이다. 결국 이러한 사례에서 우리가 확인할 수 있는 것은 사회의 소수자가 제 목소리를 내도록 도와주고 귀 기울여주며, 또 그들의 문제제기에 반론을 제시하여 그들이 자신의 입장을 더 명확하게 할 수 있도록 하는 것이 운동의 출발점이 된다는 것이다.

---

36 이 사례들은 필자가 2011년 1월과 2월에 진행한 심층면접 자료 중 일부임.

4. 후기 근대의 페미니즘 정치

실천이론이 페미니즘 정치에 주는 함의는 정치적 행동의 유일한 대안이 진리, 정의, 윤리에 의존한 근대의 계몽적 이성을 복원하는 데 있지 않으며, 그것이 미시정치든 하위정치든 사회적 실천을 통해 새로운 형태의 정치를 가능하게 하는 창의적 측면과 그러한 새로운 형태의 정치가 작동하는 사회가 포용할 수 있는 다양성의 가능성을 실현시키는 데 있다는 것을 보여주었다는 데 있다.

신자유주의는 자신의 삶을 스스로 설계하는 개인의 행위성 측면만을 강조하여 그 개인이 누리는 '자유'의 저한적 측면을 등한시하는 경향이 있다.[37] 앞에서 지적했듯이 후기 근대에 개인이 자신의 선택결과를 예측하기 어렵게 되는 것은 개개인 모두가 같은 방식으로 자율성이 주어지기 때문에 생기는 필연적 현상이다. 그러므로 후기 근대사회에서 개인의 '자유로운 선택'의 의미는 근대사회에서 개인의 '자유로운 선택'의 의미와 달라진다. 자유나 정의를 개인의 행동윤리의 기준으로 삼았던 근대의 계몽적 프로젝트의 한계도 더욱 분명해진다. 후기 근대에는 사회규범이나 제도가 안정적이지 않고 그 역할의 많은 부분이 개인에게 이양되는데, 그런 상황에서 어떤 행위나 현상의 의미를 개인의 자유로운 선택 여부나 정의의 기준만으로 판단할 수는 없기 때문이다. 예컨대 신자유주의 통치성 개념을 제시할 때 개인은 각자 자기 삶을 운영하는 1인 기업가가 됨으로써 더 많은 선택의 자유를 누리는 것처럼 여겨진다. 그리고 이 점만 보면 개인은 분명 더 자유롭고 더 정의로운 삶을 살고 있는 것처럼 생각된다. 그런데 여기서 푸코가 지적하는 것은 개인은 자유로운 선택을 하지만 그 결과는 궁극적으로 신자유주의 통치성의 지배

37 서동진, 『자유의 의지 자기계발의 의지: 신자유주의 한국사회에서 자기 계발하는 주체의 탄생』 (파주: 돌베개, 2009).

안에 놓이게 된다는 것이다. 그리고 문제를 이렇게 보게 되면 이 도식에서 저항의 지점을 찾기는 어렵게 된다. 푸코의 고민도, 또 푸코에 대한 비판의 내용도, 바로 이 저항의 불가능성에 놓여있다.

개인의 자유로운 선택이 궁극적으로 지배구조의 일부가 되는 현상은 후기 근대의 계급, 인종, 젠더, 섹슈얼리티 문제에서도 동일하게 나타난다. 예컨대 많은 젊은 여성들이 개의치 않고 여성성을 강조하거나, 성형수술이나 다이어트에서 자신의 자발적 선택의 측면을 강조하는 것을 통해 성형수술이나 다이어트를 긍정적으로 보는 것이나, 성차별 문제를 부각시키기를 꺼려하는 것 등에 대해서, 포스트페미니즘에서처럼 여성의 능동성 발현으로 볼 것인지 혹은 퇴행적 페미니즘으로 볼 것인지의 고민은 푸코의 고민과 동일선상에 있는 것이다.[38] 즉, 페미니즘 정치의 고민은 여성 개인은 선택의 자유와 행위성을 누리지만 그 결과는 궁극적으로 신자유주의 통치성의 지배 안에 들어가게 되어 여성이 보여주는 능동성이 저항의 지점이 되지 못하게 되는 후기 근대의 재귀적 체계의 특징과 연관된다.

한편으로 포스트페미니즘의 이러한 특징은 상당부분 대중매체의 급속한 발달과 함께 교육과 직업에서의 젠더격차 해소에 따른 여성들의 자신감 표현으로 이해할 수 있지만 페미니스트가 느끼는 당혹감은 이 자신감의 정도가 실질적인 성차별 해소 수준을 훨씬 넘어선다는 데 있다. 예컨대 페미니스트 연구자인 맥로비A. McRobbie는[39] 이러한 실망감으로 인해 대중매체와 소비문화 속에서 여성들이 보여주던 포스트페미니즘적 행위를 체제 전복적 행위로 해석했던 과거 자신의 분석을 번복하기도 한다.[40] 맥로비는 이러한 상황에 대한 대안적 해석으로 '이중적 얽

38 이영자, "몸권력과 젠더: 푸코적 분석틀에서 본 '날씬한 몸' 관리," 『한국여성학』 22:4 (2006), 197~234쪽.

39 McRobbie, *The Aftermath of Feminism*.

40 이러한 당혹감은 종종 제3물결 페미니즘(즉 차이의 정치) 자체에 대한 의심으로 이어지곤 한다; Andrea L. Press, "'Feminism? That's So Seventies': Girls and Young

힘double entanglement' 개념을 제시했는데, 이중적 얽힘이란 젠더, 섹슈얼리티, 가족에 대한 신보수적 가치와 가족과 성관계의 선택과 다양성이라는 진보적 가치의 얼핏 보기에 서로 대립되는 가치가 서로 공생하는 것을 말한다. 그런데 여기서 진보적 가치는 오직 비판의 대상인 한에서만 존재할 수 있다. 맥로비는 진보적 가치가 이렇게 비판의 대상으로만 존재할 수 있게 된 것을 사회가 구조를 통해 여성들을 억압하는 대신 '개인의 선택'이라는 언어수단을 통해 여성들을 다시 규제하게 된 것으로 설명하고 있다. 즉, 여성 개인은 자신의 삶에서 선택의 기회를 갖게 되지만 그 선택은 사실상 '정답의correct' 선택을 전제하며, 관습에 순응하는 선택을 통해서만 선택의 예측은 실현되게 된 반면에 여성 개인이 자신의 '선택'의 결과를 예측할 수 없는 선택을 할 때는 젠더불안이 지속되게 되는 것이다. 결국 신자유주의는 젊은 여성들에게 더 많은 자유와 선택의 기회를 약속하고 있지만 순응의 선택을 통해 정치적으로 퇴행적이게 만드는 효과를 얻게 된다.[41]

여러 페미니스트 연구자들이 신자유주의의 이러한 경향, 즉 자본주의에 대한 페미니즘의 비판을 수용한 후 그것을 변모시켜 자본주의 논리에 흡수하여 극복하는 경향을 지적한 바 있다.[42] 예컨대 프레이저N. Fraser는 국가주도적 자본주의 체제에 저항했던 제2물결 페미니즘의 주장이 어떻게 신자유주의 시대에 빠른 속도로 전지구적으로 확산되면서 동시에 균형을 잃게 되는 역설에 처해지는지를 보여준다.[43] 프레이저에

Women Discuss Femininity and Feminism in America's Next Top Model," in *New Femininities: Postfeminism, Neoliberalism and Subjectivity*, ed. R. Gill and C. Scharff (London: Palgrave MacMillan. 2011), 117~33쪽, 인용은 118쪽.

41 McRobbie, *The Aftermath of Feminism*, 12~6쪽.

42 McRobbie, *The Aftermath of Feminism*; Nancy Fraser, "Feminism, Capitalism and the Cunning of History," *New Left Review* 56 (2009), 97~117쪽; Rosalind Gill & Christina Scharff(ed), *New Femininities: Postfeminism, Neoliberalism and Subjectivity*.

43 Fraser, 같은 글.

따르면 제2물결 페미니즘은 경제중심주의, 남성중심주의, 관료중심주의, 그리고 일국중심주의에 저항했다. 페미니즘 정치는 계급문제에만 중점을 두는 경제중심주의에 저항하면서 섹슈얼리티, 성폭력, 재생산 문제를 제기하여 문제적 차별의 영역을 넓혔고, 노동시장의 남성중심주의에 저항하면서 가족임금제 폐지와 함께 여성의 노동시장 진입과 경제적 독립을 주장했으며, 위계적이고 중앙집권적인 관료중심주의에 저항하면서 비위계적이고 참여적이며 대중과 연대하는 운동을 전개했고, 영토 중심적인 국가주의에 대응하면서 적어도 이론적으로는 전지구적 자매애를 주장했다.

프레이저는 국가 주도적 자본주의 시대에 이처럼 해방적 역할을 담당했던 제2물결 페미니즘이 이제는 신자유주의 체제 유지에 중요한 역할을 담당하는 역설에 처해있다고 주장한다. 제2물결 페미니즘이 주장했던 섹슈얼리티, 성폭력, 재생산의 문제제기는 차이의 정치와 정체성 정치 등 '인정recognition의 정치'에 주력함으로써 '재분배redistribution의 정치'를 소홀히 하는 결과를 가져왔고, 여성의 노동시장 진입에의 강조는 저임금, 불완전 고용, 노동 강도의 강화, 삶의 질 저하의 현실과 함께 전통적 돌봄노동을 무시하는 결과를 가져왔으며, 수평적 관계를 강조하는 시민단체NGO의 확산은 운동단체를 통한 간접지원의 방향으로 전환하면서 국가가 빈곤문제에 직접 나서지 않는 결과를 가져왔고, 초국적 페미니즘과 여성인권에 대한 강조는 전지구적으로 성폭력과 재생산 문제에 초점을 맞추고 빈곤문제에는 무관심해지는 결과를 가져왔다는 것이다. 이처럼 페미니즘이 요구하는 '자유'에의 주장이 수용되지만 동시에 페미니즘이 신자유주의 체제의 지원 논리로 작동하게 되는 역설은 이제 후기 근대의 특징을 단순히 이분법적 논리로 이해하는 것은 불가능하다는 결론에 이르게 한다. 푸코가 지적한 대로 권력은 언제나 저항을 동반하지만 다른 한편 '자유' 역시 "불변의 법칙도, 법과 제도에 의해 보장되는 불변의 원리도 아니며," 권력의 작동을 위해 "수행해야 하

는 실천"인 것이다.[44]

페미니즘이 정치적으로 젠더관계를 문제 삼는 것인 한 페미니즘 정치는 이러한 후기 근대의 정치적 작동방식의 변화에 어떤 형태로든 대응해야 한다는 의미에서 변화를 피할 수 없게 된다.[45] 벤하비브는 후기 근대의 정치적 작동방식의 변화방향이 숙의민주주의 혹은 담론민주주의 경향이 강화되는 것이라고 했는데, 이것은 앞에서 말한 아고니즘 정치 혹은 하위정치의 개념과도 상통하는 것이다.[46] 즉 숙의정치의 등장도 개인의 자율성을 강조하고 개인 간의 토의와 설득, 그리고 그 과정에서 당연히 수반되는 평가 등을 강조한다는 점에서 20세기 후반에 진행되고 있는 실천적 전환과 지적 연관이 있다. 다만 숙의정치와 아고니즘 정치의 차이는 숙의정치가 의사소통의 합리성과 합의를 강조하는데 비해 아고니즘 정치는 숙의정치가 합의하는 공적 이성이라는 것이 항상 그 토의가 이루어지는 사회의 역사, 문화, 전통 등에 의존하는 것이고 따라서 "절차에 대한 합의나 정의에 대한 공적 개념은 사회구성원들이 공통된 '삶의 형식'을 공유하고 있을 때에야 가능한 것"이라고 본다는 점이다.[47] 사회가 과거의 경험이 도움이 되지 않는 변혁적 상황일 때 숙의정치는 적용되지 않는다. 아고니즘 정치는 숙의정치와 달리 토의 규칙과 절차 자체도 토의, 교섭, 논쟁의 대상이 될 수 있게 하자고 주장한다. 이것은 소수자의 목소리가 제대로 반영되도록 하자는 정치적 의도뿐만 아니라 철학적으로도 실천이론이 이룩한 인식론적 전환, 즉 재

44 Michel Foucault, *Power: The Essential Works of Michel Foucault, 1954-84*, ed. James D. Faubion (New York: The New Press, 2000), 354~55쪽; Wendy Brown, "Power after Foucault," in *The Oxford Handbook of Political Theory*, ed. J. S. Dryzek, B. Honig, and A. Phillips (Oxford: Oxford University Press, 2006), 76쪽에서 재인용.

45 M. Johanna Meehan, "Introduction," in *Feminists Read Habermas*, ed. M. J. Meehan (New York: Routledge, 1995), 1~20쪽.

46 Benhabib(ed), *Democracy and Difference*.

47 Schaap, "Agonism in Divided Societies," 264쪽.

현론이나 토대주의의 오류에 대한 비판에 기반을 두는 것이다.

아고니즘 정치는 후기 근대의 특징으로 볼 수 있는 지구화, 세계시민주의, 혹은 다문화주의로 표출되는 다양한 목소리를 민주주의의 틀 안에 포용해나갈 수 있는 유일한 방법은 이들 다양한 목소리가 서로 논의, 수용, 반박의 과정을 거치게 하는 것이라고 주장한다.[48] 이 과정에서 각각의 목소리에 내재하고 있는 과거의 역사적 경험, 현재의 정치적 이해관계, 그리고 미래에 대한 시각차 때문에 이 과정이 더 나은 결론을 가져오리라는 보장은 없지만 그렇더라도 논쟁은 진행되어야 하며, 논쟁의 과정을 거치는 것만이 유일한 대안이라고 주장한다.[49] 우리가 문제를 이렇게 보는데 동의한다면 제2물결 페미니즘의 정치 전략은 근대의 계몽적 프로젝트였음이 분명해진다. 즉, 한국사회에서 젠더정치를 추구해 온 90년대의 페미니즘 정치는 법과 제도적 권리 확보를 통한 성차별 해소라는 비교적 분명한 목적지를 향해 여성들의 정치력을 결집하는 것이 가능했고 또 효과적인 운동이었다. 그에 비해 정체성 정치, 즉 차이의 정치를 추구해 온 2000년대의 페미니즘 정치는 여성의 행위성을 강조하는 과정에서 정치적 측면이 약화된 것이 사실이다.[50] 그러나 후기 근대의 상황에서 단일한 집합적 여성주체를 전제하는 젠더정치가 그 대항적인 정치적 힘을 상실했지만 그렇다고 여성 개인의 행위성

48 Mouffe, *On the Political*.

49 Mouffe, 같은 책, 3~21쪽. 무페는 숙의민주주의를 궁극적으로 모든 모순과 불화를 해결할 수 있는 만병통치약으로 보거나 체제에 대한 저항을 원천봉쇄하는 수단으로 이용하려는 경향 둘 다를 모두 강력히 비판하면서 숙의민주주의의 핵심은 아고니즘적 특징이, 즉 결론을 도출하는 게 중요한 게 아니고 서로 간에 영원히 상호경쟁과 자극을 유발하는 과정 자체가 중요한 관계임을 강조했다.

50 알코프L. Alcoff도 지적했듯이 아고니즘 정치가 주장하는 다양한 정치전략의 상당부분은 정체성 정치의 틀 속에 수용될 수 있다. 그러나 아고니즘 정치가 제시하는 진정한 해방의 가능성은 정체성 정치에서는 제한될 수밖에 없다. 여기서는 알코프가 제안한 방식으로 젠더정치에 차이를 수용한 정치전략을 정체성 정치로 구분해서 부르겠다; Linda Alcoff, "Who's Afraid of Identity Politics?" in *Reclaiming Identity: Realist Theory and the Predicament of Postmodernism*, ed. P. Moyaand and M. Hames-Garcia (Berkeley: University of California Press, 2000), 312~44쪽.

이 반드시 자유를 담보하는 것도 아니라는 사실을 우리가 인정한다면, 이제 나아가야 할 방향은 더디더라도 특정 이슈마다 새롭게 정치적 주장을 할 수 있는 정치적 영역을 확보하는 것이 된다.[51]

제를리는 이 정치적 영역은 권리를 발견하는 영역이 아니고 권리를 주장하는 영역이라고 주장했다. 권리를 주장하는 '단정적 순간'은 이미 존재하는 여성정체성에 기반을 두고 권리를 주장하는 순간이 아니고 '앞질러서 발언하는' 구조로서 그 주장을 통해 페미니즘 주체인 여성이 구성되는 순간이다. 하지만 그 정치적 주장은 다른 구성원들의 동의를 강제할 수 없다는 점에서 불확정적이다. 결국 페미니즘 정치는 커뮤니티에 대한 모든 주장의 가능성과 한계를 실험하는 것이 되며, 다른 구성원들의 동의의 한계와 성격을 실험하는 것이 되며, 우리가 '여성'의 이름으로 정치적 발언을 했을 때 동의를 얻지 못하거나 처음부터 우리가 생각했던 방식으로 구체화되지 않을 때 무슨 일이 벌어지는지를 발견하는 것이 된다. 즉, 후기 근대의 페미니즘 정치는 결론을 도출하는 데 치중하기보다는 서로 간에 영원히 상호경쟁과 자극을 유발하는 과정 자체가 중요한 아고니즘 정치의 특징을 보인다.[52]

---

51 Linda Zerilli, "Feminism and the Abyss of Freedom: Rejoinder to Ferree, Glaeser, and Steinmetz," in Symposium on Linda Zerilli's Feminism and the Abyss of Freedom. *Sociological Theory* 27:1 (2009), 89~95쪽.

52 Linda Zerilli, *Feminism and the Abyss of Freedom* (Chicago: The University of Chicago Press, 2005), 174~75쪽; 조주현, "'사회적인 것'의 위기와 페미니스트 정체성의 정치," 64~68쪽에서 재인용.

5. 실천이론의 철학적 논의와 사회과학적 함의

6장과 7장에서 필자는 실천이론의 한 지류인 철학적 실용주의 논의를 통해 우리가 어떻게 진리와 객관성에 대한 집착에서 벗어날 수 있게 되고, 또 보편주의 대 상대주의 논쟁을 피해갈 수 있게 되는지 살펴보았다. 철학적 실용주의자들이 얻은 결론은 이 세상은 이상형으로서의 척도가 있고 그에 기준해서 우리가 세상과의 관계를 형성하는 것이 아니라 우리에게 주어진 사회 및 자연과의 상호작용을 통해 살아가면서 행한 '실천'이 바로 세상과의 관계를 형성한다는 것이었다.[53]

여러 연구자들이 실용주의 계열 철학자들이 도출해 낸 이러한 결론을 배경으로 어떻게 구성원 간의 상호작용을 통해 구체적인 사회적 실천이 형성되며, 실제로 세상과의 관계를 형성하게 되는지 연구했다. 라투르 등의 과학기술학STS 연구, 푸코, 기든스, 부르디외, 가핑클 등의 사회학 및 인류학 연구 등이 대표적인 예이다. 사회적 실천이론가로 분류되는 이들의 정치사회학적 관점은 서로 배치될 정도로 다양하지만,[54] 사회적 실천을 철저히 추적해서 그 실천이 언어, 과학, 사회조직 등으로 발현되고 다시 그렇게 발현된 사회구조가 행위자의 수행을 제약하고 조정하는 장site의 역할을 하는 과정을 밝혀낸 이들의 연구는 이미 여러 분야에서 영향력을 행사하고 있다.

실천이론의 철학적 논의는 일견 사회학에서 행위자와 사회구조의 관

---

53 Richard Rorty, *Objectivity, Relativism, and Truth: Philosophical Papers, Volume 1* (Cambridge: Cambridge University Press, 1991), 157~8쪽.

54 Jeffrey Stout, "On Our Interest in Getting Things Right: Pragmatism without Narcissism," in *New Pragamatists*, ed. C. J. Misak (Oxford: Oxford University Press, 2007), 7~31쪽, 인용은 13쪽. 로티는 자유민주주의에 대해 호의적인 태도를 보인 반면 푸코는 사회조직이나 실천 전반에 대해 불신의 태도를 보인 것이 그 예가 된다.

계를 설명하는 사회학적 논의와 별 차이가 없는 것으로 보인다. 예컨대 기든스가 구조화 이론structuration theory에서 행위성과 구조의 이중성duality이라는 개념을 통해 설명했듯이, 개인의 행위성은 사회구조에 의해 조건 지어지고 다시 사회구조는 개인의 행위에 의해 시공간 속에서 생성, 재생, 변화, 소멸의 과정을 전개해나간다는 주장은 사회학자에게는 이미 익숙한 설명이다.[55] 그러나 실용주의 철학의 가치는 이러한 사회적 실천주의자의 주장에 확고한 논거를 제공해준다는데 있다. 예컨대 실용주의 계열 철학자인 라우스J. Rouse는 사회적 삶, 지식, 의미에 대해 성찰할 때 전문가만이 판단할 수 있는 초월적 조건, 규범, 가치, 자연법, 혹은 토대 등과 같은 어떠한 특별한 영역도 존재하지 않는다고 선언한다.[56] 그 대신 비판적 성찰은 의사소통, 생산과 교환, 관리 등과 같이 부분적으로 공유된 상황 내에서의 상호작용에서부터 생성된다고 설명한다. 서로간의 쟁점을 교통정리 해줄 그런 외부적 절대기준 혹은 신의 시선과 같은 관점이 존재하지 않을 때 우리에게 주어진 유일한 길은 "우리가 공유하지만 논쟁이 끊이지 않는 과거와 현재로부터 실행 가능한 미래를 창출하기 위해 공동으로 지속적인 노력"을 기울이는 것뿐이다.[57]

실천이론의 이 같은 주장을 따라가게 되면 우리는 정치, 사회, 문화 운동의 기본전략은 아고니즘 정치여야 한다는 결론을 자연스럽게 도출하게 된다. 또한 철학적 실용주의와 아고니즘 정치의 논리적 연결이 분명해지면 앞에서 푸코, 코널리, 제를리, 무페 등이 후기 근대의 정치적 대안으로 제시한 아고니즘 정치에 대한 우리의 주장도 더욱 확고해질 뿐만 아니라 이 문제에 대한 다양한 시각을 갖출 수 있게 된다. 예

55 Anthony Giddens, *The Constitution of Society: Outline of the Theory of Structuration* (Cambridge: Polity, 1984).

56 Joseph Rouse, "Social Practice and Normativity," *Philosophy of the Social Sciences* 37:1 (2007), 46~56쪽.

57 조주현, "'사회적인 것'의 위기와 페미니스트 정체성의 정치," 76쪽.

컨대 글로벌 후기 근대의 정치적 상황에서 속도의 문제는 시공간적 압축에 따른 삶의 질 저하 등 부정적인 면이 많이 논의되는 영역인데, 이에 대한 대안으로 속도를 줄여 국지적 민주주의를 회복시키자는 주장이 제기되곤 한다. 그러나 코널리는 후기 근대의 속도의 가속화에 대한 두 개의 서로 경쟁적인 대안으로 '공적 문화의 다원화'와 '근본주의화'가 있음을 예로 들면서 민주적 다원주의자는 속도의 부정적인 면을 줄이려는 노력도 해야 하지만 궁극적으로는 속도의 긍정적인 면을 포용해야 한다고 주장한다.[58] 속도에 대한 하나의 기준을 전제로 대응해나가려는 '근본주의화'에 비해 속도와 변화의 가속화는 하나의 근본 진리를 상정해서 그에 근거해 통치하는 계몽적 프로젝트의 작동을 어렵게 만들고 다양한 집단이 각자의 목소리를 낼 수 있는 열린 공간을 보장함으로써 '공적 문화의 다원화'를 실현시킨다고 보기 때문이다. 코널리의 이러한 관점은 실천이론 수용의 산물이라고 볼 수 있다.

이처럼 실천이론에 속하는 이러한 연구경향의 연결고리를 따라가 보면 우리는 다양한 시사점을 발견하게 된다. 예컨대 실용주의 철학자인 브랜덤의 '언어적 실천'에 대한 연구나 데닛D. Dennett의 '의식'에 대한 연구, 그리고 과학사회학자 및 인류학자들의 연구를 대비해보면 어떤 공통분모가 있다는 것을 느끼게 되는데, 그 공통분모가 복잡적응계 이론이 아닌가 하는 것이다. 사회학이 복잡적응계에 속하는 생물계와 경제계에 각기 적용되는 진화론 및 게임이론들과 이론적으로 접목한다면 사회학이 현재 직면하고 있는 문제를 좀 더 넓고 다양한 시각에서 볼 수 있게 되지 않을까 생각된다.[59]

---

58 Connolly, *Neuropolitics*, 179쪽.

59 이러한 분야의 연구 결과를 적극적으로 도입하자고 주장하는 학자로 다음의 예를 들 수 있다; Stephen P. Turner, "Social Theory as a Cognitive Neuroscience," *European Journal of Social Theory* 10:3 (2007), 357~74쪽; Connolly, *Neuropolitics: Thinking, Culture, Speed*; 이재혁, "집합적 합리성의 발현에 대한 시론적 연구: 진화론적 관점과 '일반적 교환'을 중심으로," 『사회와이론』 17 (2010), 7~51쪽.

CHAPTER 9

신자유주의적 지구화와 여성주체성의 변화: 실천이론의 관점

1. 문제제기

1970년대부터 강화되기 시작한 신자유주의는 후기 근대사회를 이끌어가는 기본 동력이다. 신자유주의의 강화는 제1차세계대전 이후 경제 불평등이라는 정치적 부담을 해결하지 못해 종식됐던 경제적 지구화를 다시 불러왔다. 현재 진행되고 있는 지구화는 경제적 측면에서만 본다면 19세기 말에 시작돼 1차대전 이후 종식됐던 가장 최근의 지구화에 비해 오히려 약한 것으로 평가되지만,[1] 그 정치적, 사회적, 문화적 변화를 고려한다면 20세기 초의 얇은thin 지구화와 달리 깊은thick 지구화라고 할 수 있다.[2] 현재의 지구화가 깊은 지구화가 된 것은 주로

1 Dani Rodrik, *Has Globalization Gone Too Far?* (Washington, D.C.: Institute for International Economics, 1997).

2 Robert O. Keohane and Joseph S. Nye Jr., "Governance in a Globalizing World," in *Power and Governance in a Partially Globalized World*, ed. R. O. Keohane

인터넷의 발달을 비롯한 정보통신기술의 혁명에 기인한 바가 크며 이는 후기 근대적 삶의 주요 특징이기도 하다.[3]

그러나 지구화에 따른 다양한 정치사회적 변화에 대한 전망은[4] 9/11 이후 진행된 일련의 정치적 사건들과 그에 따른 국가권력의 재등장으로 그 실현가능성이나 적절성이 불투명해진 것으로 보이게 됐고, 나아가 지구화의 구체적 실체가 있는지에 대한 의문으로 이어졌다.[5] 이 과정에서 오히려 더 주목받은 논의가 아감벤G. Agamben이 '벌거벗은 생명homo sacer'이나 '예외적 상황state of exception' 개념으로 드러내려했던 신자유주의 통치성에서의 주권권력의 역할이다.[6] 즉 요약하면, 현재 진행 중인 지구화는 신자유주의적 지구화이며, 후기 근대적 개인의 삶에 가장 중요한 영향을 미치는 것은 여전히 건재한 국가의 신자유주의적 통치성이라고 할 수 있다.

푸코의 신자유주의 통치성은 대부분의 국가에서 작동되는 정치권력의 특징을 잘 설명해주는 개념이다. 푸코는 권력의 작동방식을 크게 주권권력sovereign power, 목자권력pastoral power, 규율권력disciplinary power, 생명권력bio-power으로 구분하였는데, 신자유주의 통치성은 이 다양한 권력의 작동방식이 시공간적 상황에 따라 다양한 형태의 결합과 선택

(New York: Routledge, 2002), 193~218쪽.

3 Manuel Castells, *Communication Power* (New York: Oxford University Press, 2009).

4 마이클 하트·안토니오 네그리, 『제국』, 윤수종 역 (서울: 이학사, 2001); 토머스 L. 프리드먼, 『렉서스와 올리브나무: 세계화는 덫인가, 새로운 기회인가?』, 신동욱 역 (서울: 창해, 2003); Ulrich Beck and Elisabeth Beck-Gernsheim, *Individualization: Institutionalized Individualism and Its Social and Political Consequences* (London: Sage, 2002).

5 Angus Cameron and Ronen Palan, *The Imagined Economies of Globalization* (London: Sage, 2004).

6 Mitchell Dean, "Governing Societies: the Story of Two Monsters," *Journal of Cultural Economy* 1 (2008), 25~38쪽.

을 통해 발현되는 것이다.[7] 예컨대 OECD 가입국으로 대변되는 선진국에서의 신자유주의 통치성은 직접적인 강압에 의한 통제보다는 푸코가 '자기 기술technology of the self', '행위의 통제the conduct of conduct', 또는 '자유를 통한 권력power of freedom'이라고 불렀던 통치방식, 즉 개인의 동의와 수용을 통한 느슨한 형태의 그러나 모세혈관처럼 사회의 모든 측면에 스며들어 저항의 실마리를 찾기는 더욱 어려운 통치방식인 거버넌스의 방식으로 작동된다. 그러므로 주권권력과 일상적 권력은 서로 구분할 수 없을 만큼 엉켜있고 그 작동방식도 비슷해진다.

후기 근대사회의 권력이 이 같은 특징을 보이는 것은 18세기경부터 시작된 인구의 증가, 삶의 조건을 개선하는 데 있어 경제발전이 차지하는 중요성, 통치방식의 효율성 증대에 대한 요구, 그리고 개인적 자유 공간의 확대에 대한 욕구 등이 서로 맞물려 일어났기 때문이다. 신자유주의 통치성은 경제논리를 정치사회적 영역으로 확대하려는 것으로 위와 같은 사회의 다양한 요구에 대한 후기 근대사회의 대답이라고 할 수 있다. 한편 신자유주의적 논리에 대한 비판에도 불구하고 이 논리가 빠른 속도로 사회에 확산되는 이유는 사회구성원들의 묵인 혹은 동의가 있기 때문이다. 신자유주의적 논리에는 개개인의 자유의 확대와 그에 따른 창의성, 효율성, 독립성 증대와 같이 개개인이 원하는 것은 분명하고도 구체적으로 드러나는 반면 그 자유로운 행위의 결과는 더욱더 예측할 수 없게 되고 특히 공공의 이익을 확보하기는 더욱더 어려워지게 된다는 점은 잘 드러나지 않는다.[8] 이처럼 후기 근대사회의 권력의

7 Michel Foucault, *The History Sexuality: An Introduction* (New York: Vintage Books, 1976), 139~40쪽; Michel Foucault, "Governmentality," in *The Foucault Effect: Studies in Governmentality*, ed. G. Burchell, C. Gordon, and P. Miller (Chicago: The University of Chicago Press, 1991), 103~04쪽; Aiwa Ong, "Graduated Sovereignty in South-East Asia," in *Anthropologies of Modernity: Foucault, Governmentality and Life Politics* (Oxford: Blackwell, 2005), 83~104쪽.

8 조주현, "후기 근대와 사회적인 것의 위기: 아고니즘 정치의 가능성," 『경제와 사회』 95 (2012), 163~89쪽.

작동방식이 법과 제도에 기반을 둔 주권권력 위주가 아니라 개개인의 자유의 신장이라는 일상적 권력과 서로 뒤섞이는 방식으로 작동할 때, 권력이 지닌 구성적 속성을 이해하기는 더욱 어렵게 된다.[9]

이 장은 신자유주의 통치성이 작동하는 후기 근대사회의 삶을 살아가는 여성들의 주체성의 변화를 파악하기 위한 것이다. 이를 위해 이 장은 다음 순서로 논의를 전개한다. 2절은 후기 근대사회의 권력의 작동방식의 변화가 주체의 종속과 행위성에 어떻게 관련되는지 정확히 이해하기 위해서는 먼저 권력과 같은 사회적 실천이 어떻게 개개인의 행위에 의해 구성, 유지, 변화, 혹은 소멸되는지에 대한 이론이 필요한데, 실천이론이 그에 대한 체계적인 분석틀을 제공할 수 있다는 점을 주장한다. 3절은 페미니즘 이론이 다루는 여성주체의 종속과 행위성 문제를 실천이론을 이용하여 해석한다. 4절은 브랜덤의 언어적 실천개념을 중심으로 사회적 실천이 제공하는 '적극적 자유' 개념이 여성주체의 종속과 행위성에 대한 해석에 새로운 시사점을 제공해줄 수 있음을 설명한다. 5절은 후기 근대 한국사회에서 여성주체성의 변화를 다루며, 주체의 행위성을 구현하기 위해서는 실천이론의 정치적 구현이라고 할 수 있는 아고니즘 정치가 실천되어야 함을 주장한다. 결론적으로 이 장은 후기 근대 한국사회의 여성들은 신자유주의적 주체로 전환되었으며, 이들의 종속과 행위성의 엮임을 이해하기 위해서는 구체적 맥락에서 개개인의 선택과정을 추적하는 미시적 접근이 필요하다는 것, 그리고 행위성을 구현하기 위해서는 아고니즘 정치가 필수적이라는 것을 주장한다.

9 예컨대 페미니즘에서 신여성성에 대한 해석이 혼란스러운 것은 주체의 종속과 행위성 문제가 이처럼 서로 뒤엉켜있는 권력 방식과 밀접하게 맞물려있기 때문이다.

2. 후기 근대사회의 권력과 주체

룩스S. Lukes는 권력에 대한 자신의 유명한 저서에서 상대의 저항에도 불구하고 상대에게 자신의 의지를 관철시키는 것을 권력으로 본 베버의 권력 개념과 달리 상대의 욕구를 조정, 형성, 또는 결정해서 동의를 끌어내는 권력 개념을 포함한 3차원적 권력 개념three-dimensional concept of power을 제시했다.[10] 룩스에 따르면 권력의 이러한 측면은 이해관계가 충돌하지 않는 상황에서도 작동한다. 또한 룩스에 따르면 권력 개념은 자유, 진정성, 자율 등의 개념들과 밀접하게 관련되어 있기에 규범적이면서 동시에 논쟁적일 수밖에 없는 개념이다.[11] 룩스는 자유의지가 있는 주체가 어떻게 자신의 이익에 반하는 지배에 저항하지 않고 순응하는지를 상대의 욕구를 조정, 형성, 또는 결정해서 동의를 끌어내는 세 번째 측면의 권력 개념을 통해 이해하려고 했다. 그러나 룩스의 이러한 권력 개념은 권력의 구성적 성격을 강조하는 장점을 갖고 있긴 하지만 종속적 위치에 있는 개인이 보여주는 행위성의 측면을 소홀하게 보는 점이 있다. 종속적 위치에 있는 개인이 권력에 순응하는 것이 권력의 구성적 효과이기보다는 그 개인이 놓여있는 맥락에서 볼 때 합리적 선택일 수도 있고, 무지나 체념 때문일 수도 있으며, 혹은 은밀한 저항일 수도 있는, 즉 그 개인의 행위성의 결과일 수도 있기 때문이다. 결국 이들의 행위에 대한 좀 더 현실적인 모델을 제시하지 않고서는 룩스의 권력 개념으로 우리가 이들의 행위를 근본적으로 이해하는 것은 불가능한 것으로 보인다.

룩스의 권력 개념은 푸코의 신자유주의 통치성 개념과 많은 점에서

10 Steven Lukes, *Power: A Radical View*, 2nd edition (New York: Palgrave, 2005), 110~24쪽.

11 Lukes, 같은 책, 108쪽.

유사하다. 푸코의 신자유주의 통치성은 국가권력 뿐만 아니라 모든 사회적 관계에 내재한 권력의 작동을 포괄하는 개념인데, 그런 상황에서 "모든 것이 위험하다."[12]고 말하는 푸코의 모토는 개인의 행위성을 부정하고 개인의 모든 선택은 궁극적으로 권력에 종속되는 결과를 낳는다고 생각하는 그의 입장을 반영하는 말이기 때문이다. 따라서 이 같은 맥락에서 볼 때 푸코의 권력 개념에서 저항의 가능성을 찾기 어렵다는 비판은 일견 타당한 것으로 보인다. 권력의 작동에 대한 푸코의 부정적 이해는 그의 주체에 대한 이해에도 그대로 반영된다. 푸코는 주체가 권력에 의해 구성된 권력의 효과라고 주장하는데, 그렇다면 이러한 주체는 권력에 종속된 상태에서 벗어나 저항할 수 있는 행위성을 갖출 수는 없게 된다. 결국 푸코의 권력/주체 이론에 대해 권력이 어떻게 사람들의 현실인식을 왜곡시킬 수 있는지 깨닫게 해주는 이론이라는 찬사와 주체를 스스로의 이익에 반하는 선택을 하는 판단능력이 결여된 자로 묘사한다는 비판의 평가에서 각기 알 수 있듯이, 푸코의 권력/주체 이론에 대한 평가 역시 룩스의 권력 개념에 대한 평가와 마찬가지로 개인의 선택과정에 대한 구체적 이론화 없이는 공허한 논쟁이 되기 쉽다는 결론에 이르게 된다.[13]

통상 후기 근대사회의 개인은 특수한 경우를 제외하고는 각자가 다른 시공간에서 자신의 삶을 이루어나간다. 따라서 개개인의 삶의 조건의 공통점에 기반을 두고 각 개인의 동의를 끌어내는 전기 근대의 정체성 정치 전략으로 후기 근대사회의 개개인의 삶의 미세한 차이를 재

12 Michel Foucault, "On the Genealogy of Ethics: An Overview of Work in Progress," in *Michel Foucault: Beyond Structuralism and Hermeneutics*, ed. H. L. Dreyfus, and P. l. Rabinow (Chicago: The University of Chicago Press, 1983), 229~52쪽, 인용은 231~32쪽.

13 Lukes, *Power*, 149쪽. 마찬가지로 보편주의와 상대주의에 대한 논쟁도 개인의 선택과정에 대한 구체적인 이론화 없이는 공허한 논쟁이 되기 쉽다. 페미니즘 정치의 경우는 조주현, "실천이론으로 본 비판사회학과 페미니스트 정치학의 문제,"『경제와 사회』 88 (2010), 82~7쪽 참조.

단하는 것은 적절치 않게 된다.[14] 후기 근대의 삶의 맥락에서 작동하는 권력은 주어진 상황에서 개인이 자신만이 가진 지식과 정보를 이용하여 자신에게 가장 효율적인 선택을 하는 것이 사회에도 가장 효율적인 결과를 가져올 것이라는 논리를 사회통치 전반에 적용시키는 방식으로 실현된다. 개인의 선택의 자유를 보장하는 방식으로 작동하는 이러한 권력은 전기 근대사회에서처럼 개인의 자유를 법과 제도로 통제하는 방식으로 통치하는 것이 아니라 규칙, 규율, 혹은 규범을 통해 개인의 자유를 통제할 수 있는 방식으로 통치해야 한다. 그리고 이를 위해서는 개인의 자유와 사회의 규범 간어 적절한 균형이 이루어지게 해야 한다.[15]

개인의 자유와 사회의 규범 간의 균형을 이루는데 발생하는 문제는 사회의 효율성은 주로 개인의 자유로운 선택에 의존해야 달성될 수 있는 반면 사회의 공동선은 주로 국가나 사회의 개입에 의존해야 달성될 수 있다는 데 있다. 이때 국가나 사회의 개입과 개인의 자유로운 선택이 상호충돌하게 되는데, 이의 해결을 위해서는 국가나 사회의 개입이 개인의 자유로운 선택을 저해하지 않도록 국가의 개입은 '최소화'하고 사회의 개입은 간접적인 방식으로, 즉 사회적 규범에 의해 개인의 선택을 통제하는 방식으로 사회의 공동선이 달성될 수 있도록 하는 것이 필요하게 된다. 이렇게 사회적 규범에 의한 개인의 선택의 통제는 법과 제도에 의한 개인의 선택의 통제보다 훨씬 유연하고 느슨하며 다양한 방식으로 작동한다. 따라서 후기 근대사회의 권력의 작동방식은 바로 이 개인의 선택과 그 선택에 '느슨하게 관여하는' 사회적 규범의 생성, 유지, 변화, 혹은 소멸을 구체적으르 보여주는 것을 통해 이해할 수

14 William Connolly, "Confessing Identity\Belonging to Difference," in *Identity\Difference: Democratic Negotiations of Political Paradox* (Minneapolis: University of Minnesota Press, 2002), xiii~xxx쪽, 인용은 xiii쪽.

15 이것은 정치경제학에서 다루는 평등과 효율성의 균형the equality-efficiency trade-off 문제와 같은 맥락이다.

있다.

권력 개념에 대한 이러한 실천이론적 접근방식은 권력을 고정된 것으로 보고 권력의 세세한 작동과정까지 상세하게 규정한 후, 주어진 현상을 그 상세한 규정에 따라 분류하고 해석하는 접근법과는 완전히 배치되는 방식이다. 실천이론의 이러한 접근방식에서 보면 룩스가 설명했듯이 상대의 욕구를 조정, 형성, 또는 결정해서 동의를 끌어내는 것으로 권력의 작동을 이해하는 것은 문제가 있다는 것을 알게 된다. 실천이론은 권력을 고정된 것이 아니고 개개인의 수행을 규정하는 사회적 실천과 그 사회적 실천을 평가하는 각 개인의 선택이라는 수행들로 작동하는 것으로 이해하며, 쿤의 과학혁명처럼 늘 변화의 가능성을 내포하고 있는 것으로 권력을 이해한다. 즉 실천이론은 권력, 주체, 자유에 대한 이해는 그 사회적 실천들이 개인의 선택에 어떻게 관여하며, 개개인의 선택의 과정에서 그 사회적 실천들은 어떻게 변화되는지에 대한 구체적 작동과정에 대한 이해로 확장되어야 한다고 본다. 결국 개인 간의 미시적 상호작용과 거시적 사회현상 간의 연관성에 대한 구체적 이론이 필요하다는 것인데, 실천이론은 그 중에서도 개인의 선택에 의해 사회적 실천의 변화가 이루어지는 과정에 대한 체계적 이해가 필요하다고 본다.

개인은 동의를 선택할 때 자신의 선택의 자료가 되는 '신념beliefs', '선호도preference', '구속조건들constraints'에 근거해 동의하게 된다.[16] 즉 개인의 동의는 이 신념, 선호도, 구속조건들이 규정한 선택 공간에서 이루어진다. 그러나 개인의 동의를 규정짓는 이 신념, 선호도, 구속조건들은 다시 개개인의 선택을 통해 생성, 유지, 변화, 소멸의 다양한 변화 과정을 거친다. 신념, 선호도, 구속조건들과 같은 사회적 실천의 생성, 유지, 변화, 소멸은 그 실천을 구성하는 과거에서부터 누적된 수행들과 그

16 Herbert Gintis, "A Framework for the Unification of the Behavioral Sciences," *Behavioral and Brain Sciences* 30 (2007), 1~61쪽.

수행에 대한 평가들로 구성된 미시적 자료들을 설명할 수 있는 분석틀[즉 관점]에 근거해 결정된다. 이때 무한히 다양한 분석틀 중 가장 '효율적'인 분석틀을 선택해야 하는데, '효율성'의 기준은 객관적으로 정해져 있는 것이 아니고 다른 사회적 실천들을 포함한 구성원들의 삶의 사회역사적 조건에 의해 정해진다. 그리고 이렇게 선택된 분석틀은 쿤의 정상과학처럼 외부조건의 변화에 따라 미세한 조정과정을 거치면서 지속되지만, 다른 한편 쿤의 과학혁명처럼 분석틀이 급격히 변화할 가능성도 항상 존재한다. 분석틀의 급격한 변화가능성은 아렌트가 '성찰적 판단reflective judgement의 순간'으로, 그리고 제릴리가 '정치의 단정적 순간predicative moment of politics'으로 각기 표현했듯이, 구성원이 매 수행의 순간에 그 수행과 실천 전체를 재해석할 가능성에 직면하는 방식으로 존재한다.

3. 페미니즘 이론과 여성주체성의 문제

일반적으로 페미니즘 이론을 포함한 비판적 사회이론들은 자본주의나 가부장제와 같이 분명하고도 심각한 사회문제를 해결하기 위해 사회적 규범과 개개인의 행위 간의 관계를 단순화시키는 경향이 있다. 즉, 사회적 규범이 개인의 자유를 구속하는 과정에 대한 이해가 개인을 지나치게 수동적으로 묘사하는 방식일 뿐만 아니라 역으로 개개인의 행위에서 사회적 결과가 나오는 과정 역시 단순히 개인들의 행위의 집합이 사회적 결과를 가져오는 것으로 전제함으로써, 개인 간의 상호작용에서 시작되는 정치적 저항의 가능성을 분석에서 놓치는 경향이 있다. 개인은 규범을 준수할 때 규범을 따르기만 하는 존재가 아니라 "그 규범을 파악 또는 이해하고, 그 규범에 따라 (자신과 타자의)

각 수행performance의 옳고 그름을 평가할 수 있는" 존재다.[17] 페미니즘 이론이 여성종속의 원인을 가부장제적 규범에 의해 구성되는 여성주체의 구성성[즉 종속]에서 찾으려고 하거나[18] 비판이론이 노동계급의 자발적 종속의 원인을 허위의식과 이데올로기의 역할에서 찾으려고 하는 것은[19] 이 이론들이 개개인의 행위에 대한 정교한 해석들을 반영하지 않기 때문인 것으로 보인다.

앨런A. Allen에 따르면 1980년대부터 페미니즘 이론은 주체의 문제에 집요하게 매달렸다.[20] 앞에서 설명했듯이 푸코를 비롯한 사회구성론자들의 종속subjection 개념은 여성이 어떻게 자신을 억압하는 규범에 순응하게 되는지 설명하는 데는 대단히 유용했지만 여성이 어떻게 그 규범을 변화시키는 행위성을 갖출 수 있게 되는지 설명하는 데는 취약했다. 규율권력에 의해 구성된 주체에게서 저항의 실마리를 찾을 수 없다는 푸코의 주장에 대한 의문은 여성주체의 구성성을 설명한 버틀러의 이론에도 그대로 적용된다. 즉 푸코나 버틀러의 권력/주체 이론을 받아들인다면 계급, 인종, 젠더, 섹슈얼리티의 상호교차적 권력관계에 의해 구성된 다양한 여성주체가 어떻게 스스로를 변화시키는 행위성을 발휘하여 그 같은 권력관계에 저항하고 그 권력관계를 변화시키는 것이 가능할 수 있는가 하는 것이다.

정치적 존재로서 여성의 경험과 전망을 주제로 하는 페미니즘 정치이론의 경우, 여성주체의 종속과 행위성 문제는 특히 핵심 주제가 된다. 이 문제를 이해하는 것이 다양한 영역에서 서로 대립하고 있는 페미

---

17 Robert Brandom, *Making it Explicit: Reasoning, Representing, and Discursive Commitment* (Cambridge: Harvard University Press, 1994), 32쪽.

18 Amy Allen, "Feminism and the Subject of Politics," in *New Waves in Political Philosophy*, ed. B. de Bruin and C. Zurn (New York: Palgrave Macmillan, 2007), 1~18쪽.

19 Michael Rosen, "On Voluntary Servitude and the Theory of Ideology," *Constellations* 7:3 (2000), 393~407쪽.

20 Allen, "Feminism and the Subject of Politics."

니즘 내부 진영들의 주장을 맥락화시키고 다양한 정치적 대안을 제시하는데 있어 가장 중요한 과제가 되기 때문이다. 예컨대 포르노에 대해 서로 대립적 주장을 펼치는 페미니즘 내부 진영들이 그 대표적인 예가 된다. 모든 포르노는 여성에 대한 남성지배의 도구라고 보는 드워킨과 맥키넌의 관점이나 포르노에는 여성억압에 대한 저항과 체제 전복적 측면이 있음을 강조하는 급진주의자의 관점은 둘 다 권력을 보는 방식에 있어 권력의 억압적 측면domination과 권력의 세력화 측면empowerment을 각각 과장되게 이해하는 방식이다. 그러나 포르노에 대한 접근은 포르노 소비를 여성주체를 종속시키거나 반대로 여성주체가 세력화되는 것으로 보기보다는 권력과 쾌락의 상호관계로 보거나,[21] 여성주체의 종속과 세력화는 서로 뒤엉켜서 작동하기 때문에 세력화가 반드시 종속에 대한 저항으로 귀결되지 않으며 오히려 종속을 더 강화하는 결과를 가져올 수도 있다는 버틀러의 좀 더 정교한 해석에서 볼 수 있듯이, 여성주체의 종속과 여성주체의 세력화는 단순하게 이분화 될 수 없는 서로 얽혀있는 문제로 보아야 한다. 페미니즘 정치이론의 핵심주제는 바로 이 여성 종속과 여성 세력화의 얽혀있는 방식을 밝히는 것이다.[22]

여성주체의 종속과 여성주체의 세력화 혹은 행위성이 서로 어떻게 얽혀있는지 밝히기 위해서는 정치적 실천이론이 도입되어야 한다. 예컨대 제를리는 푸코나 버틀러의 주체 중심적 패러다임에서는 진정한 변혁이나 자유로운 정치적 행위성을 기대하기 힘들다고 보고 여성주체의 앞질러 말하기와 그에 대한 공동체 구성원들의 화답을 통해 변화를 가져오는 것과 같은 정치적 실천의 문제로 페미니즘 정치의 패러다임을 이동시키자고 제안했다.[23] 버틀러가 페미니즘 정치의 전선은 '여성'을 의

21 Linda Williams, *Hard Core: Power, Pleasure, and the "Frenzy of the Visible"* (Berkeley: University of California Press, 1999).

22 Amy Allen, "Pornography and Power," *Journal of Social Philosophy* 32 (2001), 512~31쪽, 인용은 521~28쪽.

23 조주현, "'사회적인 것'의 위기와 페미니스트 정체성의 정치: 린다 제릴리의 대안," 『사회

미화 하는 지배담론과 규율권력의 정치구조라고 보고 그 정치구조 내의 인식 가능한 것과 불가능한 것의 배치를 재배열함으로써 '여성' 정체성을 전복시키는 주체 (재)구성의 정치를 부각시키려고 했다면,[24] 제롤리는 그 전복적 '여성'을 선언하는 정치적 행위에 화답하는 페미니즘 공동체의 구축을 그것을 실현시킬 수 있는 핵심적 실천으로 보았다. 즉, 새로운 정체성의 구성 혹은 앞질러 말하기와 같은 개인의 수행performance은 공동체 구성원들의 화답, 즉 평가에 의해 지배담론과 규율권력의 사회적 실천을 유지, 변형, 혹은 소멸시킨다. 전복적 '여성'은 여성주체의 정치화만으로 실현되지 않으며 공동체 구성원 간의 상호작용을 통해서만 가능하다는 제롤리의 주장은 수행들 간의 상호작용으로 사회적 실천이 유지, 변형, 혹은 소멸되며 다시 그 사회적 실천은 행위자들의 수행을 제약하고 조정하는 장site의 역할을 한다는 실천이론을 반영하고 있다.

그러나 앨런은 이러한 제롤리의 제안이 정치적 행위자를 구성하는 권력의 지배적 역할을 잘 드러나지 않게 만들 수 있다고 말한다. 제롤리의 제안대로 집단적 정치참여는 종속된 여성주체가 자신의 구성된 주체성을 거부하고 해방적 방향으로 나아가는 순간이기도 하지만, 제롤리가 푸코나 버틀러의 '주체-중심의 분석틀subject-centered framework'에 내린 비판과는 달리 구성된 주체는 자신의 종속적 정체성에 대한 집착을 통해 그 종속의 고통을 드러내는 기회로 삼을 수도 있으며,[25] 설령 집단적 정치참여를 한다 하더라도 권력의 지배구조에 노출된 상황에서 어떻게 사회적 불평등을 재현하지 않을 수 있는 방법으로 정치적 토의와 참여를 할 수 있는가 하는 반문이 제기될 수 있다는 것이다.[26] 앨런

와 이론』 17 (2010), 53-83쪽.

24 주디스 버틀러, 『젠더 트러블: 페미니즘과 정체성의 전복』, 조현준 역 (서울: 문학동네, 2008), 362쪽.

25 Wendy Brown, *States of Injury* (New Jersey: Princeton University Press, 1995).

26 Allen, "Feminism and the Subject of Politics," 10~11쪽 참조.

의 이러한 지적은 밀라노 페미니즘 공동체에 대한 제를리의 분석[27]에서 드러나는 제를리의 실천이론적 측면을 제대로 고려하지 못한 편향된 평가이지만, 근본적으로는 제를리의 이론이 실천이론을 좀 더 철저하게 수용하지 못한데서 야기되었다고 할 수 있다.

페미니즘 정치에서 여성주체의 종속과 행위성 문제는 앨런의 논의에서 드러나듯이 사회적 실천에 대한 연구의 핵심문제일 뿐만 아니라 이 문제의 해결은 사회과학 방법론의 궁극적 과제이기도 하다.[28] 실천이론의 최근 연구결과는 사회적 실천이 어떻게 행위자의 수행과 그 수행에 반드시 수반되는 헌신, 자격, 인정 등을 포함하는 평가와 기록, 즉 '의무적 점수기록' 행위를 통해 유지, 변화, 혹은 소멸되는가에 대한 구체적인 이론들을 시도하고 있다.[29] 다음 절에서는 실천이론으로 해석한 자유와 주체 개념이 페미니즘 정치의 오랜 문제인 여성주체의 종속과 행위성 문제를 이해하는데 어떤 시사점을 줄 수 있는지 살펴보도록 한다.

4. 실천이론이 제안하는 '적극적 자유'와 여성주체 개념

어떤 행위가 합리적 행위인지 판단하는 관점에는 두 가지가 있다. 하나는 각 개인이 자신의 욕망이나 효용을 달성하기 위해 하는 행위를 합리적 행위라고 보는 것이고, 다른 하나는 의식적으로 자신

27 이 책의 10장 참조.

28 이 책의 7장과 10장 참조.

29 Joseph Rouse, "Social Practices and Normativity," *Philosophy of the Social Sciences* 37:1 (2007), 46~56쪽; Joseph Heath, *Following Rules: Practical Reasoning and Deontic Constraint* (New York: Oxford University Press, 2008).

을 구성하고 변화시키는 능력발휘 행위를 합리적 행위라고 보는 것이다.[30] 전자는 도구적 합리성에 기반한 관점으로서 개인의 욕망의 정당성 여부는 이성적 논의가 불가능하다고 보아 논의에서 제외하며, 그 욕망의 달성을 위한 가장 효율적인 행위의 선택만이 논의의 대상이 된다고 본다. 반면에 후자는 개인을 언어적 실천의 주체로 보며, 개인의 행위와 그것에 수반되는 책임감, 헌신, 자격, 권위 등을 통해 합리적 행위의 의미가 규정된다고 본다. 또한 후자는 개인이 개념적 규범의 구속을 받아들이고, 헌신을 약속하며, 권위를 행사하고 받아들이는 것이 인간 자유의 핵심이라고 본다. 이때 자유는 각종 사회적, 자연적 구속으로부터 해방을 의미하는 소극적 자유가 아니라 무언가를 할 수 있는 '적극적 자유'이며, 이는 개념적 규범의 구속을 받아들일 때 가능한 자유를 의미한다.[31]

브랜덤은 헤겔이 위와 같은 칸트의 적극적 자유의 개념에 세 가지 아이디어를 결합시켜 인간의 자유의 개념을 변화시켰다고 해석했다. 브랜덤에 따르면 헤겔은 첫째, 책임감, 헌신, 권위와 같은 규범적 지위가 갖고 있는 사회적 측면을 강조했고, 둘째, 언어라는 사회적 실천이 가능하게 하는 적극적 자유의 측면, 즉 '표현적인 적극적 자유expresrssive positive freedom'를 부각시켰으며, 셋째, 이러한 적극적 자유의 성격 때문에 인간은 스스로 자신을 무엇으로 간주하느냐에 따라 자신이 무엇인가가 정해진다는 점, 즉 인간의 '자기-의식적인 자기-구성적 자기-변화의 가능성self-conscious self-constituting self-transformation'을 강조했다.[32]

브랜덤의 자유에 대한 이상과 같은 간략한 논의에서 우리가 확인할

30 Robert Brandom, *Reason in Philosophy: Animating Ideas* (Cambridge: Harvard University Press, 2009), 130~55쪽.

31 Brandom, 같은 책, 142쪽.

32 Brandom, 같은 책, 144~46쪽. 필자는 이 마지막 강조점이 주체를 권력의 효과로 본 초기 푸코의 실천이론에서 부족한 점이었고, 또한 푸코가 말년에 '존재의 미학' 개념으로 포착하려던 저항의 가능성을 의미하는 것이며, 브랜덤의 실천이론이 읽어낸 중요한 결론이라고 생각한다.

수 있는 사실은 사회적 실천이 적극적 의미의 자유를 가능하게 해주는 원천이기도 하지만 동시에 '올바르지 않은' 사회적 실천을 지속시킬 수도 있다는 것이다. 예컨대 버틀러가 보여주었듯이 지배/종속 관계를 유지시켜주는 '심리적 애착psychic attachment'은 '인정recognition'에 대한 갈망에서 기인하는데, 이 갈망의 원인이 되는 것이 바로 개인의 삶을 해석하고 의미를 부여하는 기본틀을 제공하는 사회적 실천이다. 여성주체의 종속과 세력화 논의 역시 같은 기제에 의한 것이라고 볼 수 있다. 즉, 사회적 실천은 적극적 자유를 통해 여성주체의 자기-세력화를 가능하게 해주는 원천이기도 하지만 동시에 여성주체의 종속을 지속시키는 원인이기도 하다. 그러나 여기서 중요한 사실은 언어라는 '표현적인 적극적 자유expressive positive freedom'를 가능하게 해주는 사회적 실천을 통해 그 자유를 가능하게 해주는 사회적 실천 자체를 변화시키는 것이 가능하다는 점이다!

브랜덤의 실천이론에서 이러한 사회적 실천의 변화가능성은 그 실천에 속하는 수행[즉 행위]에 대한 '의무적 점수기록deontic scorekeeping' 과정 시에 수행뿐만 아니라 그 사회적 실천에 대해 내리는 평가를 통해 이루어진다. 예컨대 개인이 어떤 행위를 할 때, 그 선택 과정에는 특정 행위를 선택하게 하는 규범의 작동과 함께 특정 행위의 선택을 통한 규범에 대한 개인의 평가가 동시에 이루어지곤 한다. 대개의 경우 현상을 설명할 때 규범이 개인의 선택에 어떻게 작동하는가의 문제와 그 규범에 대한 개인의 평가가 어떻게 이루어지는가의 문제가 각기 별개로 다뤄지고 있지만, 규범의 작동과 그 규범에 대한 개인의 평가는 사실상 간단히 분리하기 어려운 것이다. 예컨대 책임감, 헌신, 권위와 같은 규범들이 안정적으로 유지되는 상황에서는 이러한 규범이 개인의 선택에 어떻게 작동하는가, 그리고 개인은 이렇게 자신의 선택에 영향을 끼치는 규범에 대해 어떻게 평가하는가를 각기 분리해서 볼 수 있다. 하지만 규범의 영향으로 이루어지는 선택에 대한 평가를 통해 규범의 적절성이 동시에 평가되는 경우는, 즉 개인의 선택에 영향을 끼치는 것과 개인이 규범의 적절성에 대해 평가를 내리는 것이 동시에 이루어져서 그 결과로 규범의 변화가 진행되는 경우는, 규범의 작동과 개인의 선택이 서로 뒤엉켜있기 때문에 규범의 작동으로 인한 행위[즉 주체의 종속]와 개인의 선택에 따른 행위[즉 주체의 행위성]의 구분은 불가능하게 된다. 그러나 우리가 규범의 작동과 개인의 선택을 구분하는 것은 불가능하다 하더라도 규범의 적절성에 대한 개인의 평가가 이루어진다는 사실 자체는 분명하다는 것을 인정한다면, 결국 규범의 변화가 가능하다는 것이 되고 푸코식으로 이야기하면 신자유주의 통치성에 대한 저항이 가능하다는 말이 된다.

실천이론은 이러한 저항 가능성을 지적하는 것에 그치지 않고 개인은 '표현적인 적극적 자유'를 누리는 개인, 즉 새로운 언어를 창출하고 그 언어를 새롭게 규정하여 자기 자신을 창조할 수 있는 존재라는 점을 강조한다. 이러한 지적은 앞에서 제를리가 지적했듯이 정치적 실천을 통해 여성의 자유를 실현하려는 페미니즘 정치에서 페미니즘 주체의 행위성은 특정 정체성을 갖고 그 정당성에 따라 발언할 때가 아니라 단지 앞질러서 발언하는anticipatory 구조로서 주장을 할 때만 나타난다는 주장과 상통하는 지적이기도 하다. 즉 푸코의 실천이론이 권력 개념을 통해 주로 주체의 구성성을 강조하려 했다면, 브랜덤의 실천이론은 개인의 수행에는 주체의 종속과 행위성이 동시에 내포되어 있음을 자유의 개념을 통해 보여주려 했다는 것을 알 수 있다. 예컨대 브랜덤의 관점에서 권력의 작동을 통해 가능해지는 사회적 실천을 보게 되면 우리는 사회적 실천의 긍정적 측면, 즉 사회적 존재로서의 인간을 가능하게 해주는 기반이면서 그로부터 모든 창의적인 자기-구성과 자기-변화의 가능성을 확보할 수 있게 되는 기반으로서의 사회적 실천의 역할을 볼 수 있게 된다. 즉, 브랜덤의 적극적 자유의 관점에서 보면 권력의 작동 또는 규범의 수용으로 인한 소극적 자유의 감소에 따른 손실은 적극적

자유의 증가로 메꿀 수 있게 된다.[33]

실천이론의 또 다른 중요한 결론은 앞에서 보았듯이 이 같은 사회적 실천이 항상 옳은 것이라고 보장할 수 없으며, 실천을 수행하는 공동체 전체가 잘못 판단할 수 있는 가능성이 언제나 존재한다는 것이다. 사회적 실천의 오류 가능성은 적극적 자유가 누리는 창의성과 동전의 양면을 이루는 것으로 개개인의 판단의 근거가 되어줄 어떠한 객관적 기준이나 신의 관점도 존재하지 않기 때문에 발생한다. 모든 수행은 '나쁜 것이 아니라 위험한 것'이라는 푸코의 지적은 바로 이 오류가능성을 강하게 표현한 것이다.[34] 즉, 옳고 그름을 판단해줄 객관적 기준이 없는 상태에서 사회적 실천이 잘못될 수 있는 가능성은 푸코의 이론으로 표현하자면 중앙집중적 통치방식인 주권권력과 달리 은밀하게 모세혈관처럼 사회의 모든 영역에 스며들어 개개인의 승인으로 결정되는 신자유주의 통치성의 오류가능성과 동일한 기제로 작동한다.

아고니즘 정치의 도입은 사회적 실천의 바로 이러한 오류가능성 때문에 필수적이게 된다. 아고니즘 정치는 절차와 규칙 자체를 포함하여 일상의 삶에서 모든 것을 끊임없이 논의의 대상으로 삼자는 입장이다. 예컨대 숙의민주주의는 절차의 중요성을 강조하며 토의와 설득을 통해 합의를 끌어내려 하지만 숙의민주주의가 전제하는 절차에 대한 합의나 정의에 대한 공공적 개념 자체는 사회구성원들이 이미 공동의 '삶의 형식forms of life'을 공유하고 있을 때만 가능한 것이다.[35] 반면에 아고니즘 정치는 토의의 절차에 대한 선험적 규정 자체를 배제하고 절차나 규칙 자체도 토의, 교섭, 논쟁의 대상으로 삼을 수 있도록 하자고 말한다. 이것은 아고니즘 정치가 '삶의 형식'을 공유하지 않는 소수자의 목소리를 되도록 반영하려는 것일 뿐만 아니라 객관적 기준을 전제하는 토대

33 Brandom, 같은 책, 52~77쪽.

34 Foucault, "On the Genealogy of Ethics," 231~32쪽.

35 Andrew Schaap, "Agonism in Divided Societies," *Philosophy and Social Criticism* 32:2 (2006), 255~77쪽, 인용은 264쪽.

주의foundationalism의 오류를 비판하는 실천이론의 입장에 기반을 두고 있는 것임을 말해준다. 결국 실천이론의 관점에서 보면, 어떤 개인의 행위가 종속된 것인지 혹은 행위성을 보이는 것인지는 그 행위와 그 행위가 속해있는 사회적 실천에 대한 공동체 구성원들의 평가가 어떻게 이루어지는가에 달려있게 된다. 개인의 행위에 영향을 끼치는 사회적 실천은 그것이 규범이든 관습이든 혹은 이데올로기이든, 공동체 구성원들이 그 사회적 실천을 구성하는 수행들에 내리는 평가에 의해 결정되기 때문이다. 아고니즘 정치는 바로 이런 공동체가 원하는 것이 무엇인지를 끊임없이 공론화시키기 때문에 중요하다.

한편 신자유주의 시대 여성주체의 종속과 행위성이 미리 정해진 기준에 의해 결정되지 않는다는 실천이론의 관점을 받아들이게 되면 지배/종속의 이분법적 권력 개념으로는 후기 근대 여성들의 다양한 행위를 제대로 파악할 수 없다는 결론에 이르게 된다. 이때 우리가 여성주체성에 대한 이해를 지배/종속 관계를 의미하는 '무엇에 대한 권력'과 세력화를 의미하는 '무엇을 할 수 있는 권력'으로 권력을 세분한 후 접근한다면 버틀러가 말한 종속화의 역설paradox of subjectivation, 즉 종속적 위치에 있는 여성주체의 행위 가능성을 이해하는데 도움을 얻을 수 있게 된다.[36] 다음 절에서는 실천이론과 아고니즘 정치에 대한 이런 결론들이 최근 한국사회의 페미니즘 실천의 구체적 문제들에 어떤 함의를 가지는지 살펴보도록 하겠다.

---

36 Judith Butler, *The Psychic Life of Power: Thecries in Subjection* (Cal: Stanford University Press, 1997); Allen, "Pornography and Power," 527쪽.

5. 후기 근대 한국사회와 여성주체성의 변화

1997년 외환위기 이후 한국사회는 신자유주의 체제로 급속히 전환됐다. 신자유주의적 지구화에 따른 노동시장의 변화는 기존의 젠더관계에 변화를 가져왔을 뿐만 아니라 여성들 간에도 비대칭적 양극화의 심화를 가져왔다. 이 시기에 실업률이 급증하는 가운데 여성 우선 해고와 광범위한 비정규직화가 진행됐고, 노동시장은 지속적인 노동유연화로 실업의 가능성을 일상적으로 받아들이는 상태가 되었다. 또한 이 시기에 결혼시점의 연기, 출산율의 저하, 이혼율의 증가가 나타났고, 가족해체에 대한 가족위기 담론이 확산됐다. 또한 소비주의가 확산되면서 몸과 외모 관리에 대한 여성들의 관심이 고조됐다.

이러한 위기 상황에서 한국의 젠더정치는 신자유주의 체제와 가부장제에 대한 대항담론을 형성하며 적극적으로 대응해나갔다. 여성 우선해고와 비정규직화에 저항하면서 여성노동자운동과 여성운동을 견인했고,[37] 사회 전반에 확산된 가족 위기담론에 대해 이것은 '가족'의 위기가 아니라 '가부장제 가족'의 위기일 뿐이며 가족의 다양성이 인정되는 계기로 삼아야 한다는 반론이 제기됐으며,[38] 저출산은 가족 해체의 징후가 아니고 자녀교육을 통해 가족의 계층상승을 꾀하는 가족전략임이 주장됐다.[39] 또한 여성들의 몸에 대한 관심과 관계로서의 연애와 성에 대한 관심은 신자유주의 무한경쟁 시대에 개별화된 개인으로 재위치화된 여성들이 자신의 행위성을 확인할 수 있는 하나의 출구로 설명되었다.[40] 그러나 2008년에 다시 돌아온 경제위기는 그 영향이 여성들에

37 조순경, "경제위기와 여성고용 정치," 『한국여성학』 14:2 (1998), 5~33쪽.

38 이재경, "공사 영역의 변화와 '가족'을 넘어서는 가족정책," 『여성연구』 68 (2005), 137~64쪽.

39 황정미, "'저출산'과 한국 모성의 젠더정치," 『한국여성학』 21:3 (2005), 99~132쪽.

40 김은실, "지구화 시대 한국사회 성문화와 성연구 방법," 『섹슈얼리티강의: 쾌락, 폭력,

게 집중되었음에도 젠더정치의 대항담론을 형성하지 못했다.[41] 1997년 외환위기 이후 신자유주의 체제로 철저히 전환된 한국사회에서 여성들은 이미 사회적 위기를 개인적 방식으로 적응하는 것에 익숙해졌기 때문이다. '남성1인생계부양자-여성전업주부' 모델에 기반을 둔 전통적인 젠더보상체계가 급격히 붕괴함에 따라 여성이 남성1인생계부양자 모델을 통해 보상을 추구할 수 있는 기회는 점점 더 축소됐고, 전업주부 모델은 이제 중산층 이상의 계급적 현상이 되었다.[42]

이중에서도 모성권의 빈곤화는 전통적인 젠더 보상체계의 붕괴를 가장 극명하게 보여주는 현상이다. 1997년 외환위기 이후 국가의 복지정책은 강화되었지만 그것은 '사회권으로서의 모성mothering'을 인정하는 정책은 아니었다.[43] 모성은 노동시장의 여성에게 모성으로 손실된 소득을 보상하는 개념에 기반을 두고 '산전산후휴가' 급여나 '육아휴직' 급여를 주는 것으로, 그리고 저소득층 모자가정의 가장여성에게 양육비와 교육비의 극히 일부를 주는 방식으로 선별적으로 인정됐다. 이것은 여성은 노동시장에서 개인노동자의 자격으로 연금 혜택을 받거나 '남성1인생계부양자' 모델에 따른 피부양자의 자격으로 연금 수급권을 받지 않는 한 자신을 보호할 수 없게 된다는 것을 의미한다. 즉, 결혼을 통해 가부장제 가족의 아내/어머니 역할을 하는 것만으로는 시장도 국가도 보호해주지 않으며, 나아가 가부장도 보호해주지 못하는 상황에 이르게 된 것이다. 사각지대에 놓이게 된 모성은 여성들의 결혼지연과 출산율 저하의 현실로 그 모습을 드러냈다. 출산율 하락은 전반적인 결혼 지연과 초산 연령의 상승에 기인하지만 무엇보다 대졸이상 고

재현의 정치학, 두 번째』, 변혜정 편 (서울: 동녘, 2006), 18~48쪽.

41 배은경, "'경제 위기'와 한국 여성: 여성의 생애전망과 젠더/계급의 교차," 『페미니즘 연구』 9:2 (2009), 39~82쪽.

42 배은경, 같은 글, 66쪽.

43 마경희, "사회권으로서 돌봄의 제도화를 위한 대안적 패러다임의 모색," 『여성과 사회』 16 (2005), 35~65쪽.

학력 여성의 결혼 지연과 출산 연령 상승이 주요 동인인 것으로 알려져 있다.[44] 결혼지연과 출산율 저하는 다른 한편 결혼이주여성의 증가를 가져왔고 이 여성들이 현재 한국 가부장제 가족의 모성을 실현하고 있는 것으로 보인다.

이런 상황에서 한국여성의 생애전망은 전에 없이 다양화되었다. 여성 노동시장에는 정규직과 비정규직의 양극화 현상이 나타나고 있으며,[45] 중산층 이상을 중심으로 가족의 계급 재생산에 전력투구하는 전문적 전업주부가 등장했고,[46] 자신의 능력으로 노동시장의 성차별을 뛰어넘으려는 알파걸들의 전문직 진출이 가시화됐다. 여성들 사이의 이 같은 양극화와 분화는 '여성'이라는 단일한 집합적 정체성 아래 젠더정치를 구사할 수 있는 영역이 갈수록 축소된다는 것을 의미한다. 현실은 계급, 젠더, 섹슈얼리티, 가족 체계 간의 상호교차에 따른 다양한 여성정체성이 구성되고 있으며, 다시 개별 여성들은 각자의 수행을 통해 자신의 정체성을 유지, 강화, 수정, 변화시키는 (재)구성의 정치적 과정이 빠른 속도로 진행되고 있다. 예컨대 저소득층 십대 소녀들의 자기 주체성 형성방식의 변화가 한 예가 된다. 저소득층 소녀들은 더 이상 가족이나 남성을 매개로 자신의 가치를 확인하려하지 않으며, 다양한 방식으로 사회와 직접 접속하는 것을 통해 자신의 가치를 확인하려하고 있다.[47] 그러나 자신을 구속하는 전통적 젠더 역할과 가족 규범에 저항하고 개인의 자격으로 시장과 직면하기로 한 이들 십대 소녀들의 선택은 기대와는 달리 이들을 더욱더 종속된 상태에 놓이게 하는 결과로 되돌

44 최경수, "출산율 하락 추이에 대한 분석," 『한국인구학』 27:2 (2004), 35~59쪽.

45 김영옥·김경희, "여성 노동정책의 한계와 새 패러다임 모색," 『한국여성정책의 뉴 패러다임 정립』, 김영옥 편 (서울: 여성부, 2004), 105~38쪽.

46 박혜경, "한국 중산층의 자녀교육 경쟁과 '전업 어머니' 정체성," 『한국여성학』 25:3 (2009), 5~33쪽.

47 민가영, "신자유주의 질서의 확산에 따른 십대 여성의 성적 주체성 변화에 관한 연구," 『한국여성학』 25:2 (2009), 5~35쪽.

아오고 있다.[48] 이것은 십대 소녀 정체성의 구성과 재구성이 빠른 속도로 십대 소녀들의 선택과 사회적 규범 간의 피드백 과정을 통해 유지, 강화, 혹은 변형되고 있음을 보여주는 것이다. 그러므로 이러한 과정이 사회적 규범의 변화로 귀결될지 여부는 십대 소녀들의 선택으로만 설명될 수 없으며, 이에 대한 사회구성원들의 호응에 달려있고 이러한 호응을 끌어내지 못할 때는 기존 규범의 강화로 귀결될 수 있다는 것을 알 수 있다.

개개인이 자기 생각대로 자신의 재능을 한껏 펼치기 위해 스스로를 통치하고 또 스스로에 대해 책임지는 자기-세력화 담론은 외환위기 이후 현재까지 한국사회에 끝없는 방식으로 재생산되고 있다. 예컨대 한국의 대학생들은 이미 입학 시점부터 졸업 후 좋은 직장을 얻기 위해 그에 필요한 다양한 자격증과 기술을 쌓아가는 '스펙 쌓기'에 열중하고 있고, 사설학원은 이런 대학생을 대상으로 성업 중에 있다. 이들 사설학원은 이미 고객이 고등학생인 시절부터 매년 엄청난 이익을 챙기며 이들을 길들여왔기 때문에 학원에 의존하여 스펙 쌓기를 하는 학생들의 이런 경향을 마음껏 즐기고 있다. 이렇게 법이 보장하는 의무교육의 주체인 학생을 대상으로 사교육이 번창하고 있다는 사실 자체가 신자유주의 통치성의 지배하에 놓인 개인들의 자기-세력화의 특징을 가장 극명하게 보여준다고 할 수 있다. '스펙 쌓기'에서 특히 여대생들의 경우 미모, 몸매관리, 성형수술 문제가 졸업이 다가오면서 크게 부각된다.[49] 취업 시 외모차별은 법으로 금지된 사안이지만 절대 다수의 여학생은 외모가 면접에서 가장 중요한 요소 중 하나라고 생각하고 있다.[50]

한국사회는 외환위기 이후 소비사회로 전환하면서 몸에 대한 관심이

48 김연주, "성매매 경험이 있는 십대여성들의 사회적 배제에 관한 연구: 폐쇄적인 사회관계망을 중심으로," 『페미니즘연구』 11:2 (2011), 239~74쪽.

49 임인숙, "외모차별 사회의 성형 경험과 의향," 『한국여성학』 20:1 (2004), 95~122쪽.

50 임인숙, "여성의 취업과 용모차별: 기업의 용모차별적 모집추세와 특성의 변화," 『한국여성학』 19:1 (2003), 113~44쪽.

고조되었고 여성들의 경우 다이어트, 외모관리, 성형이 폭발적으로 증가하게 되었다. 인구 대비 성형외과 의사 수가 가장 많은 나라, 아시아에서 성형수술 건수가 가장 많은 나라로 지목되는 한국에서 여성의 몸은 하나의 단위로서의 몸이 아니라 150 부위로 세분화, 결점화되고 각각의 결점을 해결하기 위한 처방이 주어지는 몸이다.[51] '고쳐야할 결점들'을 세밀하게 분류한 몸 명세표는 사설 결혼시장에서 다시 등장한다. 이들 결혼중매회사가 각 회원들을 분류하기 위해 사용하는 양화된 배우자 지수는 3개의 범주로 구성되어 있는데, 이중 신체매력지수는 반드시 포함되며 남성은 사회경제지수에, 여성은 신체매력지수에 가중치가 주어진다.[52] 이런 종류의 분류가 의도하는 상업적 전략은 분명하지만, 외모열풍의 강도와 적나라함은 후기 근대 한국사회의 여성주체의 종속과 행위성에 대한 좀 더 깊은 탐구를 요한다.

한국여성들의 외모관리 열풍에 대해 여전히 남성중심 사회에서 유교적 규범에 따라 가족과 가정에 헌신하는 여성적 가치를 내재화한 비이기적인 자기-계발, 즉 가부장제적 지배규범에 대한 순응으로 해석하거나,[53] 젊은 남성들의 외모 가꾸기 열풍에 나타나는 동성애적 이미지나 여성적 이미지는 성차까지도 상품화하는 소비주의의 영향일 뿐 한국사회의 젠더 구분은 여전히 강고한 것으로 평가하는 것은[54] 여성 개개인의 몸 관리의 선택에 담겨있는 행위성을 인정하지 않고 가부장제적 규범의 영향력에 종속된 선택인 것으로 해석하는 것이다. 이것은 신자유

51 최옥선, "여성의 몸 담론과 성형담론의 상호텍스트성에 관한 연구: 여성잡지의 기사와 성형의료광고를 중심으로," 성균관대학교 대학원 신문방송학과 박사학위논문 (2005), 90쪽.

52 김현수, "사회면: 완벽한 신랑-신부감? 꿈에서나 찾아보세요," 『동아일보』 2006.12.29 일자; 이윤주, "당신의 배우자 지수는 몇 등급입니까?," 『주간한국』 227호, 2008.6.24일자.

53 Sang Un Park, ""Beauty Will Save You": The Myth and Ritual of Dieting in Korean Society," *Korea Journal* 47:2 (2007), 41~70쪽, 인용은 64쪽.

54 In-Sook Lim, "The Trend of Creating Atypical Male Images in Heterosexist Korean Society," *Korea Journal* 48:4 (2008), 115~46쪽.

주의 체제가 가부장제 가족과 가부장제 사회를 압도해가고 있으며, 그에 따라 새로운 신자유주의적 여성주체가 구성되고 있는 점을 과소평가하는 것이라 여겨진다. 여성의 외모관리 열풍을 유교적 규범에 따른 여성적 가치의 실천으로 보는 것은 외모 관리가 여성 개인의 자기-관리를 통한 자기-세력화를 위한 행위이며, 아름다운 외모에 대한 사회의 존중뿐만 아니라 사회적 성공과 인정의 맥락이 다르게 전개되고 있는 것을 놓치고 있는 것이다.

광고에 나타난 성형담론은 사회적 성공과 아름다운 외모를 목표로 자기-관리를 하는 것이라는 내용으로 축약된다. 자립심, 삶에 있어 최선을 다해 노력하는 자세, 사회적 예의와 책무 같은 도덕적인 어휘들이 미용시장에 유입되기 시작했고 아름다운 외모를 만들기 위해 노력할 것을 강권하는 어휘로 사용되기 시작했다. 또한 잘 관리된 몸을 만들기 위해서는 인내심과 절제가 요구되므로 잘 관리된 몸은 그 자체로 그 사람의 품성과 자제심을 말해주는 것이라는 담론이 형성됐다. 성형 역시 노력 없이 외모를 바꾸는 것이라는 초기의 인식에서 벗어나 성형에 동반되는 고통 체험의 가시화를 통해 여성의 행위성을 반영할 수 있는 도덕적 용어로 설명되기 시작했다.[55] 성형을 하는 여성들은 성형수술자라는 단일한 정체성에 귀속되는 것이 아니라 미용성형 주체로서 시장의 미용성형 담론과의 상호주관적 과정 속에서 특정 담론체계에 의해 강요되기도 하고 역으로 미용성형과 몸의 의미를 변화시켜내기도 하는 구성성과 행위성의 얽힘을 보여주고 있는 것으로 이해된다.[56] 좋은 성형과 나쁜 성형을 구분한 후, 좋은 성형은 성형에 중독되지 않고 성형을 자신의 합리적 선택의 범위 안에 두는 행위성을 발휘하는 것이라는 새로운 미용성형 담론은 여성 개인은 스스로의 노력 여하에 따라 자신을

55 태희원, "미용성형의료 네트워크의 재구성과 소비자/환자 주체의 형성," 연세대학교 대학원 문화학협동과정 박사학위논문 (2011).

56 태희원, 같은 글; 전보경, "몸-자아 테크놀로지로서의 미용 성형에 대한 계보학적 담론 연구," 이화여자대학교 대학원 여성학과 석사학위논문 (2010).

개조하는 것이 가능하다는 인식과 성형의 결과 역시 여성 개인의 책임이라는 인식을 반영한다.[57] 이렇게 성형을 포함한 모든 몸 관리는 여성 개인이 자기-세력화를 하는데 필요한 수단으로 전환되었고, 외모가 그 사람을 말해준다는 논리가 후기 근대사회의 보편적 형식으로 자리 잡게 되었다.

여성의 성형을 포함한 몸 관리의 성행을 순전히 가부장제의 영향 하에 이루어지는 지배규범에 순응하는 현상으로 볼 것인지 혹은 포스트페미니스트들이 주장하듯이 여성의 행위성의 발현으로 인정할 것인지는 결국 이러한 몸 관리의 실천이 여성운동에 의해 어느 정도 근본적 변화를 겪은 것인지에 대한 판단에 따라 결정되어야 할 것이다. 몸 관리와 같은 사회적 실천의 목표는 항상 사회변화에 따라 수동적으로 회귀할 가능성이 남아있기도 하고, 또 여성을 포함한 사회구성원들의 이러한 실천에 대한 인식변화 정도에 따라 새로운 창의적 변화의 출발점이 될 수도 있기 때문이다. 변형된 형태의 여성 종속적 실천으로의 회귀를 견제하고 창의적 실천으로 가능성으로 열어두게 하는 것은 결국 이런 현상에 대한 다양한 해석의 제시와 그것에 대한 반론 및 호응을 통한 아고니즘 정치의 구현으로만 가능하다.

기존의 해석들이 여성의 몸 관리라는 실천이 가지는 여성 종속적 측면을 지적하는 것은 여전히 유효한 해석이고 또 지속적인 퇴행적 회귀를 막기 위한 중요한 작업이지만, 새로운 해석의 가능성을 열어두는 것은 필요하다고 생각한다.[58] 여성의 몸 관리 열풍을 포함한 후기 근대에 대한 '불평'과 후기 근대의 속도가 열어주는 창의적 공간에 대한 긍정

---

57 전보경, 같은 글.

58 Amy Allen, *The Politics of Our Selves* (New York: Columbia University Press, 2008), 182쪽. 앨런도 언급하고 있듯이 여성들의 몸 관리에 집단행동의 문제collective action problem — 즉 몸 관리를 안 하는 것이 집단으로서의 여성 이익에는 도움이 되지만 외모 규범에 순응하는 것이 합리적 자기-이익이 되는 것. 외모 규범에 저항하는 행위의 이익이 그 여성에게 돌아오지 않고 모든 여성들에게 배분되는 것— 가 작동하고 있다는 것이 합리적 선택 이론가들에 의해 지적되고 있다.

적 평가는 후기 근대사회의 성격을 동시에 보여주는 것이다.[59]

6. 신자유주의 시대의 페미니즘 정치와 전망

신자유주의 합리성이 경제논리를 사회문화적 영역에도 확장시키려한다는 것은 개인의 문제를 사회구조적 접근을 통해 해결하려하기보다 개인적이고 주관적인 요소들로 해결하려한다는 것을 뜻하는 것이다. 따라서 후기 근대 한국사회의 여성들이 자신감과 자기-세력화를 추구할 때 그 동력은 양화될 수 없는 자존심보다는 양화할 수 있는 자기-평가가 더 강력한 요소로 부상하게 된다. 이것은 여성 개개인이 스스로를 끊임없이 측정하고, 판단하고, 훈련해서, 스스로 자기-세력화를 하는 것이 궁극적으로 집단적 척도에 연동될 수 있는 것이어야 하기 때문이다. 그리고 이것이 바로 갈수록 정밀해지는 양적 평가기준이 신자유주의 통치성과 여성의 자기-세력화 과정에 동시에 등장하는 이유다. 성형시장과 결혼시장의 예에서 봤듯이 문제를 상세하게 분류하고 측정 가능한 자료로 변형시키는 것은 여성 개개인의 자신감과 자기-세력화의 근거인 자기-평가를 편리하고 효율적인 것으로 만들기 위해 필요하다. 그런데 이렇게 양화된 기준은 여성 개개인이 스스로 자신감과 자기세력화를 갖기 위해 필요한 것이기도 하지만, 다른 한편 후기 근대사회의 작동방식으로 보면 양화된 기준은 여성 개개인의 세력화를 통해 여성 개개인을 통제할 수 있는 대상으로 만들기도 한다. 이렇게 여성주체의 종속과 행위성은 서로 얽혀서 작동하며, 양화된 기준의 역

59 William Connolly, *Neuropolitics: Thinking, Culture, Speed* (Minneapolis: University of Minnesota Press, 2002), 179쪽; 조주현, 이 책의 8장.

할에서 볼 수 있듯이 여성주체의 행위에 대한 평가와 해석은 사회적 실천들의 전체적인 틀 속에서 결정된다.

신자유주의의 문제점이 브랜덤이 지적한 규범, 제도, 관습 등을 포함한 사회적 실천의 긍정적인 부분, 즉 적극적 자유를 통해 사회적 실천 자체를 변화시킬 수 있는 가능성을 무시한 결과라고 본다면, 결국 신자유주의의 문제점의 해결은 기존의 사회적 실천의 소멸이나 변화, 혹은 새로운 실천의 창조를 통해 가능해진다고 말할 수 있다. 그리고 이를 위해서는 새로운 실천의 시작이 될 수 있는 개개인의 수행에 대한 사회구성원들의 열린 태도가 핵심적이라는 것을 알 수 있다. 사회구성원들의 이러한 열린 태도가 가능하기 위해서는 당연히 '의무적 점수기록' 행위의 창의적 의미에 대한 사회적 인식 및 합의가 확산되어야 하는데, 이것은 결국 아고니즘 정치의 일상화로 달성될 수 있다.

현재 한국사회에서 진행되고 있는 후기 근대사회의 기본단위는 스스로를 경영하는 개인이다. 이러한 맥락에서 여성들은 축소되고 있긴 하지만 여전히 살아있는 유교가부장제 등을 포함한 다양한 사회적 실천의 틀 속에서 자신들의 총체적 미래수입과 인적자본을 극대화하기 위한 선택을 하고 있다. 성형수술을 포함한 새로운 몸 실천의 노력들은 좋은 직장을 얻거나 최대의 만족을 줄 수 있는 배우자를 찾거나 사람들로부터 인정을 받으려는 것으로 향하있고, 이들의 선택은 문자 그대로 여성 개인에게 자신감과 만족을 생산한다. 신자유주의 체제에서 가장 성공한 개인은 신자유주의적 논리를 가장 충실히 내재화한 사람이 될 것이며, 여성 개인의 행위성을 시도할 의사가 전혀 없이 통치성에 자신을 종속시키는 사람이 될 것이다. 그러나 신자유주의 합리성이 한국사회에서 큰 변화 없이 거점을 마련할 가능성은 크지 않다고 생각된다. 젊은 여성들을 중심으로 여성의 몸 실천에 대한 해석이 변화되고 있고, 이러한 변화에는 단순한 소비주의와 상업주의만으로 해석하기 힘든 행위성이 감지되기 때문이다. 비록 자본주의에 의해 변형되기는 했지만 페미니즘의 교훈은 젊은 여성들에게 이미 체득된 경험으로 자리잡고 있으며, 자본주의적 논리에 대한 평가도 맹목적인 동의의 수준을 벗어난 것으로 보인다.

모든 형태의 통치성의 궁극적 목적은 인구의 행복이며 국가의 유지다.[60] 통치성 중에 신자유주의 통치성이 두드러진 것은 그것이 미세하고 피할 수 없게 작동하기 때문이다. '미세하다'는 것은 직접 개인을 대상으로 통제하는 것이 아니라 개인의 자기-세력화 형식을 통해 사회 전체에 퍼뜨리면서 개개인에게 내재화되도록 작동한다는 점에서 그렇고, '피할 수 없다'는 것은 자기-세력화가 마치 순수한 개인의 이익에 근거한 자유롭고 합리적인 선택의 결과인 것처럼 느껴지며 인간의 욕망이라는 본능적 감정과 너무나 일치하기 때문이다. 페미니즘 정치의 '위기'는 이처럼 신자유주의적 지구화로 인해 여성들의 행위의 재귀성이 강화됨으로써 기존의 정체성 정치로 유용했던 젠더정치의 설명력이 약화되는 시점에 이르렀기 때문에 발생했다. 페미니즘 정치는 이제 더 근본적인 개념들의 재구성이 필요한 시점으로 보이며, 새로운 페미니즘 정치의 전망과 전략은 지구화의 정치경제적 상황과 새로운 담론적 지형에서 형성되는 여성정체성들 간의 역동적 관계를 파악하는 것을 통해 구체화되어야 한다. 실천이론의 관점은 페미니즘 정치의 대안을 찾는데 도움을 줄 수 있을 것으로 판단된다.

60 Foucault, "Governmentality," 100쪽.

CHAPTER 10

보편주의와 상대주의를 넘어:
페미니즘 정치의 실천적 전환

1. 문제제기

보편주의와 상대주의 논의의 인식론적 출발은 진리에 대한 객관적 기준이 존재하는가, 즉 인간 삶의 조건인 자연과 사회에 의존하지 않는 절대적 기준이 존재하는가에서 시작한다. 만약 그 논의가 어떤 행위의 옳고 그름을 판단할 수 있는 절대적인 기준이 있는가의 문제를 다루는 것이면 윤리학에서의 보편주의와 상대주의 문제로 나아가고, 그것이 바람직한 사회체제를 판단할 수 있는 절대적 기준이 있는가의 문제를 다루는 것이면 사회과학에서의 보편주의와 특수주의particularism 논의로 나아가게 된다. 그러나 대개의 경우, 이처럼 역사적으로 오랜 세월을 두고 형성된 문제는 문제의 설정 자체가 문제 해결을 불가능하게 하는 경우가 많다.

보편주의와 상대주의라는 이 오래된 문제에 대해 실용주의 계열의 다양한 철학자와 사회과학자는 이 문제를 기존의 인식론적 틀로 접근하는 대신 인지적, 윤리적, 정치적 판단이 이루어지는 실천적 과정을 분석하는 것으로 그 접근방식을 이동시킬 것을 제안했다.[1] 실용주의 계열 연구자들의 핵심 주장은 다양한 실천을 통해 얻어진 결과의 엄밀성이 반드시 그 과정의 엄밀성을 전제하는 것은 아니라는 것이다. 예컨대 과학적 실천을 분석한 쿤은 엄밀한 과학적 지식이 어떻게 과학자 공동체의 예측할 수 없는 집합적 실천과정을 통해 도출되는지를 보여줬다. 즉 과학적 실천과정이 쿤이 보여준 것처럼 일견 비합리적 방식으로 진행되더라도 그로부터 엄밀한 과학적 결과가 도출될 수 있으며, 역으로 그 결과물의 엄밀성이 반드시 그 과학적 실천과정의 엄밀성을 의미하는 것은 아니라는 것이다.[2] 필자는 실용주의 계열 학자들의 이 같은 주장이 보편주의와 상대주의 논의를 가장 정확하게 분석한 것이라고 판단한다.

실천이론가들은 우리가 사회적인 것과 개인적인 것 또는 거시와 미시의 영역을 각기 독립적으로 존재하는 것으로 보고 사회과학이 해결해야 할 문제는 이 두 영역 간의 관계를 밝히는 것이라고 설정할 경우, 보편주의와 상대주의, 거시와 미시, 혹은 주체와 객체의 문제는 해결 불가능하다고 말한다. 실천이론가들은 사회적인 것과 개인적인 것의 관계를 두 독립적 영역 간의 상호작용으로 보는 평면적 분석 대신, 사회적인 것과 개인적인 것의 상호작용 영역을 '사회적 실천'이라는 입체적 개념으로 확장한 후 그 실천의 결과로 개인적인 것과 사회적인 것이 결정, 생성, 유지, 변화, 소멸되는 과정 및 그 기제들을 분석하는 것이 사회과학의 중심과제가 되어야 한다고 주장한다.[3]

보편주의와 상대주의의 이분법을 넘어서는 역할을 실천이론이 수행

1 실천이론에 대한 참고문헌은 라우스 참조; Joseph Rouse, "Practice Theory," in *Philosophy of Anthropology and Sociology*, ed. Stephen Turner and Mark Risjord (Dordrecht: Elsevier, 2007), 639~81쪽.

2 Joseph Rouse, "Kuhn's Philosophy of Scientific Practice," in *Thomas Kuhn*, ed. Thomas Nickles (Cambridge: Cambridge University Press. 2002a), 101~21쪽.

3 Theodore R. Schatzki, *Social Practices: A Wittgensteinian Approach to Human Activity and the Social* (Cambridge: Cambridge University Press, 1996), 1~18쪽.

할 수 있다는 이러한 주장을 받아들이기 위해서는 데카르트 이후 지속된 계몽주의적 강박증에서 벗어날 수 있어야 한다. 예컨대 안정된 사회는 엄밀하게 규정된 효율적 사회제도의 선택을 통해서만 보장될 수 있는 것이 아니라 오히려 느슨하게 정의된 사회적 실천의 상호작용을 통해 가능할 수 있다는 것, 나아가 이러한 방식이 훨씬 더 효율적이면서도 변화에 대한 대처능력이 뛰어난 사회를 구성하는데 있어 필수적일 수 있다는 사실을 깨닫는 것이 그 예가 된다.[4] 계몽주의적 강박증의 또 다른 예로 비트겐슈타인이 '일반성에 대한 갈망craving for generality'이라고 불렀던 이론에 대한 욕구가 있다.[5] 그리고 이 점에서는 실천적 경향이 강한 페미니즘 이론도 예외가 아니다. 제를리는 젠더관계를 거의 완벽하게 설명할 수 있는 이론과 젠더관계를 변화시킬 수 있는 '초-이상화된 가이드super-idealized guidance'를 제공할 수 있는 이론에 대한 욕구가 1980년대 이후 페미니즘 이론의 논쟁을 이끈 주요 동력이었다고 말한다.[6]

흥미로운 것은 보편적 이론에 대한 욕구와 그에 따른 보편주의와 상대주의 논쟁, 그리고 그 패러다임을 벗어나려는 실천적 전환으로서의 사회적 실천에 대한 논쟁이 여성학 방법론과 페미니즘 정치 영역에서 가장 활발하게 전개됐다는 점이다. 페미니즘 정치는 서구에서는 계급, 인종, 성별에 따라 사회적으로 억압받던 집단의 권리를 추구하는 일련의 정치운동 중 가장 최근 형태이면서 동시에 1970년대 이후 전개된 다양한 소수자 운동을 촉발시킨 운동이다. 페미니즘 정치에서 피억압 집단의 보편적 권리를 추구하는 운동과 피억압 집단의 특수성을 추구하는 운동은 각기 제1물결(1880s~1920s)과 제2물결(1968~1980s)의 토대를 이루었고, 페미니즘 정치는 이후 언제나 보편주의와 상대주의를

4 Schatzki, 같은 책, 11쪽.

5 Linda Zerilli, *Feminism and the Abyss of Freedom* (Chicago: The University of Chicago Press, 2005), 34~5쪽.

6 Zerilli, 같은 책, 35쪽; 제를리는 이론에 대한 이러한 소망을 "위안에 대한 욕구desire for solace"라고 불렀다.

지향하는 이 두 가지 다른 성격의 운동의 경계에 놓이게 됐다. 제1물결과 제2물결이 각기 추구한 같음과 다름 혹은 평등과 차이라는 정치적 전략은 여성학 방법론의 보편주의와 상대주의 논쟁의 원형을 이루는 것이다. 페미니즘 정치는 이후 여성주체의 구성성 문제에 천착함으로써 '여성 간의 차이'를 부각시키고 소수자 집단의 정체성 정치를 촉발시킨 제3물결(1990~2005)과,[7] 같음과 다름, 평등과 차이를 대립적으로 설정해 온 그간의 주체 논의에서 벗어나서 '여성 자유의 실천'으로 초점을 이동시킬 것을 주장한 제4물결(2005~)로 이어지고 있다.[8]

이 장에서 필자는 페미니즘 정치가 그에 기반을 두고 발전해왔던 보편주의와 상대주의가 어떻게 페미니즘 정치를 역으로 속박했는지 살펴본 후, 제3물결과 제4물결이 보편주의와 상대주의 문제를 어떻게 해결해나가려고 했는지 다루려고 한다. 특히 '여성 자유의 실천'을 추구하는 제4물결은 보편주의와 상대주의에 대한 논쟁이 가장 최근의 형태로 진행되는 영역이면서 그 논쟁 과정에서 철학적 실천이론가들의 실천적 통찰이 구체적으로 이론에 반영되기 시작한 경우다. 따라서 2절은 페미니즘 정치의 보편주의와 상대주의 논쟁에 대한 제4물결의 실천적 이해가 어떤 정치적 함의를 드러내는지 살펴본다. 특히 아렌트와 제를리의 '정치적 판단론'을 소개한 후, 실천이론과 그 정치적 표현인 아고니즘 정치가 여성주체의 종속과 행위성 문제를 포함한 여성학 방법론과 페미니즘 정치의 다양한 문제를 다룰 수 있는 이론적 도구가 됨을 주장한다. 3절은 제4물결의 구체적 사례로 제를리가 분석한 이태리의 '밀라노여성서점조합' 운동사를 간략히 살펴본다. 4절은 신자유주의 체제로 완전히 전환된 한국사회에서 최근 10년 사이에 일어났던 주요 페미니즘 정치 사례 중 2004년 성노동자운동, 2008년 촛불시위, 2012년 나

---

7 Judith Butler, *Gender Trouble: Feminism and the Subversion of Identity* (New York: Routledge, 1999).

8 Zerilli, *Feminism and the Abyss of Freedom*.

꼼수-비키니시위 사건의 분석을 중심으로 급격하게 변화하고 있는 페미니즘 정치지형의 주요 특징을 드러낸다. 필자는 3절과 4절의 사례들을 실천이론과 아고니즘 정치 관점에서 분석하며, 이 사례들을 여성의 행위성과 소위 '신여성성'에 대한 보다 나은 이해와 함께 사회적 실천의 역동성을 잘 드러내주는 예로 설명한다. 마지막 5절은 이 글에서 얻은 페미니즘 정치의 의미를 신자유주의 지구화 시대에 요구되는 진보정치의 맥락에서 분석한다. 나아가 형식적 제도와 비형식적 규범의 역할에 대한 균형 잡힌 시각을 되찾으려는 사회적 실천이론이 진보정치에 함의하는 바를 논의한다.

2. 페미니즘 정치의 보편주의와 상대주의

페미니즘 정치에서 보편주의와 상대주의 논쟁의 가장 최근 논의는 다문화주의와 여성의 관계를 다룬 오킨S. M. Okin의 유명한 글에서 시작됐다.[9] 오킨은 그 글에서 비서구 문화권 여성은 서구 문화권 여성과 달리 성차별적 이념과 실천이 지속되는 사회적 공간에 놓여있는데, 이 경우 비서구 문화권 여성은 자신이 속해있는 문화권의 '집단적 권리'와 자신을 동일시하기보다 서구의 대표적 자유주의 개념인 인권 개념에 기반을 두고 '개인적 권리'를 요구하는 페미니즘 정치를 구사해야 한다고 주장했다.[10]

9 Susan Moller Okin, "Is Multiculturalism Bad for Women?," in *Is Multiculturalism Bad for Women? Susan Moller Okin with Respondents*, ed. J. Cohen, M. Howard, and M. C. Nussbaum (New Jersey: Princeton University Press, 1999), 9~24쪽.

10 Linda Zerilli, "Toward a Feminist Theory of Judgment," *Signs* 34:2 (2009), 295-317쪽.

오킨이 다루고 있는 이 문제는 페미니즘 정치에서 보편주의와 상대주의가 어떤 방식으로 논의되는지 보여주는 전형적인 예라고 할 수 있다. 예컨대 너스범이나 벤하비브 같은 보편주의자들은 인권과 같은 권리 개념은 서구 자유주의 개념을 넘어선 인류 보편의 가치를 반영하는 개념이기 때문에 인권, 정의, 평등과 같은 개념에 기반을 두고 비서구 문화를 포함한 모든 문화를 평가하고 비판할 수 있다는 입장을 가지고 있다. 반면에 모한티나 하딩과 같은 상대주의자들은 보편주의자가 주장하는 인권, 정의, 평등과 같은 가치가 과거 제국주의와 식민주의를 정당화하는데 이용됐던 경험에서 알 수 있듯이 서구 자유주의의 특수한 가치를 임의로 일반화시킨 것이며, 실제로 개인의 권리를 옹호하는데 별 도움이 되지 못한다고 주장한다.[11] 그러나 페미니즘 정치가 자신이 속한 영역이나 자신이 경험한 영역 밖에서 일어나는 여성문제에 대해서는 그것이 보편주의를 가장한 사실상의 통제이므로 개입하지 않고 판단을 유보해야 한다고 주장한다면, 어떤 페미니스트도 그 같은 페미니즘 정치를 수용하려하지 않을 것이다. 결국 이러한 보편주의와 상대주의 논쟁에서 페미니즘 정치는 보편주의를 가장한 서구의 지배에 대한 정당한 비판은 인정하면서도 그것이 다른 문화권에 대한 정당한 비판이나 개입까지 근본적으로 차단하게 만드는 상황으로 나아가지는 않게 할 방법론이 필요하게 된 것이다.

제릴리의 정치적 판단론은 기존의 보편주의와 상대주의 논쟁을 극복할 수 있는 대안으로 제시된 이론이다. 제릴리는 정치적 판단에 대해 더 이상 인식론적 분석틀로 접근하지 말고 정치적 실천의 문제로 접근할 것을 제안했다. 예컨대 제릴리는 그동안 제2물결 페미니즘 정치의 방법론 역할을 해온 입장론이 1970년대에 등장한 이후 지속적으로 상대주의라는 의혹에 시달려온 것도 남성 집단과는 다른 여성 집단의 특수성을 전제했기 때문이라고 말한다.[12] 인식론은 보편적 기준을 찾는 것인

11 Zerilli, "Toward a Feminist Theory of Judgment."

12 Zerilli, 같은 글, 305~07쪽.

데, 그에 기반을 두고 보면 여성은 남성과 다른 사회적 위치에서 다른 경험을 하고 그에 따라 다른 지식을 산출하게 된다는 입장론의 주장은 상대주의 혐의에서 벗어날 수 없게 된다. 입장론은 이러한 상대주의 혐의를 벗어나기 위해 '강한 객관성' 개념을 도입하고 소수자 집단의 사회인식이 중심 집단의 사회인식보다 덜 왜곡되었다고 주장함으로써 여성 집단과 남성 집단의 인식 차이를 드러내는데 머물지 않고 각 집단의 사회인식을 평가하려고 했다. 그러나 그 평가를 위한 평가기준은 또다시 진리체계를 전제할 수밖에 없게 되므로 입장론은 자신이 그렇게 비판했던 보편주의에 스스로 포함되는 역설적 상황에 놓이게 된 것이다.[13]

제를리는 입장론이 이렇게 역설적 상황에 놓이게 된 것은 '정치적 판단'의 문제를 인식론적 문제로 접근했기 때문이라고 보았다. 말하자면 여성 집단의 보편성과 특수성 문제에 접근할 때 우리에게 필요한 것은 인식론적 접근이 아니고 그 정치적 판단이 이루어지는 과정에 대한 더 정확하고 현실적인 이론이라는 것이다. 제를리는 이 문제를 해결할 수 있는 방법을 아렌트의 정치적 판단론을 통해서 찾아나갔다. 아렌트는 전체주의의 출현으로 그동안 역사적으로 형성돼온 공동의 판단기준이 붕괴되었을 때 우리가 내릴 수 있는 '정치적 판단'의 특징을 칸트의 '성찰적 판단' 또는 '미학적 판단' 개념과 연결시키면서 그를 통해 민주적 시민권의 핵심능력을 키워나갈 것을 주장했었다. 여기서 '정치적 판단'이란 "정치의 영역은. . . 의견을 다루는 것이기에 객관적 기준에 근거하거나 증거자료를 제시함으로써 해결될 수 없는 가치판단"[14]을 말한다.

아렌트와 제를리의 이러한 정치적 판단론은 실용주의 계열 철학자들이 다양한 철학적 문제에 대한 연구를 통해 내린 결론과 자연스럽게 연결된다. 다만 철학적 실천이론이 인식론적 판단이나 윤리적 판단에 대

13 샌드라 하딩(Sandra Harding), 『누구의 과학이며 누구의 지식인가?』, 조주현 역 (파주: 나남, 2009).

14 Zerilli, "Toward a Feminist Theory of Judgment," 308쪽.

한 연구에 기반을 두고 언어적 실천처럼 안정적으로 유지되는 실천을 주 연구대상으로 하고 있다면, 아렌트와 제를리의 정치적 판단론은 급격한 변화가 일어나는 실천, 즉 쿤의 이론에 비유한다면 패러다임 이동이 일어나는 시기에 해당하는 혁명적 상황을 주 관심사로 한다.[15] 달리 말하면, 아렌트와 제를리의 정치적 판단론은 철학적 실천이론을 정치적 판단의 영역으로 확장시킨 것이라고 할 수 있다. 즉, 혁명적 변혁기의 사회적 실천이나 보편주의와 상대주의 논쟁의 주 대상인 집단 간 혹은 문화 간 비교나 비판 등과 같이 보다 급진적 상황에 철학적 실천이론을 적용하는 것이다.[16]

그렇다면 정치적 판단은 구체적으로 어떻게 진행되는가? 아렌트에 따르면 개인의 행동은 그 행동을 평가하는 타자의 존재와 동의를 통해서만 의미를 지니며 새로운 시작을 열 수 있다. 즉, 행동은 오직 타자가 규정한 맥락에서만 존재할 수 있다. 각기 다른 개성을 지닌 타자들은 각기 고유하고 독특하기에 이들 간의 상호작용은 무한하고 복합적이며 예측할 수 없는 연결망을 형성하는데, 바로 이 연결망이 공론장이 되며 이 연결망에서 개인은 말과 행동을 통해 아무런 매개물 없이 서로 직접 연결된다.[17] 아렌트는 인간사human affairs의 진리는 보편적 기준을 적용해 얻어지는 것이 아니고 "인간사의 다양성과 상대성 속에서 과거와 현재의 사실적 진리에 근거해 구성원 간에 논쟁과 설득과 승낙과

---

15 아렌트는 칸트의 '인식론적 판단'과 '미학적 판단'의 구분에 근거해 정치적 사건과 대상에 대한 판단은 미리 알려진 규칙들에 근거해 그 대상을 이해하는 '인식론적 판단'이 적절치 않으며, 그 정치적 사건과 대상을 개별자로 이해하는 '미학적/성찰적 판단'을 적용해야 한다고 주장했다. 철학적 실천이론은 이에 더 나아가 '인식론적 판단'과 '윤리적 판단' 자체도 사실상 '미학적 판단'에 더 가까운 실천적 현상이라는 점을 밝히고 있다.

16 필자는 철학적 실천이론을 이렇게 정치적 영역으로 확장하는 것을 푸코와 무페Chantal Mouffe 등이 제시한 아고니즘 정치로 규정했었다; 조주현, "후기 근대와 사회적인 것의 위기: 아고니즘 정치의 가능성," 『경제와 사회』 95 (2012), 163~89쪽.

17 Hannah Arendt, *The Human Condition* (Chicago: The University of Chicago Press, 1958), 199~200쪽.

동의를 얻어 획득되는 것"[18]이라고 보았다. 또한 현실에 대해서는 다양한 의견이 있을 수 있으며, 어떠한 의견도 자명한 것은 없고 다만 모든 의견은 모든 측면에서 그리고 모든 관점에서 논쟁을 통해 인간의 이해로 완전히 투명해질 때까지 점검하여 투명성을 획득하면 그 의견은 신뢰할 수 있는 지식이 된다고 보았다. 그러므로 여기서 중요한 것이 타자의 위치에서 생각해볼 수 있는 능력이다. 연구자가 더 많이, 더 다양한 타자의 위치에서 생각해볼수록 연구자의 대의적 사고representative thinking 능력은 강화되고 그로부터 도출된 의견은 더 많은 정당성을 확보한다. 아렌트에게 있어 사회를 변화시킬 수 있는 진보적 지식이란 현실을 받아들이고 타자의 위치에 서보는 상상력으로 대의적 사고를 확장함으로써 구성될 수 있는 것이다.[19]

제릴리는 자유의 표현인 개인의 정치적 주장과 그에 대한 타자의 동의가 정치적 변화를 가능하게 한다는 아렌트의 이론을 '정치의 단정적 순간predicative moment of politics'으로 개념화했다. 제릴리는 페미니즘 정치가 여성의 이름으로 무엇을 주장하는 것은 이미 경험된 여성에 기반을 둔 행동이 아니라 페미니즘의 이름으로 여성을 구성하는 행동이어야 한다고 주장했다. 즉 페미니즘의 주장은 미래의 불확정성을 향한 자유의 발언이어야 하며, 이미 확정된 사회적 범주[즉 계급, 인종, 젠더, 섹슈얼리티 등등]로 유형화된 여성 정체성에 근거한 주장이 아니라 단지 앞질러서 발언하는anticipatory 구조로 주장할 때만 실현되는 '여성'에 근거한 발언이어야 한다는 것이다. 정치의 단정적 순간이란 바로 이 불확정적 순간을 말한다.[20] 그리고 그러한 정치적 영역의 확보를 가능하게 하는 방법이 아고니즘 정치다. 여성 개개인이 경연agon에서 토론을 통해 합의를 도출하는 방식을 강화하는 방향으로 페미니즘 정치가 나아가

18 Hannah Arendt, "Truth and Politics," in *Between Past and Future* (New York: Penguin, 1961), 227쪽.

19 Arendt, "Truth and Politics," 254쪽.

20 Zerilli, *Feminism and the Abyss of Freedom*, 171~72쪽.

는 것, 그것만이 여성의 보편성과 여성 개개인의 개별성을 둘 다 확보할 수 있는 유일한 방법이 된다.

3. 보편주의와 상대주의를 넘어선 페미니즘 정치: '밀라노여성서점조합' 사례

이태리의 '밀라노여성서점조합(1966~1986)' 운동사는 제를리가 제4물결 페미니즘 정치의 시작으로 알려진 '여성 자유의 정치'의 쟁점을 구체적으로 보여주기 위해 소개한 사례다. 이 절에서 필자는 제를리의 분석을 근거로 '여성 자유의 정치'가 어떻게 보편주의와 상대주의 논쟁을 넘어서면서 동시에 그 둘을 종합하는 패러다임 전환을 실현시키는지 설명하려고 한다.

밀라노여성서점조합은 20년 운동사를 정리하면서 자신들이 요구하는 자유는 여성의 권리나 법적 평등을 보장하는 자유가 아니고 여성에게 충분한 정치적, 개인적 '책임accountability'을 부여하는 자유라고 선언했다. 제를리에 따르면 이러한 자유는 서구 정치사상에서 놀랍도록 급진적인 개념이다. 서구사상에서 자유란 개인 의지의 표현이고 주체의 자산이며 주권의 수단을 뜻하는 것인데, 밀라노여성서점조합은 자유를 완전히 다르게 이해하여 자유란 세계-구축world-building의 창의적이고 집합적인 '실천'이며, 근본적으로 '결성'을 뜻하는 것이고, 남성들의 교환경제 안에 자신의 위치를 정하는 것 외에는 아무 것도 가진 것이 없는 성적 존재로서의 여성들women as sexed beings 간에 정치적으로 의미 있는 '관계'를 구축하는 것으로 보았기 때문이다.[21] 제를리에 따르

---

21 Zerilli, 같은 책, 93쪽.

면 "여성들 사이에 자유로운 관계를 구축하는 실천"으로 페미니즘 정치의 방향을 잡아야 한다는 밀라노여성서점조합의 선언은 본질론에 기반을 둔 성차이론에서 나온 주장이 아니고 여성을 주어진 사회적 범주로 보는 대신 정치적으로 보려는 데서 나온 주장이다. 여성을 '정치적인 것'으로 이해한다는 것은 여성의 권리를 주장하지만 그 여성은 확정된 존재가 아니고 공적 공간에서 공적 관계를 통해 구체화되어야 하는 미래완료적 존재로 본다는 것을 말한다. 밀라노여성서점조합은 미리 주어진 사회적 범주로서의 여성에 기반을 두고 남녀평등의 권리를 주장하거나 여성 집단의 특수성을 사회적 효용성과 관련지어 사회적 보상을 요구하는 방식이 아니라 여성들 사이의 세계-구축world-building에 초점을 맞춰 미래완료적 여성을 창조하려고 했다.

밀라노여성서점조합은 평등권 투쟁으로 알려진 제1물결의 정치적 전략과 젠더정치로 알려진 제2물결의 정치적 전략 둘 다를 거부했으며, 여성들 사이의 차이를 드러내는데 머무른 제3물결의 정치적 전략도 거부했다. 먼저 제1물결의 사회적 계약에 근거를 둔 평등권 추구의 경우, 조합은 이 평등원리가 페미니즘을 함정에 빠뜨린다고 보았다. 여성의 평등권 투쟁에서 그 평등권의 기준이 남성이라는 것은 잘 알려진 사실이다. 조합에 따르면 여성은 이 기준 앞에서 남성과 같은지 다른지equal or different를 선택해야 했고 그에 따라 페미니스트는 평등 페미니스트와 차이 페미니스트로 갈리게 됐다. 조합은 바로 이 점, 즉 페미니즘 정치가 평등과 차이 중 하나만 선택해야하는 상황이 페미니즘 정치를 결국 무너지게 할 것이라고 보았다. 조합의 이러한 관점은 여성 간의 자유롭고 수평적인 사회적-상징적 관계가 결핍된 상태에서 주어진 사회계약으로서의 평등권은 여성들이 자신의 몸과 여성에 소속감을 가지는 대신 남녀평등과 자유를 추구하도록 부추김으로써 사실상 여성 자유를 파괴하게 된다는 점을 강조한 것이다.[22]

22 Zerilli, 같은 책, 98쪽; 조주현, "'사회적인 것'의 위기와 페미니스트 정체성의 정치: 린다

반면에 조합은 제2물결 페미니즘 정치의 문제는 여성을 피해자 정체성으로 범주화해서 사회적 보상을 받으려는 데 있다고 보았다. 피해자 정체성은 자신의 상처에 집착하게 된다. 그 상처가 자신의 존재 조건이고 저항의 장소가 되기 때문이다. 그러므로 억압을 인정할 것을 요구하는 페미니즘 정치, 즉 보상을 요구하는 페미니즘 정치는 여성들이 자신을 종속시켰던 그 상처의 경험을 반복하는데서 벗어날 수 없게 만든다. 조합이 "보상을 요구하는 한 여성이 무엇을 얻어내든 자유를 경험하지 못할 것이다."라고 한 것은 보상 요구에 집착하는 한 여성은 자신의 고통에 대한 끝없는 인정 투쟁에 묶이게 되고 그 결과 더욱더 피해자 정체성으로 자신을 규정할 수밖에 없게 된다는 점을 강조한 것이다.[23] 조합은 바로 이 피해자 정체성으로 모든 여성을 결집시키려는 것에서 벗어나려고 했다. 결국 사회적 계약으로서의 평등권을 추구했던 제1물결과 단일한 집합적 여성 정체성의 젠더정치를 추구했던 제2물결이 서로 지향점은 달랐지만 여성 간의 차이를 드러내는 것을 운동에 대한 위협으로 간주하는 공통점이 있었던 반면 조합은 그와는 대조적으로 여성 간의 차이를 드러내고 그것을 매개할 수 있는 정치적 기술을 개발해야 한다고 본 것이다.

제3물결 페미니즘 정치의 경우, 조합은 제3물결이 여성 간의 차이를 드러내고 소수자 정체성을 끌어냈지만 그 차이를 어떻게 다뤄야할지 몰랐다고 평가했다. 조합은 단 한 명의 여성도 제외시키지 않고 발언하게 하고 그 발언을 기록했지만 결국 여성들이 여성도서관을 좋아한다는 것만 말할 수 있을 뿐 여성도서관 기획이 왜 다른 기획보다 나은 것인지 설명할 수 없게 됨으로써 폐쇄된 파르마 여성도서관 사례를 통해 여성 간의 차이를 드러낸다고 하더라도 그 차이를 평가하고, 판단하고, 서로 결합시키는 방법을 개발하지 않는 한 차이는 아무런 의미가 없다

제릴리의 대안," 『사회와 이론』 17 (2010), 53~83쪽.

23 Zerilli, 같은 책, 100쪽.

는 것을 깨달았다. 조합은 "여성은 다른 여성에 대해 판단할 수 있고 해야만 한다. 또한 자신에 대한 다른 여성의 판단을 직면할 수 있고 직면해야만 한다."라고 선언했다. 조합은 판단하지 않는 여성 욕망과 판단 받지 않는 여성 욕망은 여성들 사이의 자유의 공간을 파괴할 것이라고 보았다.[24] 그렇다면 여성 간의 차이를 어떻게 정치화할 것인가?

조합은 먼저 '여성'을 재구성하는데 있어 대부분의 페미니스트들이 시도했던 식으로 주체의 재구성에 초점을 맞추어 피해자 정체성으로 구성되기 이전의 주체의 모습을 복원하려하거나[25] 여신 혹은 모가장matriarch처럼 집단을 원형화하는 방식을 택하는 대신 여성 자유의 원리로 여성을 재상징화하고 의미를 변형시키려고 했다. 조합의 이러한 시도는 억압 이전의 여성주체를 구성하는 것이 아니다. 그것은 피해자로서의 과거와 현재의 주어진 조건을 인정하지만 그 피해자 정체성에 묶이지 않고 "여성이 더 원하고 될 수 있는 모습"을 찾아 나서는 것이다. 여성 간 권력투쟁 밑에 있어 잘 드러나지 않는 여성 욕망의 불확실성과 과묵함을 구체화시키는 문제는 각기 다른 여성 간의 차이와 선호 중 어떤 점을 누가 어떻게 여성의 보편성으로 끌어내는가의 문제로 귀결된다. 조합은 이 과정에서 여성의 보편성을 끌어내기 위해 '인권'이나 '피해자 정체성'과 같은 선험적 페미니즘 관점으로 여성의 욕망을 판단하는 것을 배제시켰다.[26] 제를리에 따르면 단순하지만 결정적인 이 움직임은 관점의 변화를 수반한다. 즉, 페미니즘 관점은 비교할 사회적 대상

24 Zerilli, 같은 책, 106쪽.

25 Butler, *Gender Trouble*.

26 이데올로기는 판단의 규칙을 만들지만 삼단논법의 추론이 잘 보여주듯이 개별자로서의 개인을 직면하는 곳에서 일어나는 '미학적 판단' 혹은 '정치적 판단'에는 그러한 추론이 소용이 없기 때문이다. 아렌트가 말했듯이, 내가 "아! 장미가 참 예쁘구나" 고 말한다면, 그 판단은 "모든 장미는 예쁘다. 이것은 장미다. 그러므로 이 장미는 예쁘다"의 삼단논법의 추론에 의한 판단이 아니다. 마찬가지로, "이 장미는 예쁘다" 그러니까 "모든 장미는 예쁘다"로 나아가지도 않는다. 아렌트는 정치의 영역도 마찬가지라고 말한다. 우리는 개별자로서의 대상과 사건에 직면하고 있는 것이다; Zerilli, *Feminism and the Abyss of Freedom*, 110쪽.

[즉 a와 b, 남자와 여자 등등]에 초점을 맞추는 것에서 비교를 하는 여성과 그 판단이 이루어지는 사회적-역사적 맥락에 초점을 맞추는 것으로 전환하는 것이다. 조합은 비교기준이 대상 자체의 속성에 없는 서로 다른 것을 결합시키는 판단을 해야 할 때 그것을 실체화할 수 있는 방법으로 제3의 매개존재를 개발했다. 이 매개존재를 조합은 '상징적 어머니symbolic mother'라고 불렀다.

'상징적 어머니'는 여성 간의 새로운 사회계약 형식을 말한다. 이 새로운 계약은 합리성이나 초월적 원리에 근거해 여성의 욕망을 승인하는 게 아니고 일상에서의 언행을 통한 정치적 실천의 맥락에서, 이 여성 혹은 저 여성과의 관계에서, 욕망의 태동에서, 일상적인 것에 근접하는데서 여성의 욕망을 승인하는 것이다.[27] 상징적 어머니는 자신들의 욕망을 인정해주는 그 여성에게 자신들의 욕망을 인정받은 여성들이 공식적이고 가시적인 형태로 권위를 부여해주는 구체적으로 체화된 여성을 말한다. 그러므로 상징적 어머니는 여성들 사이의 자유로운 물적, 상징적 실천을 통해서만 존재한다. 조합은 이 여성들과 상징적 어머니의 관계를 '위임entrustment'이라고 명명했다. 위임은 사적 관계가 아니며, 서로에게서 서로의 모습을 확인하는 자매애가 아니며, 변하지 않는 초월적 관계가 아니다. 위임은 사적이지 않고 정치적이지만, 수평적이고 상호적이다. 위임의 형식은 바뀔 수 있다. 제를리는 위임 관계는 밀라노여성서점조합에서 하나의 대안으로 나왔을 뿐이며, 여성 자유의 실천이 반드시 위임의 형식일 필요는 없다고 설명한다. 제를리에 따르면 중요한 것은 여성의 욕망과 행동을 정당화해주는 것은 모가장 원형도 아니고, 여성경험이 남성경험보다 덜 왜곡되었다고 주장하는 여성학 방법론도 아니며, 공론장에서 여성들 사이에 서로를 인정하는 상호 간의 실천이라는 것이다.[28]

제를리는 밀라노여성서점조합이 평등권을 추구하는 페미니즘 정치에

27 Zerilli, 같은 책, 116쪽.

28 Zerilli, 같은 책, 118쪽.

극도로 비판적이었던 이유가 권리 개념은 여성 자유의 실천과 연결되지 않을 때 박제된 법조항에 불과한 것으로 퇴화된다는 것을 강조하려했기 때문이라고 설명한다. 제를리는 이 시대 페미니즘 정치가 정치적 자유라는 불안정한 실천보다 제도화된 권리를 유지하는데 집착하는 경향이 있음을 지적하면서, '자유의 페미니즘'은 평등권을 거부하는 것이 아니고 권리 개념이 추상화되면서 같음의 법칙으로 동화되는 것을 거부하는 것이라고 말한다. 중요한 것은 권리 개념이 자유의 실천과 연동될 수 있게 하는 것이다. 즉 권리 주장에 '이미 공인된 나'가 아니고 '앞으로 될 수 있는 나'를 인정할 것을 요구하는 것이 포함되어야 한다. 평등권을 위에서 배분되는 것이 아니고 밑에서부터 만들어지는 좀 더 다른 것에 대한 요구로 이해할 때 페미니즘 안에서 평등과 자유는 결합될 수 있다.

밀라노여성서점조합이 고민한 문제, 즉 기존의 모든 사회적 관계가 남성 중심의 사회적 실천으로 유지되고 있는 상황에서 어떻게 여성의 정치적 자유를 구현할 것인가라는 문제는 조합이 사회를 유지하고 변화시키는 원동력으로서의 사회적 실천의 역할에 대한 분명한 인식을 전제하고 있음을 보여주는 것이다. 여성의 현실을 창조하고 변형시키기 위해 여성의 사회적 공간을 구축하는 것이 필요하며 여성 간의 차이를 다룰 수 있는 정치적 기술을 발전시켜야 한다는 인식은, 그 공간을 구성하는 사회적 실천을 창조하거나 기존의 실천을 변화시키는 작업을 통해서만 실현될 수 있기 때문이다. 차이를 다룰 수 있는 정치적 기술의 발전은 실천의 내용을 더 다양하고 창의적으로 만들며, 이렇게 형성된 실천은 다시 정치적 기술을 더 정교하고 생산적인 것으로 변화시킨다.

이태리 페미니스트들은 여성 자유의 정치적 실천 방식에 대한 고민을 통해 그동안 실천이론에 속한 많은 연구자들이 각기 다른 철학적 혹은 사회과학적 문제에 대한 연구를 통해 얻은 결론을 새로운 시각으로 볼 수 있게 해주었다. 특히 이들의 이론은 법적, 제도적 개혁을 지나치게 강조하게 되면 그 형식적 개혁의 근원인 자유에 대한 무조건적 요구가 가지는 비형식적인 실천적 성격이 쉽게 간과된다는 점을 강조했다는 점에서 그동안 제도 개혁을 끌어내기 위한 전략으로 동원됐던 정체성 정치가 경직된 것이라고 주장해온 다양한 연구자들의 지적과 일치한다.

4. 보편주의와 상대주의의 길목에서: 2000년대 한국 페미니즘 정치의 경우

2000년대 한국의 페미니즘 정치에서 실천적 전환의 성격을 잘 보여주는 사례 중 일부로 2004년 성노동자운동, 2008년 촛불시위, 2012년 나꼼수-비키니시위사건을 들 수 있다. 이 절에서는 각각의 사례가 어떤 점에서 실천적 전환의 사례가 되는지를 중심으로 간략하게 조명해본다.

1) 2004년 성노동자운동

2004년 성매매특별법이 제정된 후 1~2년 사이에 진행된 성노동자운동은 그 의의에 비해 충분한 평가를 받지 못한 현상이다.[29] 예컨대 촛불시위는 사회로부터 새로운 시민운동의 방식으로 그 의미를 부여받았지만 성노동자운동은 냉소와 비웃음의 대상이었다. 그러나 설령 이들의 운동이 자발적인 것이 아니라 성매매 업주의 사주와 지원을 받은 것이라 하더라도 이들이 거리로 나섰다는 것은 충격적인 일이었을 뿐만 아

29 Joo-hyun Cho, "Intersectionality Revealed: Sexual Politics in Post-IMF Korea," *Korea Journal* 45:3 (2005), 86~116쪽.

니라 실천적 관점에서 중요한 의미를 지니는 것이다. 특히 당시 성매매 여성들이 자신들의 역할과 상황에 대해 충분히 알지 못한 상황이었기 때문에 이들의 운동에 큰 의미를 부여할 수 없다고 보는 입장이 있는데, 이것은 새로운 형태의 운동의 속성을 잘못 이해하는 것이다. 어떠한 새로운 사회적 운동도 그 운동의 주체가 자신의 역할을 충분히 자각하면서 시작하는 경우는 거의 없기 때문이다. 새로운 사회적 운동의 주체는 자신의 주장에 대한 공동체 구성원들의 반응을 접하면서 운동의 과정 중에 새롭게 자의식과 문제의식이 구성되고 또 구성해나가게 된다. 그런 의미에서 성매매 여성들과 오랜 시간 함께해왔던 활동가들의 반응은 훨씬 솔직하면서도 이 운동이 갖고 있는 실천적 함의를 잘 드러내는 것으로 보인다.[30]

이 당시 적지 않은 활동가들이 성매대 여성들이 시위를 통해 자기 목소리를 낸 것에 대해 적극적으로 호응했고 이들과 연합하여 성노동자 운동을 지지하는 것으로 방향을 조정했다. 성노동자운동을 지지한 활동가들은 성매매 여성들에게서 "어떤 힘을 보았고", "예전에는 하나의 시각으로 여자들은 피해자이고 성매매는 폭력이라는 시각만 가능했다면 이제는 다양한 시각으로 볼 수 있다."라는 생각으로 관점은 확대됐다. 성매매 여성들의 주장에 대한 공동체 구성원들의 호응은 성노동자 운동에 동의한 활동가들에게만 국한되지 않았다. 성매매특별법 제정에 적극 가담했던 반성매매운동 활동가들에게도 성매매 여성들의 발언은 성매매특별법과 같은 거시적 정책에 대해 좀 더 세밀한 시각을 갖게 하는 역할을 했다. 이들은 "이 법이 갖는 한계는 명확하기 때문에 법도 바뀌어야 한다고 생각"하지만, 성매매 여성을 "법적 권한이 있는 주체로 보고 권리를 인식할 수 있게 한 것은 중요한 성과"라고 보았다. 이렇게 활동가들은 성노동자운동을 통해 구성원 간의 수행과 그 수행에 대한

30 성매매와 관련한 활동가들의 반응은 필자가 2011년 1월과 2월에 진행한 심층면접 자료에 근거함.

판단으로 생성, 유지, 변화, 소멸되는 사회적 실천의 성격을 이해해갔으며, 이 과정에서 여성운동과 여성정책의 방향은 성매매 여성이 말하는 것을 듣고 그들이 원하는 것을 우선적으로 고려하는 형식이어야 한다는 점을 깨달았다.

그러나 이들 현장 활동가의 반응에 비해 기존의 여성운동단체 및 연구자, 공무원, 정치가의 경우는 성노동자운동을 전형적인 정체성 정치의 틀로 접근하고 있다. 이것은 페미니스트들을 성매매에 대해 "찬성이냐 반대냐", "네 입장은 무엇이냐"로 먼저 분류한 후 그 정체성에 근거해 성매매 정책과 법제화를 추진하는 방식이다. 페미니스트들이 그런 이분법적 분류에 항의하면 "다 알아. 의미도 있어. 그런데 지금은 아니야."라는 반응으로 대응한다. 즉, 성매매 여성에 대한 피해 보상을 국가와 사회에 요구하기 위해서는 피해자 정체성을 중심으로 여성들이 결집할 필요가 있다는 논리다. 그러나 현장 활동가의 경험에 의하면 "무슨 명명, 무슨 입장, 우리 그런 거 별로 안 중요하다." 이들은 성노동자운동이 "하나로, 뭐로, 갈 때 절~대로 성공할 수 없는 것"이라고 보며 하나의 입장을 정해서 운동의 추진력을 얻는 것이 큰 의미가 있다고 생각하지 않는다. 그러나 정체성 정치를 추진하는 여성운동단체나 여성학계의 대부분의 구성원들은 이미 세워진 자신의 입장을 "또 얘기하고 또 재생산하"는 식으로 대응하느라 현장 활동가들이 권유하는 성매매 여성의 경험을 담아내기 위해 이들의 경험과 목소리를 먼저 듣고 그에 대해 다시 사회구성원의 관점에서 이들의 주장에 대한 반박과 설득을 하는 과정은 사라지게 된다.

현장 활동가들에게 지속적으로 성매매에 대해 어떤 입장을 갖고 있는지 밝히기를 요구하는 상황의 이면에는 성매매 여성 관련정책은 그것이 근절이든 합법화든 기본적으로 입장 선택의 문제이고 그 선택만 제대로 한다면 '비효율적인' 논의 과정, 즉 성매매 여성의 경험과 목소리를 먼저 듣고 그에 대해 다시 사회구성원의 관점에서 반박과 설득을 하는 논의 과정은 불필요하다는 논리가 놓여있다. 그러나 어떤 정책이든 그 정책이 실제로 시행되는 과정에는 법령으로 자세히 규정할 수 없는 여백이 훨씬 더 큰 역할을 하게 마련이다. 그 여백은 법령이 아니고 정책시행에 관여된 다양한 구성원의 판단을 제한하는 사회적 규범에 의해 결정된다. 결국 우리는 앞에서 실천이론과 아고니즘 정치를 통해 강조했듯이 사회구성원이 자신의 의견을 표명하고 그에 대한 호응과 반박이 표출될 수 있는 사회적 공간을 확보하는 것이 바로 그 규범을 유지, 변화, 소멸시키는 역할을 한다는 점에서 정책의 선택보다 더 중요한 것이라고 말할 수 있다.

한편 실천이론의 논의는 서론에서도 언급했듯이 언어나 규범과 같이 비교적 안정적으로 유지되는 실천을 주 분석대상으로 하기 때문에 점진적 변화과정을 설명하는데 더 익숙하다. 반면에 아렌트나 제를리의 정치적 판단론이나 아고니즘 정치는 세계를 새로이 구축하는 상황에서 이루어지는 변혁적 상황을 주 분석대상으로 하기 때문에 그 세계-구축 후의 실천의 유지 및 변화와 같은 점진적 상황에 대한 언급은 부족한 경향이 있다. 그리고 바로 이 점이 필자가 '철학적 실천이론'과 '정치적 판단론'을 서로 보완적인 것으로 해석할 것을 주장하는 이유다. 예컨대 반성매매운동의 경우, 실천이론은 특정 정책의 선택이나 법제화는 문제의 최종적 해결책이 아니고 문제 해결의 출발점에 불과할 뿐이며, 지속적으로 수정, 보완, 개정, 심지어 폐지를 통한 적응과정이 이어져야 한다는 점을 강조한다. 이것은 단순히 성매매 문제가 복잡하기 때문만이 아니며, 성매매 문제의 성격 자체가 공동체의 변화에 따라 바뀌는 것이기 때문에 그러하다.[31]

31 실천이론의 이러한 성격은 정체성 정치가 표방하는 계몽적 이성에 근거한 근대적 기획의 성격과 대조를 이룬다. 즉 '정체성 정치'는 모든 문제에는 정책적인 해법이 있으며 그 해법은 상황적 조건에 관계없이 적용될 수 있다는 신념에 기반을 두고 하는 것인 반면에, '실천이론'과 '아고니즘 정치'는 후기 근대사회와 같이 각 구성원의 욕구를 거시적인 범주나 이념으로 규정한 후에 적절한 정책의 실시로 해결하려는 방식이 한계에 도달했을 때 더 뛰어난 설명력을 가진다.

2) 2008년 촛불시위

성노동자운동의 사례와 좋은 대비를 이루는 것으로 2008년 촛불시위 운동을 들 수 있다. 촛불시위는 참가자의 다양한 배경과 참여 동기에서 성노동자운동과 차별화된다. 촛불시위는 그 초기단계는 '소녀'가 점화했고 성숙한 단계는 다양한 여성의 진출로 진화된, 참가자의 70%가 여성인 시위였다.[32] 많은 연구자들이 촛불시위를 "한국 사회운동의 새로운 주기의 시작을 알리는 신호"[33]이자 인터넷을 이용한 정보대중에 의한 새로운 사회운동으로,[34] 그리고 "여중고생 및 주부 등 새로운 계층의 자발적인 참여"[35]가 이루어진 시위로 평가했다. 그러나 촛불시위에서 인터넷과 모바일 기술이 중요한 역할을 한 것은 '아랍의 봄'과 '월가 점령운동'에서도 볼 수 있듯이 IT 확산의 자연스러운 결과이고 그것이 탈중심적이고 자율적인 네트워크 사회운동과 결합된 형태로 나타난 것일 뿐이지만, 시위의 70%가 여성인 것은 오직 촛불시위에서만 두드러진 현상이다. 뿐만 아니라 이들은 "기존의 사회운동이나 여성운동 하는 여성"과는 판이하게 다른 여성이다. 시위를 촉발한 여성은 "입시위주의 교육에 시달리고 문화적 공간의 접근성을 박탈당한 십대와 남성중심 사회에서의 소외를 경험한 여성"이었으며, 시위의 주류를 이룬 여성은 정치와 무관해 보이던 20~30대 '하이힐 부대' 여성과 유모차 부대, 그리고 40~50대 주부로 구성된 '어머니들'이었다. 그리고 이들은 많은 경우 인터넷 동호회의 회원이었다.[36]

32 김영옥, "여성주의 관점에서 본 촛불집회와 여성의 정치적 주체성," 『아시아여성연구』 48:2 (2009), 7~34쪽.

33 신진욱, "정치위기와 사회운동의 새로운 주기: 2008년 촛불시위 이후 한국 민주주의의 이중적 과제," 『기억과 전망』 19 (2008), 96쪽.

34 백욱인, "촛불시위와 대중: 정보사회의 대중 형성에 관하여," 『동향과 전망』 74 (2008), 159~88쪽.

35 고경민·송효진, "인터넷 항의와 정치참여, 그리고 민주적 함의: 2008년 촛불시위 사례," 『민주주의와 인권』 10:3 (2010), 233~69쪽.

36 김영옥, "여성주의 관점에서 본 촛불집회와 여성의 정치적 주체성," 15~16쪽.

기존의 시위현장에서 보기 힘든 여성들이 시위에 대거 등장할 수 있었던 것은 정치적 이슈의 특성이 변화했기 때문이다. 즉 저항의 대상이 비교적 분명했던 1980년대 시위가 개인의 희생을 요구한 것이었다면, 촛불시위는 비록 이명박 정부의 퇴행적 대응방식으로 인해 그 성격이 흐려지긴 했지만 상대적으로 안전하면서 이슈도 훨씬 더 일상적이다. 연구자 중에는 일상적 이슈를 다룬 촛불시위의 이러한 성격이 구체적인 정치적 성과를 낳기 못했기에 좀 더 "전문적이고 강력한 위로부터의 프레이밍 작업"[37]이 필요하다고 평가하는 경우도 있지만 역으로 바로 이러한 성격이 그간 일상사를 중심으로 개인 간에 다양한 이야기를 나누던 인터넷 동호회 소속 여성들의 참여를 끌어냈다고 할 수 있다. 인터넷 동호회 회원활동의 분석을 통해 20~30대 여성의 정치참여 경험을 분석한 이솔의 연구에 따르면,[38] 이들은 신자유주의 소비문화에 대한 우려나 비판에도 불구하고 신자유주의적 사회변화가 강화시킨 소비문화를 단순히 수용하지 않았으며 그 의미를 다양하게 변화시켰다. 그 과정을 통해 이들은 "자기 존중과 자기배려를 실천할 수 있는 권력, 사회적으로 자신을 표출할 수 있는 발언력"[39]을 키웠다. 촛불시위를 포함한 다양한 정치적 실천은 바로 이들만의 미용/뷰티 관련 온라인 커뮤니티 공간에서 자신의 목소리를 내고 그에 대한 호응과 반박 등의 평가가 이루어지는 상호작용의 다양한 경험과 훈련에서 시작됐다.[40]

37 이항우, "네트워크 사회운동과 하향적 집합형동: 2008년 촛불시위," 『경제와 사회』 93 (2012), 244~74쪽.

38 이솔, "2,30대 여성들의 정치참여 경험을 통해 본 여성주체성에 관한 연구: 온라인 여성 삼국 커뮤니티회원들의 활동을 중심으로," 이화여자대학교 대학원 여성학과 석사학위 논문 (2011).

39 이솔, 같은글, 104쪽.

40 이솔, 2011; 김영은, "된장녀와 아고라: 20-30대 여성을 위한 인터넷 커뮤니티의 공론장 연구," 2012년도 한국문화사회학회 가을학술대회 자료집(2012.11.3).

3) 2012년 나꼼수-비키니시위 사건

인터넷 동호회를 중심으로 한 20~30대 여성 중심의 정치적 실천의 경험은 나꼼수-비키니시위 사건[41]을 통해 더욱 진화된 모습을 보여주고 있다. '삼국카페'[42]로 지칭되는 이 동호회는 삼국카페공동성명서 발표를 통해 사건에 대한 자신들의 입장을 표명했다. 성명서는 "삼국회원들이 투표를 통해 '기어이' 성명서 발표를 결심하고 수백 개의 댓글을 달아가며 문구 하나하나 세심하게 골라 완성"된 것이다.[43] 성명서에서 이들은 나꼼수-비키니시위 사건에 대한 자신들의 입장을 차분하고 확고하게 표명한 다음 "스스로의 의지"로 "오래전부터 걸어"온, 그리고 "촛불 시위에 처음 모습을 드러낸 이후로" 지속해온 활발한 정치적 활동을 열거하고 나꼼수로 대변되는 기존 진보적 인사와 보수언론에 대해 충고하는 것으로 끝을 맺고 있다.[44] 이들이 도달한 정치적 실천의 성숙도는 이들이 삼국카페 공동성명서에서 "진보의 짐이 더욱 무겁다는 것을 알게 되었다. 그러나 무겁다고 하여도 그 짐을 내려놓지도, 타협하지도 않을 것이다. 대강 덮고 쉽게 살아가지 않을 것이다. 우리의 딸들이 이런 일을 또 겪게 할 수는 없다."라고 한 말에서 엿볼 수 있다. 이들의 반응을 나꼼수를 비롯한 남성 중심의 운동단체가 내세우는 '진짜 진보정치'의 치열함과 좌절감을 겪어보지 못한 탓으로 돌리기에는 이들의 담담한 결연함에서 우러나오는 성숙된 모습이 더 크게 우리에게

41 김수진, "아이디 주체(ID Subject)와 여성의 정치적 주체화: '나꼼수-비키니시위' 사건을 중심으로," 『한국여성학』 29:2 (2013), 1~38쪽.

42 미용/뷰티 관련 여성전용 커뮤니티로 알려진 '쌍화차코코아', '소울드레서', '화장~발'의 연합체. 커뮤니티에는 각기 8만(쌍화차코코아), 16만(소울드레서), 35만(화장~발)의 회원이 가입돼있다; 이솔, 같은 글.

43 김수진·엄혜진·윤보라·김원정, "농담과 비키니, 나꼼수 사건을 바라보는 조금 다른 시선," 『페미니즘 연구』 12:1 (2012), 248쪽.

44 삼국카페대표, "삼국카페공동성명서," http://blog.daum.net/lub-hyuk/33 (2012.02.06).

다가오는 것을 부인하기 힘들다.

정치적 실천의 방식은 목표를 세운 후 그 목표 달성의 효율성이나 강도에 따라 단선적으로 줄 세울 수 있는 것이 아니다. 실천이론의 관점에서 볼 때 특히 잘 드러나는 특징은 목표 자체가 움직이는 과녁처럼 자주 변할 수 있고 그에 따라 방향과 전략도 적응적 변화를 겪기 때문에 더욱 다양한 정치적 실천의 방식이 공존하거나 경쟁할 수 있다는 사실이다. 그러나 정치적 실천과 판단의 이러한 다원적 이해에 무감각할 경우 "언론은 놀라 자빠질 듯" 떠들 일이 많을 것이고, 삼국카페로 대표되는 여성중심 인터넷 동호회가 보여준 형태의 정치적 실천이 "경기는 듬직한 남자님들에게" 맡긴 "진보의 치어리더"들에 의한, 그래서 "처음부터 대등한 수평선에 놓아준 적이 없던 여전히 정치적 부외자인 20대 여자애들을 향한 재롱 가득한 퍼포먼스 보듯 하대 섞인 우쭈쭈"의 대상이 아니라는 사실을 "죽어도 모를 것이다."[45]

나꼼수-비키니시위 사건의 발단이 되었던 비키니시위의 본질은 "성적으로 대상화된 여성의 몸을 정치적 시위의 도구로 사용하는 데 있다."[46] 이 사실은 "몸과 섹슈얼리티를 정치적 행동으로 드러내는 새로운 여성 주체들은 신자유주의 문화의 성적 대상화를 내면화한 주체들과 어떻게 구분되는가?"라는 질문으로 이어진다.[47] 신여성성으로 불리는 이러한 현상에 대한 이 질문은 페미니즘 이론에서 1980년대부터 지난 30여 년간 집요하게 분석해온 주체의 종속과 행위성 문제의 한 예이다.[48] 필자는 9장에서 이 문제의 핵심은 여성의 종속을 유지시키는 수단으로 작용할 수 있는, 그래서 여성의 자유를 제한할 가능성이 있는 사회적 실

45 똥을품은배, "우리는 진보의 치어리더가 아니다," http://blog.naver.com/the_tree/80189401280 (2012.01.28).

46 김수진, "아이디 주체(ID Subject)와 여성의 정치적 주체화," 8쪽.

47 김수진, 같은 글, 8쪽.

48 Amy Allen, "Feminism and the Subject cf Politics," in *New Waves in Political Philosophy*, ed. B. de Bruin and C. Zurn (New York: Palgrave Macmillan, 2007), 1~18쪽.

천 또는 권력이 그 여성의 창의적 공간을 열어주는 적극적 자유를 가능하게 해주는 역할을 동시에 한다는 데 있으며, 따라서 신여성성 현상에 대한 최종적 결론을 내릴 수 있는 기준을 찾는 것 자체가 바로 보편론적 여성학 방법론의 유혹에 빠지는 것이라는 점을 지적했었다.[49] 또한 이 문제에 대한 올바른 이해는 이러한 현상에 대해 사회구성원 개개인이 내리는 평가와 그에 대한 반론이 지속적으로 제기되는 동적 상태를 유지시키는 아고니즘 정치에서 찾을 수 있다는 점을 강조했었다.

어떤 사회적 실천에 대해 공동체가 도출하는 합의가 잘못된 것일 가능성은 언제나 있다. 그러므로 푸코가 말했듯이 모든 권력은 "나쁜 것이 아니라 위험한 것"이라는 점을 받아들인다면, 우리가 해야 할 일은 공동체가 바라는 것이 무엇인지에 대해 끊임없이 논의가 이어지게 하며, 확정된 결과를 도출하는 것이 목표가 아니고 그러한 논의를 이루는 주장과 그에 대한 반박으로 구성된 공간의 활력을 유지하는 것이 목표가 되게 하는 것이 된다.[50] 따라서 이러한 실천이론적 관점에서 볼 때 나꼼수-비키니시위 사건의 의미는 성적으로 대상화된 몸에 대한 올바른 해석을 도출한 데 있기보다 그러한 해석을 모색하는 과정에서 나온 주장과 반박의 경험을 통해 창의적 공간과 가능성을 열은 것이 더 큰 의미를 지닌다고 할 수 있다. 특히 김수진[51]이 인용한 '똥을품은배'와 '닥치고역사' 등의 글에서 드러나듯이 이러한 경험은 이들이 새로운 형태의 정치적 실천 방식을 찾아가는데 중요한 역할을 할 수 있을 것이다.

인터넷 동호회를 중심으로 한 이들의 정치적 실천은 3절에서 분석한 이태리 밀라노여성서점조합의 전략과는 차별화되는 방식이다. 한국의 페미니즘 정치는 단일한 집합적 여성정체성 정치에 기반을 둔 여성들의 요구가 김대중 정권과 노무현 정권 시기에 상당부분 법과 제도, 정책을

49 조주현, "한국의 신자유주의적 지구화와 여성 주체성의 변화," 『동아시아 여성과 가족 변동』, 조주현 편 (대구: 계명대학교출판부, 2013), 71~97쪽.

50 조주현, 같은 글, 84~5쪽.

51 김수진, "아이디 주체(ID Subject)와 여성의 정치적 주체화," 12~5쪽.

통해 수용되면서 적어도 형식적인 면에서는 상당한 성과를 거두었다. 그런데 이러한 성과는 당시 광범위하게 진행된 신자유주의적 사회로의 재편과 IT의 급속한 발전 및 실용화와 동시적으로 진행된 것이다.[52] 이러한 사회변화 속에서 성장한 20~30대 여성들이 지극히 일상적인 관심사를 공유하는 인터넷 동호회를 자신들의 공적 공간으로 삼고 이슈에 따라 자유자재로 자신을 변화시킬 수 있게 된 것은 자연스러운 결과라고 할 수 있다. 이들은 이미 자신들의 공동자산이 된 페미니즘 정치적 실천 경험을 바탕으로 자연스럽게 진보정치적 발언과 도전을 하는 자신감을 드러냈다. 특히 IT의 발전과 보급은 적어도 정치적 실천 부분에서 남성과 여성에게 비대칭적 영향을 미쳤다.[53] 즉, 온라인은 특정한 정치성향이나 이슈 중심으로 결집하는 방식이 아니고 다양한 정치적 이슈들을 제기하고 다룰 수 있게 하는 방식을 통해 여성들이 상대적으로 쉽게 정치적 이슈에 접근할 수 있게 하였다.

한편으로 IT를 통한 여성의 정치참여방식이 갖는 한계에 대한 지적도 있지만,[54] 삼국카페 등의 인터넷 동호회를 중심으로 드러난 20~30대 여성의 정치적 실천 감각은 이태리 페미니스트가 모색하던 "여성 간의 자유로운 관계의 구축"이 IT를 매개로 한 온라인 공간에서의 경험을 기반으로 오프라인과 온라인을 자유롭게 넘나드는 방식으로 이루어질 것이라는 기대를 갖게 한다. 3절에서 분석한 밀라노여성서점조합이 시도한 정치적 실천 방식은 성공적인 작동을 위해 구성원 간의 신뢰와 같은 사회적 자본을 필요로 했다. 이것은 비형식적 실천인 규범이 형식적 실천인 제도를 대신해서 공동체를 유지해나가는 역할을 담당할 때 잘 드러나는 현상이다. 하지만 신뢰와 같은 사회적 자본은 일반적으로 공

52 김문조·박형준, "불확실성의 시대, 불안한 한국인," 『사회와 이론』 21 (2012), 611~43쪽; 박수호, "인터넷 열풍과 대인관계의 변화," 『사회와 이론』 20 (2012), 401~30쪽.

53 김수아, "디지털 테크놀로지의 발전과 새로운 여성 정치 주체의 가능성," 『페미니즘 연구』 12:1 (2012), 201~04쪽.

54 김수아, 같은 글, 208~10쪽.

동체의 규모가 커질수록 급격하게 감소하게 된다.[55] 한국의 인터넷 동호회의 경우 일상적 주제로 소통하던 경험과 온라인 공간의 근접성 등이 이러한 신뢰 문제를 극복하는 데 기여했을 수 있으며, 이 점이 밀라노여성서점조합에 비해 훨씬 규모가 큰 공간에서 공론장을 열 수 있게 한 것으로 보인다.[56]

5. 페미니즘 정치의 실천적 전환과 진보정치

로티R. Rorty는 미국의 진보진영에 대한 전망에서 푸코를 포함한 '문화적 좌파'들이 경제적 불평등이라는 가장 근본적 문제를 해결하려는 '현실정치real politics'는 무시한 채 자유주의 제도에 대한 비관적 전망만을 나열함으로써 진보진영을 무기력하게 만드는데 주요 역할을 했다고 신랄하게 비판했다.[57] 로티는 진보진영 안에서 개혁정치reformist politics와 문화정치cultural politics가 분리되기 시작한 것은 베트남전쟁과 1960년대 학생운동 시기이며, 이때부터 학생들은 국가와 제도를 부정적으로 보게 됐고 법과 제도 개혁을 통한 변화에 큰 희망을 걸지 않게 됐다고 보았다.[58]

---

55 여기서 사용된 '사회적 자본'이나 '신뢰' 개념은 공동체의 정치적 실천이 이루어지는 장을 유지하기 위해 필요한 다양한 사회적 실천의 측면을 지칭하는 것으로, 이 개념들의 도구화, 불투명성 또는 물신화에 대해 제기되는 비판과는 거리를 두고 있다; 임운택, "사회자본의 개념의 도구화와 사회성의 경제화," 『사회와 이론』 17 (2010), 85~120쪽.

56 한국 여성들의 정치적 실천방식의 변화와 관련된 디지털 공간과 실천이론 및 아고니즘 정치방식과의 관계는 앞으로 더 많은 연구가 필요한 흥미롭고 중요한 주제라고 생각된다.

57 Richard Rorty, *Achieving Our Country* (Cambridge, MA: Harvard University Press, 1998).

58 Rorty, 같은 책; Chantal Mouffe, "Rorty's Pragmatic Politics," *Economy and*

그러나 무페C. Mouffe에 따르면 로티는 문화정치의 등장 배경을 잘못 이해하고 있다. 무페에 따르면 1960년대 이후 사회운동은 미국뿐만 아니라 유럽에서도 일어났으며, 베트남전쟁만이 아니라 민주정치가 근본적 변화를 겪은 1960년대의 시대적 상황에서 시작됐다. 1960년대의 시대적 상황은 그때까지 자연스러운 것으로 여겨졌던 인종, 젠더, 섹슈얼리티 등에 따른 억압을 정치화하는 것과 같은 민주주의 담론의 변화와 함께 새로운 형태의 자본주의적 규제방식이 강화되기 시작하는 시대였다. 새로운 적대감을 표출하며 1960년대 이후 등장한 '신사회운동the new social movements'은 자신들의 적대감을 제대로 표출해줄 언어를 제공하지 못했던 전통적 개혁정치를 거부했고 그에 따라 개혁정치와 사회민주주의 모델은 위기에 봉착하게 된 것이다. 무페는 1980년대에 대처M. Thatcher와 레이건R. Reagan의 신자유주의가 성공할 수 있었던 것도 바로 이들 개혁정치와 사회민주주의 모델의 약점 때문에 발생한 분노를 신자유주의자들이 성공적으로 동원할 수 있었기 때문이라고 보고 있다.[59] 무페는 과거에 비해 더욱 다양한 정체성들이 정치화된 현 시대에 경제 불평등 문제만 강조하는 개혁정치를 중심으로 단일화된 진보연합의 부활을 꿈꾼다는 것은 스스로를 속이는 짓이라고 평하면서, 서로 다른 투쟁들의 특수성을 존중하면서 동시에 공통점을 만들어낼 수 있는 새로운 형태의 진보정치만이 결합의 역할을 감당할 수 있다고 주장했다. 이 새로운 형태의 진보정치의 특징은 다양한 사회관계에서 발생하는 투쟁이 분명히 드러날 수 있게 하고, 다양한 목소리가 자신을 표현할 수 있게 하며, 일치된 의견이라는 미명하에 잠재적 대립이 억제되는 일이 없게 하는 것이다.[60]

서구의 페미니즘 정치는 1960년대 신사회운동의 중심에 있었으면서 동시에 이후 새로운 형태의 진보정치를 가장 치열하게 모색했다는 점에

Society 29:3 (2000), 439~53쪽에서 재인용.

59 Mouffe, 같은 글, 452쪽.

60 Mouffe, 같은 글, 452~53쪽.

서 로티의 주장과 무페의 반론이 지적하고 있는 이 시대 사회운동의 정치적 성격을 가장 분명히 보여주는 영역 중 하나라고 할 수 있다. 그리고 바로 그런 점에서 이 장에서 다루고 있는 제4물결 페미니즘 정치의 모색, 특히 아렌트와 제를리의 정치적 판단론이 아고니즘 정치[61]와 철학적 실천이론[62] 뿐만 아니라 무페가 말한 현대 서구 민주정치의 변화된 성격을 이해하는데 중요한 통찰을 제공할 수 있다.

아렌트와 제를리의 '정치적 판단론', 푸코와 무페의 '아고니즘 정치', 그리고 '철학적 실천이론'은 모두 어떤 고정된 이론적 구조를 제시하는 것이 아니고 문제를 접근하는 방식의 전환을 촉구하는 것이다. 그러므로 이들 논의의 강점이나 문제점을 파악하기 위해서는 구체적으로 전개된 사회운동 사례를 이들의 논의에 따라 살펴보는 것이 효율적일 수 있다. 앞에서 분석한 밀라노여성서점조합 운동사에 대한 제를리의 분석은 제4물결 페미니즘 정치가 추구하는 '여성 자유의 정치'가 어떻게 보편주의와 상대주의 논쟁을 넘어서면서 동시에 그 둘을 종합하는 패러다임의 전환을 실현시키는 것이 가능한 지를 보여준 예이다. 제를리는 이 분석에서 여성을 '사회적인 것'으로 보는 대신 '정치적인 것'으로 볼 것을 주장했다. 여성을 사회적인 것으로 보게 되면 여성은 초월적 범주인 '여성'에 의해 결정되는 것으로 보는 보편주의나 사회적인 것에 의해 구성되는 가변적인 여성으로 보는 상대주의의 딜레마를 피할 수 없게 된다. 그러나 여성을 정치적인 것으로 이해하게 되면 여성의 권리를 주장하면서도 그 여성이 확정된 존재가 아니고 공적 공간에서 공적 관계를 통해 구체화되어야 하는 미래완료적 존재로 보는 것이 가능해진

61 Colin Gordon, "Governmental Rationality: An Introduction," in *The Foucault Effect: Studies in Governmentality*, ed. G. Burchell, C. Gordon, and P. Miller (Chicago: The University of Chicago Press, 1991), 1~52쪽; Chantal Mouffe, *On the Political* (New York: Routledge, 2005).

62 Joseph Rouse, "Feminist Challenges to the Reification of Knowledge," in *How Scientific Practices Matter: Reclaiming Philosophical Naturalism* (Chicago: The University of Chicago Press, 2002), 135~60쪽; Rouse, "Practice Theory," 639~81쪽.

다. 여성 자유를 추구하는 제4물결 페미니즘 정치는 확정된 사회적 범주로서의 여성에 기반을 두고 남녀평등의 권리를 주장하는 보편주의와 여성적 차이의 사회적 효용성을 주장하는 상대주의를 넘어 여성 사이의 세계-구축 행위에 초점을 맞춰 미래완료적 여성을 창조하려는 시도를 통해, 제4물결 페미니즘 정치가 사회적 실천으로 패러다임을 전환했음을 분명히 보여주고 있다.

현재 한국사회에서도 다양한 사회운동의 방향과 함께 민주정치의 변화가능성에 대한 모색이 진행 중이다. 한국사회는 반세기를 넘는 서구화와 최근의 지구화의 진행을 통해 서구 자유민주주의 가치와 정치경제적 이념을 상당부분 공유하고 있지만 한국사회 고유의 문화적 영향으로 인해 사회적 실천의 형태나 변화 방식에서 서구와 차이를 보이고 있다. 그러나 무페가 지적했듯이 현재의 사회운동과 민주정치의 변화가 주로 신자유주의 확장과 다양한 영역에서 발생한 평등을 위한 투쟁에서 시작된 것이라면 한국과 서구 간에 유사점도 많을 것으로 생각된다. 그런 점에서 앞에서 다룬 한국의 페미니즘 정치 사례들과 그에 대한 재해석은 이 시대 한국사회의 다양한 사회운동에 대한 이해뿐만 아니라 민주정치의 변화 방향에도 상당한 시사점을 줄 수 있을 것으로 생각된다.

필자는 마지막으로 실천이론이 페미니즘 정치에 갖는 함의를 강조하고 싶다. 필자는 페미니즘 정치의 의미는 실천적 전환을 통해 '사회적 실천'이라는 개념으로 접근할 때 가장 잘 이해될 수 있다고 생각한다. 아렌트의 정치적 판단론이나 푸코의 아고니즘 정치도 20세기 후반에 철학과 사회과학 전반에 걸쳐 진행된 '실천적 전환practice turn'[63]을 정치적으로 표현한 것이라고 할 수 있다.[64] 사회적 실천은 문화, 제도,

---

63 Theodore R. Schatzki, "Introduction: practice theory," in *The Practice Turn in Contemporary Theory*, ed. T. R. Schatzki, K. K. Cetina, and E. von Savigny (New York: Routledge, 2001), 1~24쪽.

64 언어적 실천을 이해하는 문제에서 출발한 '실천적 전환'은 현재 인지과학, 진화심리학, 게임이론, 행동경제학 등에서 이룩한 성과와 맞물려 사회과학 전반을 아우르는 통

규범, 규칙 등과 같은 개념이 오랜 기간 고정된 형태를 유지하는 사회구조라는 관념을 탈피하기 위해 도입된 개념이다. 즉, 사회구성원의 행위performances와 평가행위judgment가[65] '사회적 실천'의 생성, 유지, 변화, 또는 소멸을 가져오고 그렇게 이루어진 '사회적 실천'은 다시 행위와 평가행위를 내리는 사회구성원의 믿음beliefs과 욕구desires에 제한조건을 가져오는 피드백 과정feedback process에 주목하는 실천적 전환이 사회현상을 이해하는데 핵심적이라고 보는 것이다. 실천적 전환을 통해 사회적 실천 개념은 주체와 객체, 보편과 특수, 거시와 미시의 이분법을 벗어나게 된다. 이러한 사회적 실천을 정확하게 정의내리는 것은 불가능하지만 사회적 실천에는 언어, 조직, 법, 제도, 규범, 문화 등 다양한 사회 구조가 포함되며,[66] 전공에 따라 사회적 실천을 제도institutions나 사회적 규범social norms으로 부르기도 한다. 하지만 다양한 범주에도 불구하고 사회적 실천은 구성원의 행위와 평가행위에 의해 실천이 구성되는 것으로 보며, 피드백 과정에 의해 실천이 생성, 유지, 변화, 소멸되는 기제에 초점을 둔다는 점에서는 모두 일치한다.

이렇게 봤을 때 페미니즘 정치를 '사회적 실천'으로 보는 것이 중요한 이유는 극단적으로 단순화해서 말하자면 신자유주의로 대변되는 경제적 효율성 추구의 결과로 삶의 지형이 변화하면서 정체성 정치가 한계에 봉착했기 때문이다. '실천적 전환'의 정치적, 사회적 중요성은 액체근

합적 방법론을 도출하려 하고 있다. 사회학은 이러한 '실천적 전환'에 대해 가장 미온적인 대응을 하고 있지만 끝까지 피할 수는 없을 것으로 보인다; Herbert Gintis, "A Framework for the Unification of the Behavioral Sciences," *Behavioral and Brain Sciences* 30 (2007), 1~61쪽.

65 브랜덤은 이것을 "의무적 점수기록 행위deontic score-keeping"로 명명했다; Robert Brandom, *Making it Explicit: Reasoning, Representing, and Discursive Commitment* (Cambridge: Harvard University Press, 1994), 180~198쪽 참조.

66 David G. Stern, "Practical Turn," in *The Blackwell Guide to the Philosophy of the Social Sciences*, ed. S. P. Turner and P. A. Roth (Oxford: Blackwell, 2003), 185~206쪽; Stephen Turner, "Practices as the New Fundamental Social Formation in the Knowledge Society," *Družoslovne Razprave* 59 (2008), 49~64쪽.

대로 비유되는 다양한 개인적, 정치적 욕구의 분출을 정체성 정치나 경제제도의 효율성만으로 감당할 수 없을 때 더욱 부각된다.[67] 특히 실천이론의 가장 큰 통찰이 사회적 실천은 게임의 규칙과 같은 형식적 구조의 유지와 조건 변화에 따른 적응적 변화의 두 가지 특성을 동시에 갖추고 있으며, 그 두 역할을 동시에 한다는 점을 드러낸 것에 있다고 할 때, 후기 근대사회의 페미니즘 정치에서 형식적 제도와 비형식적 규범 간의 경계가 약화되는 현상을 강조한 이 글이 궁극적으로 실천이론과 그 정치적 구현인 '정치적 판단론' 혹은 '아고니즘 정치'를 강조하게 되는 것은 어쩌면 자연스러운 귀결이라고 할 수 있을 것이다. 그러나 필자는 페미니즘 정치에서 구성원의 정치적 판단과 실천적 과정을 강조하는 이유가 형식적인 사회적 실천인 법과 제도, 정책의 중요성을 간과해서가 아니고 오히려 이 형식적 실천이 의미를 갖기 위해서는 종종 비효율적인 것으로 폄하되는 비형식적 실천의 역할이 필수적임을 강조하기 위해서였음을 분명히 하고 싶다. 사회적 실천을 구성하는 형식적 제도와 비형식적 규범 간의 관계는 사실상 페미니즘 정치의 문제를 넘어서는 거대한 문제이자 사회과학의 가장 핵심적인 문제이다. 실천이론은 이러한 형식적 제도와 비형식적 규범의 역할에 대한 균형 잡힌 시각을 되찾으려는 노력의 일환이다. 이 글이 페미니즘 정치를 통해 강조한 '사회적 실천', 특히 규범과 같은 비형식적 실천의 중요성에 대한 강조도 이 같은 전체적 맥락에 위치한다.

---

67 예컨대 경제정책 분야에서 제도의 역할을 연구한 니V. Nee에 따르면, 구소련 붕괴 후 동유럽이나 중국의 시장경제 도입 시의 사회경제적 진행 과정에서 정부, 제도, 법, 단체 등과 같은 형식적 조직만이 아니고 규범이나 문화와 같은 비형식적 실천이 중요한 역할을 했으며, 앞으로 신자유주의적 사회변화에 의해 후자의 중요성은 더욱 증대할 것으로 보고 있다. 이러한 점은 아랍의 봄 이후 복잡하게 전개되고 있는 리비아와 이집트의 민주화 과정에서도 잘 드러나는 현상이다; Victor Nee, "The New Institutionalisms in Economics and Sociology," in *The Handbook of Economic Sociology,* 2nd edition, ed. N. J. Smelser and R. Swedberg (New Jersey: Princeton University Press, 2005), 49~74쪽 참조.

참고 문헌

고경민·송효진. 2010. "인터넷 항의와 정치참여, 그리고 민주적 함의: 2008년 촛불시위 사례." 『민주주의와 인권』 10(3): 233~69.

김경례. 2010. "기술의 문화적 재현과정과 실천: 보조생식술을 중심으로." 『젠더와 문화』 3(2): 149~89.

김문조·박형준. 2012. "불확실성의 시대, 불안한 한국인." 『사회와 이론』 21: 611~43.

김수아. 2012. "디지털 테크놀로지의 발전과 새로운 여성 정치 주체의 가능성." 『페미니즘 연구』 12(1): 201~04.

김수진. 2013. "아이디 주체(ID Subject)와 여성의 정치적 주체화: '나꼼수-비키니시위' 사건을 중심으로." 『한국여성학』 29(2): 1~38.

김수진·엄혜진·윤보라·김원정. 2012. "농담과 비키니, 나꼼수 사건을 바라보는 조금 다른 시선." 『페미니즘 연구』 12(1): 219~53.

김연주. 2011. "성매매 경험이 있는 십대여성들의 사회적 배제에 관한 연구: 폐쇄적인 사회관계망을 중심으로." 『페미니즘연구』 11(2): 239~74.

김영옥. 2009. "여성주의 관점에서 본 촛불집회와 여성의 정치적 주체성." 『아시아여성연구』 48(2): 7~34.

김영옥·김경희. 2004. "여성 노동정책의 한계와 새 패러다임 모색." 『한국여성정책의 뉴 패러다임 정립』. 김영옥 편. 서울: 여성부. pp. 105~38.

김영은. 2012. “된장녀와 아고라: 20-30대 여성을 위한 인터넷 커뮤니티의 공론장 연구.” 2012년도 한국문화사회학회 가을학술대회 자료집(2012.11.3).

김은실. 2006. “지구화 시대 한국사회 성문화와 성연구 방법.” 『섹슈얼리티강의: 쾌락, 폭력, 재현의 정치학, 두 번째』. 변혜정 편. 서울: 동녘. pp. 18~48.

김현수. 2006. “사회면: 완벽한 신랑-신부감? 꿈에서나 찾아보세요.” 『동아일보』(2006.12.29).

김환석. 2009. “두 문화, 과학기술학, 그리고 관계적 존재론.” 『문화/과학』57: 40~60.

______. 2015. “과학기술과 사회 연구의 동향과 전망.” 『한국사회학의 미래: 사회학의 위기 진단과 미래 전망』. 조대엽·신광영 편. 파주: 나남. pp. 548~77.

똥을품은배. 2012. “우리는 진보의 치어리더가 아니다.” http://blog.naver.com/the_tree/80189401280 (2012.01.28).

마경희. 2005. “사회권으로서 돌봄의 제도화를 위한 대안적 패러다임의 모색.” 『여성과 사회』 16: 35~65.

민가영. 2009. “신자유주의의 질서의 확산에 따른 십대 여성의 성적 주체성 변화에 관한 연구.” 『한국여성학』 25(2): 5~35.

바라드, K. 2009. “행위적 실재론: 과학실천 이해에 대한 여성주의적 개입.” 박미선 역. 『문화/과학』 57: 61~82.

바우만, 지그문트(Bauman, Zygmunt). 2009. 『액체근대』. 이일수 역. 서울: 강.

박민규. 2010. 『더블』, Side B. 파주: 창비.

박수호. 2012. “인터넷 열풍과 대인관계의 변화.” 『사회와 이론』 20: 401~30.

박혜경. 2009. “한국 중산층의 자녀교육 경쟁과 ‘전업 어머니’ 정체성.” 『한국여성학』 25(3): 5~33.

배은경. 2009. “‘경제 위기’와 한국 여성: 여성의 생애전망과 젠더/계급의 교차.” 『페미니즘 연구』 9(2): 39-82.

______. 2010. “현재의 저출산이 여성들 때문일까?: 저출산 담론의 여성주의적 전유를 위하여.” 『젠더와 문화』 3(2): 37~75.

______. 2016a. “‘청년 세대’ 담론의 젠더화를 위한 시론: 남성성 개념을 중심으로.” 『젠더와 문화』 8(1): 7~41.

______. 2016b. “젠더 관점과 여성정책 패러다임: 해방 이후 한국 여성정책의 역사에 대한 이론적 검토.” 『한국여성학』 32(1): 1~45.

백욱인. 2008. “촛불시위와 대중: 정보사회의 대중 형성에 관하여.” 『동향과 전망』 74: 159~88.

버틀러, 주디스(Butler, Judith). 2008.『젠더 트러블: 페미니즘과 정체성의 전복』. 조현준 역. 파주: 문학동네.

삼국카페대표. 2012. "삼국카페공동성명서." http://blog.daum.net/lub-hyuk/33 (2012.02.06).

서동진. 2009.『자유의 의지, 자기 계발의 의지: 신자유주의 한국사회에서 자기 계발하는 주체의 탄생』. 파주: 돌베개.

신경아. 2011. "'나'의 발견: 불안의 시대 (불)가능한 전략." 2011년도 한국문화사회학회 봄학술대회 자료집(2011.05.27).

신상숙. 2012. "신자유주의 시대의 젠더-거버넌스: 국가기구의 제도적 선택성과 여성운동."『페미니즘연구』11(2): 153~97.

신진욱. 2008. "정치위기와 사회운동의 새로운 주기: 2008년 촛불시위 이후 한국 민주주의의 이중적 과제."『기억과 전망』19: 96~130.

오치아이, 에미코(Emiko Ochiai). 2013. "21세기 초 동아시아의 가족과 젠더 변화의 논리."『동아시아 여성과 가족 변동』. 신영희 역. 조주현 편. 대구: 계명대학교 출판부. pp. 101-143.

윤상철. 2010. "한국의 비판사회학 1998~2008."『경제와 사회』85: 121~51.

이선순. 2015. "낙태논쟁 속 법담론의 탈관계성 비판: 낙태죄 헌법소원을 중심으로."『젠더와 문화』7(1): 169~203.

이솔. 2011. "2, 30대 여성들의 정치참여 경험을 통해 본 여성주체성에 관한 연구: 온라인 여성삼국 커뮤니티회원들의 활동을 중심으로." 이화여자대학교 대학원 여성학과 석사학위논문.

이영자. 2006. "몸권력과 젠더: 푸코적 분석틀에서 본 '날씬한 몸' 관리."『한국여성학』22(4): 197~234.

이윤주. 2008. "당신의 배우자 지수는 몇 등급입니까?"『주간한국』227호 (2008.06.24).

이재경. 2005. "공사 영역의 변화와 '가족'을 넘어서는 가족정책."『여성연구』68: 137~64.

이재혁. 2010. "집합적 합리성의 발현에 대한 시론적 연구: 진화론적 관점과 '일반적 교환'을 중심으로."『사회와이론』17: 7~51.

이항우. 2012. "네트워크 사회운동과 하향적 집합행동: 2008년 촛불시위."『경제와 사회』93: 244~74.

임소연. 2011. "여성들의 기술과학 실행에 대한 '기술-과학적 방식의 생각하기': 캐런 바라드의 행위적 실재론을 중심으로.”『과학기술학연구』 11(2): 97~119.

임옥희. 2011. “신자유주의 시대와 젠더 무의식.”『젠더와 문화』 4(2): 37~70.

임운택. 2010. “사회자본의 개념의 도구화와 사회성의 경제화.”『사회와 이론』 17: 85~120.

임인숙. 2003. “여성의 취업과 용모차별: 기업의 용모차별적 모집추세와 특성의 변화.”『한국여성학』 19(1): 113~44.

______. 2004. “외모차별 사회의 성형 경험과 의향.”『한국여성학』 20(1): 95~122.

장경섭. 2009.『가족·생애·정치경제: 압축적 근대성의 미시적 기초』. 파주: 창비.

전보경. 2010. “몸-자아 테크놀로지로서의 미용 성형에 대한 계보학적 담론 연구.” 이화여자대학교 대학원 여성학과 석사학위논문.

제를리, 린다 M. G. 2016. “자유의 정치적 실천으로서 페미니즘.” 조주현 역.『젠더와 문화』 9(2): 7~26.

조순경. 1998. “경제위기와 여성고용 정치.”『한국여성학』 14(2): 5~33.

조주현. 1998. “페미니즘과 기술과학: 대안적 패러다임 모색을 위한 해러웨이 읽기.”『한국여성학』 14(2): 121~51.

______. 2009.『벌거벗은 생명: 신자유주의 시대의 생명정치와 페미니즘』. 서울: 또하나의 문화.

______. 2010a. “‘사회적인 것’의 위기와 페미니스트 정체성의 정치: 린다 제릴리의 대안.”『사회와 이론』 17: 53~83.

______. 2010b. “실천이론으로 본 비판사회학과 페미니스트 정치학의 문제.”『경제와 사회』 88: 68~93.

______. 2012. “후기 근대와 사회적인 것의 위기: 아고니즘 정치의 가능성.”『경제와 사회』 95: 163~89.

______. 2013a. “한국의 신자유주의적 지구화와 여성 주체성의 변화: 실천이론의 관점.”『동아시아 여성과 가족변동』. 조주현 편. 대구: 계명대학교출판부. pp. 71~97.

______. 2013b. “실천이론에서 본 페미니스트 인식론: 여성학적 지식생산의 재검토.”『여성학연구』 23(2): 7~42.

______. 2014a. “보편주의와 상대주의를 넘어: 페미니스트 정치학의 실천적 전환.”『사회와 이론』 24: 7~42.

______. 2014b. “사회적 실천은 어떻게 변하는가?: 후기근대 사회에서의 정체성의 정치와 아고니즘 정치.” 2014년도 한국사회학회 전기사회학대회 이론세션 발표

문(2014.06.21).

______. 2016. "과학적 실천이론과 페미니스트 과학학의 접점: 캐런 바라드의 경우." 『한국여성철학』 25: 65~104.

조한혜정 외. 2016. 『노오력의 배신: 청년을 거부하는 국가 사회를 거부하는 청년』. 파주: 창비.

최경수. 2004. "출산율 하락 추이에 대한 분석." 『한국인구학』 27(2): 35~59.

최옥선. 2005. "여성의 몸 담론과 성형담론의 상호텍스트성에 관한 연구: 여성잡지의 기사와 성형의료광고를 중심으로." 성균관대학교 대학원 신문방송학과 박사학위논문.

최장집. 2010. "한국 민주주의를 이해하는 방법에 관한 하나의 논평." 『경제와 사회』 85: 93~120.

카스텔, 마뉴엘(Castells, Manuel). 2003. 『네트워크 사회의 도래』. 김묵한·박행웅·오은주 역. 파주: 한울.

켈러, 이블린 폭스(Keller, Evelyn Fox). 1996. 『과학과 젠더』. 민경숙·이현주 역. 서울: 동문선.

콜린스, 패트리샤 힐(Collins, Patricia Hill). 2009. 『흑인 페미니즘 사상』. 박미선·주해연 역. 서울: 여이연.

쿤, 토머스 S.(Kuhn, Thomas S.). 2013. 『과학혁명의 구조』. 김명자·홍성욱 역. 서울: 까치글방.

태희원. 2011. "미용성형의료 네트워크의 재구성과 소비자/환자 주체의 형성." 연세대학교 대학원 문화학협동과정 박사학위논문.

프리드먼, 토머스 L. 2003. 『렉서스와 올리브나무: 세계화는 덫인가, 새로운 기회인가?』. 신동욱 역. 서울: 창해.

하딩, 샌드라(Harding, Sandra). 2009. 『누구의 과학이며 누구의 지식인가?: 여성들의 삶에서 생각하기』. 조주현 역. 파주: 나남.

______. 2002. 『페미니즘과 과학』. 이재경·박혜경 역. 서울: 이화여자대학교출판부.

하트, 마이클 & 안토니오 네그리(Hardt, Michael, and Antonio Negri). 2001. 『제국』. 윤수종 역. 서울: 이학사.

해러웨이, 도나(Haraway, Donna). 1997. "사이보그를 위한 선언문: 1980년대에 있어서 과학, 테크놀러지, 그리고 사회주의 페미니즘." 『사이보그, 사이버컬처』. 홍성태 편. 서울: 문화과학사. pp. 147~209.

홍찬숙. 2013. "개인화와 '젠더 사회': 개인화 시대의 사회불평등 양상." 『한국사회학』

47(1): 255~76.

______. 2015. 『개인화: 해방과 위험의 양면성』. 서울: 서울대학교출판문화원.

황정미. 2005. "'저출산'과 한국 모성의 젠더정치." 『한국여성학』 21(3): 99~132.

Alcoff, Linda. 2000. "Who's Afraid of Identity Politics?" In *Reclaiming Identity: Realist Theory and the Predicament of Postmodernism*, ed. P. Moyaand and M. Hames-Garcia, 312~44. Berkeley: University of California Press.

Alexander, Jeffrey C. et al.(eds.). 1987. *The Micro-Macro Link*. Berkeley: University of California Press.

Allen, Amy. 2001. "Pornography and Power." *Journal of Social Philosophy* 32: 512~31.

______. 2007. "Feminism and the Subject of Politics." In *New Waves in Political Philosophy*, ed. Boudewijn de Bruin and Christopher F. Zurn, 1~18. New York: Palgrave Macmillan.

______. 2008. *The Politics of Our Selves: Power, Autonomy, and Gender in Contemporary Critical Theory*. New York: Columbia University Press.

Archer, Margaret S. 1996. *Culture and Agency: The Place of Culture in Social Theory*. New York: Cambridge University Press.

Arendt, Hannah. 1954. *Between Past and Future*. New York: Penguin Books.

______. 1958. *The Human Condition*. Chicago: The University of Chicago Press.

______. 1961. "Truth and Politics." In *Between Past and Future*, 223~259. New York: Viking Press.

Barad, Karen. 1998. "Getting Real: Technoscientific Practices and the Materialization of Reality." *Differences* 10(2): 87~128.

______. 2003. "Posthumanist Performativity: Toward an Understanding of How Matter Comes to Matter." *Signs* 28(3): 801~31.

______. 2007a. "The Science and Ethics of Mattering." In *Meeting the Universe Halfway: Quantum Physics and the Entanglement of Matter and Meaning*, 3~38. Durham: Duke University Press.

______. 2007b. "Meeting the Universe Halfway." In *Meeting the Universe Halfway: Quantum Physics and the Entanglement of Matter and Meaning*, 39~70. Durham: Duke University Press.

______. 2007c. "Agential Realism: How Material-Discursive Practices Matter." In *Meeting the Universe Halfway: Quantum Physics and the Entanglement of Matter and Meaning*, 132~137. Durham: Duke University Press.

______. 2007d. "Getting Real: Technoscientific Practices and the Materialization of Reality." In *Meeting the Universe Halfway: Quantum Physics and the Entanglement of Matter and Meaning*, 189~222. Durham: Duke University Press.

______. 2007e. *Meeting the Universe Halfway: Quantum Physics and the Entanglement of Matter and Meaning*. Durham: Duke University Press.

Beck, Ulrich, and Elisabeth Beck-Gernsheim. 2002. *Individualization: Institutionalized Individualism and Its Social and Political Consequences*. London: Sage.

Benhabib, Seyla. 2002. *The Claims of Culture: Equality and Diversity in the Global Era*. New Jersey: Princeton University Press.

Boudon, Raymond. 2009. "Rational Choice Theory." In *The New Blackwell Companion to Social Theory*, ed. Bryan S. Turner, 179~95. New Jersey: Wiley-Blackwell.

Brandom, Robert. 1994a. "Toward an Inferential Semantics." In *Making it Explicit: Reasoning, Representing, and Discursive Commitment*, 67~140. Cambridge: Harvard University Press.

______. 1994b. *Making it Explicit: Reasoning, Representing, and Discursive Commitment*. Cambridge: Harvard University Press.

______. 2000. *Articulating Reason: An Introduction to Inferentialism*. Cambridge: Harvard University Press.

______. 2002. *Tales of the Mighty Dead: Historical Essays in the Metaphysics of Intentionality*. Cambridge: Harvard University Press.

______. 2009. *Reason in Philosophy: Animating Ideas*. Cambridge: Harvard University Press.

______. 2011. *Perspectives on Pragmatism: Classical, Recent, and Contemporary*. Cambridge: Harvard University Press.

______. 2013. "Reason, Genealogy, and the Hermeneutics of Magnanimity." Paper presented at the University of California at Berkeley - Howison

Lectures in Philosophy(2013.03.13).

Brown, Wendy. 1995. *States of Injury*. New Jersey: Princeton University Press.

______. 2006. "Power after Foucault." *In The Oxford Handbook of Political Theory*, ed. J. S. Dryzek, B. Honig, and A. Phillips, 65~84. Oxford: Oxford University Press.

Budgeon, Shelley. 2011. "The Contradictions of Successful Femininity: Third-Wave Feminism, Postfeminism and 'New' Femininities." In *New Femininities*, ed. R. Gill and C. Scharff, 279~92. London: Palgrave MacMillan.

Burawoy, Michael. 1998. "The Extended Case Method." *Sociological Theory* 16(1): 4~33.

Butler, Judith. 1993. *Bodies That Matter*. New York: Routledge.

______. 1991/1999. *Gender Trouble: Feminism and the Subversion of Identity*. New York: Routledge.

______. 1997. The *Psychic Life of Power: Theories in Subjection*. CA: Stanford University Press.

Callon, Michel, and Bruno Latour. 1981. "Unscrewing the Big Leviathans: How Do Actors Macrostructure Reality." In *Advances in Social Theory and Methodology: Toward an Integration of Micro and Macro Sociologies*, ed. K. Knorr and A. Cicourel, 277~303. New York: Routledge.

Cameron, Angus, and Ronen Palan. 2004. *The Imagined Economies of Globalization*. London: Sage Publications.

Cartwright, Nancy. 1999. *The Dappled World: A Study of the Boundaries of Science*. Cambridge: Cambridge University Press.

Casper, Monica J. 1994. "Reframing and Grounding Nonhuman Agency: What Makes a Fetus an Agent." *American Behavioral Scientist* 37(6): 839~56.

Castellani, Brian, and Frederic William Hafferty. 2009. *Sociology and Complexity Science: A New Field of Inquiry*. Heidelberg: Springer.

Castells, Manuel. 2009. *Communication Power*. New York: Oxford University Press.

Cho, Joo-hyun. 2005. "Intersectionality Revealed: Sexual Politics in Post-IMF Korea." *Korea Journal* 45(3): 86~116.

______. 2009. "Neoliberal Governmentality at Work: Post-IMF Korean Society and the Construction of Neoliberal Women." *Korea Journal* 49(3): 15~43.

Clark, Andy, and David J. Chalmers. 1998. "The Extended Mind." *Analysis* 58(1): 7~19.

Coleman, James S. 1990. *Foundations of Social Theory*. Cambridge: Harvard University Press.

Collier, Stephen J., and Aihwa Ong. 2005. "Global Assemblages, Anthropological Problems." In *Global Assemblages: Technology, Politics, and Ethics of Anthropological Problems*, ed. A. Ong and S. J. Collier, 3~21. New Jersey: Wiley-Blackwell.

Connolly, William E. 2002a. "Confessing Identity\Belonging to Difference." In *Identity\Difference: Democratic Negotiations of Political Paradox*, xiii~xxx. Minneapolis: University of Minnesota Press.

______. 2002b. *Neuropolitics: Thinking, Culture, Speed*. Minneapolis: University of Minnesota Press.

Cruikshank, Barbara. 1999. *The Will To Empower: Democratic Citizens and Other Subjects*. Ithaca: Cornell University Press.

Dean, Mitchell. 2008. "Governing Societies: The Story of Two Monsters." *Journal of Cultural Economy* 1: 25~38.

d'Entreves, Maurizio P. 2008. "Hannah Arendt." *The Stanford Encyclopedia of Philosophy*. (Fall 2008 Edition). http://plato.stanford.edu/entries/arendt/.

Dreyfus, Hubert L. 1992. "Part III. Alternatives to the Traditional Assumptions." In *What Computers Still Can't Do: A Critique of Artificial Reason*, 231~84. Cambridge: The MIT Press.

Elster, Jon. 2007. *Explaining Social Behavior: More Nuts and Bolts for the Social Sciences*. New York: Cambridge University Press.

Fehr, Ernst, and Herbert Gintis. 2007. "Human Motivation and Social Cooperation: Experimental and Analytical Foundations." *Annual Review of Sociology* 33(3): 1~22.

Ferree, Myra Marx. 2009. "Feminist Practice Meets Feminist Theory: Symposium on Linda Zerilli's *Feminism and the Abyss of Freedom.*" *Sociological Theory* 27(1): 75~80.

Flax, Jane. 1983. "Political Philosophy and the Patriarchal Unconscious: A Psychoanalytic Perspective on Epistemology and Metaphysics." In *Discovering Reality: Feminist Perspectives on Epistemology, Metaphysics, Methodology and Philosophy of Science*, ed. S. Harding and M. B. Hintikka, 245~81. Dordrecht: Reidel.

Flyvbjerg, Bent. 1998. "Habermas and Foucault: Thinkers for Civil Society." *British Journal of Sociology* 49(2): 210~33.

Fodor, Jerry A. 1984. *The Modularity of Mind: An Essay on Faculty Psychology*. Cambridge: The MIT Press.

Folbre, Nancy. 1993. "Macro, Micro, Choice, and Structure." In *Theory on Gender/Feminism on Theory*, ed. P. England, 323~30. New York: Aldine Publishers.

Foucault, Michel. 1976. *The History of Sexuality: An Introduction*. New York: Vintage.

______. 1983a. "The Subject and Power." In *Michel Foucault: Beyond Structuralism and Hermeneutics*, 2nd ed. H. L. Dreyfus and P. Rabinow, 208~28. Chicago: The University of Chicago Press.

______. 1983b. "On the Genealogy of Ethics: An Overview of Work in Progress." In *Michel Foucault: Beyond Structuralism and Hermeneutics*, 2nd ed. H. L. Dreyfus and P. Rabinow, 229~52. Chicago: The University of Chicago Press.

______. 1991a. *Remarks on Marx: Conversations with Duccio Trombadori*. New York: Semiotext(e).

______. 1991b. "Governmentality." In *The Foucault Effect: Studies in Governmentality*, ed. G. Burchell, C. Gordon, and P. Miller, 87~104. Chicago: The University of Chicago Press.

______. 2000. *Power: The Essential Works of Michel Foucault, 1954-84*, ed. James D. Faubion. New York: The New Press.

______. 2008. *The Birth of Biopolitics: Lectures at the College de France, 1978~1979*, ed. M. Senellart, A. I. Davidson, A. Fontana, and F. Ewald, tr. G. Burchell. New York: Palgrave Macmillan.

Fraser, Nancy. 2009. "Feminism, Capitalism and the Cunning of History." *New Left Review* 56: 97~117.

Giddens, Anthony. 1984. *The Constitution of Society: Outline of the Theory of Structuration*. Cambridge: Polity.

______. 1991. *Modernity and Self-Identity: Self and Society in the Late Modern Age*. Cambridge: Polity.

Gill, Rosalind and Christina Scharff(eds.). 2011. *New Femininities: Postfeminism, Neoliberalism and Subjectivity*. New York: Palgrave MacMillan.

Gintis, Herbert. 2007. "A Framework for the Unification of the Behavioral Sciences." *Behavioral and Brain Sciences* 30: 1~61.

______. 2009. *The Bounds of Reason: Game Theory and the Unification of the Behavioral Sciences*. New Jersey: Princeton University Press.

______. 2015. "Modeling Homo Socialis: A Reply to Critics." *Review of Behavioral Economics* 2(1~2): 211~37.

Gintis, Herbert, and Dirk Helbing(eds.). 2015. *Review of Behavioral Economics* 2(1~2): 61~210.

Gordon, Colin. 1991. "Governmental Rationality: An Introduction." In *The Foucault Effect: Studies in Governmentality*, ed. B. Burchell, C. Gordon, and P. Miller, 1~52. Chicago: The University of Chicago Press.

Gutmann, Amy, and Dennis Thompson. 2004. "How Can Deliberative Democrats Respond to Practical Objections?" In *Why Deliberative Democracy?*, 48~56. New Jersey: Princeton University Press.

Haraway, Donna. 1985. "A Manifesto for Cyborgs: Science, Technology and Socialist Feminism in the 1980s." *Socialist Review* 80: 65~108.

______. 1988. "Situated Knowledges: The Science Question in Feminism as a Site of Discourse on the Privilege of Partial Perspective." *Feminist Studies* 14(3): 575~99.

______. 1989. "The Bio-politics of a Multicultural Field." In *Primate Visions; Gender, Race, and Nature in the World of Modern Science*, 244~75. New York: Routledge.

______. 1991a. "Introduction." In *Simians, Cyborgs, and Women: The*

Reinvention of Nature, 1~6. New York: Routledge.

______. 1991b. "A Cyborg Manifesto." In *Simians, Cyborgs, and Women: The Reinvention of Nature*, 149~81. New York: Routledge.

______. 1991c. "Situated Knowledges: The Science Question in Feminism and the Privilege of Partial Perspective." In *Simians, Cyborgs, and Women: The Reinvention of Nature*, 183~201. New York: Routledge.

______. 1997. *Modest_Witness@Second_Millennium.FemaleMan©_Meets_OncoMouse™: Feminism and Technoscience*. New York: Routledge.

Harding, Sandra. 2009. "Standpoint Theories: Productively Controversial." *Hypatia* 24(4): 192~200.

Hartsock, Nancy. 1983. "The Feminist Standpoint: Developing the Ground for a Specifically Feminist Historical Materialism." In *Discovering Reality: Feminist Perspectives on Epistemology, Metaphysics, Methodology and Philosophy of Science*, ed. S. Harding and M. B. Hintikka, 283~310. Dordrecht: Reidel.

Haugeland, John. 1998. "Mind Embodied and Embedded." In *Having Thought: Essays in the Metaphysics of Mind*, 207~37. Cambridge: Harvard University Press.

Heath, Joseph. 2001. "The Structure of Hip Consumerism." *Philosophy and Social Criticism* 27: 1~17.

______. 2006. "The Benefits of Cooperation." *Philosophy and Public Affairs* 34: 313~51.

Hedstrom, Peter. 2005. *Dissecting the Social: On the Principles of Analytical Sociology*. Cambridge: Cambridge University Press.

Hedstrom, Peter, and Richard Swedberg. 1996. "Rational Choice, Empirical Research, and the Sociological Tradition." *European Sociological Review* 12(2): 127~46.

Hekman, Susan. 1997. "Truth and Method." *Signs* 22(2): 341~65.

______. 2010. *The Material of Knowledge: Feminist Disclosures*. Bloomington: Indiana University Press.

Heritage, John. 1984. *Garfinkel and Ethnomethodology*. New York: Polity Press.

Honig, Bonnie. 2009. *Emergency Politics: Paradox, Law, Democracy*. New

Jersey: Princeton University Press.

Kahneman, Daniel. 2011. *Thinking, Fast and Slow*. New York: Farrar, Straus and Giroux.

Kelly, Mark G. E. 2009. *The Political Philosophy of Michel Foucault*. New York: Routledge.

Keohane, Robert O., and Joseph S. Nye Jr. 2002. "Governance in a Globalizing World." In *Power and Governance in a Partially Globalized World*, ed. R. O. Keohane, 193~218. New York: Routledge.

King, Michael, and Chris Thornhill. 2006. "Ch1. Luhmann's Social Theory." In *Niklas Luhmann's Theory of Politics and Law*, 1~34. New York: Palgrave Macmillan.

Knorr-Cetina, Karin, and Aaron Cicourel(eds.). 1981. *Advances in Social Theory and Methodology: Toward an Integration of Micro- and Macro-Sociologies*. New York: Routledge.

Kripke, Saul A. 1982. *Wittgenstein on Rules and Private Language*. Cambridge: Harvard University Press.

Larner, Wendy, and William Walters. 2004. "Globalization as Governmentality." *Alternatives* 29: 495~514.

Lash, Scott. 2002. "Forward: Individualization in a Non-Linear Mode." In *Individualization: Institutionalized Individualism and Its Social and Political Consequence* by U. Beck and E. Beck-Gernsheim, vii~xiii. Thousand Oaks, CA: Sage.

Latour, Bruno. 2002. "Gabriel Tarde and the End of the Social." In *The Social in Question: New Bearings in the History and the Social Sciences*, ed. Patrick Joyce, 117~32. New York: Routledge.

______. 2005. *Reassembling the Social: An Introduction to Actor-Network-Theory*. New York: Oxford University Press.

Lim, In-Sook. 2008. "The Trend of Creating Atypical Male Images in Heterosexist Korean Society." *Korea Journal* 48(4): 115~46.

Longino, Helen E. 1990. *Science as Social Knowledge: Values and Objectivity in Scientific Inquiry*. New Jersey: Princeton University Press.

Lukes, Steven. 2005. *Power: A Radical View*, 2nd edition, 110~24. New York:

Palgrave.

MacGilvray, Eric A. 2004. *Reconstructing Public Reason*. Cambridge: Harvard University Press.

McRobbie, Angela. 2008. *The Aftermath of Feminism: Gender, Culture and Social Change*. Thousand Oaks, CA: Sage.

Meehan, Johanna. 1995. "Introduction." In *Feminists Read Habermas: Gendering the Subject of Discourse,* ed. J. Meehan, 1~20. New York: Routledge.

Menand, Louis. 2001. *The Metaphysical Club: A Story of Ideas in America*. New York: Farrar, Straus and Giroux.

Merton, Robert. 1968. "On Sociological Theories of the Middle Range." In *Social Theory and Social Structure*, 39~72. New York: Free Press.

Miller, John H., and Scott E. Page. 2007. *Complex Adaptive Systems: An Introduction to Computational Models of Social Life*. New Jersey: Princeton University Press.

Misak, Cheryl. 2000. *Truth, Politics, Morality: Pragmatism and Deliberation*. New York: Routledge.

Mitchell, Melanie. 2009. *Complexity: A Guided Tour*. New York: Oxford University Press.

Mitchell, Sandra D. 2003. *Biological Complexity and Integrative Pluralism*. Cambridge: Cambridge University Press.

Mouffe, Chantal. 2000. "Rorty's Pragmatic Politics." *Economy and Society* 29(3): 439~53.

______. 2005. *On the Political*. New York: Routledge.

Nee, Victor. 2005. "The New Institutionalisms in Economics and Sociology." In *The Handbook of Economic Sociology,* 2nd edition, ed. N. J. Smelser and R. Swedberg, 49~74. New Jersey: Princeton University Press.

Nelson, Lynn H. 1990. *Who Knows: From Quine to a Feminist Empiricism*. Philadelphia: Temple University Press.

Nussbaum, Martha. 2000. *Women and Human Development: The Capabilities Approach*. Cambridge: Cambridge University Press.

Okin, Susan Moller. 1999. "Is Multiculturalism Bad for Women?" In *Is Multiculturalism Bad for Women? Susan Moller Okin with Respondents,* ed. J. Cohen, M. Howard, and M. C. Nussbaum, 9~24. New Jersey: Princeton University Press.

Ong, Aihwa. 2005. "Graduated Sovereignty in South-East Asia." In *Anthropologies of Modernity: Foucault, Governmentality and Life Politics*, ed. Jonathan Xavier Inda, 83-104. Oxford: Blackwell.

Park, Sang Un. 2007. ""Beauty Will Save You": The Myth and Ritual of Dieting in Korean Society." *Korea Journal* 47(2): 41~70.

Press, Andrea L. 2011. "'Feminism? That's So Seventies': Girls and Young Women Discuss Femininity and Feminism in *America's Next Top Model*." In *New Femininities: Postfeminism, Neoliberalism and Subjectivity*, ed. R. Gill and C. Scharff, 117~33. London: Palgrave MacMillan.

Rodrik, Dani. 1997. *Has Globalization Gone Too Far?* Washington, D.C.: Institute for International Economics.

Rorty, Richard. 1991. *Objectivity, Relativism, and Truth: Philosophical Papers, Volume 1*. Cambridge: Cambridge University Press.

______. 1998. *Achieving Our Country*. Cambridge: Harvard University Press.

______. 2000. "Universality and Truth." In *Rorty and His Critics*, ed. R. B. Brandom, 1~30. Oxford: Blackwell.

Rose, Hilary. 1984. "Is a Feminist Science Possible?" Paper presented to the Technology and Culture Seminar at MIT, April 1984.

Rose, Nicholas. 1996. "The Death of the Social? Re-figuring the territory of government." *Economy and Society* 25(2): 327~56.

Rosen, Michael. 2000. "On Voluntary Servitude and the Theory of Ideology." *Constellations* 7(3): 393~407.

Rouse, Joseph. 2002a. *How Scientific Practices Matter: Reclaiming Philosophical Naturalism*. Chicago: The University of Chicago Press.

______. 2002b. "Feminist Challenges to the Reification of Knowledge." In *How Scientific Practices Matter: Reclaiming Philosophical Naturalism*, 135~60. Chicago: The University of Chicago Press.

______. 2002c. "Kuhn's Philosophy of Scientific Practice." In *Thomas Kuhn*, ed. Thomas Nickles, 101~21. Cambridge: Cambridge University Press.

______. 2004. "Barad's Feminist Naturalism." *Hypatia* 19(1): 142~61.

______. 2007a. "Social Practices and Normativity." *Philosophy of the Social Sciences* 37(1): 46~56.

______. 2007b. "Practice Theory." In *Philosophy of Anthropology and Sociology*, ed. S. P. Turner and M. W. Risjord, 639~81. Dordrecht: Elsevier.

Sassen, Saskia. 2007. *A Sociology of Globalization*. New York: W.W. Norton.

Schaap, Andrew. 2006. "Agonism in Divided Societies." *Philosophy and Social Criticism* 32(2): 255~77.

Schatzki, Theodore R. 1996. *Social Practices: A Wittgensteinian Approach to Human Activity and the Social, 1~18*. Cambridge: Cambridge University Press.

______. 2001. "Introduction: practice theory." In *The Practice Turn in Contemporary Theory*, ed. T. R. Schatzki, K. K. Cetina, and E. von Savigny, 1~24. New York: Routledge.

Schelling, Thomas. 1978. *Micromotives and Macrobehavior*. New York: W. W. Norton.

Shapiro, Ian. 2006. "On the Second Edition of Lukes' Third Face." *Political Studies Review* 4: 146~55.

Smith, Dorothy. 1979. "A Sociology for Women." In *The Prism of Sex: Essays in the Sociology of Knowledge*, ed. J. Sherman and E. Beck, 135~87. Madison: The University of Wisconsin Press.

Stanford Encyclopedia of Philosophy. 2014. "Feminist Epistemology and Philosophy of Science." http://plato.stanford.edu/entries/feminism-epistemology(2014.09.06 검색).

Steinmetz, George. 2009. "The New Aesthetic-Political Avant-Garde: Linda Zerilli's *Feminism and the Abyss of Freedom*." *Sociological Theory* 27(1): 85~8.

Stern, David G. 2003. "Practical Turn.' In *The Blackwell Guide to the Philosophy of the Social Sciences*, ed. S. P. Turner and P. A. Roth, 185~206. Oxford: Blackwell.

Stout, Jeffrey. "On Our Interest in Getting Things Right: Pragmatism without Narcissism." In *New Pragamatists*, ed. C. J. Misak, 7~31. Oxford: Oxford

University Press.

The Milan Feminist Collective. 1990. *Sexual Difference*, tr. P. Cigogna and T. de Lauretis. Bloomington: Indiana University Press.

Tomasello, Michael. 2014. *A Natural History of Human Thinking*. Cambridge: Harvard University Press.

Turner, Stephen. 1994a. "Practices and their Conceptual Kin." In *The Social Theory of Practices,* 1~13. Cambridge: Polity Press.

______. 1994b. "Practices as Causes." In *The Social Theory of Practices*, 14~27. Cambridge: Polity Press.

______. 2007. "Social Theory as a Cognitive Neuroscience." *European Journal of Social Theory* 10(3): 357~74.

______. 2008. "Practices as the New Fundamental Social Formation in the Knowledge Society." *Družoslovne Razprave* 59: 49~64.

______. 2009. "The Future of Social Theory." In *The New Blackwell Companion to Social Theory*, ed. Bryan. S. Turner, 551~66. New Jersey: Wiley-Blackwell.

Williams, Linda. 1999. *Hard Core: Power, Pleasure, and the "Frenzy of the Visible"*. Berkeley: University of California Press.

Wittgenstein, Ludwig. 1969. *On Certainty*, ed. G. E. M. Anscombe and G. H. von Wright. New York: Harper & Row.

______. 1973. *Philosophical Investigations*. New York: Prentice Hall.

Zerilli, Linda. 1998. "Doing Without Knowing: Feminism's Politics of the Ordinary." *Political Theory* 26(4): 435~58.

______. 2000. "Response to John Simons." *Political Theory* 28(2): 279~84.

______. 2005a. "Reply to Leslie Thiele." *Political Theory* 33(5): 715~20.

______. 2005b. *Feminism and the Abyss of Freedom*. Chicago: The University of Chicago Press.

______. 2009a. "Feminism and the Abyss of Freedom: Rejoinder to Ferree, Glaeser, and Steinmetz." *Sociological Theory* 27(1): 89~95.

______. 2009b. "Toward a Feminist Theory of Judgment." *Signs* 34(2): 295~317.

______. 2012. "Value Pluralism and the Problem of Judgment: Farewell to Public Reason." *Political Theory* 40(1): 6~31.

찾아보기

《용어》

ㄱ

강한 객관성 • 37, 47, 59, 66, 67, 82, 83, 98, 172, 204, 277
개별화된 개인 • 17, 44, 218, 220, 222, 223, 224, 227, 261
개인 기업가 • 218
개인의 선택 • 18, 23, 30, 140, 189, 219, 224, 226, 235, 246, 248, 249, 250, 257, 258
개인화 • 13, 22, 23, 24, 25, 26, 27, 39, 44, 45, 108, 126, 306, 307
개혁정치 • 296, 297
게임이론 • 132, 134, 138, 140, 145, 161, 162, 163, 185, 187, 242, 299
결합의 사회학 • 16, 164, 192, 197, 199, 212, 214
경제학적 인간 모델 • 93, 162
경험론 • 13, 25, 27, 31, 32, 35, 38, 51, 55, 67, 77, 81, 88, 98
계몽적 이성 • 31, 32, 55, 177, 233, 289
계몽주의 • 65, 80, 96, 273
계보학적 읽기 • 87
고대 그리스의 경연장 • 11, 127
공동체 • 7, 12, 18, 28, 35, 46, 61, 77, 88, 116, 117, 128, 200, 206, 207, 208, 253, 254, 255, 259, 260, 272, 287, 289, 294, 295, 296
공론장 • 42, 278, 284, 291, 296, 303
공적 공간 • 11, 12, 63, 83, 84, 88, 127, 128, 153, 181, 281, 295, 298
공적 이성 • 12, 128, 153, 229, 237
과학적 실천 • 4, 8, 21, 29, 38, 80, 81, 85, 86, 91, 95, 96, 97, 100, 101, 109, 110, 116, 117, 118, 120, 121, 128, 129, 132, 139, 143, 272, 306
과학적 실천이론 • 4, 8, 21, 91, 96, 97, 116, 121, 128, 129, 306
과학혁명 • 80, 139, 143, 250, 251, 306
관대한 읽기 • 14, 70, 85, 87, 90
구성적 수행의 상호책임성 • 182
구조화 이론 • 241
굴절 • 195, 221, 225
권력 분석학 • 102
권력/지식론 • 16, 168, 192, 193, 194, 195, 202
규범적 지위 • 134, 256

규범적 태도 • 134
규범적 판단 • 10, 11, 12, 15, 46, 85, 86, 87, 103, 117, 119, 124, 125, 128, 131, 140, 141, 142, 146, 147, 155, 156
규범적 판단능력 • 11, 12, 46, 85, 117, 125, 128, 142, 155
규율권력 • 125, 166, 172, 173, 194, 244, 252, 254
균열의 정치 • 70
근대과학 • 53, 54, 65, 80
근대의 계몽적 이성 • 31, 55, 233
근대적 기획 • 10, 11, 33, 58, 144, 151, 152, 153, 154, 289
글로벌 페미니즘 • 60, 203
기업가적 개인 • 23
깊은 지구화 • 243

ㄴ

나쁜 과학 비판 • 51
남성1인생계부양자 모델 • 24, 69, 262
내부에 있는 외부인 • 13, 56, 64, 66
내부-작용 • 15, 96, 99, 100, 101, 102, 103, 105, 107, 108, 109, 110, 111, 112, 113, 115, 116, 118, 120, 123
네트워크 사회 • 160, 163, 216, 221, 290, 291, 304, 306

ㄷ

다문화주의 페미니즘 • 203
다수성 • 42
단순계 • 81, 82
단일한 집합적 여성정체성 • 24, 30, 34, 36, 39, 57, 58, 72, 73, 75, 76, 294
단정적 순간 • 12, 43, 44, 128, 178, 239, 251, 279
대립적 의식의 산물 • 73
대의적 사고 • 43, 279
도덕적 판단의 상대주의 • 59
도덕적 판단의 절대주의 • 59
동적 모델 • 28, 92, 116, 140

ㄹ

레즈비언의 삶의 관점 • 62, 63, 64

ㅁ

맥락적 경험 • 98
모듈 • 117, 196
목자권력 • 244
몸의 물질성 • 104
무엇에 대한 권력 • 260
무엇을 할 수 있는 권력 • 260
문화번역 • 204
문화상대주의 • 59
문화적 공간 • 12, 118, 129, 290
문화적 좌파 • 296
문화정치 • 296, 297
물적-기호적 실천 • 4, 8, 21, 68
물적-기호적 존재 • 14, 37, 78, 79
물질적 경계 • 104, 105
물질적-담론적 작용 • 108
물질화 과정 • 15, 103, 104, 105, 113
물질화의 패턴 • 111
미래완료적 여성 • 281, 299
미시적 분석 • 26, 30, 31
미시정치 • 225, 233

미학적 판단 • 277, 278, 283
밀라노여성서점조합 운동사 • 18, 298
밀라노 페미니즘 공동체 • 206, 207, 208, 255

ㅂ

반사 • 101, 112, 213, 214
반역적 정체성 • 13, 64, 66, 67
반역적 정체성 정치 • 13, 66
방법론적 개인주의 • 187, 188, 189
방법론적 전체주의 • 188
방법론적 대안 • 13, 25
번역 • 55, 66, 69, 77, 78, 84, 135, 199, 204, 205
벌거벗은 생명 • 180, 244, 305
보편주의와 상대주의 • 5, 8, 18, 78, 159, 204, 205, 248, 271, 272, 273, 274, 275, 276, 278, 280, 286, 298, 305
보편주의와 특수주의 • 271
복잡계 • 30, 81, 82, 83, 117, 163, 165, 185, 190, 197, 198
복잡적응계 이론 • 15, 27, 30, 130, 132, 133, 136, 137, 242
부분적 관점 • 14, 69, 72, 78
부분적 관점 간의 연결 • 14, 69
부분적 지식 • 77, 83
부적절한/활용되지 않은 타자 • 71
분열된 정체성 • 34, 70
불확정성의 순간 • 44, 178
블랙박스 • 196, 198, 199
비열한 읽기 • 87
비판사회학 • 5, 8, 139, 159, 186, 188, 189, 191, 192, 198, 200, 202, 209, 210, 211, 225, 248, 304, 305

ㅅ

사실적 진리 • 42, 43, 278
사이보그 선언문 • 68
사이보그 시선 • 72
사이보그의 비판적 위치 짓기 • 14, 70, 75
사이보그 정체성 • 70, 71
사이보그 페미니즘 • 4, 8, 21, 67, 68, 69, 70, 80, 85
사회구성론 • 38, 76, 77, 78, 82, 91, 97, 98, 104, 111, 252
사회민주주의 모델 • 297
사회적 규범 • 30, 92, 93, 122, 132, 140, 152, 161, 162, 166, 195, 213, 249, 251, 264, 289, 300
사회적 실천이론 • 15, 96, 130, 132, 133, 138, 141, 145, 146, 183, 189, 228, 240, 275
사회적인 것 • 5, 8, 16, 17, 24, 25, 26, 27, 41, 44, 88, 97, 109, 122, 140, 144, 145, 146, 159, 160, 161, 162, 164, 165, 166, 167, 168, 170, 173, 180, 186, 187, 188, 189, 191, 193, 195, 197, 198, 199, 200, 202, 209, 210, 212, 213, 215, 216, 217, 225, 226, 239, 241, 245, 253, 272, 278, 281, 298, 305
사회적인 것의 사회학 • 140, 144, 145, 146, 188, 198, 199, 200, 209, 212, 213
사회주의 페미니즘 • 69, 72, 73, 306
사회체계이론 • 27, 28, 29, 30, 163
사회학적 인간 모델 • 162
삶의 기술 • 15, 27, 28, 92, 93, 118, 131,

142, 156
삶의 형식 • 12, 128, 131, 136, 153, 229, 237, 259
상대주의 • 5, 8, 12, 18, 27, 35, 37, 38, 58, 59, 60, 63, 65, 66, 69, 70, 77, 78, 82, 98, 129, 159, 183, 185, 192, 195, 203, 204, 205, 207, 208, 212, 240, 248, 271, 272, 273, 274, 275, 276, 277, 278, 280, 286, 298, 299, 305
상징적 복잡적응계로서의 사회적 실천 • 4, 8, 10, 21, 124, 125, 129, 130
상징적 상호작용론 • 191
상징적 어머니 • 284
상호교차성 • 83, 149, 171
상황적 지식 • 14, 37, 59, 66, 68, 69, 70, 76, 77, 78, 98, 109
생명권력 • 112, 161, 169, 194, 195, 244
생성적 정치구조 • 173
서구 인본주의 페미니즘 • 71
선형적 체계 • 17, 223
성찰적 판단의 순간 • 251
성형담론 • 265, 266, 306
세계-구축의 순간 • 12
숙의민주주의 • 228, 229, 237, 238, 259
숙의정치 • 11, 12, 127, 128, 153, 228, 237
시카고 학파 • 221
시행 • 108, 113, 115, 116, 289
신사회운동 • 297
신여성성 • 19, 89, 150, 222, 226, 246, 275, 293, 294
신자유주의 • 5, 8, 9, 17, 18, 22, 23, 24, 25, 45, 69, 116, 122, 123, 126, 129, 149, 156, 159, 163, 167, 168, 169, 180, 188, 192, 195, 196, 217, 218, 219, 220, 221, 222, 224, 225, 226, 227, 233, 234, 235, 236, 243, 244, 245, 246, 247, 248, 258, 259, 260, 261, 262, 263, 264, 265, 266, 268, 269, 270, 274, 275, 291, 293, 294, 295, 297, 299, 300, 301, 303, 304, 305
신자유주의적 지구화 • 5, 8, 17, 25, 45, 69, 123, 159, 195, 221, 243, 244, 261, 270, 294, 305
신자유주의 통치성 • 18, 169, 180, 192, 196, 221, 222, 224, 226, 227, 233, 234, 244, 245, 246, 247, 248, 258, 259, 264, 268, 270
신자유주의 합리성 • 268, 269
신체매력지수 • 265
실용주의 • 10, 11, 15, 85, 86, 97, 126, 127, 130, 132, 133, 134, 138, 140, 141, 142, 146, 148, 153, 154, 181, 184, 190, 240, 241, 242, 271, 272, 277
실용주의계열 철학자 • 85, 97, 181
실천의 안정성 • 10, 93, 124, 137, 142
실천의 효율성 • 11, 15, 151, 155, 156
실천이론 • 4, 5, 8, 10, 11, 12, 13, 14, 15, 16, 18, 19, 21, 22, 26, 27, 28, 29, 30, 38, 47, 48, 55, 56, 59, 60, 68, 69, 80, 84, 85, 86, 88, 89, 91, 92, 94, 96, 97, 109, 116, 117, 118, 119, 120, 121, 122, 123, 124, 125, 126, 127, 128, 129, 130, 131, 132, 133, 136, 138, 139, 140, 141, 143, 145, 146, 147, 148, 152, 153, 154, 155, 156, 159, 179, 181, 183, 185, 186, 189, 190, 191, 192, 193, 195, 196, 197, 210, 212, 219, 225, 226, 228, 230, 233, 237, 240, 241, 242, 243, 246, 248, 250, 253, 254, 255, 256, 257, 258, 259, 260, 270, 272, 274,

275, 277, 278, 285, 289, 293, 294, 296, 298, 299, 301, 305, 306

실천이론적 연구 분석전략 • 30

실천적 전환 • 1, 2, 3, 4, 5, 8, 11, 12, 13, 18, 20, 26, 27, 31, 45, 67, 80, 91, 95, 96, 121, 130, 143, 148, 149, 151, 155, 158, 159, 237, 271, 273, 286, 296, 299, 300, 305

실천적 행위자 모델 • 69, 92, 93, 121

ㅇ

아고니즘 정치 • 1, 2, 3, 5, 8, 11, 12, 14, 15, 16, 17, 18, 24, 27, 39, 44, 45, 67, 80, 83, 84, 85, 88, 94, 119, 122, 124, 127, 128, 129, 130, 148, 150, 151, 152, 153, 154, 155, 156, 159, 212, 215, 218, 227, 228, 229, 230, 237, 238, 239, 241, 245, 246, 259, 260, 267, 269, 274, 275, 278, 279, 289, 294, 296, 298, 299, 301, 305

아고니즘적 전환 • 151

압축적 근대화 • 23

앞질러서 발언하는 구조 • 178, 258, 279

액체근대 • 23, 150, 219, 221, 300, 303

양자물리학 • 99, 100

양자역학이론 • 102

여성과학자 • 49, 50, 51, 52

여성대변인 • 209

여성운동 • 9, 10, 17, 26, 32, 40, 41, 51, 55, 69, 89, 94, 126, 129, 148, 149, 150, 156, 179, 209, 218, 219, 230, 261, 267, 288, 290, 304

여성의 몸 실천 • 269

여성의 자유 • 207, 208, 258, 293

여성 자유의 정치 • 18, 208, 280, 285, 298

여성주체 • 5, 18, 159, 204, 238, 243, 246, 251, 252, 253, 254, 255, 257, 260, 261, 265, 266, 268, 269, 274, 283, 291, 293, 304

여성주체의 종속과 행위성 • 246, 252, 255, 260, 265, 268, 274

여성학 방법론 • 1, 2, 3, 4, 12, 13, 14, 20, 21, 22, 25, 26, 27, 31, 35, 38, 45, 67, 68, 84, 85, 86, 87, 88, 95, 121, 124, 126, 129, 130, 143, 145, 147, 148, 151, 155, 273, 274, 284, 294

역동적 객관성 • 98

예외적 상황 • 168, 244

외모규범 • 39, 40

위임 • 208, 284

유색인 여성 • 73, 88

윤리의 기술 • 128, 170, 224

의무적 점수기록 • 30, 134, 146, 195, 255, 257, 269, 300

이상적 대화 상황 • 88

이중적 얽힘 • 234, 235

인정의 정치 • 236

인정자원 • 40

인지과학 • 120, 121, 130, 132, 133, 162, 163, 210, 299

일반성에 대한 갈망 • 273

입장론 • 4, 8, 13, 21, 25, 26, 27, 31, 32, 33, 34, 36, 37, 38, 47, 48, 49, 53, 55, 56, 57, 58, 59, 60, 63, 64, 65, 66, 67, 77, 84, 171, 204, 276, 277

ㅈ

자기 기술 • 245

자기-세력화 • 223, 224, 226, 257, 264, 266, 267, 268, 270
자기-세력화 프로그램 • 226
자기-조직화 • 136, 137
자기-평가 • 268
자기에의 배려 • 194, 224
자생적 사회질서 • 16, 165
자유를 통한 권력 • 245
자유주의 페미니즘 • 49, 50, 202
장치 • 2, 15, 52, 71, 96, 100, 101, 106, 107, 108, 109, 110, 111, 112, 113, 115, 116, 119, 120
재귀적 체계 • 17, 25, 87, 223, 234
재분배의 정치 • 236
재현론 • 10, 11, 14, 97, 99, 101, 127, 148, 153, 184, 237
적극적 자유 • 12, 18, 128, 246, 255, 256, 257, 258, 259, 269, 294
절단 • 15, 96, 101, 107, 109, 110, 116, 119, 120
점수 함수 • 135
정상과학 • 162, 251
정체성 정치 • 1, 2, 3, 5, 10, 11, 12, 13, 14, 39, 63, 66, 69, 70, 74, 80, 83, 84, 85, 89, 94, 96, 126, 128, 150, 153, 154, 159, 160, 170, 171, 173, 179, 186, 192, 222, 223, 228, 236, 238, 248, 270, 274, 286, 288, 289, 294, 300, 301
정치의 단정적 순간 • 43, 44, 178, 251, 279
정치적 이성 • 175, 177, 178
정치적 자유론 • 16, 165, 192, 202, 212, 229
정치적 판단 • 161, 177, 180, 181, 202, 205, 272, 274, 276, 277, 278, 283, 289, 298, 299, 301
정치적 판단론 • 177, 181, 202, 274, 276, 277, 278, 289, 298, 299, 301
정치적 행위자 • 178, 179, 180, 254
정치적인 것 • 49, 281, 299
제1물결 페미니즘 정치 • 170, 274, 281, 282
제2물결 페미니즘 정치 • 170, 171, 179, 206, 235, 236, 238, 274, 276, 281, 282
제3물결 페미니즘 정치 • 170, 171, 174, 175, 179, 222, 234, 274, 281, 282
제4물결 페미니즘 정치 • 18, 96, 179, 274, 280, 298, 299
제3의 매개존재 • 284
제3의 페미니즘 정치 • 208
젠더정치 • 9, 10, 24, 44, 69, 89, 126, 149, 170, 171, 179, 238, 261, 262, 263, 270, 281, 282, 307
존재의 미학 • 128, 170, 180, 194, 224, 256
종속화의 역설 • 260
죄수의 딜레마 • 188
주권권력 • 166, 168, 196, 244, 245, 246, 259
주체-중심의 분석틀 • 254
중간자 • 194, 198, 199, 200, 202
중범위 이론 • 213
중재자 • 198, 199, 202
지구화 • 5, 8, 17, 22, 25, 45, 69, 123, 159, 160, 163, 196, 202, 203, 216, 220, 221, 238, 243, 244, 261, 270, 275, 294, 299, 303, 305
지배의 정보과학 • 14, 74, 75
진보적 지식 • 43, 211, 279
진보정치 • 19, 275, 292, 295, 296, 297
진화론적 게임이론 • 138, 140, 163, 185, 187

진화론적 행위자 모델 • 140
진화생물학 • 162, 163
집합행동의 문제 • 188, 191

ㅊ

창발현상 • 16, 28, 136, 164, 165, 166, 169, 184, 190, 193, 219
책임을 부여하는 자유 • 280
철학적-물리학적 분석 • 99
철학적 실용주의 • 15, 130, 132, 133, 134, 138, 140, 141, 142, 146, 148, 153, 184, 240, 241
철학적 실천이론 • 10, 86, 88, 132, 274, 278, 289, 298
체화된 설명 • 78
초-이상화된 가이드 • 273

ㅌ

탈식민주의 담론 • 13, 61, 66, 67
통치성 • 16, 18, 161, 163, 164, 166, 168, 169, 180, 192, 196, 217, 221, 222, 224, 226, 227, 233, 234, 244, 245, 246, 247, 248, 258, 259, 264, 268, 269, 270
통치성 이론 • 16, 163, 164
통합적 다원주의 • 82
특정 장소에 위치한 지식 • 78

ㅍ

파르헤지아 • 180
파르헤지아스티스 • 180
패러다임 • 17, 28, 35, 38, 48, 78, 131, 149, 162, 175, 199, 203, 206, 229, 231, 253, 262, 263, 273, 278, 280, 298, 299, 302, 303, 305
페미니스트 연구자의 책임감 • 79
페미니즘 객관성 • 67, 70, 76, 78, 79, 82
페미니즘 과학기술학 • 4, 21, 80, 82, 85, 91, 95, 96, 97, 98, 118, 121
페미니즘 관점 • 36, 57, 89, 202, 283, 284
페미니즘 버전의 객관성 • 76, 77, 78
페미니즘 정치 • 1, 2, 3, 4, 5, 11, 15, 16, 17, 18, 21, 27, 35, 39, 45, 63, 69, 70, 72, 74, 83, 85, 89, 95, 96, 97, 121, 122, 124, 126, 127, 130, 147, 148, 149, 151, 155, 156, 158, 159, 164, 170, 172, 173, 174, 175, 178, 180, 189, 202, 203, 206, 207, 208, 209, 210, 222, 223, 230, 233, 234, 236, 237, 238, 239, 248, 252, 253, 255, 258, 268, 270, 271, 273, 274, 275, 276, 279, 280, 281, 282, 284, 285, 286, 294, 295, 296, 297, 298, 299, 300, 301
페미니즘의 보편주의 대 구성주의 논쟁 • 16, 164
포스트-뉴턴적 프레임 • 106
포스트모더니즘 • 13, 25, 27, 31, 34, 37, 38, 48, 49, 55, 56, 65, 67, 69
포스트모던 입장론 • 4, 8, 13, 21, 37, 47, 48, 49, 58, 65, 66, 67
포스트페미니즘 • 150, 222, 226, 234
포스트휴먼 수행성 • 101, 102, 103
표현적인 적극적 자유 • 256, 257, 258
풀뿌리정치 • 225
피드백 회로 • 17, 25, 223
피해자 정체성 • 282, 283, 288

ㅎ

하위정치 • 225, 227, 233, 237
하위체계 • 28, 137
하인의 관점으로 읽기 • 87, 90
합리적 선택이론 • 39, 132, 134, 187, 188, 189
합리적 진리 • 42
합리적 행위자 모델 • 138, 140, 145, 162, 187, 191
핵심이론 • 15, 138, 140, 141, 145, 146, 147
행위성 • 12, 13, 15, 17, 18, 19, 39, 40, 44, 67, 72, 76, 87, 97, 101, 102, 103, 104, 108, 109, 111, 112, 113, 114, 115, 116, 119, 125, 126, 129, 134, 140, 141, 146, 172, 174, 223, 233, 234, 238, 241, 246, 247, 248, 252, 253, 255, 258, 260, 261, 265, 266, 267, 268, 269, 274, 275, 293
행위성과 구조의 이중성 • 241
행위의 통제 • 245
행위자-연결망 이론 • 113, 197, 200, 202
행위적 실재론 • 4, 14, 15, 21, 91, 92, 94, 96, 97, 99, 101, 109, 110, 111, 115, 116, 117, 118, 119, 120, 121, 122, 123, 303, 305
행위적 절단 • 15, 96, 101, 109, 110, 119, 120
현상 • 10, 11, 14, 15, 16, 17, 26, 27, 28, 29, 30, 39, 44, 82, 83, 96, 99, 100, 101, 105, 106, 107, 109, 110, 111, 112, 113, 114, 115, 117, 119, 122, 125, 130, 132, 133, 136, 138, 140, 141, 144, 145, 146, 147, 153, 161, 162, 163, 164, 165, 166, 167, 168, 169, 184, 186, 187, 188, 190, 191, 193, 196, 197, 200, 210, 211, 212, 213, 219, 220, 225, 229, 233, 234, 250, 257, 262, 263, 267, 278, 286, 290, 293, 294, 295, 300, 301
현실정치 • 296
확장된 판단 • 15
확장된 합리성 • 151
확장된 효율성 • 15
회절 • 96, 101, 111
효율성 • 9, 10, 11, 15, 17, 22, 23, 26, 44, 45, 80, 83, 84, 85, 87, 89, 92, 93, 94, 112, 117, 119, 122, 125, 137, 142, 150, 151, 152, 154, 155, 156, 163, 166, 193, 209, 219, 221, 245, 249, 251, 293, 300, 301
후기 근대 • 5, 8, 9, 10, 13, 14, 17, 18, 23, 24, 25, 27, 35, 39, 44, 45, 46, 67, 84, 89, 94, 97, 121, 122, 123, 126, 129, 148, 150, 151, 152, 153, 154, 155, 159, 215, 218, 219, 220, 221, 222, 223, 224, 225, 226, 227, 228, 233, 234, 236, 237, 238, 239, 241, 242, 243, 244, 245, 246, 247, 248, 249, 260, 261, 265, 267, 268, 269, 278, 289, 301, 305

A,1

BPC 모델 • 162
1인 기업가 • 221, 224, 233
3차원적 권력 개념 • 247
1997년 아시아 금융위기 • 9, 122
2004년 성노동자운동 • 18, 275, 286
2008년 촛불시위 • 18, 274, 286, 290, 291, 302, 304
2012년 나꼼수-비키니시위 사건 • 274, 292

《인명》

가핑클, 해롤드 • 86, 145, 190, 240
고프만, 어빙 • 191
기든스, 앤서니 • 31, 86, 146, 240, 241
긴티스, 허버트 • 138, 139, 140, 161, 162, 163, 164
너스범, 마사 • 203, 276
넬슨, 린 • 35
노이라트, 오토 • 95
드레이퍼스, 허버트 • 133
라우스, 조셉 • 97, 118, 120, 164, 165, 181, 182, 183, 184, 185, 190, 241, 272
라투르, 브뤼노 • 5, 16, 17, 111, 112, 123, 144, 159, 161, 163, 164, 165, 167, 186, 187, 188, 189, 190, 191, 192, 195, 196, 197, 198, 199, 200, 201, 202, 209, 210, 211, 212, 213, 214, 225, 240
래쉬, 크리스토퍼 • 223
로즈, 니콜라스 • 160, 164, 216
로즈, 힐러리 • 48
로티, 리처드 • 127, 177, 181, 184, 190, 240, 296, 297, 298
론지노, 헬렌 • 35, 88, 98
롤즈, 존 • 11, 127, 153, 229
루만, 니클라스 • 28, 30, 137, 163
룩스, 스티븐 • 247, 248, 250
맥로비, 안젤라 • 234, 235
머튼, 로버트 • 187, 213, 214
무페, 샹탈 • 127, 153, 202, 228, 238, 241, 278, 297, 298, 299
바라드, 캐런 • 4, 8, 12, 14, 15, 21, 91, 94, 96, 97, 98, 99, 100, 101, 102, 103, 104, 105, 106, 107, 108, 109, 110, 111, 112, 113, 114, 115, 116, 117, 118, 119, 120, 121, 122, 123, 128, 129, 181, 182, 189, 194, 303, 305, 306
바우만, 지그문트 • 23, 150, 219, 221, 303
배은경 • 24, 115, 129, 149, 262, 303
버틀러, 주디스 • 16, 40, 41, 96, 102, 103, 104, 105, 113, 118, 165, 171, 172, 173, 174, 203, 204, 205, 252, 253, 254, 257, 260, 304
벡, 울리히 • 23, 31
벡-게른스하임, 엘리자베트 • 23
벤하비브, 세일라 • 203, 228, 237, 276
보어, 닐스 • 96, 99, 100, 106, 107, 117
부르디외, 피에르 • 28, 31, 86, 190, 195, 240
브랜덤, 로버트 • 14, 18, 30, 70, 85, 86, 87, 133, 134, 135, 146, 190, 195, 242, 246, 256, 257, 258, 269, 300
비트겐슈타인, 루트비히 • 10, 165, 175, 176, 177, 182, 184, 190, 193, 212, 273
샤피로, 이안 • 211
스미스, 도로시 • 48
스웨드버그, 리처드 • 191
아감벤, 조르조 • 244
아렌트, 한나 • 12, 16, 27, 41, 42, 43, 128, 165, 169, 175, 177, 178, 181, 191, 202, 203, 205, 228, 251, 274, 277, 278, 279, 283, 289, 298, 299
앨런, 에이미 • 27, 39, 40, 41, 202, 252, 254, 255, 267
엘스터, 존 • 187
오치아이, 에미코 • 24, 304
오킨, 수잔 몰러 • 275, 276

윤상철 • 211, 304
재거, 앨리슨 • 48
제를리, 린다 • 5, 12, 16, 17, 18, 27, 43, 44, 96, 127, 128, 153, 159, 160, 164, 165, 169, 170, 174, 175, 176, 177, 178, 179, 180, 181, 182, 183, 184, 186, 189, 191, 192, 193, 195, 196, 202, 203, 204, 205, 206, 207, 208, 209, 210, 212, 213, 228, 229, 239, 241, 251, 253, 254, 255, 258, 273, 274, 276, 277, 278, 279, 280, 282, 283, 284, 285, 289, 298, 305
최장집 • 211, 212, 213, 306
카스텔, 마뉴엘 • 162, 163, 169, 221, 306
카스퍼, 모니카 • 114
카트라이트, 낸시 • 80, 81, 95, 139
켈러, 이블린 폭스 • 98, 307
코널리, 윌리엄 • 45, 127, 150, 151, 153, 219, 227, 241, 242
콜린스, 패트리샤 • 36, 48, 171, 306
콜만, 제임스 • 187
쿤, 토마스 • 28, 80, 86, 95, 139, 143, 162, 250, 251, 272, 278, 306
파이어아벤트, 파울 • 95
푸코, 미셸 • 5, 16, 17, 23, 86, 87, 96, 102, 103, 107, 108, 112, 118, 126, 127, 128, 154, 161, 162, 163, 164, 165, 166, 167, 168, 169, 170, 177, 178, 180, 181, 183, 186, 190, 191, 192, 193, 194, 195, 201, 209, 212, 217, 218, 221, 224, 226, 227, 228, 233, 234, 236, 240, 241, 244, 245, 247, 248, 252, 253, 254, 256, 258, 259, 278, 294, 294, 296, 298, 299, 304
프레이저, 낸시 • 235, 236
터너, 스티븐 • 130, 162
하딩, 샌드라 • 4, 8, 12, 13, 21, 25, 26, 31, 32, 33, 34, 35, 36, 37, 47, 48, 49, 50, 51, 52, 53, 54, 55, 56, 57, 58, 59, 60, 61, 62, 63, 64, 65, 66, 67, 77, 80, 82, 83, 91, 96, 97, 98, 164, 171, 172, 203, 204, 276, 277, 306
하버마스, 위르겐 • 11, 88, 127, 153, 228
하이데거, 마르틴 • 10, 95, 133, 190, 193, 212
하트속, 낸시 • 48, 203, 204
해러웨이, 다나 • 4, 8, 12, 14, 21, 34, 37, 38, 66, 67, 68, 69, 70, 71, 72, 73, 74, 75, 76, 77, 78, 79, 80, 81, 82, 84, 85, 88, 89, 91, 96, 97, 98, 109, 165, 181, 189, 194, 203, 305, 306
헤겔, 게오르크 빌헬름 프리드리히 • 133, 256
헤드스트롬, 피터 • 187, 191
홍찬숙 • 24, 25, 44, 126, 306